# BEI GRIN MACHT SICH IHR WISSEN BEZAHLT

- Wir veröffentlichen Ihre Hausarbeit, Bachelor- und Masterarbeit

- Ihr eigenes eBook und Buch - weltweit in allen wichtigen Shops

- Verdienen Sie an jedem Verkauf

**Jetzt bei www.GRIN.com hochladen und kostenlos publizieren**

**Bibliografische Information der Deutschen Nationalbibliothek:**

Die Deutsche Bibliothek verzeichnet diese Publikation in der Deutschen Nationalbibliografie; detaillierte bibliografische Daten sind im Internet über http://dnb.d-nb.de/ abrufbar.

Dieses Werk sowie alle darin enthaltenen einzelnen Beiträge und Abbildungen sind urheberrechtlich geschützt. Jede Verwertung, die nicht ausdrücklich vom Urheberrechtsschutz zugelassen ist, bedarf der vorherigen Zustimmung des Verlages. Das gilt insbesondere für Vervielfältigungen, Bearbeitungen, Übersetzungen, Mikroverfilmungen, Auswertungen durch Datenbanken und für die Einspeicherung und Verarbeitung in elektronische Systeme. Alle Rechte, auch die des auszugsweisen Nachdrucks, der fotomechanischen Wiedergabe (einschließlich Mikrokopie) sowie der Auswertung durch Datenbanken oder ähnliche Einrichtungen, vorbehalten.

**Impressum:**

Copyright © 2012 GRIN Verlag, Open Publishing GmbH
Druck und Bindung: Books on Demand GmbH, Norderstedt Germany
ISBN: 978-3-668-05221-5

**Dieses Buch bei GRIN:**

http://www.grin.com/de/e-book/193632/wissenschaftliche-hp-taschenrechner-im-praktischen-einsatz

Otto Praxl

# Wissenschaftliche HP-Taschenrechner im praktischen Einsatz

**Ein ausführliches Handbuch, nicht nur für HP-Anfänger. Einführung, Grundlagen, Rechnerfunktionen, Programmierung, Praxisanwendungen, Beispiel-Programme**

GRIN Verlag

**GRIN - Your knowledge has value**

Der GRIN Verlag publiziert seit 1998 wissenschaftliche Arbeiten von Studenten, Hochschullehrern und anderen Akademikern als eBook und gedrucktes Buch. Die Verlagswebsite www.grin.com ist die ideale Plattform zur Veröffentlichung von Hausarbeiten, Abschlussarbeiten, wissenschaftlichen Aufsätzen, Dissertationen und Fachbüchern.

**Besuchen Sie uns im Internet:**

http://www.grin.com/

http://www.facebook.com/grincom

http://www.twitter.com/grin_com

*Otto Praxl*

# Wissenschaftliche HP-Taschenrechner im praktischen Einsatz

*Ein ausführliches Handbuch nicht nur für HP-Anfänger.*

*Einführung, Grundlagen, Rechnerfunktionen, Programmierung, Praxisanwendungen, Beispiel-Programme.*

# Impressum

**Buchtitel und Ausgabe:**

**Wissenschaftliche HP-Taschenrechner im praktischen Einsatz,**
Ausgabe vom 09.10.2015.

**Verfasser:**

*Otto Praxl.*

**Internetseite des Verfassers:**

www.praxelius.de (Praxelius-Homepage)
Dort sind die Ergänzungsbeiträge zu diesem Buch, die HP-Taschenrechnerprogramme, die Tools zum Herunterladen und auch die aktuelle E-Mail-Adresse des Verfassers zu finden.

**Urheberrecht:**

Das Buch ist urheberrechtlich geschützt (Urheberrechtsgesetz UrhG vom 9. September 1965 in der Fassung vom 13. September 2003). Jede Verwertung außerhalb der gesetzlich zugelassenen Fälle bedarf einer vorherigen schriftlichen Vereinbarung mit dem Verfasser.

**Veröffentlichung:**

Dieses Buch wird als E-Book im PDF-Format über den GRIN-Verlag veröffentlicht (mit farbigen Bildern).

**Layout und Gestaltung** (mit Microsoft WORD™ 2007)**:**

*Otto Praxl*

**Haftungsausschluss:**

Im Text, in den Programmen und in den Grafiken können auch Fehler enthalten sein. Für evtl. Fehler und daraus resultierende Nachteile übernimmt der Verfasser keine Haftung.

**Internet-Links:**

Für die im Buch angegebenen Internet-Links kann keine Gewähr dafür übernommen werden, ob und wie lange die Zielseiten noch existieren. Für den Inhalt dieser Internet-Seiten kann keine Haftung übernommen werden.

**Quellen:**

Als Quellen dienen die jeweiligen Original-HP-Handbücher, wobei wegen der Fülle der Aussagen nicht auf jede Fundstelle einzeln verwiesen wird. Die Handbücher sind auf den von HP mitgelieferten CD-ROMs, im Internet unter www.hpcalc.org und auf den Internetseiten des Herstellers www.hp.com/calculators zu finden. Alle Programmbeispiele stammen vom Verfasser, die Quellen der erwähnten Tools sind im Text angegeben.

**Bildnachweise:**

Alle Bilder und Zeichnungen stammen vom Verfasser.

**Letztes Bearbeitungsdatum:** 09.10.2015

**Bearbeitungskennzeichen:** T-639982-095

# Vorwort

Im Jahr 1999 erschienen auf meiner speziellen Webseite *HP49forum.de* meine ersten Beiträge über den damals neuen HP 49G. Mit den Besuchern dieser Webseite entwickelte sich ein reger E-Mail-Verkehr, sodass schließlich 243 registrierte Benutzer gezählt werden konnten, denen ich Fragen beantwortete.

Als mir der Aufwand für die Beantwortung der Fragen neben meiner Berufstätigkeit zu groß wurde, stellte ich diesen Dienst und die Webseite *HP49forum.de* ein, bot aber die Beiträge weiterhin auf der Praxelius-Homepage an. Diese Beiträge sind die Grundlage dieses Buches. Die bisher in den Beiträgen behandelten Themen wurden im Buch wesentlich erweitert und neue Themen kamen hinzu.

Der HP 49G ist aus dem HP 48GX entwickelt worden und hat inzwischen zwei Nachfolger bekommen, den HP 49g+ und den HP 50g.

Das Buch beschreibt alle vier genannten Modelle. Es führt sehr ausführlich Schritt für Schritt in den Gebrauch dieser HP-Taschenrechner ein und erläutert die Handhabung und Programmierung der Rechner in Theorie und Praxis anhand vieler Programmbeispiele. Der Leser sollte Besitzer eines der beschriebenen Rechner sein oder zumindest eine HP-Taschenrechner-Emulation auf dem Windows- oder MAC-PC verwenden.

Ein gewisses Vorwissen aus der Lektüre der Original-Handbücher wäre von Vorteil.

In diesem Buch werden aber nicht die Handbücher wiederholt, sondern diejenigen Anwenderprobleme ausführlich beschrieben, die in den Handbüchern nicht zufriedenstellend abgehandelt sind. Am besten lernt man die professionelle Handhabung des Taschenrechners durch Übung mit dem HP-Taschenrechner und durch Studium der mitgelieferten Handbücher. Diese sollten beim Durcharbeiten dieses Buches bereitliegen, damit an den angegebenen Stellen nachgeschlagen werden kann.

Die wichtigsten Original-Handbücher gibt es als PDF-Dokumente auf der mit dem jeweiligen Taschenrechner mitgelieferten CD-ROM und auf der Internetseite www.hp.com/calculators des Herstellers.

Anwendungen, Programme, Emulationen, Tools, Hinweise, Handbücher und vieles mehr über HP-Taschenrechner sind auch unter www.hpcalc.org zu finden.

Das Buch enthält am Anfang eine Kapitelübersicht und ein ausführliches Inhaltsverzeichnis. Im Anhang befinden sich das Literaturverzeichnis, das griechische Alphabet, das Bilderverzeichnis, das Formelverzeichnis, das Tabellenverzeichnis, das Verzeichnis der Learning Modules und ein detailliertes alphabetisches Sachverzeichnis.

Besonderer Dank posthum gebührt *Herrn Prof. Dr. Wolfgang Rautenberg* († 2011), der die meisten Tools für die wissenschaftlichen HP-Taschenrechner HP 48GX, HP 49G und HP 49g+ geschrieben hat.

In diesem Update wurden die bisher bekannten Fehler berichtigt und einige Verbesserungen angebracht.

Ich wünsche den Leserinnen und Lesern viel Spaß beim Durcharbeiten des Buches.


Der Verfasser

*Otto Praxl*

# Übersicht über Kapitel und Abschnitte

## 1 Einführung ........................................................................................ 19
- 1.1 Kennenlernen des neuen Taschenrechners ............................. 19
- 1.2 Notation ................................................................................... 25
- 1.3 Rechneraufbau ........................................................................ 32
- 1.4 Batterien und Akkus ................................................................ 35
- 1.5 Die ersten Schritte mit dem neuen Taschenrechner ............... 39
- 1.6 Kommunikation über Schnittstellen ......................................... 47
- 1.7 Serielle Schnittstellen am HP .................................................. 53

## 2 Grundfunktionen ............................................................................. 64
- 2.1 Programmierung des HP-Taschenrechners ............................ 64
- 2.2 Systemflags ............................................................................. 68
- 2.3 Benutzerflags .......................................................................... 78
- 2.4 Arbeiten mit Flags ................................................................... 79
- 2.5 Objekttypen ............................................................................. 84
- 2.6 Der Stack ................................................................................. 86
- 2.7 Zeichensätze auf HP und PC .................................................. 96
- 2.8 Zeichenketten und Texte ....................................................... 102
- 2.9 Benutzerdefinierte Menüs ..................................................... 110
- 2.10 Arbeiten mit Menüs ............................................................... 118
- 2.11 Tastatur und Tastenbelegungen ........................................... 125
- 2.12 Tasten und Tastenfunktionen ................................................ 131
- 2.13 Globale Variablen .................................................................. 135
- 2.14 Reservierte Variablen ............................................................ 136
- 2.15 Lokale Variablen .................................................................... 139
- 2.16 Portspeicher .......................................................................... 144
- 2.17 Die SD-Karte im HP (Port :3:) ............................................... 149
- 2.18 Erzeugung von Bibliotheken ................................................. 151
- 2.19 Entwicklungsbibliothek 256 ................................................... 156
- 2.20 Arbeiten mit Bibliotheken ...................................................... 159
- 2.21 Einheiten ............................................................................... 162

## 3 Mathematische Funktionen ......................................................... 172
- 3.1 Zahlensysteme auf dem HP .................................................. 172
- 3.2 Die Summenfunktion ............................................................. 177
- 3.3 Die Integralfunktion ............................................................... 181
- 3.4 Der DEFINE-Befehl ............................................................... 184
- 3.5 Lösen von Gleichungen mit ISOL und SOLVE ..................... 187
- 3.6 Lösen von Gleichungen durch Iteration ................................ 194
- 3.7 Gleichungsbibliothek und Gleichungslöser ........................... 196
- 3.8 Lineare Gleichungssysteme .................................................. 204
- 3.9 Koordinatensysteme ............................................................. 209
- 3.10 Vektoren und Matrizen .......................................................... 214
- 3.11 Parallelverarbeitung mit Listen .............................................. 218
- 3.12 Mathematische Grenzen des HP-Taschenrechners ............. 219

## 4 Zusatzfunktionen ......................................................................... 223
- 4.1 Batterieschoner ..................................................................... 223
- 4.2 System-Notdienst .................................................................. 224
- 4.3 Tools ...................................................................................... 227

| | | |
|---|---|---|
| 4.4 | Kleine Helferlein | 235 |

## 5 Zeitfunktionen ... 237
| | | |
|---|---|---|
| 5.1 | HP-Systemuhr | 237 |
| 5.2 | Datumsfunktionen | 238 |
| 5.3 | Uhrzeitfunktionen | 240 |
| 5.4 | Justieren der Systemuhr | 250 |

## 6 Musik auf dem HP-Taschenrechner ... 262
| | | |
|---|---|---|
| 6.1 | Einige Grundlagen der Musiktheorie | 262 |
| 6.2 | HP-Tongenerator | 264 |
| 6.3 | Programme zur Erzeugung der Einzeltöne | 269 |
| 6.4 | Programmieren einer monophonen Melodie | 269 |
| 6.5 | Musikverzeichnis auf dem HP | 270 |
| 6.6 | Erzeugung polyphoner Melodien | 273 |

## 7 Grafikfunktionen ... 273
| | | |
|---|---|---|
| 7.1 | Einleitung | 273 |
| 7.2 | Grundlagen der Taschenrechnergrafik | 273 |
| 7.3 | Sichern und Anzeigen von Grafiken | 275 |
| 7.4 | Grafik-Programmierbeispiel „Monatskalender" | 277 |
| 7.5 | Plotten von Graphen | 278 |

## 8 Praktische Anwendungen ... 279
| | | |
|---|---|---|
| 8.1 | Der HP-Taschenrechner in der Astronomie | 279 |

## 9 Anhang ... 280
| | | |
|---|---|---|
| 9.1 | Literaturangaben | 280 |
| 9.2 | Learning Modules | 281 |
| 9.3 | Ergänzungsbeiträge | 282 |
| 9.4 | HP-Taschenrechnerprogramme | 283 |
| 9.5 | Das griechische Alphabet | 284 |
| 9.6 | Bilderverzeichnis | 285 |
| 9.7 | Tabellenverzeichnis | 288 |
| 9.8 | Formelverzeichnis | 290 |
| 9.9 | Alphabetisches Sachverzeichnis (Index) | 291 |

# Ausführliches Inhaltsverzeichnis

**1 Einführung** .................................................................................. **19**
   1.1    Kennenlernen des neuen Taschenrechners ........................................ 19
       *1.1.1*   *Auspacken und auf Vollständigkeit prüfen* ............................ *19*
       *1.1.2*   *Die programmierbaren HP-Grafik-Taschenrechner* .............. *19*
            *1.1.2.1*   *Der HP 48GX und der HP 49G* ......................... *20*
            *1.1.2.2*   *Der HP 49g+ und der HP 50g* ........................... *21*
       *1.1.3*   *Handbücher* ........................................................................ *22*
       *1.1.4*   *Die Kompatibilität zum HP 48GX* ....................................... *22*
       *1.1.5*   *Die Datenübertragung zu anderen Rechnern* ...................... *23*
       *1.1.6*   *Betriebssystem-Update* ....................................................... *23*
       *1.1.7*   *Innenansicht des HP 49G* ................................................... *24*
   1.2    Notation ............................................................................................. 25
       *1.2.1*   *Schreibweise der Bezeichnungen* ....................................... *25*
       *1.2.2*   *Englische Bezeichnungen* ................................................... *26*
       *1.2.3*   *Beschriftungen auf den Tasten und auf dem Gehäuse* ....... *26*
       *1.2.4*   *Farbige Umschalttasten (Shift-Tasten)* ............................... *26*
            *1.2.4.1*   *Links-Umschalttaste* ........................................... *26*
            *1.2.4.2*   *Rechts-Umschalttaste* ......................................... *26*
            *1.2.4.3*   *ALPHA-Taste* ...................................................... *26*
       *1.2.5*   *Tasten und Tastatur* ........................................................... *27*
            *1.2.5.1*   *Begriff: Tastendruck* ........................................... *27*
            *1.2.5.2*   *Begriff: Tastenfolge* ............................................ *27*
            *1.2.5.3*   *Begriff: Tastenkombination* ................................ *27*
            *1.2.5.4*   *Funktionstasten und Funktionsaufrufe* ............... *28*
            *1.2.5.5*   *Fettdruck im Text* ............................................... *28*
            *1.2.5.6*   *Doppelklick oder Longpress mit den Tasten* ..... *28*
       *1.2.6*   *Menütasten, Menüfelder und Menüfunktionen* .................. *29*
       *1.2.7*   *Verzeichnisnamen, Menü-Namen, Reiter* ......................... *30*
       *1.2.8*   *Reihe1-Funktionen* ............................................................ *30*
       *1.2.9*   *Sondertaste [ON]* ............................................................... *30*
       *1.2.10*   *Cursortasten* ..................................................................... *31*
       *1.2.11*   *Funktionsaufrufe über Befehle* ........................................ *31*
       *1.2.12*   *Zusammenfassung* ............................................................ *31*
   1.3    Rechneraufbau .................................................................................. 32
       *1.3.1*   *Betriebssystem* ................................................................... *32*
       *1.3.2*   *Prozessoren Saturn und ARM* ............................................ *32*
       *1.3.3*   *Anzeige* ............................................................................... *32*
       *1.3.4*   *Tasten* ................................................................................. *33*
       *1.3.5*   *Speicher des HP 49G/49g+/50g* ......................................... *33*
            *1.3.5.1*   *Benutzerspeicher* ................................................ *33*
            *1.3.5.2*   *Portspeicher* ........................................................ *33*
            *1.3.5.3*   *SD-Speicherkarte* ............................................... *34*
       *1.3.6*   *Betriebseinstellungen* ........................................................ *34*
       *1.3.7*   *Objektnamen und Verzeichnisse* ....................................... *34*
   1.4    Batterien und Akkus ........................................................................ 35
       *1.4.1*   *Batterietyp* .......................................................................... *35*
       *1.4.2*   *Batterien einlegen* ............................................................. *35*
       *1.4.3*   *Batterie-Alarm* ................................................................... *36*
       *1.4.4*   *Batteriewechsel* ................................................................. *36*

| | | |
|---|---|---|
| 1.4.5 | Batteriepflege | 36 |
| 1.4.6 | Aufladbare Batterien (Akkus) | 37 |
| 1.4.7 | Besondere Voraussetzungen bei Verwendung von Akkus | 38 |
| 1.5 | Die ersten Schritte mit dem neuen Taschenrechner | 39 |
| 1.5.1 | Einschalten des Rechners | 39 |
| 1.5.2 | Ausschalten des Rechners | 39 |
| 1.5.3 | Der dreigeteilte Bildschirm | 39 |
| 1.5.4 | Helligkeit und Kontrast des Bildschirms einstellen | 40 |
| 1.5.5 | Headeranzeige einstellen | 40 |
| 1.5.6 | Indikatoren (Statusanzeigen) | 40 |
| 1.5.6.1 | Hardware- Indikatoren | 40 |
| 1.5.6.2 | Software-Indikatoren | 41 |
| 1.5.7 | Unsere ersten Berechnungen | 42 |
| 1.5.7.1 | Erster Versuch, etwas zu berechnen | 42 |
| 1.5.7.2 | Der ALG-Modus | 43 |
| 1.5.7.3 | Der RPN-Modus | 44 |
| 1.5.7.4 | Das Prinzip von RPN | 45 |
| 1.5.7.5 | Formelausdruck berechnen | 45 |
| 1.6 | Kommunikation über Schnittstellen | 47 |
| 1.6.1 | Infrarot-Schnittstelle (IR) | 47 |
| 1.6.2 | Serielle RS232-Schnittstelle (COM-Anschluss) | 47 |
| 1.6.3 | USB-Schnittstelle | 48 |
| 1.6.4 | Externe Speichermedien | 48 |
| 1.6.5 | Kommunikations-Software | 48 |
| 1.6.6 | Verbindung des HP mit dem PC | 49 |
| 1.6.6.1 | Verbindungsnutzung | 49 |
| 1.6.6.2 | Geschwindigkeit | 50 |
| 1.6.7 | Kurzanleitung zur Kommunikation HP - PC | 50 |
| 1.6.8 | Datenimport ohne USB | 52 |
| 1.6.9 | Zwei HP-Taschenrechner gleichzeitig am PC | 53 |
| 1.7 | Serielle Schnittstellen am HP | 53 |
| 1.7.1 | Vorbemerkungen | 53 |
| 1.7.2 | RS232-Druckerschnittstelle | 53 |
| 1.7.2.1 | Serielles Verbindungskabel | 54 |
| 1.7.2.2 | Signale der seriellen RS232-Schnittstelle | 54 |
| 1.7.3 | Kein Drucken vom HP 49g+/50g über USB möglich | 54 |
| 1.7.4 | USB/RS232-Adapter | 55 |
| 1.7.5 | Tool IOMAN (I/O-Manager) | 55 |
| 1.7.6 | Druckbefehle des HP-Taschenrechners | 56 |
| 1.7.7 | Konfiguration der Schnittstellen | 57 |
| 1.7.8 | I/O-Parameter in IOPAR beim HP 48GX/49G | 57 |
| 1.7.8.1 | Baudrate | 57 |
| 1.7.8.2 | Paritätsprüfung | 57 |
| 1.7.8.3 | Daten-Handshake über Steuerleitungen | 58 |
| 1.7.8.4 | Daten-Handshake über XON/XOFF-Protokoll | 58 |
| 1.7.8.5 | Checksumme | 59 |
| 1.7.8.6 | Translationsmodus | 59 |
| 1.7.9 | Übertragungszeit | 60 |
| 1.7.10 | Druckparameter in PRTPAR auf dem HP 48GX/49G | 60 |
| 1.7.10.1 | Relay time (Verzögerungszeit) | 60 |
| 1.7.10.2 | Remap | 60 |

| | | |
|---|---|---|
| | *1.7.10.3 Zeilenlänge (line length)* | *62* |
| | *1.7.10.4 Zeilenende (line termination)* | *62* |
| | *1.7.11 Eingabe der Konfigurationsdaten* | *62* |
| | *1.7.12 I/O-Parameter beim Drucker* | *62* |
| | *1.7.13 Einstellungen der Flags beim HP 49G* | *63* |
| | *1.7.14 Stromverbrauch beim Drucken* | *63* |

## 2 Grundfunktionen ... 64

2.1 Programmierung des HP-Taschenrechners ... 64
    *2.1.1 Programmieren lernen* ... *64*
    *2.1.2 Die vier Programmiersprachen der HP-Taschenrechner* ... *65*
        *2.1.2.1 HP-Basic* ... *65*
        *2.1.2.2 Benutzer-RPL (User-RPL)* ... *66*
        *2.1.2.3 System-RPL* ... *66*
        *2.1.2.4 Assembler* ... *67*
2.2 Systemflags ... 68
    *2.2.1 Tabelle der Systemflags* ... *68*
    *2.2.2 Nebentabellen* ... *77*
        *2.2.2.1 Systemflags -5 bis -10 (Binäre Wortlänge)* ... *77*
        *2.2.2.2 Systemflags -11 und -12 (Binärganzzahlen-Modus)* ... *77*
        *2.2.2.3 Systemflags -15 und -16 (Koordinatensystem)* ... *77*
        *2.2.2.4 Systemflags -17 und -18 (Winkelmodus)* ... *77*
        *2.2.2.5 Systemflags -45 bis -48 (Nachkommastellen)* ... *78*
        *2.2.2.6 Systemflags -49 und -50 (Darstellung reeller Zahlen)* ... *78*
2.3 Benutzerflags ... 78
2.4 Arbeiten mit Flags ... 79
    *2.4.1 Was sind Flags?* ... *79*
    *2.4.2 Flags abfragen, setzen und löschen* ... *79*
    *2.4.3 Zustandsanzeige der Flags* ... *79*
    *2.4.4 Sichern und Setzen aller Flags* ... *81*
        *2.4.4.1 Mit RCLF und STOF* ... *81*
        *2.4.4.2 Mit PUSH und POP* ... *82*
    *2.4.5 Programme für das Flag-Management* ... *82*
    *2.4.6 Hinweis* ... *84*
2.5 Objekttypen ... 84
2.6 Der Stack ... 86
    *2.6.1 Was ist ein Stack?* ... *86*
    *2.6.2 Was steht in den HP-Handbüchern über den Stack?* ... *88*
    *2.6.3 Anschauliches Beispiel eines Stacks* ... *88*
    *2.6.4 Der Stack des HP* ... *88*
    *2.6.5 Die Befehlszeile und der Befehlszeileneditor* ... *89*
        *2.6.5.1 Eingabe* ... *89*
        *2.6.5.2 Befehle* ... *89*
        *2.6.5.3 Editieren* ... *89*
        *2.6.5.4 Starten der Befehlszeile* ... *90*
        *2.6.5.5 Befehlszeilen-Operationen* ... *90*
    *2.6.6 Die Stackbefehle des HP* ... *90*
    *2.6.7 Der Interaktive Stack* ... *93*
        *2.6.7.1 Start und Beendigung* ... *93*
        *2.6.7.2 Menü* ... *94*
        *2.6.7.3 Beschreibung der Menü-Funktionen* ... *94*

2.6.8 Sichern des Stacks .................................................................................. 95
   2.6.8.1 Sichern aller Stackinhalte ............................................................. 95
   2.6.8.2 Zurückholen der gesicherten Inhalte in den Stack ........................ 96
   2.6.8.3 Löschen der Sicherung .................................................................. 96
2.7 Zeichensätze auf HP und PC ........................................................................ 96
   2.7.1 Der HP-Zeichensatz ........................................................................ 96
   2.7.2 Zeichendarstellung auf dem HP-Bildschirm .................................. 96
   2.7.3 Zeichendarstellung auf dem PC-Bildschirm .................................. 97
   2.7.4 Editieren von HP-Programmen auf dem PC .................................. 98
      2.7.4.1 Mit TrueType-Zeichensatz ........................................................ 98
      2.7.4.2 Ohne besonderen Zeichensatz (nach Translation) .................... 99
   2.7.5 Einstellungen für die Datenübertragung ......................................... 99
   2.7.6 Quellcode für HP-Programme auf dem PC .................................... 99
   2.7.7 Hinweise zur Datenübertragung ...................................................... 99
      2.7.7.1 ASCII-Programmtexte ............................................................... 99
      2.7.7.2 Binäre HP-Programme ............................................................ 100
      2.7.7.3 Syntaxprüfung .......................................................................... 100
      2.7.7.4 Texteditor ................................................................................ 100
      2.7.7.5 „Invalid Name" ........................................................................ 101
      2.7.7.6 Kommentare im Quelltext des HP-Programms ...................... 101
2.8 Zeichenketten und Texte ............................................................................. 102
   2.8.1 Definition „String" ........................................................................ 102
   2.8.2 Die Stringbefehle des HP ............................................................. 103
   2.8.3 Stringspezifische Wirkung mancher Befehle ............................... 103
      2.8.3.1 Verkettung durch „+" .............................................................. 103
      2.8.3.2 Negieren der Bits durch NOT .................................................. 104
      2.8.3.3 Verknüpfen der Bits durch OR, AND und XOR .................... 105
   2.8.4 Befehle im String-Menü ................................................................ 106
      2.8.4.1 SUB = Substring extrahieren .................................................. 106
      2.8.4.2 REPL = Substring einbauen oder anhängen ........................... 106
      2.8.4.3 POS = Position eines Substrings im String ermitteln ............. 107
      2.8.4.4 SIZE = Länge eines Strings ermitteln .................................... 107
      2.8.4.5 NUM = ASCII-Code für ein Zeichen ausgeben ..................... 107
      2.8.4.6 CHR = zum ASCII-Code das zugehörige Zeichen ermitteln .. 108
      2.8.4.7 OBJ→ = Objekt in seine Komponenten zerlegen ................... 108
      2.8.4.8 →STR = Objekt in einen String verwandeln .......................... 108
      2.8.4.9 HEAD = erstes Zeichen eines Strings ausgeben .................... 108
      2.8.4.10 TAIL = erstes Zeichen wegnehmen und Rest des Strings anzeigen ....... 108
      2.8.4.11 SREPL = String suchen und ändern ...................................... 108
   2.8.5 String-Befehle in der Bibliothek LIB 256 ................................... 109
      2.8.5.1 S~N = Objektnamen in einen String umwandeln und umgekehrt. ......... 109
      2.8.5.2 SREV = Zeichenreihenfolge in einem String umkehren ........ 109
   2.8.6 Stringbearbeitung per Programm ................................................. 110
2.9 Benutzerdefinierte Menüs ........................................................................... 110
   2.9.1 Verschiedene Menüs ..................................................................... 110
   2.9.2 Standard-Menüformen ................................................................. 110
   2.9.3 Globale benutzerdefinierte Menüs (Custom-Menüs) ................... 111
      2.9.3.1 Custom-Menü CST ................................................................. 111
      2.9.3.2 Struktur von CST .................................................................... 112
      2.9.3.3 Menüs ...................................................................................... 113
      2.9.3.4 Einsatz des Custom-Menüs ..................................................... 114

| | | |
|---|---|---|
| 2.9.4 | Benutzerdefiniertes Einheitenmenü als Sonderfall | 114 |
| 2.9.5 | Temporäre Menüs | 115 |
| 2.9.6 | Erstellen einer Auswahlbox (CHOOSE-Menü) | 116 |
| 2.9.7 | Erstellen von Eingabeformularen mit INFORM | 117 |
| 2.10 | Arbeiten mit Menüs | 118 |
| 2.10.1 | Globale und temporäre Menüs | 118 |
| 2.10.2 | Eingebaute Menüs | 118 |
| 2.10.3 | Bibliotheksmenüs | 119 |
| 2.10.4 | Kennzeichnung der Menüs und Bibliotheken | 119 |
| 2.10.5 | Bibliotheksnummer als Menünummer | 119 |
| 2.10.6 | Menü auswählen und anzeigen | 119 |
| 2.10.7 | Woher weiß ich diese Nummern? | 120 |
| 2.10.7.1 | Nummernermittlung | 120 |
| 2.10.7.2 | Was steht in den Handbüchern über Menüs? | 121 |
| 2.10.8 | Hinweis für temporäre Menüs | 121 |
| 2.10.9 | Nicht über Tastatur auswählbare Menüs | 122 |
| 2.10.10 | Nummernlose Menüs | 122 |
| 2.10.11 | Menüs im Schnellzugriff per Tastatur | 123 |
| 2.10.12 | Menüverwendung in Programmen | 124 |
| 2.11 | Tastatur und Tastenbelegungen | 125 |
| 2.11.1 | Mehrfachbelegung der Tasten | 125 |
| 2.11.2 | Standard-Tastenbelegung | 126 |
| 2.11.3 | Erzeugen und Verwalten einer Benutzertastatur | 126 |
| 2.11.4 | Tastenkennungen | 126 |
| 2.11.5 | Programm zur Anzeige der Tastenkennung | 127 |
| 2.11.6 | Zuordnen eines Objekts zu einer Taste | 127 |
| 2.11.7 | Aufhebung der Zuordnung eines Objekts zu einer Taste | 128 |
| 2.11.8 | Sichern einer Tastenbelegung | 128 |
| 2.11.9 | Aktivieren einer gespeicherten Tastenbelegung | 128 |
| 2.11.10 | Löschen von Tastenbelegungen | 128 |
| 2.11.11 | USER-Modus | 129 |
| 2.11.12 | Tastenbefehle in Programmen | 129 |
| 2.11.13 | KEYTIME auf dem HP-Taschenrechner | 130 |
| 2.11.14 | System-Tastatur | 131 |
| 2.11.15 | Tastaturmanager KEYMAN | 131 |
| 2.12 | Tasten und Tastenfunktionen | 131 |
| 2.12.1 | Undokumentierte Funktionen des HP | 131 |
| 2.12.2 | Tastenbefehle | 131 |
| 2.12.3 | Funktionen der Reihe 1 | 132 |
| 2.12.4 | Tabelle der (meist undokumentierten) Tastenfunktionen | 132 |
| 2.13 | Globale Variablen | 135 |
| 2.13.1 | Anlegen einer globalen Variablen | 135 |
| 2.13.2 | Beispiel | 135 |
| 2.14 | Reservierte Variablen | 136 |
| 2.15 | Lokale Variablen | 139 |
| 2.15.1 | Einleitung | 139 |
| 2.15.2 | Vorteile von lokalen Variablen | 140 |
| 2.15.3 | Erzeugen von lokalen Variablen | 140 |
| 2.15.4 | Auswertung der Variablen während des Programmlaufs | 141 |
| 2.15.5 | Unterprogramme | 142 |
| 2.15.6 | Kompilierte Variablen | 143 |

2.15.7 Übergabe der Argumente durch kompilierte Variablen ... 143
2.15.8 Einschränkungen ... 144
2.16 Portspeicher ... 144
   2.16.1 Was sind Portspeicher? ... 144
   2.16.2 Portspeicher im HP 48GX ... 145
   2.16.3 Portspeicher im HP 49G/49g+/50g ... 145
   2.16.4 Wie arbeitet man mit den Portspeichern? ... 146
      2.16.4.1 Sicherung für Einzeldateien (Objekte). ... 146
      2.16.4.2 Sicherung für Programme ... 146
      2.16.4.3 Sicherung für Verzeichnisse ... 146
      2.16.4.4 Sicherung des gesamten Benutzerspeichers (Systemsicherung) ... 146
      2.16.4.5 Heimatort für Bibliotheken ... 147
   2.16.5 Sichern des Portspeicherinhalts ... 147
   2.16.6 Probleme beim Überprüfen von Backups ... 148
   2.16.7 Wiederherstellen eines gespeicherten Systemzustandes ... 148
2.17 Die SD-Karte im HP (Port :3:) ... 149
   2.17.1 Einleitung ... 149
   2.17.2 Offizielle Dokumentation von HP ... 149
   2.17.3 Formatieren der SD-Karte ... 149
      2.17.3.1 Formatieren auf dem PC ... 149
      2.17.3.2 Formatieren im HP-Taschenrechner ... 149
   2.17.4 Anlegen einer Verzeichnisstruktur in Port :3: ... 150
   2.17.5 Löschen von Verzeichnissen in Port :3: nicht möglich ... 150
   2.17.6 Dokumentation, Tools und Backup auf der Speicherkarte ... 151
      2.17.6.1 Fremddaten auf der SD-Karte ... 151
      2.17.6.2 Schreibschutzschalter der SD-Karte ... 151
2.18 Erzeugung von Bibliotheken ... 151
   2.18.1 Der eingebaute Bibliotheks-Erzeuger (Library Creator) ... 151
   2.18.2 Definitionsvariablen anlegen ... 152
      2.18.2.1 Die Definitionsvariable $VISIBLE ... 153
      2.18.2.2 Die Definitionsvariable $HIDDEN ... 153
      2.18.2.3 Die Definitionsvariable $VARS ... 153
   2.18.3 Aktivieren und Aufruf von CRLIB ... 153
   2.18.4 Bemerkungen zum Speichern und Anbinden ... 154
      2.18.4.1 Speichern der Bibliothek ... 154
      2.18.4.2 Bibliothek anbinden (aktivieren) ... 154
      2.18.4.3 Welche Bibliotheken sind angebunden? ... 154
      2.18.4.4 Bibliothek abhängen (deaktivieren) ... 154
      2.18.4.5 Aktuelles Verzeichnis (Arbeitsverzeichnis) ... 154
   2.18.5 Speichern und Anbinden der erzeugten Bibliothek ... 155
   2.18.6 Bibliotheksbefehle im Katalog [CAT] ... 155
   2.18.7 Bibliothek erzeugen mit den Operating Tools OT49 ... 155
      2.18.7.1 Bibliothek erzeugen mit D↔L ... 155
      2.18.7.2 Bibliothek splitten mit D↔L ... 156
2.19 Entwicklungsbibliothek 256 ... 156
   2.19.1 Liste der Befehle ... 156
   2.19.2 Aufrufe ... 158
2.20 Arbeiten mit Bibliotheken ... 159
   2.20.1 Bibliotheken auf dem HP 48GX ... 159
   2.20.2 Bibliotheken auf dem HP 49G ... 159
   2.20.3 Bibliotheken auf dem HP 49g+ ... 159

| | | |
|---|---|---|
| 2.20.4 | Bibliotheken auf dem HP 50g | 160 |
| | 2.20.4.1 LIB 229 (Periodic Table) | 160 |
| | 2.20.4.2 LIB 226 und 227 (Gleichungsbibliothek) | 161 |
| 2.20.5 | Installierbare Bibliotheken | 161 |
| 2.20.6 | Longfloat Library LIB 902 | 161 |
| 2.21 | Einheiten | 162 |
| 2.21.1 | Gesetzliche Einheiten | 162 |
| 2.21.2 | Vorsätze und Vorsatzzeichen (Präfixe) | 163 |
| 2.21.3 | Das Einheitensystem des HP | 163 |
| | 2.21.3.1 Das Einheitenobjekt | 163 |
| | 2.21.3.2 Rechnen mit Einheiten und Konstanten | 164 |
| | 2.21.3.3 Benutzerdefinierte Einheiten erzeugen | 164 |
| 2.21.4 | Flageinstellungen | 164 |
| 2.21.5 | Das Arbeiten mit Einheiten | 164 |
| | 2.21.5.1 Erzeugen eines Einheitenobjekts | 164 |
| | 2.21.5.2 Einheiten-Konvertierung | 164 |
| | 2.21.5.3 Abtrennen des Wertes aus einem Einheitenobjekt | 165 |
| 2.21.6 | Das Erzeugen von benutzerdefinierten Einheiten | 165 |
| | 2.21.6.1 Definieren von Währungseinheiten | 166 |
| 2.21.7 | Arbeiten mit dem Währungsmenü | 169 |
| 2.21.8 | Erweitern eines benutzerdefinierten Menüs | 170 |
| 2.21.9 | Der Einheiten-Manager UNITMAN | 170 |
| 2.21.10 | Beschränkungen für Einheitennamen | 170 |
| 2.21.11 | Zugriff auf Einheiten-Menüs per Programm | 171 |

# 3 Mathematische Funktionen ... 172

| | | |
|---|---|---|
| 3.1 | Zahlensysteme auf dem HP | 172 |
| 3.1.1 | Reelle Zahlen (Dezimalzahlen) | 172 |
| 3.1.2 | Binärganzzahlen | 172 |
| 3.1.3 | Große ganze Zahlen (große Integer) | 173 |
| | 3.1.3.1 Ganzzahlen mit vielen Dezimalstellen | 173 |
| | 3.1.3.2 Unterschied zwischen Binärganzzahlen und großen Integerzahlen | 173 |
| | 3.1.3.3 Zahlendarstellung auf dem HP-Bildschirm | 173 |
| | 3.1.3.4 Integerfunktionen | 174 |
| | 3.1.3.5 Einstellungen | 174 |
| | 3.1.3.6 Bildschirmdarstellung | 174 |
| | 3.1.3.7 Beispiele für Integer-Arithmetik | 175 |
| | 3.1.3.8 Beispiel: Passwortberechnung | 176 |
| 3.1.4 | Primzahlfunktionen | 176 |
| 3.1.5 | Hochgenaue reelle Zahlen | 177 |
| 3.2 | Die Summenfunktion | 177 |
| 3.2.1 | Die mathematische Schreibweise | 177 |
| 3.2.2 | Beispiel | 177 |
| | 3.2.2.1 RPN-Modus | 178 |
| | 3.2.2.2 ALG-Modus | 179 |
| 3.2.3 | Berechnung von Potenzreihen | 179 |
| 3.3 | Die Integralfunktion | 181 |
| 3.3.1 | Einleitung | 181 |
| | 3.3.1.1 Bestimmtes Integral | 181 |
| | 3.3.1.2 Unbestimmtes Integral | 181 |
| 3.3.2 | Aufruf der Integralfunktion | 182 |

| | | |
|---|---|---|
| 3.3.3 | Beispiel im RPN-Modus | 182 |
| 3.3.4 | ALG-Modus | 183 |
| 3.3.5 | Die Ableitung einer Funktion | 183 |
| 3.4 | Der DEFINE-Befehl | 184 |
| 3.4.1 | Notation | 184 |
| 3.4.2 | Beschreibung des Befehls | 184 |
| 3.4.3 | Flags | 184 |
| 3.4.4 | Beispiel Pythagoras | 185 |
| 3.4.5 | Anwendung der benutzerdefinierten Funktionen | 186 |
| 3.4.5.1 | ALG-Modus (Flag -95 = 1): | 186 |
| 3.4.5.2 | RPN-Modus (Flag -95 = 0): | 186 |
| 3.5 | Lösen von Gleichungen mit ISOL und SOLVE | 187 |
| 3.5.1 | Einleitung | 187 |
| 3.5.2 | Einstellung der Flags | 187 |
| 3.5.3 | Der Befehl ISOL (SOLVE) | 188 |
| 3.5.3.1 | Aufruf im RPN-Modus | 188 |
| 3.5.3.2 | ALG-Modus | 191 |
| 3.5.4 | Die Funktion FACTOR | 191 |
| 3.5.5 | Besonderheiten der Gleichung aus Beispiel 2 | 192 |
| 3.6 | Lösen von Gleichungen durch Iteration. | 194 |
| 3.6.1 | Aufgabe | 194 |
| 3.6.2 | Lösung | 194 |
| 3.6.3 | Kontrollberechnung | 195 |
| 3.7 | Gleichungsbibliothek und Gleichungslöser | 196 |
| 3.7.1 | Einleitung | 196 |
| 3.7.2 | Gleichungsbibliothek EQL+ als Tool für den HP 49G | 196 |
| 3.7.3 | Die Auswahlmenüs | 197 |
| 3.7.4 | Der Gleichungs-Selektor | 197 |
| 3.7.4.1 | Das Konstanten-Menü | 198 |
| 3.7.4.2 | Das Solver-Menü | 199 |
| 3.7.5 | Ausführliches Berechnungsbeispiel | 200 |
| 3.7.5.1 | Gleichungen auswählen | 200 |
| 3.7.5.2 | Solver aufrufen | 200 |
| 3.7.5.3 | Einheiten initialisieren | 201 |
| 3.7.6 | Lösen der Gleichungen und Anzeigen der Ergebnisse | 202 |
| 3.7.6.1 | Neue Berechnung (mit neuen Werten) | 202 |
| 3.7.6.2 | Erster Durchlauf | 202 |
| 3.7.6.3 | Zweiter Durchlauf zur Berechnung von Varianten | 203 |
| 3.7.7 | Verlassen des Solvers | 203 |
| 3.7.8 | Ergebnisse interpretieren und Lösungen überprüfen | 204 |
| 3.8 | Lineare Gleichungssysteme | 204 |
| 3.8.1 | Der Befehl LINSOVE | 205 |
| 3.8.1.1 | Wie ging das mit LINSOLVE gleich wieder? | 205 |
| 3.8.1.2 | Erläuterung der Tabelle | 205 |
| 3.8.2 | Was ist eine symbolische Lösung? | 206 |
| 3.8.3 | Was ist eine numerische Lösung? | 206 |
| 3.8.4 | Beispiele | 206 |
| 3.8.5 | Ein Beispiel für eine rein symbolische Lösung | 209 |
| 3.8.6 | Berechnungsdauer für symbolischen Lösungen | 209 |
| 3.9 | Koordinatensysteme | 209 |
| 3.9.1 | Bezeichnungen und Begriffe | 209 |

    3.9.1.1    Definition eines orthogonalen Rechtssystems: ................................ 210
    3.9.1.2    Formelzeichen .................................................................................. 210
  3.9.2    Koordinatenmodus ................................................................................. 211
  3.9.3    Winkelmodus .......................................................................................... 211
  3.9.4    2D-Koordinaten ..................................................................................... 211
  3.9.5    3D-Koordinaten ..................................................................................... 212
 3.10    Vektoren und Matrizen ................................................................................ 214
  3.10.1    Einleitung ............................................................................................. 214
    3.10.1.1    Vektoren ..................................................................................... 214
    3.10.1.2    Matrizen ..................................................................................... 214
    3.10.1.3    n-Tupel ....................................................................................... 214
    3.10.1.4    Lehrbücher über Matrizen und Vektoren ................................. 214
  3.10.2    Darstellung von Vektoren ..................................................................... 215
    3.10.2.1    Mathematische Darstellung ...................................................... 215
    3.10.2.2    Darstellung auf dem HP ........................................................... 215
  3.10.3    Matrizenrechnung auf dem HP ............................................................ 217
 3.11    Parallelverarbeitung mit Listen .................................................................. 218
 3.12    Mathematische Grenzen des HP-Taschenrechners ................................... 219
  3.12.1    Einleitung ............................................................................................. 219
  3.12.2    Zu große Zahlen ................................................................................... 219
  3.12.3    Beispiel: Berechnung einer zu großen Zahl ........................................ 220
    3.12.3.1    Berechnung mit Potenzfunktion im exakten Modus ................ 220
    3.12.3.2    Berechnung mit Potenzfunktion im Näherungsmodus ............ 220
    3.12.3.3    Berechnung als reelle Zahl über Logarithmen (mit Bordmitteln) ........ 220
    3.12.3.4    Berechnung mit Potenzfunktion( mit Longfloat-Tool) ............ 221
    3.12.3.5    Berechnung als reelle Zahl über Logarithmen (mit Longfloat-Tool) .... 222
    3.12.3.6    Ergebnisbeurteilung .................................................................. 222

# 4    Zusatzfunktionen ................................................................................ 223
 4.1    Batterieschoner ............................................................................................ 223
 4.2    System-Notdienst ......................................................................................... 224
  4.2.1    Der HP reagiert nicht mehr ................................................................. 224
  4.2.2    Der HP braucht zu lange ..................................................................... 224
  4.2.3    System-Operationen ............................................................................. 224
    4.2.3.1    Warmstart mit Tastenkombination [ON]&[F3] ....................... 224
    4.2.3.2    Warmstart ohne Tastatur .......................................................... 225
    4.2.3.3    Kaltstart mit Tastenkombination [ON]&[F1]&[F6] ................ 225
    4.2.3.4    Systemtests ................................................................................. 225
  4.2.4    Zu wenig Speicherplatz ........................................................................ 226
  4.2.5    Invalid Card Data ................................................................................ 226
  4.2.6    Notbremsen ........................................................................................... 226
    4.2.6.1    Befehl für Systemoperation abbrechen vor Loslassen der [ON]-Taste ...... 226
    4.2.6.2    Abbruch einer Systemoperation durch [Longhold-Backspace] ................ 226
 4.3    Tools ............................................................................................................. 227
  4.3.1    Einleitung ............................................................................................. 227
  4.3.2    „Third-Party Tools" für den HP ......................................................... 227
  4.3.3    Warnung ............................................................................................... 228
  4.3.4    Dank an alle Autoren .......................................................................... 228
  4.3.5    Professor Rautenberg's HP 49G/49g+ Tools ...................................... 228
    4.3.5.1    Packen und Entpacken mit BZT ............................................... 229
    4.3.5.2    Packen - Entpacken: Vorgang ................................................. 229

| | | |
|---|---|---|
| 4.3.5.3 | Selbstentpackende Archive | 230 |
| 4.3.5.4 | Selbststartende Programme | 230 |
| 4.3.5.5 | Verzeichnisse packen und entpacken | 231 |
| 4.3.5.6 | Einheiten erzeugen und verwalten mit UNITMAN | 231 |
| 4.3.5.7 | Tastatur maßschneidern mit KEYMAN | 231 |
| 4.3.5.8 | Bibliotheken erzeugen und zerlegen mit D↔L | 232 |
| 4.3.5.9 | Verstecken und wieder anzeigen mit Hide | 232 |
| 4.3.5.10 | Verstecken (hide) | 232 |
| 4.3.5.11 | Verstecktes wieder anzeigen (unhide) | 233 |
| 4.3.6 | Vor dem Experimentieren mit Tools | 233 |
| 4.3.6.1 | Sichern des Benutzerspeichers mit ARCH2 und ARCH3 | 233 |
| 4.3.6.2 | Beschreibung von ARCH2 und ARCH3 | 234 |
| 4.3.6.3 | Rückspeichern der Inhalte des Benutzerspeichers | 234 |
| 4.4 | Kleine Helferlein | 235 |
| 4.4.1 | Zeitanzeige ein- und ausschalten | 235 |
| 4.4.2 | Speicher aufräumen (defragmentieren) | 235 |
| 4.4.3 | Stackinhalt speichern und zurückholen | 235 |
| 4.4.4 | Tastenkennung ermitteln | 236 |
| 4.4.5 | Tastennummer ermitteln | 236 |
| 4.4.6 | Anzeige des aktuellen Bildes in PICT | 236 |

## 5  Zeitfunktionen ............ 237

| | | |
|---|---|---|
| 5.1 | HP-Systemuhr | 237 |
| 5.1.1 | Der interne Takt | 237 |
| 5.1.2 | Zeitfunktionen im mitgelieferten Handbuch | 237 |
| 5.1.3 | Menü TIME | 237 |
| 5.2 | Datumsfunktionen | 238 |
| 5.2.1 | Datum als Dezimalzahl | 238 |
| 5.2.2 | Historisch bedingte Grenzen | 239 |
| 5.2.3 | Astronomische Zeitberechnungen | 239 |
| 5.2.4 | Gültiger Eingabebereich für das Systemdatum | 240 |
| 5.2.5 | Rechnen mit Datum und Tagen | 240 |
| 5.3 | Uhrzeitfunktionen | 240 |
| 5.3.1 | Eingabe und Ausgabe der Uhrzeit | 241 |
| 5.3.2 | Laufende Anzeige von Datum und Uhrzeit | 241 |
| 5.3.3 | Umschaltung der Uhrzeitanzeige | 242 |
| 5.3.3.1 | Tool: ACC = (analog clock + calendar) | 242 |
| 5.3.4 | Rechnen mit Uhrzeiten und Zeiträumen | 243 |
| 5.3.4.1 | Summen und Differenzen von Uhrzeiten oder Zeiträumen | 243 |
| 5.3.4.2 | Umrechnung in dezimale Stundenbruchteile | 243 |
| 5.3.4.3 | Umrechnung von Altgrad, Minuten und Sekunden in dezimale Altgrad und umgekehrt | 244 |
| 5.3.5 | Tricks mit den Ticks | 244 |
| 5.3.5.1 | Ausgabe der Ticks | 244 |
| 5.3.5.2 | Formel für die Umrechnung von Datum und Uhrzeit in Ticks | 245 |
| 5.3.5.3 | Datum und Uhrzeit in Ticks umrechnen mit Programm DUT | 246 |
| 5.3.5.4 | Ticks in Datum und Uhrzeit umrechnen mit Programm TDU | 246 |
| 5.3.5.5 | Ticks in Datum und Uhrzeit umrechnen mit Programm TIDU | 247 |
| 5.3.5.6 | Rechnen mit Ticks | 248 |
| 5.3.6 | Korrigieren der Uhrzeit | 248 |
| 5.3.7 | Ausgabe von Datum, Uhrzeit und Wochentag | 249 |

| | | |
|---|---|---|
| 5.3.8 | Alarmfunktionen | 249 |
| 5.4 | Justieren der Systemuhr | 250 |
| 5.4.1 | Methode der Justierung | 250 |
| 5.4.1.1 | Korrektur der Uhrzeit und Justierung der Ganggenauigkeit | 251 |
| 5.4.1.2 | Bemerkungen zum Vorgang | 252 |
| 5.4.1.3 | Bemerkungen zur Ganggenauigkeit | 252 |
| 5.4.1.4 | Praktisches Beispiel für die erstmalige Justierung (Grobjustierung) | 253 |
| 5.4.2 | Schaltuhr-Programm zu Schritt 8 | 254 |
| 5.4.2.1 | Erläuterung des Schaltuhr-Programms | 254 |
| 5.4.2.2 | Aufgabe des Schaltuhr-Alarms | 254 |
| 5.4.2.3 | Prinzip der Justierung | 255 |
| 5.4.3 | Kontrollieren und Korrigieren der Ganggenauigkeit | 256 |
| 5.4.4 | Zeitumstellung | 256 |
| 5.4.5 | Justierprogamm JUST | 257 |
| 5.4.5.1 | Installation | 257 |
| 5.4.5.2 | Vorbereitungen des HP für die Justierung: | 257 |
| 5.4.5.3 | Automatische Justierung einrichten | 258 |
| 5.4.5.4 | Anpassen des Schaltuhr-Alarms | 258 |
| 5.4.5.5 | Korrigieren und Justieren der Uhrzeit | 259 |
| 5.4.5.6 | Beschreibung des Vorgangs | 259 |
| 5.4.5.7 | Kurz-Anleitung für Justierung per Programm | 261 |
| 5.4.6 | Andere Tools zur Justierung | 261 |
| 5.4.6.1 | TIMEMAN | 261 |
| 5.4.6.2 | ClckAdjst v3.0 | 261 |

# 6 Musik auf dem HP-Taschenrechner .................................................. 262
| | | |
|---|---|---|
| 6.1 | Einige Grundlagen der Musiktheorie | 262 |
| 6.1.1 | Das Tonsystem der Zwölftonmusik | 262 |
| 6.1.2 | Theorie der temperierten Stimmung | 263 |
| 6.1.3 | Einstellen der temperierten Stimmung am Instrument | 263 |
| 6.2 | HP-Tongenerator | 264 |
| 6.2.1 | Befehlssyntax für Tonerzeugung durch BEEP | 264 |
| 6.2.2 | Stufenweise Tonerzeugung mit BEEP | 265 |
| 6.2.3 | Testprogramm für den Tongenerator | 265 |
| 6.2.4 | Frequenztabelle für den HP 49g+/50g | 266 |
| 6.2.5 | Liste der Frequenzen auf dem HP | 268 |
| 6.2.6 | Einsatz des Tongenerators für Musikerzeugung | 268 |
| 6.3 | Programme zur Erzeugung der Einzeltöne | 269 |
| 6.4 | Programmieren einer monophonen Melodie | 269 |
| 6.5 | Musikverzeichnis auf dem HP | 270 |
| 6.5.1 | Erläuterung der einzelnen Felder der Menüseiten | 270 |
| 6.5.2 | Eingeben von beliebigen Liedern | 271 |
| 6.5.3 | Handy-Klingeltöne | 272 |
| 6.6 | Erzeugung polyphoner Melodien | 273 |

# 7 Grafikfunktionen .................................................. 273
| | | |
|---|---|---|
| 7.1 | Einleitung | 273 |
| 7.2 | Grundlagen der Taschenrechnergrafik | 273 |
| 7.2.1 | Grafikobjekte | 273 |
| 7.2.2 | Integrierte Grafik-„Wandtafel" PICT | 274 |
| 7.2.3 | Bildschirmanzeige | 274 |
| 7.2.4 | Grafikeditor | 274 |

| | | |
|---|---|---|
| 7.3 | Sichern und Anzeigen von Grafiken | 275 |
| *7.3.1* | *Sichern* | *275* |
| *7.3.2* | *Anzeigen* | *275* |
| *7.3.3* | *Grafikprogramme* | *275* |
| | *7.3.3.1 Anwendungsbeispiel* | *276* |
| 7.4 | Grafik-Programmierbeispiel „Monatskalender" | 277 |
| *7.4.1* | *KAL = Monatskalender* | *277* |
| *7.4.2* | *WOT = Wochentag* | *278* |
| *7.4.3* | *KW = Kalenderwoche* | *278* |
| *7.4.4* | *MON = Ausgabe der Monatsnamen* | *278* |
| 7.5 | Plotten von Graphen | 278 |

## 8 Praktische Anwendungen ... 279
8.1 Der HP-Taschenrechner in der Astronomie ... 279

## 9 Anhang ... 280
9.1 Literaturangaben ... 280
9.2 Learning Modules ... 281
9.3 Ergänzungsbeiträge ... 282
9.4 HP-Taschenrechnerprogramme ... 283
9.5 Das griechische Alphabet ... 284
9.6 Bilderverzeichnis ... 285
9.7 Tabellenverzeichnis ... 288
9.8 Formelverzeichnis ... 290
9.9 Alphabetisches Sachverzeichnis (Index) ... 291

# 1 Einführung

## 1.1 Kennenlernen des neuen Taschenrechners

Wenn der neue Taschenrechner geliefert ist, möchte man ihn sofort auspacken und ausprobieren. Um typische Anfängerfehler und damit Ärger und zusätzliche Kosten zu vermeiden, lese man aber zuerst den nachfolgenden Text dieses Abschnitts.

### 1.1.1 *Auspacken und auf Vollständigkeit prüfen*

Der **Kaufbeleg** (Rechnung, Quittung) stellt die Anspruchsgrundlage für Garantieleistungen dar, deshalb sollte er aufbewahrt werden. Bevor die **Verpackung** geöffnet wird, sollte sie auf Beschädigungen überprüft werden (originalverpackt, keine Beschädigungen). Bei Beschädigungen sollte sofort beim Lieferanten oder beim Lieferservice reklamiert werden. Das Originalverpackungsmaterial sollte mindestens während der Garantiezeit aufbewahrt werden, da Rücksendungen meist nur in Originalverpackung anerkannt werden.

Anschließend überprüfe man den Inhalt. Der auf der Lieferliste verzeichnete Lieferumfang (Handbücher, Kabel, CD, Garantiekarte, Seriennummer, Registrierkarte, Batterien, Hinweise auf Hotline und Herstellerservice) sollte auf Vollständigkeit überprüft werden.

Wurden die Handbücher mitgeliefert? Diese Frage ist besonders wichtig, wenn man seinen HP-Taschenrechner gebraucht gekauft hat.

**Beim HP 48GX:** Kurzanleitung (Lit. [1]) und Serie HP 48G-Benutzerhandbuch (Lit. [2])

**Beim HP 49G:** HP 49G Benutzerhandbuch (Lit. [5]); HP 49G Benutzerhandbuch für Fortgeschrittene (Lit. [4]).

**Beim HP 49g+:** HP 49g+ Benutzerhandbuch (Lit. [9]).

**Beim HP 50g:** Eine Kurzanleitung in gedruckter Form im DIN A 5 Querformat in verschiedenen Sprachen liegt bei. Außerdem wird eine CD-ROM mitgeliefert, auf der alle wichtigen Handbücher enthalten sind:

- *Advanced User's Reference Manual (AUR)*, PDF-Format (Lit. [10]).
- *HP 50g_user's guide_German.pdf* ist eine ausführliche Bedienungsanleitung mit Beschreibung aller Funktionen in deutscher Sprache (siehe Lit. [12]).
- *Learning Modules* in englischer Sprache mit Beschreibung der 56 Module, siehe Inhaltsübersicht unter 9.2 auf Seite 281.
- Beispielprogramme.

### 1.1.2 *Die programmierbaren HP-Grafik-Taschenrechner*

In diesem Buch werden die programmierbaren wissenschaftlichen HP-Grafik-Taschenrechner HP 48GX, HP 49G, HP 49g+ und HP 50g beschrieben. Der HP 48GX wird nur der Vollständigkeit halber hier aufgeführt, weil die anderen genannten HP-Taschenrechner aus ihm hervorgegangen sind. Die Handhabung des HP 48GX unterscheidet sich etwas von den Nachfolgemodellen, weil die Tastatur abweicht. Der HP 48GX wird hier nur erwähnt, wenn Unterschiede zu den anderen drei Typen wichtig sind, ansonsten wird auf das Handbuch (Lit. [2]) verwiesen. Die Programmierung ist jedoch bei allen Modellen identisch.

Frühere programmierbare HP-Taschenrechner, wie z. B. der HP 41CV und der HP 45, die nur mit einer alphanumerischen Anzeige ausgestattet waren und somit keine Grafik darstellen konnten, werden hier nicht behandelt.

### 1.1.2.1 Der HP 48GX und der HP 49G

Bild 1: HP 48GX

Bild 2: HP 49G

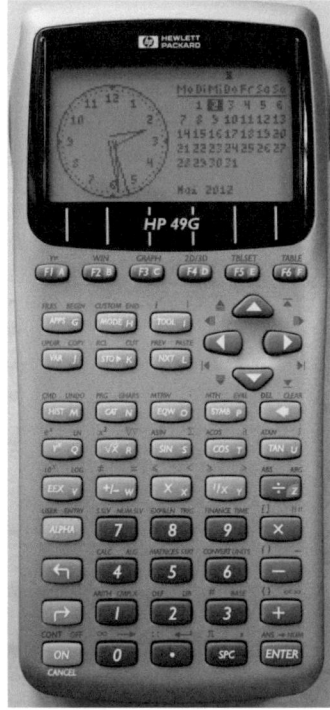

Die **Tastatur** des HP 48GX hat 49 Tasten, die anderen 3 Modelle haben 51 Tasten. Die Tastenbezeichnungen sind auf die Tasten aufgedruckt.

Da die Handhabung von HP 49G, HP 49g+ und HP 50g identisch ist, besteht kaum ein Unterschied in der Beschreibung dieser Modelle. Im Text wird jedoch auf Unterschiede hingewiesen, wenn diese von Bedeutung sind.

Der **serielle Anschluss** (RS232, COM, V.24) des HP 48GX und des HP 49G befindet sich an der oberen Schmalseite des Rechners.

Das **Anschlusskabel zum PC**[1] hat einen D-SUB-Stecker für den PC und einen kleinen Stecker (mit einer 10-poligen Steckbuchse). Dieser wird oben in den HP-Taschenrechner eingesteckt, dort sind als Gegenstück 10 Steckerstifte vorhanden.

---

[1] **PC** = **P**ersonal **C**omputer. Darunter sei ein IBM-compatibler Computer mit MSDOS-, Windows-, LINUX- oder MAC-Betriebssystem verstanden.

Da sich der Stecker nur sehr streng in die Buchse einschieben lässt, muss darauf geachtet werden, dass die Stifte des seriellen Rechneranschlusses nicht verbogen werden. Das Kabel sollte dort nicht mit Gewalt eingesteckt werden. Wenn die Stifte abbrechen, kann man keine Programme laden und auch keine Daten mit dem PC austauschen. Dann muss der Rechner zur Reparatur eingesandt werden.

### 1.1.2.2  Der HP 49g+ und der HP 50g

Bild 3: HP 49g+

Bild 4: HP 50g

Der **HP 49g+** und der **HP 50g** haben einen **USB-Anschluss**. Die Anschlussbuchse befindet sich ebenfalls an der oberen Schmalseite des Rechners. Am unteren Rand ist bei beiden Modellen zusätzlich ein Schacht vorhanden, in den eine SD-Speicherkarte eingeschoben werden kann.

Der **HP 50g** besitzt zusätzlich zum USB-Anschluss an der oberen Schmalseite noch einen Anschluss für die „StreamSmart"-Anwendung, wo vier verschiedene wissenschaftliche Sensoren angeschlossen werden können. Über das StreamSmart-Applet im Menü [APPS] kann diese Anwendung aufgerufen und gesteuert werden. Hier in diesem Buch wird nicht darauf eingegangen, weil diese Anwendung nur für Spezialisten interessant ist. Ausführliche Informationen dazu sind in der Bedienungsanleitung zu *HP StreamSmart 400* (siehe www.hp.com/calculators) zu finden.

Der Aufbau der HP-Taschenrechner wird im Prinzip unter 1.2 auf Seite 25 beschrieben.

## 1.1.3 *Handbücher*

Mitgeliefert mit dem HP 49G wird ein deutsches *HP 49G Benutzerhandbuch* im A5-Format (siehe Lit. [5] oder [7]), das folgende Themen beschreibt:
- Tastatur,
- Grundlagen,
- Betriebsmodi,
- Erstellen von und Arbeiten mit Ausdrücken,
- Gleichungslöser,
- Plotten von Graphen,
- Vektoren, Listen, Felder,
- Statistikfunktionen,
- Programmierung,
- Anhang Fehlermeldungen und Fehlerbehebung,
- Verbindung mit anderen Rechnern.

Außerdem wird auch das deutsche *HP 49G Benutzerhandbuch für Fortgeschrittene* als gedrucktes Buch mitgeliefert (siehe Lit. [4] oder [8]).
- Eingeben von Befehlen,
- Modusflags[2],
- Befehlszeilenoperationen,
- Der Stack,
- Matrizen und lineare Algebra,
- Einheitenobjekte,
- Konstantenbibliothek,
- Basis,
- Listen und Folgen,
- Erweiterte Plot-Optionen,
- Speicher,
- Datum und Uhrzeit,
- Benutzerspezifische Anpassung,
- Computer-Algebra-Befehle,
- Stichwortverzeichnis.

Die mitgelieferte Kurzanleitung Lit. [6] im Taschenformat (70×175 mm Hochformat, 81 Textseiten) enthält wichtige Bedienungshinweise und die Beschreibung der wichtigsten Befehle und Funktionen. Außerdem enthält sie eine Beschreibung der Systemflags.

Die Handbücher der Nachfolgemodelle sind ähnlich aufgebaut.

## 1.1.4 *Die Kompatibilität zum HP 48GX*

Der HP 49G ist nach Angaben von HP mit dem HP 48GX voll kompatibel, was die Übernahme von Programmen betrifft. Die HP48-Programme sind ohne Änderung auf dem HP 49G lauffähig. Man sollte den Quelltext als ASCII-Text auf den HP-Rechner laden, dann wird das lauffähige Programm automatisch erzeugt.

---

[2] Über „Flags" werden die Betriebsmodi des Taschenrechners eingestellt. Mehr dazu ab Seite 68.

Nicht kompatibel ist der HP 49G mit dem HP 48GX, was einige Modalitäten der Datenverbindung über die serielle Schnittstelle RS232 betrifft. Die bisherigen Systemflags -33 und -34 (Flags siehe unter 2.2 auf Seite 68), die beim HP 48GX für den Infrarot-Anschluss (IR-Port) und den IR-Druckeranschluss zuständig sind, haben beim HP 49G keine sinnvolle Verwendung, weil der HP 49G keinen Infrarot-Anschluss besitzt. Bei den vom HP 48GX übernommenen Programmen, die damit arbeiten, treten somit Fehler beim HP 49G auf.

Die Programme des HP 48GX können also nicht unbesehen auf den HP 49G übernommen werden, weil von den Entwicklern doch einiges geändert wurde. Z. B. laufen die HP48-Bibliotheken nicht auf dem HP 49G und umgekehrt. Die augenfälligste Änderung ist die Anzahl der System- und Benutzerflags (2×64 Flags beim HP 48GX, 2×128 Flags beim HP 49G).

### 1.1.5 *Die Datenübertragung zu anderen Rechnern*

**Bild 5: Mitgeliefertes Zubehör**

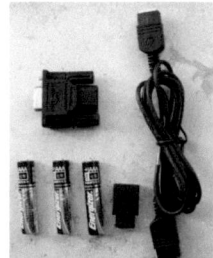

Bild **5** zeigt das mitgelieferte Zubehör des HP 49G. Dieser besitzt **keine** Infrarot-Schnittstelle.

Der HP 49G hat einen seriellen RS232-Anschluss mit Stiftleiste (= Stecker mit 10 Stiften). Das im Bild 5 gezeigte Kabel hat 2 entsprechende Steckerbuchsen. Der große Adapter wird an das Kabel gesteckt und dient zum Anschluss an einer RS232-Schnittstelle am PC. Der kleine Adapter dient zum Anschluss an einen HP 48GX. Das Kabel kann ohne Adapter zur Verbindung zweier HP 49G verwendet werden. Die Verbindungs-Software wird auf CD-ROM mitgeliefert.

Neuere Versionen der Verbindungssoftware **Conn4x.exe** sind im Internet verfügbar (www.hpcalc.org). Sie können auch für den HP 48GX verwendet werden.

### 1.1.6 *Betriebssystem-Update*

Das Betriebssystem im Flash-ROM des HP 49G/49g+/50g kann mit einer neuen Version überschrieben werden. Neue Versionen (Updates) werden meist nach Behebung von Fehlern in der Firmware (System-ROM) oder bei Neuerungen von der Herstellerfirma angeboten.

Beim HP 48GX gibt es diese Möglichkeit nicht, weil dieser intern dafür nicht eingerichtet ist und keine eingebaute Upgrade-Software besitzt.

**Hinweis:**

- Das *Update* ist eine Datei mit der neuen Version.
- Der *Upgrade* ist der Installationsvorgang des Betriebssystem-Updates vom PC auf den HP 49G/49g+/50g.

Die Original-Update-Dateien mit den *Upgrade Instructions* sind bei HP im Internet unter http://www.hp.com unter dem Stichwort HP 49G zu finden. Die Anweisungen für den Benutzer werden während des Upgrades auf dem Bildschirm angezeigt.

Eine genaue Internet-Adresse kann hier nicht angegeben werden, weil auch HP gelegentlich Internet-Adressen ändert. Auch unter www.hpcalc.org sind die entsprechenden Dateien zu finden. Man suche dort unter dem Stichwort „ROM" (= **R**ead **O**nly **M**emory).

Vor dem Upgrade ist der gesamte Speicherinhalt des HP 49G/49g+/50g über das Verbindungskabel mittels der Verbindungssoftware auf die Festplatte des PC zu sichern. Zu sichern ist alles, was erhalten bleiben soll. Vergewissern Sie sich, dass Sie die neueste Version des HP 49G/49g+/50g-Betriebssystem-ROMs von der HP-Internetseite heruntergeladen haben.

Die Batterien des HP 49G/49g+/50g müssen in neuwertigem Zustand sein, denn der Vorgang ist sehr stromzehrend und dauert etwa **16 Minuten**. HP empfiehlt, den Upgrade **nur mit neuwertigen Batterien** durchzuführen.

**Achtung:** Falls der Upgrade misslingen sollte, wird der HP 49G/49g+/50g **nicht unbrauchbar**. Der HP-Taschenrechner besitzt ein fest eingebautes Bootsystem (= Startsystem) mit 64 kB auf einem (unlöschbaren) ROM, das alle Befehle für die Grundfunktionen und für die Funktionen zur Durchführung eines Upgrades enthält. Man muss einfach nur den Upgrade wiederholen.

Nachdem das neue Betriebssystem auf dem HP-Taschenrechner installiert ist, sollte man sich durch Eingabe des Befehls VERSION davon überzeugen, ob es sich auch richtig meldet.

Nach dem Upgrade kann man überprüfen, ob alle vor dem Upgrade vorhandenen Programme und Variablen „noch da" sind und der Rechner damit einwandfrei funktioniert. Im Zweifelsfall muss man einen **RESTORE** der Sicherungsdatei durchführen, die man vor dem Upgrade auf der Festplatte des PC angelegt hat.

**Das neue Betriebssystem ist nun betriebsbereit.**

**Empfehlung:** Man sollte immer die vorherige Updateversion aufbewahren. Es könnte ja sein, dass der Upgrade misslingt oder die aufgespielte neue Version nicht läuft. Dann kann man auf die alte Datei zurückgreifen und den HP 49G/49g+/50g wenigstens wieder mit der alten Version betriebsbereit machen.

## 1.1.7 *Innenansicht des HP 49G*

**Bild 6: HP 49G, Innenansicht**

Außer dem Einlegen und Wechseln der Batterien, die über das Batteriefach zugänglich sind, muss im Innern des Gehäuses nichts eingestellt oder gereinigt werden. Es besteht kein Grund, das Gerät zu öffnen, denn alle hier beschriebenen HP-Taschenrechner sind wartungsfrei.

Bild 6 zeigt die Innenansicht des HP 49G.

Das Gehäuse ist nicht verschraubt. Die beiden Gehäusedeckel (die hellblaue Kunststoffschale der Vorderseite mit der Tastatur und die schwarze Kunststoffschale der Rückseite) sind durch Schnappverschlüsse miteinander verbunden. Zusätzlich wurden sie beim Zusammenbau im Herstellerwerk durch hellblaue Kunststoffvernietungen gesichert. Diese sind zugleich auch das Garantiesiegel. Beim Öffnen des Gehäuses müssten sie aufgebohrt werden.

Rechts in Bild 6 sieht man die schwarze Kunststoffschale der Rückseite von innen und die Unterseite des Batteriefachs. Das Blech dient zur Masseverbindung des Lautsprechers und als Abschirmung.

Im linken Teil in Bild 6 und auf Bild 7 sieht man die Hauptplatine mit den integrierten Bausteinen und dem seriellen Anschluss (Steckbuchse), der von oben zugänglich ist.

**Bild 7: Teilansicht: Prozessor und Rechnerbausteine**

Wie zu sehen ist, könnte man ohnehin nichts reparieren, ohne dass man etwas kaputtmacht. An die Tastaturkontakte kommt man nicht heran, um sie reinigen zu können. Auch den Bildschirm kann man nicht ausbauen. Lediglich die Acrylglasabdeckung des Bildschirms ist abnehmbar, sie ist mit Haltenasen in Aussparungen der Vorderschale befestigt. Man sollte sie nicht abnehmen, weil sie ringsum staubdicht eingepasst ist.

**Warnung**: Wenn der Rechner noch betriebsfähig ist, wird von einem Öffnen des Gehäuses dringend abgeraten, denn erstens kann man am Innenleben nichts reinigen oder reparieren und zweitens verletzt man dadurch die Garantiesiegel und ist damit die evtl. noch vorhandene Garantie endgültig los.

## 1.2 Notation

Nun müssen wir eine einheitliche Notation (Schreibweise) für die einheitliche Benennung (Sprechweise) der Tastenfunktionen und Tastendrücke festlegen, die im Text des Buches verwendet werden soll.

### 1.2.1 *Schreibweise der Bezeichnungen*

Bei den Bezeichnungen der Objekte, Variablennamen, Befehle und Funktionen wird bei der Schreibweise in den Programmen streng zwischen Großbuchstaben und Kleinbuchstaben unterschieden. Befehle (commands) müssen in Großbuchstaben geschrieben werden, wie sie im internen Befehle-Katalog CAT stehen.

Beispiele:
- 'a' und 'A' sind zwei verschiedene Variablen,
- 'Progr', 'PROGR', 'PRoGR' und 'progr' sind vier verschiedene Programme,
- y(x) und Y(X) sind zwei verschiedene Funktionen, wobei x und X zwei verschiedene Argumente sind.

Beim Abtippen von Programmen, die im Internet oder in Handbüchern zu finden sind, ist streng auf die Schreibweise zu achten.

## 1.2.2 Englische Bezeichnungen

Im Text werden die für die Tasten üblichen englischen Bezeichnungen verwendet. Auch die internen Befehle des HP-Taschenrechners werden im Text mit der englischen Originalbezeichnung verwendet, die deutsche Bedeutung wird bei Bedarf in Klammern erläutert.

## 1.2.3 Beschriftungen auf den Tasten und auf dem Gehäuse

Bild 1 bis Bild 4 zeigen die vier Typen der HP-Taschenrechner. Auf den Bildern sind die Tastaturen und die aufgedruckten Beschriftungen zu sehen.

Den Tasten sind bis zu vier verschiedene Beschriftungen zugeordnet.
1. Aufdruck des Namens der Tastenhauptfunktion in der Mitte der Taste.
2. Aufdruck von Großbuchstaben am rechten Rand auf der Taste.
3. Aufdruck des Funktionsnamens auf dem Gehäuse links über der Taste
4. Aufdruck des Funktionsnamens auf dem Gehäuse rechts über der Taste.

## 1.2.4 Farbige Umschalttasten (Shift-Tasten)

Die drei farbigen Tasten in der linken senkrechten Reihe der Tastatur sind die Umschalttasten. Die Farbe der Tasten und der aufgedruckten Funktionsnamen kann je nach Rechnermodell variieren.

### 1.2.4.1 Links-Umschalttaste

Die **Links-Umschalttaste** (mit dem Aufdruck eines nach links abgeknickten Pfeils ↰) ist eine Vorbereitungstaste zur Funktionsumschaltung der anschließend gedrückten Taste für diejenige Funktion, die auf dem Gehäuse über der Taste links oben in gleicher Farbe wie die Umschalttaste aufgedruckt ist, man spricht dann von **Linksumschaltung** der nachfolgenden Taste und bezeichnet den auszuführenden Tastendruck mit **[leftshift]** = [↰] = [LS].

### 1.2.4.2 Rechts-Umschalttaste

Auf ähnliche Weise wird die **Rechts-Umschalttaste** (mit dem Aufdruck eines nach rechts abgeknickten Pfeils ↱) benutzt, man spricht dann von **Rechtsumschaltung** der anschließend gedrückten Taste für diejenige Funktion, die in gleicher Farbe wie die Umschalttaste auf dem Gehäuse über der jeweiligen Taste rechts oben aufgedruckt ist und bezeichnet den auszuführenden Tastendruck mit **[rightshift]** = [↱] = [RS].

### 1.2.4.3 ALPHA-Taste

Die Umschalttaste mit der Aufschrift **ALPHA** dient zur Umschaltung der Tastatur auf die Eingabe von Buchstaben, die auf den anderen Tasten rechts neben der Funktionsbezeichnung aufgedruckt sind. Beim HP 48GX ist der Buchstabe auf dem Gehäuse rechts unten neben der Taste aufgedruckt.

Der auszuführende Tastendruck der Umschalttaste wird im Text mit **[ALPHA]** bezeichnet. In den internen Tabellen der Character-Zeichen wird diese Taste mit α bezeichnet.

Diese Tabellen zeigen, wie über die Tastatur Sonderzeichen in den Taschenrechner eingegeben werden können (Aufruf dieser Tabellen mit **CHARS = [↱][EVAL]**).

Siehe linke untere Ecke von Bild 8: Das markierte Zeichen wird mit den Tasten α ↰ D α ↱9 erzeugt. Die gezeigte Zeichenfolge wird mit den Tasten **[ALPHA][↰][D][ALPHA][↱][9]** eingegeben.

**Bild 8: Character-Tabelle**

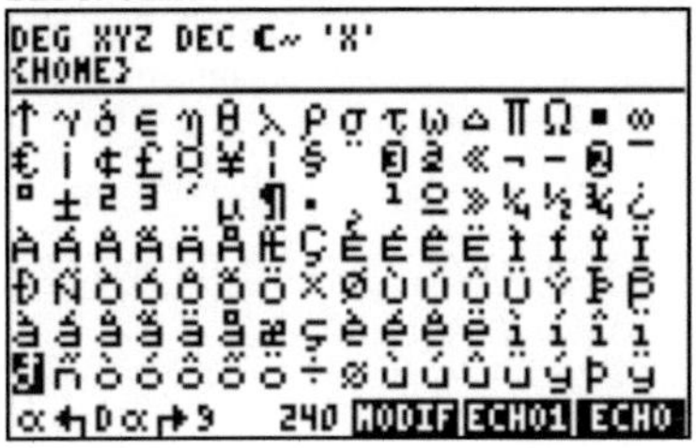

Oder, wenn die Tabelle angezeigt wird, Zeichen einfach markieren und mit ECHO1 in die Eingabezeile des Taschenrechners holen.

## 1.2.5 Tasten und Tastatur

Bei Bedarf sollten die Beschreibungen unter 2.11 auf Seite 125 und 2.12 auf Seite 131 studiert werden. Sie machen den Benutzer mit der Tastatur, den Tastenkennungen, der Standard-Tastenbelegung und den Möglichkeiten der Belegung der Tastatur vertraut.

### 1.2.5.1 Begriff: Tastendruck

**Festlegung:**
Wir bezeichnen hier in diesem Buch eine zu betätigende Taste (Tastendruck) mit fettgedruckten eckigen Klammern: [ ]. Dabei steht in der eckigen Klammer die Funktionsbezeichnung, der aufgedruckte Großbuchstabe oder die danebenstehende, auf dem Gehäuse aufgedruckte Funktion.

### 1.2.5.2 Begriff: Tastenfolge

Im Text hintereinanderstehende eckige Klammern [...][...][...], die Funktionsbezeichnungen oder Großbuchstaben enthalten, bezeichnen eine **Tastenfolge**. Die entsprechenden Tasten sind hintereinander einzeln zu drücken.

Z. B. wird der Großbuchstabe „W" mit der Tastenfolge [ALPHA][W] eingetippt. Der Kleinbuchstabe „w" wird mit der Tastenfolge [ALPHA][¶][W] eingegeben.

Gleichwertig sind:
**PRG** = [PRG] = [LS][EVAL] = [¶][EVAL],
**CHARS** = [CHARS] = [RS][EVAL] = [¶][EVAL].

| **Merksatz:** Eine Tastenfolge kann mit einem Finger nacheinander eingetippt werden. |
|---|

### 1.2.5.3 Begriff: Tastenkombination

Werden zwei Tasten [...]&[...] im erklärenden Text durch ein „&" verbunden, so ist die erste (links vom &) gedrückt zu halten, während die zweite (rechts vom &) kurz gedrückt und losgelassen wird, anschließend ist die erste loszulassen.

Bei Umschalttasten werden im Text dafür auch die Bezeichnungen verwendet:
- **[leftshift]&[...]**     oder [¶]&[...]
- **[rightshift]&[...]**     oder [↑]&[...]

Diese kombinierte Folge von Tastendrücken wird als **Tastenkombination** bezeichnet.

| **Merksatz:** Zum Eintippen einer Tastenkombination braucht man mehr als einen Finger (gleichzeitige Tastendrücke). |
|---|

## 1.2.5.4 Funktionstasten und Funktionsaufrufe

Wenn die Funktion direkt auf der Taste steht, spart man sich die eckigen Klammern, wenn diese Funktion direkt aufgerufen werden soll, z. B. bei den Funktionen:
**EVAL, SIN, COS, TAN, $y^x$, 1/x, EEX**,

Dagegen werden Funktionen, die auf dem Gehäuse aufgedruckt sind, als Kürzel für eine Tastenfolge angegeben, z. B.:
**PRG** = [↰][EVAL]
**CHARS** =[↱][EVAL]
**CAT** =[↱][SYMB]
**ASIN** =[↰][SIN]
**ACOS** =[↰][COS]
**ATAN** =[↰][TAN]
**$10^x$** =[↰][EEX]
**MTH** =[↰][SYMB]

Da man denselben Befehl oder dieselbe Funktion mit verschiedenen Tastenangaben bezeichnen kann, einigen wir uns darauf, dass die aufgeschriebenen Tastenfolgen auf jeden Fall eindeutig sein sollen.

Längere Tastenfolgen schreiben wir möglichst kurz, wir verwenden die Funktionsbezeichnungen und lassen die Umschalttasten, wenn möglich weg: **VECTR** = [MTH][F1]. [MTH] heißt darin, man soll die Tastenfolge für MTH verwenden, also [↰][SYMB]

Weitere Aufrufmöglichkeiten werden durch Gedrückthalten einer Umschalttaste und gleichzeitiges Drücken einer anderen Taste zusätzlich erschlossen. In diesem Fall wird das Gedrückthalten der entsprechenden Umschalttasten mit **[leftshift-hold]** oder **[LS-hold]** und **[rightshift-hold]** oder **[RS-hold]** bezeichnet.

## 1.2.5.5 Fettdruck im Text

Ist ein Tastenname, ein Funktionsname oder eine Menüfeldbezeichnung im Text dieses Buches fettgedruckt, dann heißt dies, dass die entsprechende Funktion durch Druck auf die zugeordnete Taste aktiviert werden soll.

## 1.2.5.6 Doppelklick oder Longpress mit den Tasten

Mit bestimmten Tools (engl.: *tool* = Werkzeug, damit sind zusätzliche Hilfsprogramme gemeint) wie KEYMAN (engl.: *key*, bedeutet hier *Taste*, KEYMAN = key manager = Tastenmanagerprogramm) kann man den benutzerdefinierten Tasten zusätzlich beibringen, auf **Doppelklick [doubleclick-...]** und **langes Drücken [longpress-...]** zu reagieren.

In den Nachfolgemodellen des HP 49G sind diese Funktionen fest eingebaut und in Lit. [10] ab Seite G-3 beschrieben. In solchen Fällen wird die Tastenbezeichnung nach dem Bindestrich in dieselbe eckige Klammer gesetzt.

---
**Grundsatz der Notation:**

Alle in **einer** eckigen Klammer stehenden Befehle sollen auch nur mit **einer** Taste bewerkstelligt werden können.

---

**Beispiele:**

1. **[longpress-EEX]** im Text soll heißen:
   Die Taste [EEX] lange drücken.
   Was ist „lange"? Etwa eine halbe Sekunde!

2. **[doubleclick-EEX]** im Text soll heißen:
Die Taste [EEX] zweimal kurz drücken.
Was ist „kurz"? Etwa 0,2 Sekunden.

Dann gibt es da noch: **[¶]&[doubleclick-EEX]**. Jetzt weiß der Leser schon, was das heißt: **[¶]** festhalten und gleichzeitig mit der Funktionstaste [EEX] doppelklicken.

### 1.2.6 Menütasten, Menüfelder und Menüfunktionen

Die sechs Tasten der ersten waagrechten Tastaturreihe haben die Bezeichnungen „F1" bis „F6" und werden Menütasten, F-Tasten oder Softkeys genannt. Diese Tasten werden den sechs am unteren Bildschirmrand direkt darüber befindlichen Menüfeldern zugeordnet. Der Inhalt der Menüfelder und die Funktion der Menütasten hängen vom angezeigten Menü ab. Diese Tasten werden im Text [F1] bis [F6] genannt, hier in den Bildern sind sie am unteren Rand eingeblendet. Wenn eine Taste gedrückt werden soll, dann ist der Tastenname fettgedruckt. Zum Beispiel heißt dann **[F4]**: Taste „F4" drücken.

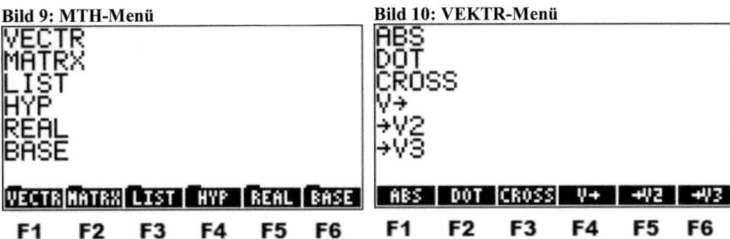

Bild 9: MTH-Menü                Bild 10: VEKTR-Menü

Das MTH-Menü (Bild 9) wird mit **MTH** =**[¶][SYMB]** aufgerufen. Dort sind die Menüfelder VECTR, MATRX, LIST, HYP, REAL und BASE von links nach rechts angeordnet. Sie entsprechen den Tasten [F1] bis [F6]. Ruft man im MTH-Menü das VECTR-Menü mit **[VECTR]** oder auch mit **[F1]** auf, so erscheint auf dem Bildschirm das VECTR-Menü (Bild 10), das wieder andere Menüfelder hat, die ebenfalls den Tasten [F1] bis [F6] zugeordnet sind.

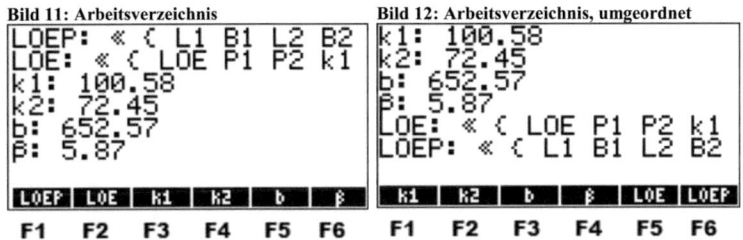

Bild 11: Arbeitsverzeichnis         Bild 12: Arbeitsverzeichnis, umgeordnet

Hat man ein Menü eines Arbeitsverzeichnisses (Bild 11) vor sich, wo selbstdefinierte Variablen als Menüfelder zu sehen sind, so kann man diese natürlich auch mit den Tasten [F1] bis [F6] aufrufen.

Ordnet man jedoch die Variablen mit dem Befehl **ORDER** um, dann gilt die in Bild 12 gezeigte neue Zuordnung der F-Tasten und die ursprüngliche Tastenfolge mit den F-Tasten stimmt nicht mehr.

In Bild 11 wird mit **[F2]** oder **[LOE]** das Löschprogramm aufgerufen. In Bild 12, welches das umgeordnete Menü zeigt, wird dieses Löschprogramm dagegen mit **[F5]** aufgerufen.

Jetzt wird auch klar, warum man in der Tastenfolge die Menüfeldbezeichnung und nicht die zugeordnete Funktionstaste angeben muss: Die Zuordnung kann sich ändern. Diese Menüs nennt man auch **Soft-Menüs**.

> **Merksatz:**
> Durch Umordnen, Hinzufügen oder Wegfall von Variablen kann sich bei Soft-Menüs die Reihenfolge der Menüfelder ändern.
> Im Gegensatz dazu gibt es **Auswahlmenüs**, die als „aufklappbare Box" (Beispiel: **[APPS]**) eine feste nummerierte Reihenfolge vorgeben.

### 1.2.7 *Verzeichnisnamen, Menü-Namen, Reiter*

In der Darstellung auf dem Bildschirm tragen die Menüfelder für Verzeichnisse, Unterverzeichnisse und Menüs je einen **Reiter**. Das ist eine kleine Lasche links oben auf dem Rechteck des Menüfeldes. In Bild 9 sind alle Menüfelder solche Typen. In Bild 10 dagegen sind reine Menüfunktionen (ohne Reiter) zu sehen.

In Text wird nicht zwischen den Bezeichnungen für Verzeichnisse, Menüs, Menüfunktionen und normalen Variablen unterschieden. Meist ist der Zusammenhang klar. In Zweifelsfällen wird hier im Text entsprechend darauf hingewiesen.

### 1.2.8 *Reihe1-Funktionen*

Die über den Funktionstasten [F1] bis [F6] auf dem Gehäuse farbig aufgedruckten Befehle (die Farbe entspricht der [leftshift]-Taste) sind ausnahmsweise nicht über die (in den Handbüchern angegebene) Tastenfolge [¶][F1] bis [¶][F6] aufrufbar, sondern müssen mit den Tastenkombinationen [¶]&[F1] bis [¶]&[F6] aktiviert werden. Hier müssen die F-Tasten in der Tastenkombination angegeben werden, weil diese Funktionen den F-Tasten fest zugeordnet sind.

Nähere Auskunft darüber siehe unter 2.12.3 auf Seite 132.

### 1.2.9 *Sondertaste [ON]*

Die in der linken unteren Ecke der Tastatur befindliche Taste [ON] hat eine Sonderstellung. Sie dient zum Ein- und Ausschalten des Rechners und hat bei eingeschaltetem Rechner die Funktion CANCEL (darauf weist die Beschriftung auf dem Gehäuse unter der Taste hin), was *Abbrechen* bedeutet.

1. Der Tastendruck **[ON]** schaltet den Rechner ein.
2. Die Tastenfolge **[⌐][ON]** schaltet den Rechner aus. Per Programm wird der Rechner mit dem Befehl **OFF** ausgeschaltet.
3. Die Tastenfolge **[¶][ON]** bewirkt den Weiterlauf (CONT = continue) eines angehaltenen Programms (im Text mit **[¶][CONT]** bezeichnet).
4. Tastenkombinationen von **[ON]** mit den F-Tasten aktivieren Systemfunktionen (siehe „System-Notdienst" unter 4.2 auf Seite 224).
5. Bei eingeschaltetem Rechner bewirkt der Tastendruck **[ON]** (entspricht dem Aufruf der Funktion **CANCEL**) das Unterbrechen eines Programms, Beenden einer Aktion, Abbrechen eines Eingabevorgangs oder Beenden sonstiger Aktivitäten.

> Die Funktion CANCEL darf nicht verwechselt werden mit den Menüfeldern, welche die Bezeichnung [CANCL] tragen.

[CANCL] (liegt meist auf Taste [F5]) muss aktiviert werden, wenn man eine Aktion im aktiven Menü abbrechen bzw. das Menü verlassen will.

Die Funktion **CANCEL** kann nur durch Tastendruck [ON] bei eingeschaltetem Rechner aktiviert werden.

Der ausgeschaltete Rechner wird mit [ON] eingeschaltet.

### 1.2.10 *Cursortasten*

Die auf der Tastatur befindlichen runden Pfeiltasten mit aufgedruckten kleinen Dreiecken, die nach oben, rechts, links und unten zeigen, sind die Cursortasten.

**Cursor** ist das auf dem Bildschirmchen in der Eingabezeile oder in einem Menü erscheinende Markierungszeichen, das bei Betätigung der Cursortasten die Position ändert.

Die auszuführenden Tastendrücke werden im Text mit
- [**Cursor right**] oder (▶) für „Cursor nach rechts bewegen",
- [**Cursor left**] oder (◀) für „Cursor nach links bewegen",
- [**Cursor up**] oder (▲) für „Cursor nach oben bewegen",
- [**Cursor down**] oder (▼) für „Cursor nach unten bewegen"

angegeben.

### 1.2.11 *Funktionsaufrufe über Befehle*

Zu aktivierende einzelne Befehle des Rechners werden immer **mit dem fettgedruckten Namen** gekennzeichnet, unabhängig davon, ob sie über Tastatur, Katalogaufruf ([CAT]) oder durch Eintippen des Namens aktiviert werden können.

**Beispiele:**

1. Die Angabe **SIN** im Text heißt: Sinusfunktion entweder durch Eintippen des Namens SIN in den Stack mit anschließendem [ENTER] oder durch Tastendruck [SIN] aufrufen.
2. **ORDER** im Text heißt: Diese Umordnungsfunktion muss
   - durch Eingabe des Funktionsnamens ORDER in den Stack mit nachfolgendem [ENTER] aktiviert werden, oder
   - im [CAT] (=Katalogaufruf) gesucht und dort mit ORDER ausgewählt und mit dem [OK] des Katalogmenüs gestartet werden oder
   - mit der Tastenfolge [PRG][MEM][DIR][NXT][ORDER] aufgerufen werden.
3. **OFF** im Text heißt: Der Rechner wird ausgeschaltet durch
   - Eingabe des Funktionsnamens **OFF** in den Stack mit nachfolgendem [ENTER],
   - [CAT] (= Katalogaufruf), dort OFF ausgewählt und mit dem [OK] des Katalogmenüs aktiviert werden oder
   - mit der Tastenfolge **OFF** = [ł][ON].

### 1.2.12 *Zusammenfassung*

1. Die Pfeile der Cursortasten stehen in runden Klammern, weil diese Tasten rund sind.
2. **Eckige Klammern** erhalten die Tastenbezeichnungen, die auf eckigen Tasten liegen oder die Namen der zugeordneten Funktionen oder die Namen von Menüfunktionen.
3. **Fettdruck** bedeutet: Aktivieren einer Funktion durch Drücken einer Taste oder Eingabe eines Funktionsnamens mit anschließendem [ENTER].

4. **Eine Tastenfolge** wird durch mehrere hintereinander angeordnete fettgedruckte Klammern mit Inhalt gekennzeichnet.
5. **Eine Tastenkombination** wird durch mehrere hintereinander angeordnete fettgedruckte Klammern mit Inhalt gekennzeichnet, die durch ein „**&**" verbunden sind.
6. **Aktivierung einer Funktion** wird im Text mit dem fettgedruckten Namen der Funktion angegeben. Der Benutzer kann entscheiden, auf welche Art er die Aktivierung vornehmen will (siehe Beispiel oben für **ORDER**).

## 1.3 Rechneraufbau

Nun folgt eine kurze Beschreibung des Rechneraufbaus.

### 1.3.1 *Betriebssystem*

Der HP-Taschenrechner ist ein Kleincomputer mit (fast) allen Komponenten, die auch ein PC hat.

Beim Auto bewirkt das Betätigen der Kupplung und das Einlegen des Ganges nichts, wenn der Motor nicht läuft.

Das Betriebssystem ist der Motor des Rechners. Durch Betätigen der Taste **[ON]** wird das Betriebssystem des Rechners gestartet. Wenn das Betriebssystem nicht läuft, ist das Tastenfeld nicht aktiv, die zugehörigen Funktionen werden nicht ausgeführt. Ausgenommen ist die Taste [ON], die auch ohne Betriebssystem funktioniert.

Das Betriebssystem fragt die Tasten ab, interpretiert deren Bedeutung, führt die zugeordneten Kommandos aus und zeigt das Ergebnis an.

Das Betriebssystem kann durch Updates des Herstellers aktualisiert werden, wie schon auf Seite 23 unter 1.1.6 erwähnt. Die Anleitungen dazu stehen jeweils im Update selbst (man folgt den Anweisungen auf dem Bildschirm). Hier wird nicht im Einzelnen darauf eingegangen.

### 1.3.2 *Prozessoren Saturn und ARM*

Die Rechnerleistung hängt von der Leistungsfähigkeit des eingebauten Prozessors (CPU) ab.

Der HP 48GX und der HP 49G haben eine Saturn-CPU, die mit einer maximalen Taktfrequenz von 4 MHz arbeitet. Die Saturn-CPU ist eine Eigenentwicklung von HP, die CPU wurde bei NEC gefertigt (die NEC-CPU ist in Bild 7 zu sehen).

Dagegen haben die Taschenrechner HP 49g+ und HP 50g einen ARM9-Prozessor mit einer Taktfrequenz von 75 MHz. ARM steht für *Advanced RISC Machines*, die mit 32 Bit arbeiten. Siehe Wikipedia-Artikel „ARM-Architektur". Näheres über die Verwendung der Prozessortypen in HP-Taschenrechnern ist im Wikipedia-Artikel „HP-48" zu finden.

### 1.3.3 *Anzeige*

Der Schwarz-weiß-Anzeigebildschirm besteht aus einer LCD-Anzeige[3] mit 131 × 64 Pixeln[4] beim HP 48GX und beim HP 49G. Der HP 49g+ und der HP 50g haben eine LCD-Anzeige mit 131 × 80 Pixeln. Außer Text kann diese Anzeige auch Pixel-Grafiken darstellen. Näheres siehe in Kapitel 7 ab Seite 273.

---

[3] **LCD** = **L**iquid **C**rystal **D**isplay = Flüssigkristall-Anzeige
[4] **Pixel** kommt aus dem Englischen und wurde aus den Wörtern „Picture" und „ Element" gebildet. Pixel bezeichnet das kleinste darstellbare Element auf einem Bildschirm. Es hat meist quadratische Form.

## 1.3.4 Tasten

Die 49 (HP 48GX) bzw. 51 Tasten der Tastatur reichen nicht für den Betrieb des Rechners aus. Deshalb sind sie siebenfach belegt. Zu dieser Belegung können vom Benutzer definierte Belegungen hinzugefügt werden. Hinweise zur Mehrfachbelegung der Tastatur siehe unter 2.11.1 ab Seite 125.

## 1.3.5 Speicher des HP 49G/49g+/50g

Die HP-Taschenrechner HP 49G/49g+/50g sind mit **512 kB RAM** und **2 MB FLASH memory** (1 MB für „upgradable" ROM, 1 MB für den Benutzer verfügbar) ausgestattet.

Ein **Filemanager**[5] (Aufruf durch **[APPS][7][OK]** oder **[FILES]**) steht zur Verfügung, mit dem in einem Menü eine Übersicht mit Baumstruktur für den Benutzerspeicher und die Ports angezeigt werden. Im Menü kann das gewünschte Verzeichnis ausgewählt werden.

Der Benutzer sieht ganz oben im Menü drei Port-Speicherbereiche mit den Nummern 0 bis 2:

**0: IRAM** (internes System RAM), 256 kB, für Port :0: und Benutzerspeicher HOME,
**1: ERAM** (erweitertes RAM), 256 kB, für Port :1:
**2: FLASH**, Benutzerspeicher, 1 MB für Port :2:.

Das zusätzliche „upgradable ROM" mit 1 MB (auch ein Flashspeicher) ist nur beim Upgrade-Vorgang über eine spezielle Software zugänglich, bei normalen Arbeitsvorgängen aber nicht sichtbar.

Alle Speicherzellen sind im HP 49G/49g+/50g fest eingebaut. Zusätzliche, steckbare RAM-Karten (wie beim HP 48GX) gibt es hier nicht.

Die Modelle HP 49g+ und HP 50g enthalten zusätzlich die Möglichkeit, eine handelsübliche SD-Speicherkarte einzuschieben, die als **3: SD** im Filemanager erscheint und **Port :3:** darstellt.

### 1.3.5.1 Benutzerspeicher

Der Benutzer teilt sich im IRAM den Speicherplatz mit Port :0:. Der Benutzerspeicher ist wie eine PC-Festplatte organisiert und hat maximal 256 kB.

Der Benutzer kann Variablen, Verzeichnisse und Unterverzeichnisse angelegen. Der Pfad des aktuellen Verzeichnisses erscheint im Header und die Namen der Variablen erscheinen im jeweiligen Menü, das am unteren Rand des Bildschirms sichtbar ist. Dort sind nur 6 Menüfelder zu sehen. Hat ein Verzeichnis mehr als 6 Variablen oder Unterverzeichnisse, so kann man diese durch „Blättern" mit der Taste [NXT] erreichen.

### 1.3.5.2 Portspeicher

Der Portspeicher hat eine andere interne Struktur als der Benutzerspeicher und dient zur Ablage (Sicherung, Backup) von Objekten (Variablen, Programmen, usw.). Näheres siehe unter 2.16 ab Seite 144.

**Port :0:** gehört zum internen RAM, zusammen haben RAM und Benutzerspeicher 256 kB.
**Port :1:** ist eine Erweiterung des RAMs, er hat ebenfalls 256 kB und ist unabhängig vom Benutzerspeicher.

---

[5] **File** ist der englische Name für *Datei*.

Port :0: und Port :1: sind RAM-Speicher[6]. Wenn die Stromversorgung ausfällt, gehen die Daten verloren (flüchtiger Speicher).

**Port :2:** ist ein nicht-flüchtiger Speicher mit etwa 1 MB. Er verhält sich wie ein ROM[7], lässt sich aber auch im normalen Betrieb beschreiben, solche Speicher nennt man FLASH. Die Inhalte bleiben auch erhalten, wenn die Batterien für längere Zeit herausgenommen werden.

### 1.3.5.3 SD-Speicherkarte

**Port :3:** gibt es nur bei den Rechnern HP 49g+ und HP 50g in Form einer handelsüblichen SD-Speicherkarte. Der Taschenrechner erkennt SD-Karten bis zu 2 GB Kapazität. Die SD-Speicherkarte ist auch in FLASH-Technik ausgeführt.

### 1.3.6 Betriebseinstellungen

Die Einstellungen der verschiedenen Betriebsmodi und Ausgabeformate können über sogenannte *Flags* (Merker) vorgenommen werden. Was beim PC in INI-Dateien oder in der Registry abgelegt ist, wird (in einfacherer Form) beim HP-Taschenrechner über Systemflags eingestellt.

Im weiteren Text dieses Buches verwenden wir die übliche englische Bezeichnung *Flag* (gesprochen: *fläg*) anstelle des deutschen Wortes *Merker*.

Es gibt 128 Systemflags, mit denen die Systemeinstellungen modifiziert werden können. Außerdem stehen dem Benutzer für seine Programme 128 Benutzerflags zur Verfügung. Es gibt eingebaute Flag-Befehle, mit denen per Tastatur oder per Programm die Flageinstellungen abgefragt und verändert werden können.

Die Bedeutung der Systemflags ist unter 2.2 auf Seite 68 nachzulesen. Die vollständige Tabelle der Systemflags ist unter 2.2.1 ab Seite 68 zu finden. Die Handhabung der Flags ist in 2.4 ab Seite 79 beschrieben.

### 1.3.7 Objektnamen und Verzeichnisse

Das Hauptverzeichnis auf dem HP heißt HOME. Es ist das oberste Verzeichnis auf dem Rechner und kann nicht umbenannt werden. Alle anderen Verzeichnisse sind Unterverzeichnisse von HOME.

Alle benannten Variablen (Objektnamen) in diesem Verzeichnis sind **global** und damit in allen Unterverzeichnissen bekannt und stehen damit überall zum Zugriff bereit.

Das System legt automatisch ein Verzeichnis CASDIR in HOME an, wo bei algebraischen Berechnungen die Variablen und Zwischenergebnisse abgelegt werden. CASDIR ist in Lit. [10] in Kapitel 4 beschrieben.

Der Benutzer kann beliebig viele Unterverzeichnisse in HOME anlegen. Wie man mit Verzeichnissen auf dem HP umgeht, ist in den Handbüchern ausreichend gut beschrieben.

---

[6] RAM = *random access memory*, flüchtiger Speicher, verliert den Inhalt bei Stromausfall.
[7] ROM = *read only memory*, dieser Speicher ist nur lesbar, nicht beschreibbar. Behält die Daten auch bei Stromausfall.

## 1.4  Batterien und Akkus

Nun liegt das Gerät ausgepackt auf dem Tisch. Da es ein elektronisches Gerät ist, braucht es zum Betrieb eine Stromversorgung mit einer Gleichspannung aus Batterien. Unter bestimmten Voraussetzungen kann man auch Akkus verwenden, siehe unten. Eine Stromversorgung aus einem Netzgerät ist nicht vorgesehen, da der Stromverbrauch so gering ist, dass ein Batteriesatz bzw. eine Akkuladung sehr lange ausreicht.

### 1.4.1 *Batterietyp*

Für die Rechner HP 48GX, HP 49G und HP 49g+ sind je 3 Batterien und für den HP 50g 4 Batterien vom Typ Micro mit 1,5 V Zellenspannung erforderlich. Dieser Batterietyp hat die IEC-Bezeichnung R03. Andere Typ-Bezeichnungen sind: AAA, SUM 4 oder AM 4. Wenn man nicht sicher ist, welcher Typ vorliegt, kann man auch die Größe überprüfen: Durchmesser 10,5 mm, Länge 44,5 mm. Man verwende nur gegen Auslaufen gesicherte Alkaline-Batterien.

Mitgeliefert werden 3 bzw. 4 Alkaline-Batterien (LR03, das „L" vor der Typbezeichnung weist auf Alkali-Mangan-Batterien hin).

### 1.4.2 *Batterien einlegen*

Vor dem Wechseln der Batterien sollte ein weiches Tuch bereitgelegt werden. Der Rechner wird mit der Tastatur nach unten auf dieses Tuch gelegt, sodass die Rückseite nach oben zeigt.

Beim Herausnehmen der alten und beim Einlegen der neuen Batterien (= Batteriewechsel) muss der Rechner ausgeschaltet sein. Werden die Batterien bei eingeschaltetem Rechner herausgenommen, so verliert der Benutzerspeicher (RAM) sofort sämtliche Daten. Bei anschließendem Einschalten nach dem Batteriewechsel wird in diesem Fall automatisch ein RESET (Kaltstart) durchgeführt. Die Anzeige „Memory clear" weist dann auf den leeren Benutzerspeicher hin.

Also: Rechner ausschalten und dann erst das Batteriefach öffnen!

Die mitgelieferten Batterien werden nun eingelegt. Man achte unbedingt darauf, dass die im Batteriefach angegebene Polung $+$ und $-$ der einzelnen Batterien eingehalten wird. Falsche Polung kann zur Beschädigung des Rechners führen und ist unbedingt zu vermeiden. Nach Einlegen der Batterien wird der Schiebedeckel des Batteriefachs aufgesetzt und zugeschoben, bis ein leichtes Einrasten zu hören ist.

Die Rechner HP 49g+ und HP 50g enthalten eine zweite Batterie (Typ CR 2032), welche die Speicherinhalte bei herausgenommenen Batterien einige Minuten „halten" kann.

Deshalb muss der Batteriewechsel innerhalb 2 Minuten erfolgen. Diese Haltebatterie darf nur dann herausgenommen oder ausgetauscht werden, wenn die Hauptbatterien eingelegt sind. Wenn die Hauptbatterien und die Haltebatterie gleichzeitig herausgenommen werden, verliert der Rechner alle Daten und die Anzeige „Memory clear" ist nach dem Wiedereinschalten die Folge. Beim HP 49G ist keine zusätzliche „Haltebatterie" vorhanden.

## 1.4.3 *Batterie-Alarm*

Ein Batteriealarm tritt bei laufendem Rechnerbetrieb auf und muss beachtet werden. Er weist auf einen nötigen Batteriewechsel hin.

Im Bildschirmfeld am oberen Rand befinden sich Hardware-Indikatoren, welche die Systemzustände anzeigen (siehe auch Bild 15). Normalerweise sind sie nicht sichtbar. Der Alarm-Indikator (( )) ist nur dann sichtbar, wenn ein programmierter Alarm ansteht oder die Betriebsspannung unter den zulässigen Wert absinkt. Beim Batteriealarm wird zusätzlich zum Indikator **LowBat (S)** auf dem Bildschirm angezeigt. Diese Anzeige lässt sich nicht abschalten, sie ist auch bei ausgeschaltetem Rechner sichtbar.

<u>Hinweis für den HP 49G:</u>

Das (S) in dieser Anzeige stammt noch vom HP 48GX, wo beim Batterie-Alarm zwischen Systembatterien (S) und Batterien der RAM-Karten für Portspeicher (P1) und (P2) unterschieden werden muss. Beim HP 49G gibt es nur die Systembatterien, aber keine RAM-Karten für Portspeicher. Der Portspeicher ist beim HP 49G fest eingebaut (siehe unten) und wird von den Systembatterien versorgt.

## 1.4.4 *Batteriewechsel*

Wenn der Alarm-Indikator ((·)) zusammen mit der Anzeige **LowBat (S)** erscheint, hat man bei normalen Alkaline-Batterien noch ausreichend Zeit (einige Minuten), den laufenden Arbeitsgang zu vollenden, weil die Spannung bei diesen Batterien sehr langsam abfällt. Nach Ausschalten des Rechners erholen sich meist die Batterien, sodass man den Batteriewechsel nicht unbedingt sofort durchführen muss.

Bei Akkus dagegen ist Eile geboten, der Wechsel muss sofort durchgeführt werden (siehe unten). Innerhalb von 2 Minuten muss der Wechsel erledigt sein. Ist der Rechner länger ohne Stromversorgung, verliert der Benutzerspeicher seine Daten.

<u>**Dringende Empfehlung: Daten sichern**</u>

Nicht nur vor dem Batteriewechsel, sondern auch nach jedem wichtigen Arbeitsabschnitt sollte unbedingt eine Datensicherung durchgeführt werden. Dann sind in dem Fall, wenn der Batteriewechsel misslingt oder der Strom aus anderen Gründen wegbleibt, keine Datenverluste zu befürchten.

## 1.4.5 *Batteriepflege*

Außer der Reinigung der Kontakte vor dem Einlegen brauchen die Batterien keine Pflege. Die Batteriepole sollten nicht mit den Fingern berührt werden, weil Fingerabdrücke Schweiß enthalten und den Kontakt stören.

Es ist sehr wichtig, dass gegen Auslaufen gesicherte Batterien verwendet werden (Alkaline), damit der Rechner nicht durch auslaufende Elektrolytflüssigkeit (Säure) beschädigt wird.

Wichtig ist auch, dass immer Batterien des gleichen Typs und Fabrikats im gleichen Gebrauchszustand verwendet werden.

Falls man die Batterien zwischendurch herausnimmt und durch Akkus ersetzt, sollten die gemeinsam herausgenommenen Batterien <u>als Batteriesatz gekennzeichnet werden</u>, damit beim Wiedereinsetzen nicht alte und neue Batterien vermischt werden.

## 1.4.6 *Aufladbare Batterien (Akkus)*

**Bild 13: Akkus mit verschiedenen Pluspolen**

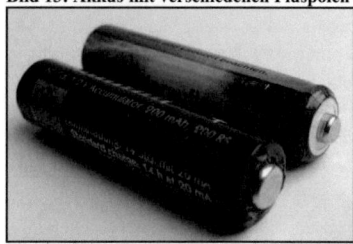

Anstelle von Batterien können auch Akkus der Bauform **Micro (AAA)** verwendet werden. Diese haben eine Nennspannung von 1,2 V. In frisch aufgeladenem Zustand erreichen sie eine Spannung von bis zu 1,4 V.

Beim **HP 49g+** ist zu beachten, dass im Batteriefach nur Akkus mit kleinem Pluspol (Durchmesser < 3 mm, siehe Bild 13, hinterer Akku) verwendet werden können. Eine Maske verhindert, dass Batterien und Akkus falsch eingelegt werden können.

Akkus mit breitem Pluspol (siehe Bild 13, vorderer Akku) können nur in den HP 48GX und in den HP 49G eingelegt werden, sie sind im HP 49g+ und HP 50g nicht verwendbar.

### NiCd-Akkus:

Ich verwendete früher Nickel-Cadmium-Akkus (NiCd) mit einer Kapazität von etwa 200 bis 250 mAh, die bis zu 1000-mal aufgeladen werden können und schnell-ladefähig oder für beschleunigtes Laden geeignet sind.

Zum Aufladen müssen die Akkus aus dem HP-Rechner herausgenommen werden. Dann muss sofort (innerhalb 2 Minuten) ein anderer Batterie- oder Akkusatz in den Rechner eingesetzt werden, damit die Speicherinhalte nicht verlorengehen. Eine Aufladung der Akkus im Rechner ist nicht möglich.

**Memory-Effekt**

NiCd-Akkus müssen vor dem erneuten Aufladen vollständig entladen werden. Beim Aufladen nicht vollständig entladener Akkus bildet sich ein sogenannter „Memory-Effekt". Der Akku „merkt sich" die Ladeanfangsspannung, und registriert den Akku bei dieser Spannung als „leer". Bei normalem Betrieb kann nur bis zu dieser Spannung entladen werden, unter dieser Spannung kann kein Strom mehr aus dem Akku entnommen werden, die volle Kapazität steht nicht zur Verfügung. Durch langsames vollständiges Entladen bis zu einer Zellenspannung von etwa 0,5 Volt kann das „Gedächtnis" eines solchen Akkus gelöscht werden, sodass er nach dem Aufladen wieder voll funktionsfähig ist. Dieser Vorgang wird „Refresh" genannt.

NiCd-Ladegeräte machen zuerst einen Refresh der Akkus und laden sie dann auf.

### NiMH-Akkus:

Die heute verfügbaren NiMH-Akkus haben keinen Memory-Effekt. Es gibt NiMH-Akkus der Bauform AAA mit bis zu 900 mAh Kapazität. NiMH-Akkus haben keinen Memory-Effekt und können deshalb von der Restladung an (ohne vollständige Entladung) bis zur vollen Kapazität aufgeladen werden. Dafür ist ein spezielles Ladegerät erforderlich.

Es gibt geeignete Ladegeräte für beide Typen von Akkus, die man zwischen NiCd und NiMH umschalten kann.

Wenn man „schnell-ladefähige" Akkus verwendet, ist der Akkusatz schon nach ungefähr 3 Stunden aufgeladen (bei normalen NiCd-Akkus nach etwa 15 Stunden).

## 1.4.7 *Besondere Voraussetzungen bei Verwendung von Akkus*

Der Rechner kommt noch mit einer Spannung von 1,12 V pro Zelle aus. Fällt die Spannung unter diesen Wert, kommt ein Batterie-Alarm. Dann muss sofort ein frisch aufgeladener Akkusatz eingelegt werden. Diese Eile hängt damit zusammen, dass bei Akkus am Schluss die Spannung sehr rasch abfällt und diese Schlussspannung dann nicht mehr zum Betrieb des Rechners ausreicht. Wenn man nicht sofort reagiert, kann es vorkommen, dass Speicherinhalte nicht mehr gehalten werden können (so, als ob keine Batterien vorhanden wären).

> Man halte also immer einen aufgeladenen Akkusatz bereit, der bei Bedarf sofort eingesetzt werden kann.
>
> Bei Akkus gilt auch wie bei Batterien, dass verschiedene Fabrikate und verschiedene Typen (NiCd, NiMH) mit unterschiedlichen Ladezuständen nicht in demselben Akkusatz verwendet werden sollen.

Für bestimmte (stromzehrende) Aktionen in Zusammenhang mit dem Datenaustausch zwischen dem PC und dem HP-Taschenrechner oder beim Betriebssystem-Upgrade empfiehlt der Hersteller, vorher einen **neuwertigen Batteriesatz** einzusetzen. Nach diesen Aktionen kann der vorherige gebrauchte Batterie- oder Akkusatz wieder eingesetzt werden.

**Selbstentladung von Akkus:**

Akkus haben eine wesentlich höhere Selbstentladung als Batterien. Akkus können sich innerhalb weniger Wochen auch ohne Stromentnahme, insbesondere bei höheren Temperaturen im Sommer, fast vollständig selbst entladen. Wenn längere Benutzungspausen bevorstehen oder der Rechner selten beansprucht wird, aber die Speicherinhalte währenddessen erhalten bleiben sollen, sollte ein Alkaline-Batteriesatz eingelegt werden,.

Neuerdings gibt es NiMH-Akkufabrikate, die sich nicht so schnell entladen. Sie werden deshalb bereits vollgeladen als „ready to use" verkauft und sind nach dem Kauf sofort einsatzfähig.

**Wirtschaftlichkeit von Akkus:**

Ein frisch geladener Akkusatz reicht je nach Intensität der Nutzung für mindestens 6 Stunden Dauerbetrieb des Rechners, sodass man auch mit dem „Nachladen" der Akkusätze (beschleunigte oder Schnell-Ladung = 3 Stunden) leicht nachkommt. Bei Normalbetrieb, wenn der Rechner in den Arbeitspausen ausgeschaltet wird, reicht der Akkusatz einige Tage oder Wochen. Man kann auch das auf 5 Minuten voreingestellte Selbstabschaltintervall auf 1 Minute heruntersetzen (siehe 4.1 „Batterieschoner" auf Seite 223).

Wirtschaftlichkeitserwägungen sprechen bei intensiver Nutzung des Rechners eindeutig für die Verwendung von Akkus. Die Kosten für das Ladegerät, 3 Akkusätze und 1000-maliges Aufladen sind weit geringer als der Kauf (und die Entsorgung) von entsprechend vielen Alkaline-Batteriesätzen.

**Empfehlung:**

Man halte immer mindestens 2 Alkaline-Batteriesätze und 2 frisch aufgeladene Akkusätze zusätzlich zu dem im Rechner befindlichen in Bereitschaft. Damit kann dem Rechner der Strom auch im Extremfall nicht ausgehen.

**Geringere Betriebsspannung des Rechners bei Akkubetrieb:**

Die geringere Nennspannung der Akkus von 1,2 V pro Zelle gegenüber der vorgesehenen Nennspannung von 1,5 V bei Batterien wirkt sich nicht nachteilig auf die Leistung des HP-Rechners aus. Auch die Konstanz des Taktgenerators, der für die Systemuhr und die Zeitfunktionen zuständig ist, wird dadurch nicht beeinträchtigt.

## 1.5 Die ersten Schritte mit dem neuen Taschenrechner

Sind die Batterien eingelegt und das Batteriefach wieder verschlossen, kann man den Rechner umdrehen, sodass die Tastatur nach oben zeigt.

### 1.5.1 *Einschalten des Rechners*

Der Einschaltknopf ist eine Taste, die sich in der unteren Tastenreihe ganz links befindet und die Aufschrift „ON" trägt. Ein kurzer Druck auf die Taste [ON] schaltet den Rechner ein.

### 1.5.2 *Ausschalten des Rechners*

1. Zum Ausschalten wird zuerst die Taste [↑] kurz gedrückt. Über dem Header auf dem Bildschirm befinden sich die Indikatoren, dort wird das auf der Taste aufgedruckte Zeichen ↑ angezeigt.
2. Wir drücken nun als zweite Taste die Taste [ON]. Der Rechner wird dadurch ausgeschaltet. Jetzt wissen wir auch, warum über der Taste [ON] auf dem Gehäuse **OFF** in roter Farbe aufgedruckt ist.

Ausschalten also wird nach unserer Notation bezeichnet mit [↑][ON] oder **OFF**.

<u>Erklärung:</u>

Diese Taste [↑] schaltet die anschließend gedrückte Taste [ON] um auf die Funktion, die über dieser Taste auf dem Rechnergehäuse rot aufgedruckt ist. Der Indikator ↑ am oberen Bildschirmrand zeigt, dass die Umschaltung aktiv ist. Eine Erläuterung der Umschalttasten für die Mehrfachbelegung der Tastatur ist unter 2.11 auf Seite 125 zu finden.

Falls die eingeleitete Aktion doch nicht durchgeführt werden soll, genügt ein nochmaliger Druck auf die Taste [↑], um die Umschaltung zurückzunehmen, der Indikator verschwindet dann.

<u>Ausschaltautomatik (nicht beim HP 48GX):</u>

Nach 5 Minuten ohne Eingabe schaltet sich der Rechner automatisch selbst ab. Man kann aber auch einen beliebigen Wert dafür einstellen und ein akustisches Signal für die automatische Ausschaltung definieren (siehe unter *STARTOFF* auf Seite 138).

### 1.5.3 *Der dreigeteilte Bildschirm*

**Bild 14: Aufteilung des Bildschirms**

Der Bildschirm zeigt je nach Voreinstellung im Lieferzustand nach dem Einschalten die Standardanzeige auf dem Bildschirm.

Diese enthält drei Abschnitte:

Der obere Teil, durch eine waagrechte Linie nach unten abgegrenzt, ist der **Header**, wo alle Statusanzeigen zusammengefasst sind.

Dort kann man in der obersten Zeile die Modus-Einstellungen ablesen (Arbeitsmodus, Winkelmodus, Koordinatenmodus, Zahlenmodus) und in der zweiten Zeile den Pfad des aktuellen Verzeichnisses.

Unter der Linie ist der **Stackbereich oder History-Speicher**, wo die Ergebnisse gezeigt werden. Der unterste Teil besteht aus 6 Feldern, der als **Menübereich** verwendet wird.

## 1.5.4 *Helligkeit und Kontrast des Bildschirms einstellen*

Bevor wir die Bildschirminhalte beachten, stellen wir erst einmal die Bildschirmhelligkeit bzw. den Kontrast der Anzeige ein.

Dazu brauchen wir drei Tasten:
1. Die schon bekannte Taste [ON],
2. die Taste [+] ganz rechts in der vorletzten Tastenreihe,
3. die Taste [-] ganz rechts in der dritten Tastenreihe von unten.

**Helligkeit und Kontrast des Bildschirms einstellen**

Kontrast und Helligkeit hängen hier zusammen. Bei geringer Helligkeit ist auch der Kontrast gering. Je dunkler man den Bildschirm stellt, desto kontrastreicher wird die Schrift.

Einstellvorgang:

Bei eingeschaltetem Rechner wird mit einem Finger die Taste **[ON]** gedrückt gehalten.

Mit einem anderen Finger drücken wir (während die Taste [ON] festgehalten wird) mehrmals kurz die Taste [+], der Bildschirm muss dunkler werden, der Kontrast nimmt zu, also nach unserer Notation: **[ON] & [+]**.

Wenn wir die Taste [-] mehrmals kurz drücken ([ON] dabei festhalten!), wird der Bildschirm heller und der Kontrast geringer, also **[ON]&[-]**.

Man kann auch bei gehaltener Taste **[ON]** abwechselnd [+] oder [-] drücken und so beobachten, wie sich die Bildschirmhelligkeit dadurch ändert.

Wenn der Bildschirm im gewünschten Zustand ist, lassen wir die Taste [ON] los.

## 1.5.5 *Headeranzeige einstellen*

Für den Header können 0, 1 oder 2 Zeilen als sichtbar eingestellt werden mit **[MODE][DISP]** im Feld *Header:*
Einstellung 0: Kein Header sichtbar, der ganze Bildschirm steht für Daten zur Verfügung.
Einstellung 1: Der eingestellte Pfad zum aktuellen Verzeichnis wird angezeigt.
Einstellung 2: In Zeile 1 werden die Indikatoren und in Zeile 2 wird der Pfad angezeigt.

Einstellung 2 ist voreingestellt.

Per Programm kann der Header mit Meldungen überschrieben werden.

## 1.5.6 *Indikatoren (Statusanzeigen)*

Indikatoren dienen dazu, bestimmte System- oder Bearbeitungszustände anzuzeigen.

Die HP-Taschenrechner haben zwei Arten von Indikatoren:
Hardware-Indikatoren und Software-Indikatoren.

### *1.5.6.1 Hardware- Indikatoren*

Ganz am oberen Rand der LCD-Anzeige befinden sich (nicht zum Datenbildschirm gehörig) 6 Indikatoren, die nur in aktiviertem Zustand zu sehen sind. Sie sind als feste Symbole am oberen Rand der LCD-Anzeige angebracht und können nur zwei Zustände annehmen:

Sie sind entweder sichtbar oder nicht sichtbar, ein- oder ausgeschaltet.

Da sie sich außerhalb des durch Daten belegbaren LCD-Bildschirms befinden, kann man sie nicht in einem Bildschirmabzug zeigen. Durch Einstellung eines zu starken Kontrastes (siehe unter 1.5.4) kann man sie sichtbar machen (siehe Bild 15).

**Bild 15: Hardware-Indikatoren**

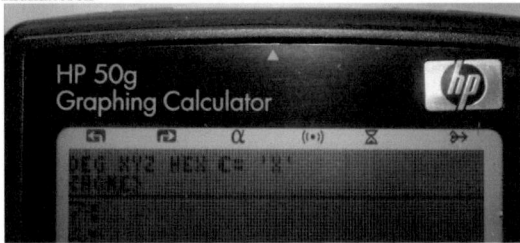

Es handelt sich um folgende Indikatoren, die in aktiviertem Zustand folgende Bedeutung haben:

| | |
|---|---|
| ⇑ | zeigt, dass die Linksumschalttaste aktiviert ist. |
| ⇓ | zeigt, dass die Rechtsumschalttaste aktiviert ist. |
| α | zeigt, dass die ALPHA-Taste aktiviert ist. |
| ((·)) | zeigt den Alarmindikator. |
| ⧖ | die sichtbare Sanduhr zeigt, dass der Rechner gerade beschäftigt ist. |
| → | zeigt durch Blinken an, dass eine Datenübertragung zum PC aktiv ist. |

### 1.5.6.2 Software-Indikatoren

Innerhalb des oberen Randes des mit Daten belegbaren Bildschirms befindet sich der Header, der in der obersten Zeile verschiedene Indikatoren enthält (siehe Bild 14). Diese zeigen bestimmte Zustände des Betriebssystems an.

**Indikator für Winkelmodus**

Ganz links in der Headerzeile 1 befindet sich der Indikator für den Winkelmodus. Er kann RAD, DEG oder GRD anzeigen. Die Bedeutung ist in Tabelle 8 bei den Systemflags auf Seite 77 erläutert.

**Indikator für Koordinatenmodus**

Der zweite Indikator ist für die Anzeige des Koordinatenmodus zuständig. Er kann XYZ, R∠Z oder R∠∠ anzeigen. Die Bedeutung ist in Tabelle 7 auf Seite 77 und in Tabelle 44 auf Seite 211 zu finden.

**Indikator für Zahlenmodus**

Der dritte Indikator zeigt den eingestellten Zahlenmodus für Binärganzzahlen an. Er kann eine von 4 möglichen Einstellungen anzeigen: BIN, DEC, HEX oder OCT. Die Bedeutung dieser Indikatoren ist in Tabelle 6 auf Seite 77 zu finden.

**Indikator für reelle bzw. komplexe Zahlen und Berechnungsmodus**

Er kann eine von vier Einstellungen anzeigen:

C= (komplexe Zahlen, exakter Modus),

C~ (komplexe Zahlen, Näherungsmodus),
R= (reelle Zahlen, exakter Modus),
R~ (reelle Zahlen, Näherungsmodus).

Zwischen komplexen (C) und reellen Zahlen (R) kann über [⤶][Tool] = [i] (= imaginär) wechselweise umgeschaltet werden. Exakter Modus (=) kann in den Näherungsmodus (~) oder umgekehrt umgeschaltet werden mit [⤶]&[ENTER].

Diese Einstellungen lassen sich auch über Systemflags festlegen.

**Unabhängige Variable für CAS-Berechnungen**

CAS ist das *Computer Algebra System*. Dieses ist in Lit. [10] in Kapitel 4 ausführlich beschrieben. Der Rechner legt automatisch ein Verzeichnis CASDIR an, das im Verzeichnis HOME untergebracht ist.

Für CAS ist eine unabhängige Variable VX in CASDIR festgelegt, deren Inhalt als Indikator im Header angezeigt wird und auf X (Großbuchstabe X) voreingestellt ist.

Der Inhalt kann aber durch [MODE][CAS][EDIT] auf andere Buchstaben umgestellt werden. Siehe bei **VX** in Tabelle 31 auf Seite 136.

**HALT-Indikator**

Der Indikator HLT zeigt an, dass ein Programm angehalten wurde und sich in Wartestellung befindet. Es kann mit **CONT** = [⤶][ON] fortgesetzt werden. Das wartende Programm kann aber auch mit [PRG][NXT][NXT][RUN][KILL] zwangsweise beendet („abgewürgt") werden. Im Normalfall wird dieser Indikator nicht angezeigt.

**USER-Indikator**

Der Indikator für den USER-Modus zeigt durch 1US oder USR an, dass der USER-Modus für die Benutzertastatur aktiv ist (siehe unter 2.11.11 auf Seite 129). Im Normalfall ohne USER-Modus wird dort nichts angezeigt.

**Indikator für ALG-Modus**

Der ALG-Indikator zeigt an, ob der Rechner im algebraischen Modus oder im RPN-Modus arbeitet. Im RPN-Modus ist der Indikator nicht sichtbar. Umgeschaltet wird über die Tastenfolge [MODE][+/-] oder über Flag -95 (gesetzt: ALG, nicht gesetzt: RPN).

**Indikator für Programmiermodus**

Bei Eingaben in die Befehlszeile oder bei Editierung eines Programms ist der PRG-Indikator PRG sichtbar. Sobald [⤶][+] für die Erzeugung der Programmklammern « » gedrückt wird oder ein im Stack befindliches Objekt mit (▼) editiert werden soll, wird dieser Indikator eingeschaltet. Sobald das Programmobjekt fertig eingetippt bzw. editiert ist und mit [ENTER] beendet wird, verschwindet der PRG-Indikator.

## 1.5.7 *Unsere ersten Berechnungen*

### 1.5.7.1 *Erster Versuch, etwas zu berechnen*

Mit einem HP-Taschenrechner kann man auf zwei verschiedene Arten rechnen:
- im algebraischen Modus (**ALG**) mit **arithmetischer Notation**,

- im **RPN**-Modus (RPN = *reverse Polish notation*, deutsch: **umgekehrte polnische Notation** = UPN)

## 1.5.7.2 Der ALG-Modus

Dieser Modus ist bei Lieferung voreingestellt. Damit kann man rechnen wie bei normalen Taschenrechnern mit arithmetischer Notation.

Wir rechnen jetzt

$25 \times 12 =$

mit dem HP im ALG-Modus.

Wer mit der arithmetischen Notation eines üblichen Taschenrechners vertraut ist, kann dies auf Anhieb:

Die Zahl 25 mit den Tasten [2] [5] eintippen,
dann das Multiplikationszeichen [×] eintippen,
dann die Zahl 12 mit den Tasten [1] [2] eintippen.

In der untersten Zeile des Bildschirms steht (für × steht ein Sternchen * als Multiplikationszeichen):

**25\*12**

Beim arithmetischen Taschenrechner drückt man jetzt auf die Taste [=]. Diese Taste gibt es aber bei HP-Taschenrechnern nicht. Es gibt zwar ein rot aufgedrucktes Gleichheitszeichen „=" über der Taste [+/-], dieses Zeichen ist jedoch für andere Zwecke vorgesehen (Eingabe von Gleichungen, oder als Vergleichsoperator).

Was nun?

Anstelle des Gleichheitszeichens nimmt man die Taste [ENTER] (unterste Tastenreihe, rechte Taste). Die Betätigung dieser Taste sagt dem Rechner „Eingaben übernehmen und Ergebnis ausrechnen". Wir drücken **[ENTER]** und sehen auf dem Bildschirm in der zweiten Zeile von unten auf der linken Seite:

**: 25 \* 12**

und in der untersten Zeile auf der rechten Seite das Ergebnis **300**.

**Bild 16: Rechnen im ALG-Modus**

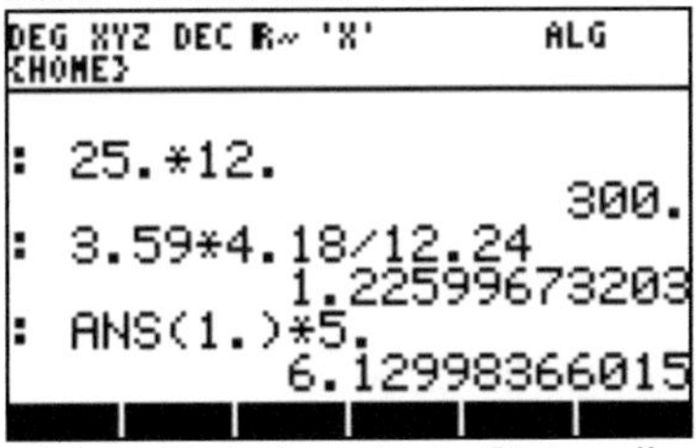

```
DEG XYZ DEC R~ 'X'           ALG
{HOME}
: 25.*12.
                        300.
: 3.59*4.18/12.24
              1.22599673203
: ANS(1.)*5.
              6.12998366015
```

Der Doppelpunkt zeigt im ALG-Modus den Beginn einer neuen Aufgabe an. Die letzte Zeile (vor dem nächsten Doppelpunkt) ist die Ergebniszeile (siehe Bild 16).

Wir rechnen als zweites Beispiel:
$3.59 \times 4.18 / 12.24$

Die Eingabe wird so eingetippt, wie sie hier steht. Wir verwenden den Dezimalpunkt, der mit der mittleren Taste der untersten Tastenreihe eingegeben wird.

Die Eingabe wird mit **[ENTER]** abgeschlossen. Das Ergebnis **1.22599673203** steht in der nächsten Zeile (siehe Bild 16). Die Zeilen über dem Ergebnis zeigen den Berechnungsablauf.

Der Rechner speichert die zuletzt berechnete Zahl in der Variablen **ANS(1)**, die vorletzte in **ANS(2)**, die drittletzte in **ANS(3)**, usw. Will man im obigen Beispiel mit der letzten Zahl weiterrechnen und diese mit 5 multiplizieren, dann gibt man ein: [×] [5] [ENTER]. Der Rechner setzt **ANS(1)\*5** in die Anzeige, das Ergebnis lautet: **6.12998366015** (siehe Bild 16).

Will man mit einer früheren Eingabe weiterrechnen, markiert man diese mit dem Cursor (▲) und ruft den Befehl **ANS** auf oder gibt **[ANS]** = **[◀][ENTER]** ein.

Mit einem weiteren **[ENTER]** wird die markierte Zeile in die Eingabezeile geholt und man kann damit weiterrechnen, so als hätte man die geholte Zeile eben eingegeben.

Im ALG-Modus holt der Befehl **ANS** also die *n*-te Antwort (engl.: *answer*) aus dem History-Speicher (siehe Beschreibung des Befehls **ANS** in Lit. [13] oder in Lit. [10]).

Im RPN-Modus führt ANS den Befehl **LASTARG** aus.

### 1.5.7.3   Der RPN-Modus

RPN ist eine Besonderheit der HP-Taschenrechner. Dieser Modus arbeitet mit der umgekehrten polnischen Notation (UPN), in Englisch: Reverse-Polish Notation (RPN).

Der erste HP-Taschenrechner HP-35 (siehe Bild 31 auf Seite 87) hatte nur den RPN-Modus. Er war nicht programmierbar und hatte keine Grafikfunktionen.

Bei den programmierbaren HP-Grafik-Taschenrechnern ab dem HP 49G ist der ALG-Modus zusätzlich zum RPN-Modus eingebaut. Zwischen beiden Modi kann per Flag umgeschaltet werden.

Alle Benutzer der HP-Taschenrechner haben sich seit Erscheinen des HP-35 an den RPN-Modus gewöhnt und möchten ihn nicht mehr missen.

Nachdem die mathematischen Funktionen und das Betriebssystem des HP-Taschenrechners auf RPN aufbauen, ist es zweckmäßig, diese Arbeitsweise zu lernen und zu nutzen, da RPN Priorität hat.

Die Programmierung über die Benutzerprogrammiersprache erfolgt ausschließlich im RPN-Modus, obwohl man auch algebraisch arbeiten kann, indem man *algebraische Ausdrücke* in die Programme einführt. Das ist jedoch meist ein umständlicher Umweg.

ALG (arithmetische Notation) dagegen wird kaum verwendet, weil Programme im ALG-Modus umständlicher zu schreiben sind. ALG hat aber Vorteile, wenn man rein mathematisch arbeitet.

HP 49G/49g+/50g in den RPN-Modus umschalten:

1. Oben rechts in der Statusanzeige wird ALG angezeigt.
2. Wir löschen den gesamten Bildschirm mit **CLEAR** = **[▶][◀]** (die Rücktaste ist ganz rechts in der 4. Tastenreihe).
3. Wir drücken die Taste **[MODE]** (2. Reihe, 2. Taste). Wir erhalten das Auswahlmenü „CALCULATOR MODES". Die erste Zeile „Operating Mode" ist bei „Algebraic" bereits invers markiert.
4. Wir drücken jetzt die Taste **[+/-]** (6. Reihe, 2. Taste). Die Anzeige „Algebraic" wechselt auf „RPN".
5. Das über der Taste [F6] (1. Reihe 6. Taste) befindliche Menüfeld zeigt OK an. Nun drücken wir **[F6]**. Dieses OK bewirkt die Aktivierung des RPN-Modus. Die Statusanzeige ALG oben rechts verschwindet.
6. Der Rechner kehrt in den Anzeige-Zustand zurück.
7. Nun sehen wir auf der linken Seite die Zeilennummern, die von unten nach oben zählen.
8. Diese Zeilen heißen Stack und sind Speicherbereiche für verschiedene Objekte (Zahlen, Texte usw.), siehe dazu auch 2.6 auf Seite 86.

## 1.5.7.4 Das Prinzip von RPN

Bei der umgekehrten polnischen Notation (RPN-Modus) übergibt man zuerst die Objekte, mit denen gearbeitet werden soll, an den Rechner. Anschließend wird dem Rechner mitgeteilt, wie mit diesen Objekten zu verfahren ist.

Wir nehmen unser Beispiel von oben: **25 × 12**

Zuerst müssen wir die beiden Zahlen **25** und **12** eintippen. Weil diese beiden Zahlen unmittelbar nacheinander eingegeben werden, muss ein Trennzeichen dazwischen angeordnet werden, damit der Rechner weiß, dass es zwei verschiedene Zahlen sind. Das Multiplikationszeichen folgt nach Eingabe der zweiten Zahl.

Wir verwenden also die Tastenfolge:

[2] [5] [*Trennzeichen*] [1] [2] [×].

Als [*Trennzeichen*] können wir ein Leerzeichen [SPC], Space, letzte Reihe, 4. Taste) oder [ENTER] verwenden. Nach Eintippen der letzten Taste [×] steht das Ergebnis **300** in der Zeile 1 des Stacks (unterste Zeile).

Man sollte die Wirkung der verschiedenen Trennzeichen ausprobieren, um den Unterschied kennenzulernen.

Nun berechnen wir noch unser zweites Beispiel von oben: **3.59 × 4.18 / 12.24** .

Hier seien nur die Eingaben ohne Kommentar angegeben, der Leser weiß inzwischen Bescheid:

**3.59** [*Trennzeichen*] **4.18** [×] **12.24** [÷]

Nach dem Eintippen der beiden Zahlen **3.59** und **4.18** und des Multiplikationszeichens erscheint sofort das Zwischenergebnis dieser Multiplikation.

Dieses Zwischenergebnis bleibt im Stackzeile 1 stehen. Nach Eintippen der Zahl **12.24** und dem Divisionszeichen erscheint das Endergebnis **1.22599673203** in Stackzeile 1.

> Nach Eingabe der ersten Zahl muss ein Trennzeichen folgen, damit der Rechner weiß, dass jetzt noch ein zweites Eingabeobjekt folgt. Bei weiteren Eingaben erübrigt sich das Trennzeichen, weil die jeweilige Funktionstaste für Multiplikation oder Division oder ein vorhandenes Stackobjekt (= Ergebnis aus der vorangegangenen Zwischenrechnung) als Trennzeichen fungiert.

## 1.5.7.5 Formelausdruck berechnen

**Formel 1: Formelausdruck**

$$\frac{8.42 \cdot (3.40 + \sqrt{28.3024})}{\sqrt{23.04} - 2.25^2 \cdot 0.45}$$

Wir wollen diesen Formelausdruck im RPN-Modus nacheinander manuell eintippen, wobei nach jedem Schritt das jeweilige Zwischenergebnis in der Anzeige steht. Dabei werden vorher berechnete Zwischenergebnisse in der Anzeige nach oben geschoben, weitergerechnet wird dann in der Zeile darunter (dies ist der Stack, siehe unter 2.6 auf Seite 86).

**Manueller Berechnungsvorgang (erläutert):**

Wir fangen im Zähler mit der Wurzel an, wir geben ein: **28.3024** und drücken dann die Wurzeltaste [ $\sqrt{x}$ ], nun wird **5.32** angezeigt.

Wir tippen nun **3.4** ein und dann [+], Anzeige **8.72**; nach Eintippen von **8.42** und [×] wird **73.4224** angezeigt. Das ist der Wert des Zählers. Dieser bleibt in der Anzeige stehen.

Beim Nenner müssen wir aufpassen, denn die Multiplikation hat Vorrang.

Wir rechnen aber zuerst **23.04** [ $\sqrt{x}$ ] und erhalten **4.8**.
Dann berechnen wir **2.25²** und nehmen mit **0.45** mal:
**2.25 [ENTER] 2 [$y^x$] 0.45 [×]**, Ergebnis **2.278125**.
Dieses Ergebnis muss von der vorher berechneten Wurzel abgezogen werden. Wir tippen **[-]** und erhalten **2.521875**. Dies ist der Wert des Nenners.
Mit der Taste **[/]** dividieren den Zähler in der Stackzeile Nr. 2 durch den Nenner in der Stackzeile Nr. 1 und erhalten **29.1142106568**.

Nach einiger Übung sieht man sich eine solche Formel an und tippt sie ein, innerste Funktionen und Klammern zuerst. Man liest die Formel vom Blatt, wie ein Musiker die Noten vom Blatt spielt. Das Eintippen geht schneller, als man obige Erläuterung lesen kann.

Die Eingaben stehen am Anfang der Zeile, in Klammern stehen Erläuterungen:

| | | |
|---|---|---|
| **28.3024** [ $\sqrt{x}$ ] **3.4** [+] **8.42** [×] | (=73.4224 | = Zähler) |
| **23.04** [ $\sqrt{x}$ ] **2.25 [ENTER] 2 [$y^x$] 0.45** [×] [-] | (= 2.521875 | = Nenner) |
| [/] | (= 29.1142106568 | = Ergebnis) |

**Automatischer Berechnungsvorgang:**

Später, wenn wir mehr Übung mit dem Taschenrechner haben, können wir diese Zahlenwerte als algebraischen Ausdruck eintippen (siehe Bild 17), der dann anschließend als Formelausdruck auf dem Bildschirm zu sehen ist (siehe Bild 18):

Nach Drücken von **[EVAL]** (= *evaluate* = Wert ausrechnen) steht das Ergebnis auf dem Bildschirm: **29.1142106568**.

Auf dem Taschenrechner ist der Dezimalpunkt voreingestellt, deshalb werden im Beispiel alle Dezimalzahlen mit Punkt dargestellt. Man kann aber auch auf Dezimalkomma umschalten.

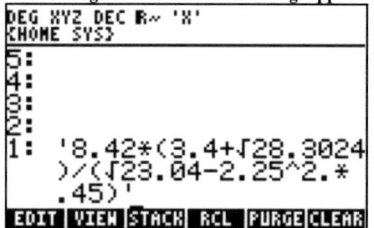

Bild 17: Algebraischer Ausdruck eingetippt    Bild 18: Formelausdruck

Weitere Erläuterungen zum RPN-Modus sind nicht nötig, da die umgekehrte polnische Notation an Einfachheit nicht zu übertreffen ist. Es gibt keine Klammern und keine Klammerebenen. Komplizierte Ausdrücke löst man von innen her auf, wie oben im Beispiel gezeigt.

**Dringende Empfehlung:**

Der Neuling mit HP-Taschenrechner sollte sich sehr intensiv mit dem RPN-Modus beschäftigen und die hier aufgeführten Übungsbeispiele nachvollziehen. Der Zeitaufwand dafür lohnt sich.

## 1.6 Kommunikation über Schnittstellen

Die Taschenrechner HP 48GX und der HP 49G haben eine serielle RS232-Schnittstelle.

Erstmalig wurde mit dem HP 49g+ ein Taschenrechner von HP mit einer USB-Schnittstelle und einer SD-Speicherkarte ausgerüstet. Auch die beim HP 48GX bewährte Infrarot-Schnittstelle (IR) ist beim HP 49G+ und auch beim HP 50g wieder vorhanden.

### 1.6.1 *Infrarot-Schnittstelle (IR)*

Über die Handhabung der IR-Schnittstelle wird keine offizielle Dokumentation von HP mitgeliefert.

Im deutschen Handbuch (Lit. [9]) sind USB und IR im Vorwort lediglich kurz erwähnt. Auch auf der mitgelieferten CD-ROM und den dort vorhandenen PDF-Handbüchern in Englisch und Deutsch ist über USB und IR auch nichts zu finden. Das kann wohl damit begründet werden, dass zu einer Kommunikation immer zwei Geräte nötig sind und die verbindende Kommunikations-Software nicht allein vom HP-Taschenrechner abhängt.

Über den Gebrauch der Infrarot-Schnittstelle der beiden Modelle HP 49g+ und HP 50g ist in den Handbüchern nichts zu finden. Lediglich beim HP 48GX ist beschrieben, wie man zwei HP 48GX über Infrarot verbindet.

*Prof. Dr. Wolfgang Rautenberg* schrieb im Jahr 2003 im Dokument *Ioman.htm* des Tools IOMAN (zu finden auf www.praxelius.de/raut/index.htm) über die Infrarot-Schnittstelle:

(Zitat)
> The 49g+ also has an IrDA port (IrDA = Infrared Device Association; see http://www.irda.org/). IrDA is a communications protocol in itself, detecting "who's out there", negotiating "who's the boss", which speed to use, which capabilities they have in common, how to "packetize" data and ensure that it's been received correctly, and so on. For file transfers, you'll probably need a file transfer protocol, so the other IrDA device knows what to do with the data. Two 49g+es can communicate with each other, but must be very close and aligned (rather like two 48 series, due to the 48's low sensitivity IR input), and a 49g+ can communicate with an IrDA capable printer, though again the 49g+'s IrDA port must be very close to and aligned with the printer's IrDA port. Presumably, a 49g+ should be able to communicate with other IrDA devices, but exactly which IrDA capabilities the 49g+ has built-in is not well (if at all) documented.
>
> Even "low power" IrDA devices are, according to IrDA standards, supposed to be able to communicate at a range of 0.2 meter (about 8 inches) minimum; the 49g+ seems to be out of compliance with this. Note that the 49g+'s IrDA can not communicate with the 48 series' "SIR" (= Serial IR) used between 48 series calculators, so a 49g+ cannot directly communicate with a 48. IrDA is faster (and more robust) than the 48 series' SIR.

(Zitatende).

Da die IR-Verbindung nur bei sehr geringem Abstand zwischen den miteinander kommunizierenden Geräten funktioniert (20 cm Abstand) und sehr störanfällig ist, ist der Vorteil dieser kabellosen Verbindung nicht viel wert. Die Kabelverbindungen über USB und RS232 erlauben größere Abstände zwischen den miteinander kommunizierenden Geräten. Deshalb wollen wir IR nicht weiter verfolgen.

### 1.6.2 *Serielle RS232-Schnittstelle (COM-Anschluss)*

Die serielle RS232-Schnittstelle gibt es nur beim HP 49G und beim HP 48GX. Diese Schnittstelle wird im Zusammenhang mit seriellen Druckern unter 1.7 auf Seite 53 beschrieben.

## 1.6.3 USB-Schnittstelle

Ab Windows 98 hat Microsoft bei den PC-Betriebssystemen die USB-Unterstützung eingebaut. USB ist ein universeller serieller Bus. Brauchte man bisher bei Windows 98 noch spezielle USB-Treiber, so ist dies bei Windows XP und den nachfolgenden Windowsversionen im Normalfall nicht mehr nötig, denn Windows unterstützt USB ohne spezielle Treiber, erkennt das USB-Gerät automatisch und lädt dann die passenden Systemtreiber.

Der Vorteil von USB ist, dass man Geräte und PC nicht ausschalten muss, wenn man die Kabel ansteckt oder trennt (Hot plugging). Selbstverständlich sollte dies nicht gemacht werden, wenn gerade Daten über die Leitung laufen.

Im Artikel *„Universal Serial Bus (USB)"* in der deutschen Wikipedia sind nähere Informationen über USB zu finden.

## 1.6.4 Externe Speichermedien

Compact-Flash-Karten, SD-Karten und USB-Speichersticks werden vom Windows-System als „Wechseldatenträger" oder „mobile Disk" erkannt und wie eine zusätzliche Festplatte behandelt. Für alle diese Speichermedien gilt die bei Windows übliche Dateistruktur und Namenskonvention. Dateien können im Explorer wie entsprechende Windows-Dateien gelesen und mit der Maus durch *drag & drop* von einem Gerät zum anderen kopiert (mit der Maus von einem Fenster zum anderen gezogen) werden. HP-Taschenrechner, digitale Memo-Geräte, Messgeräte und Digitalkameras gelten als „mobile Geräte", für die noch ein gerätespezifischer Treiber geladen werden muss, weil diese Geräte keine Windows-Filestruktur haben.

## 1.6.5 Kommunikations-Software

Bei Auslieferung wird dem HP-Taschenrechner die Kommunikations-Software **Conn4x.exe** mit **USB-Treiber** und Installationsprogramm in Englisch auf CD-ROM beigelegt. Mit Conn4x.exe können die USB-Schnittstelle des HP und auch die serielle RS232-Schnittstelle (XMODEM) des HP48GX und des HP 49G betrieben werden.

Die mit dem HP 50g mitgelieferte Version von **Conn4x.exe** ist **Version 2.3, Build 2439 vom 1.9.2006 in Deutsch**. Die dort mitgelieferte Hilfefunktion des Programms ist sehr informativ und hilfreich.

Diese Software kann auch direkt von HP oder von www.hpcalc.org heruntergeladen werden: Dort steht das Setup-Programm **Conn4x_German.exe (4,31 MB)** zur Verfügung[8]. Es installiert das Programm einschließlich der Treiber und der Online-Hilfe auf dem Computer in einem vom Nutzer vorgegebenen Verzeichnis.

Mit Einführung der 64-Bit-Rechner unter Windows ist es schwieriger geworden, bisher einwandfrei funktionierende Geräte auf diesen Systemen zum Laufen zu bringen, weil für Windows 7 und 8 auf den 64-Bit-Systemen keine Treiber vorhanden sind.

Conn4x.exe und die USB-Treiber für die HP-Taschenrechner laufen auf XP und VISTA im 32-Bit-Modus korrekt. Auch bei VISTA auf einer 64-Bit-Maschine (im 32-Bit-Modus) ist noch alles in Ordnung. Bei Windows 7 auf einer 64-Bit-Maschine (ohne 32-Bit-Modus) streikt Conn4x.exe. Windows 7 meldet eine „nicht kompatible Anwendung", die zwar auf dem PC-Bildschirm erscheint, aber nicht mit dem Taschenrechner zusammenarbeitet.

---

[8] Angabe ohne Gewähr!

Also müssen wir uns auf XP und VISTA beschränken. Windows 7 ist zur Zeit noch nicht so weit, dass es mit den HP-Rechnern zusammenarbeiten könnte. Da die Klagen in den HP49/50-Foren darüber immer lauter werden, wird es in absehbarer Zeit ein Conn4x.exe mit passendem Treiber für Windows 7 geben. Allerdings sollten die Programmierer der HP-Software bereits so weit vorausschauen, dass sie auch Windows 8 schon im Visier haben und die bekannten Schwierigkeiten dort vermeiden.

Nachstehende Beispiele sind mit Windows-XP auf einer 32-Bit-Maschine durchgeführt worden.

### 1.6.6 *Verbindung des HP mit dem PC*

**Anschließen und Einschalten**

Nach dem Anschließen des Verbindungskabels an PC und HP-Taschenrechner und dem Einschalten des Taschenrechners kann man **Conn4x.exe** starten. Es erscheint eine Programm-Maske (siehe Bild 19), diese hat oben zwei Einstell-Felder in Deutsch: „Verbindungsnutzung" und „Geschwindigkeit".

**Bild 19: Startmaske der Verbindungssoftware Conn4x**

### *1.6.6.1 Verbindungsnutzung*

In diesem Menü werden die momentan zur Verfügung stehenden seriellen Schnittstellen des PC-Systems in einem Menü zur Auswahl aufgelistet:

In der ersten Menüzeile kann man auf automatische Erkennung schalten.

In der zweiten und dritten Zeile im Bild 19 sind die auf meinem Rechner vorhandenen RS232-Schnittstellen COM1 und COM3 aufgelistet. Bei Verwendung dieser Schnittstelle muss dort der richtige Anschluss ausgewählt werden

Da der HP kein Windows-Dateisystem hat, erkennt Windows den Taschenrechner nicht automatisch. Hier ist ein spezieller HP-Treiber notwendig, der vom Setup-Programm auf Windows mit installiert und über USB angesprochen wird.

Man muss nach der Durchführung des Setups im Gerätemanager von Windows unter USB nachsehen, ob dieser Treiber einwandfrei akzeptiert wurde, der entsprechende Eintrag darf keinen Warnhinweis („Unbekanntes Gerät!") haben.

Für die USB-Verbindung muss ganz unten am Ende des aufgeklappten Menüs der installierte Treiber **USB-Rechner** markiert werden. Dieser wird aber nur angezeigt, wenn der HP über USB-Kabel an den PC angeschlossen und auch eingeschaltet ist.

Fehlt dieser Eintrag, dann sollte der Taschenrechner aus- und sofort wieder eingeschaltet werden, um die USB-Verbindung dem PC zu melden. Oder man muss das PC-System neu starten, wenn dies nach dem Installieren nicht ohnehin geschehen ist.

### 1.6.6.2 Geschwindigkeit

Bei „Geschwindigkeit:" kann man in dem Menü Baudraten zwischen 4800 und 115200 auswählen. Bei Verwendung einer USB-Schnittstelle wird die Baudrate vom Programm ignoriert, denn bei USB ist diese nicht einstellbar. Das Programm enthält eine sehr gute Online-Hilfe in deutscher Sprache, die man vor der Benutzung unbedingt durchlesen sollte.

### 1.6.7 Kurzanleitung zur Kommunikation HP - PC

Diese Anleitung hier gilt sowohl für die Kommunikation über die RS232-Schnittstelle (COM-Anschluss) wie auch über die USB-Schnittstelle.
1. Nach Anstecken des Verbindungskabels-Kabels (USB-Buchse oder COM-Anschluss) am HP und am bereits laufenden PC schalten wir den HP ein.
2. Jetzt erst rufen wir das Programm **Conn4x.exe** am PC auf, es erscheint eine leere Programm-Maske, in der oben links lediglich ein Ordner-Symbol mit **HP?** zu sehen ist. Das Programm läuft zwar, ist aber noch nicht mit dem Taschenrechnersystem verbunden.
3. Nun wählen wir im Feld „Verbindungsnutzung:" die passende Schnittstelle aus. Die COM-Anschlüsse des PC werden angezeigt. Der **USB-Rechner** ist ganz unten im Auswahl-Menü zu finden. Wurde nach der Installation des Treibers vergessen, den Rechner neu zu starten, dann findet man den Treiber **USB-Rechner** nicht im Menü, dann muss man den Rechnerneustart jetzt nachholen.
4. Da wir USB benutzen, wird das Feld „Geschwindigkeit:" von uns und dem PC ignoriert. Bei COM-Anschlüssen muss dort die richtige Geschwindigkeit ausgewählt werden.
5. Im Menü **Datei** klicken wir nun auf **Verbinde**.
6. Ein Hinweisfenster sagt uns, was wir auf dem HP tun sollen, nämlich den XMODEM-Server mit der Tastenfolge [I'](▶) starten. Das obere Auswahlfeld bietet den ALG- und den RPN-Modus an. Wir entscheiden uns für den RPN-Modus.
7. Der Taschenrechner zeigt nun die Meldung:
**Xmodem Server Waiting for command.**
Kommt dagegen auf dem Taschenrechner eine Fehlermeldung „**XSERV Error: Invalid IOPAR**", dann steht in der Systemvariablen IOPAR im HOME-Verzeichnis des HP-Rechners ein falscher Inhalt. Man kann diese Variable getrost löschen und den Aufruf mit [I'](▶) wiederholen, der Rechner erzeugt dann IOPAR mit dem richtigen Inhalt selbst. Mehr über IOPAR steht unter 1.7.8 ab Seite 57.
8. Anschließend klicken wir auf dem PC im genannten Hinweisfenster auf OK. Das startet den Verbindungsvorgang.
9. Nach kurzer Zeit werden links im Programmfenster des **Conn4x.exe** die Dateiverzeichnisse des Taschenrechners und rechts die einzelnen Variablen (HP-Objekte) gezeigt. Bild 20 zeigt das HP-Taschenrechner-Fenster innerhalb des Datei-Explorers von Windows.
10. Nun können wir mit der Maus ein Objekt vom HP in den Datei-Explorer ziehen oder umgekehrt, von dort eine Datei (z.B. eine auf dem PC liegende HP-Bibliothek) in das HP-Fenster ziehen.

11. Im Modus „Verbinde" (in Englisch: „Connect") sind nur bestimmte Funktionen freigegeben. Die anderen sind abgeblendet; diese funktionieren nur, wenn die Verbindung mit dem Taschenrechner nicht aktiviert ist (Häkchen bei „Trennen Sie den Taschenrechner ab", in Englisch: „disconnected"). Im „Verbinde"-Modus kann auch zwischen „Textmodus" und „Binär Modus" umgeschaltet werden. Näheres zu den Modi siehe unter 2.2 ab Seite 68 oder unter Menüpunkt „Hilfe" in Conn4x.exe.
12. „Senden" von Dateien oder Screenshots vom Taschenrechner zum PC und „Empfangen" der Dateien vom PC funktionieren nur im „disconnected"-Modus. Selbstverständlich muss im „disconnected"-Modus der HP mit dem PC über Kabel verbunden sein, „disconnected" bezieht sich nur auf die *drag & drop*-Funktion, die dann abgeschaltet ist.

Alle Funktionen sind ausführlich in der Online-Hilfe (in Deutsch) beschrieben. Besonderheiten sind in der dort beigefügten Datei „ReadMe.txt" erläutert.

**Bild 20: Datenübertragung zwischen HP-Taschenrechner und PC**

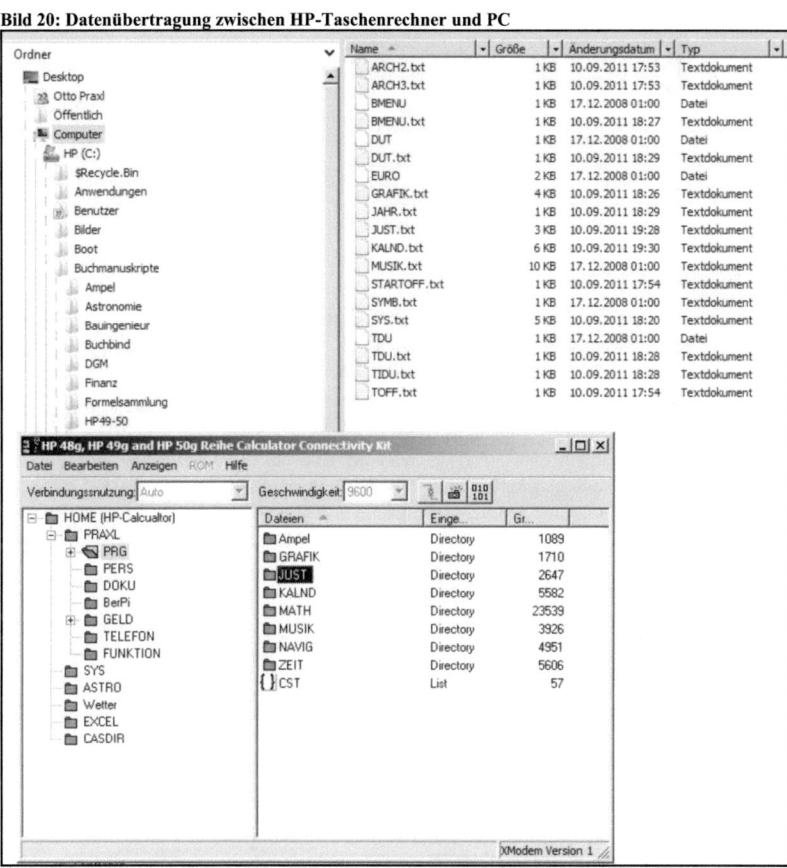

**Die deutsche Übersetzung von Conn4x.exe hat einen Fehler:**

Bei Übertragung eines Bildschirm-Schnappschusses zeigt das im deutschen Conn4x.exe eingeblendete Fenster (siehe Bild 21) die Anweisung: „Drucken Sie AN und den nach unten Pfeil". Diese Anweisung ist falsch. Mit AN ist die Taste [ON] gemeint.

Man muss beim HP 49G, HP 49g+ und HP 50g die Übertragung des Bildschirminhalts zum PC mit **[ON]&(▲)** starten. Beim HP 48GX muss **[ON]&[1]** gedrückt werden.

**Bild 21: Bildschirm-Schnappschuss, falsche Anweisung**

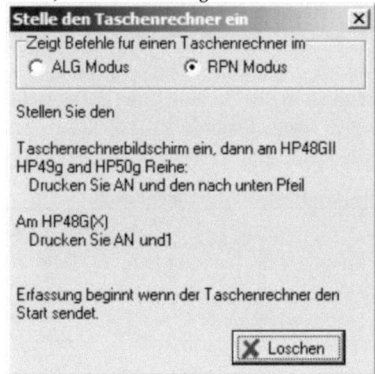

## 1.6.8 *Datenimport ohne USB*

Die Möglichkeit, ohne Verbindungskabel Daten auf den Taschenrechner HP zu übertragen, ist in den Handbüchern nirgends erwähnt, funktioniert aber beim HP 49g+ und HP 50g sehr gut. Dies ist vor allem für Anwender interessant, die kein Windows-System haben und das Programm Conn4x.exe nicht benutzen können.

Hat man alle Daten und die HP-Objekte auf dem PC, dann überträgt man sie auf die SD-Karte und setzt diese Karte dann in den HP 49g+ oder HP 50g ein. Im Handbuch steht, dass der HP keine Verzeichnisse anlegen kann. Alle Dateien müssten ohne Verzeichnis auf der Karte stehen. Verzeichnisse können aber trotzdem angelegt werden, siehe 2.17 „SD-Karte" auf Seite 149.

Auf diese Weise kann man ein HOME-Backup (ARCHIVE) von einem HP-Rechner auf einen anderen übertragen, z. B. vom HP 49G auf den HP 49g+ oder HP 50g übertragen und dort mit RESTORE aktivieren. Dadurch kann mit nur einem Arbeitsgang ein neuer Rechner voll eingerichtet und aktualisiert werden. Kleine Anpassungen der Bibliotheken und Tools bleiben dann noch zu erledigen.

Die SD-Karte gilt als **Port :3:**. Man kann, wie gewohnt, die HP-Objekte von Port :3: beliebig in jedes HP-Verzeichnis (HOME oder Unterverzeichnisse) des neuen Taschenrechners übertragen. Dazu verwendet man den eingebauten **Filemanager** oder ein Filer-Tool.

Backups lassen sich auf dem Taschenrechner erzeugen und in Port :3: speichern. Diese kann man auf umgekehrtem Weg über die SD-Karte zum PC bringen.

Das Ganze ist mit dem PC und dem SD-Kartenadapter etwas umständlich, aber es funktioniert.

### 1.6.9 *Zwei HP-Taschenrechner gleichzeitig am PC*

Da das Kommunikationsprogramm **Conn4x.exe** serielle RS232-Schnittstellen (COM-Anschlüsse) und den USB-Port bedient, ist es möglich, beide Taschenrechner gleichzeitig an den PC anzuschließen.

1. Man verbindet einen seriellen COM-Anschluss (z.b. COM1) des PC über das Verbindungskabel mit dem HP 49G.
2. Dann schließt man den HP 49g+ (oder den HP 50g) mit dem USB-Kabel an den PC an.
3. Man schaltet beide Taschenrechner ein und startet Conn4x.exe.
4. Man wählt z.B. COM1 aus, setzt die Baudrate auf 9600 und klickt auf „Verbinde". Nun kann man alle gewünschten Daten vom Taschenrechner HP 49G in den Explorer des PC ziehen.
5. Nun trennt man die aktive Verbindung mit „Trennen Sie den Taschenrechner ab" (nur die logische Softwareverbindung wird dadurch deaktiviert, der Taschenrechner ist nach wie vor mittels Kabel mit dem PC verbunden), wählt mit **USB-Rechner** den USB-Anschluss aus und aktiviert mit „Verbinde" die Verbindung zum HP 49g+ oder HP 50g.
6. Nun kann man die vorher vom HP 49G auf den PC geladenen Dateien über die USB-Verbindung zum HP 49g+ oder HP 50g übertragen.
7. Mit einem Klick auf „Trennen Sie den Taschenrechner ab" kann man die aktive Verbindung deaktivieren. Nun kann man die Kabel wieder von den Geräten trennen, wobei beim COM-Anschluss gewisse Sorgfalt (ausgeschalteter Taschenrechner) nötig ist, weil diese Verbindung nicht rücksichtslos getrennt werden sollte.

## 1.7 Serielle Schnittstellen am HP

### 1.7.1 *Vorbemerkungen*

In diesem Abschnitt wird beschrieben, wie man die serielle RS232-Schnittstelle[9] konfigurieren muss, damit man den HP 48GX direkt an einen Drucker anschließen und drucken kann. Da moderne PCs kaum mehr eine serielle RS232-Schnittselle besitzen und die neuen Taschenrechner HP 49g+ und HP 50g diese auch nicht mehr besitzen, werden die Grundlagen und Erläuterungen hier nur der Vollständigkeit halber angegeben.

### 1.7.2 *RS232-Druckerschnittstelle*

An den HP 48GX kann ein Drucker mit seriellem Anschluss im Modus „Nur-Text" per mitgeliefertem Kabel angeschlossen und direkt betrieben werden, weil dieser Rechner über eine serielle RS232-Schnittstelle verfügt. Diese funktioniert in der Regel beim HP 48GX einwandfrei, wie ich selbst ausprobiert habe. Beim HP 49G habe ich es nicht getestet.

---

[9] Die RS232-Schnittstelle (**R**ecommended **S**tandard) beim PC wird auch als COM-Anschluss bezeichnet.

### 1.7.2.1 Serielles Verbindungskabel

**Bild 22: Serielles Verbindungskabel mit Adapter**

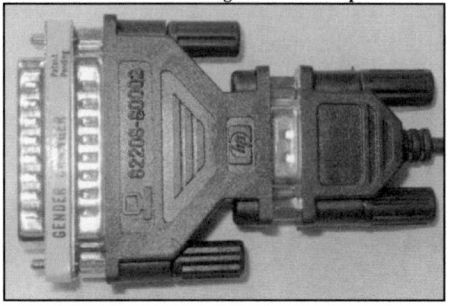

Ein serieller Drucker besitzt normalerweise einen 25-poligen SUB-D-Stecker mit Buchsenleiste. Das mitgelieferte Verbindungskabel besitzt einen 9-poligen SUB-D-Stecker mit Buchsenleiste. Das passt nicht zusammen. Deshalb müssen Adapter dazwischen geschaltet werden.

Ein mitgelieferter **Adapter SUB-D 9/25** (Original HP-Zubehör Nr. 82208-80002, siehe Bild 22) setzt den 9-poligen in einen 25-poligen SUB-D-Stecker mit Buchsenleiste um. Da dieser Adapter und auch der Anschluss am Drucker je eine Buchsenleiste haben, muss noch ein SUB-D-**Changer** mit zwei 25-poligen Stiftleisten dazwischen gesetzt werden.

Bild 22 zeigt, von rechts nach links, zuerst das Kabel, das vom HP 49G kommt, mit dem Stecker am Kabel. Der mittlere Teil ist der Adapter zum Umsetzen der 9-poligen in eine 25-polige Buchsenleiste. Links ist der gelb gekennzeichnete Changer zu sehen. Nun kann die Verbindung zum seriellen Drucker hergestellt werden.

### 1.7.2.2 Signale der seriellen RS232-Schnittstelle

Das Datensignal kommt (bei SUB-D 25) auf Pin 3 (Sendesignal) beim Drucker an. Auf Pin 2 (Empfangssignal) meldet der Drucker seine Signale zurück. Pin 7 ist der Signal-Ground („Betriebserde" oder „Masseleitung" sagen die Elektroniker). Die anderen Pins werden hier nicht verwendet, sondern sind für den MODEM-Betrieb reserviert.

### 1.7.3 *Kein Drucken vom HP 49g+/50g über USB möglich*

Es ist nicht möglich, Daten direkt über die USB-Schnittstelle des HP 49g+/50g auf einem USB-Drucker auszudrucken.

**Begründung:**

USB arbeitet nach dem Client-Server-Prinzip (Master/Slave-Betrieb), bei dem es immer einen Host-Controller (Server, Master) gibt, der die angeschlossenen Geräte (Clients, Slaves) und den Vorgang der Kommunikation steuert.

**Bild 23: USB-Stecker-Typen Mini-B und A**

Eine direkte Kommunikation zwischen zwei Clients (Drucker, HP-Taschenrechner) über eine direkte USB-Verbindung zwischen den beiden Geräten ist nicht möglich. Das wird schon durch die technische Ausführung der USB-Verbindungskabel unterbunden.

Der Anschluss am Master (Computer) weist eine USB-Buchse auf, in die nur ein USB-Stecker Typ A (DIN IEC 61076-3-107, rechter Stecker im Bild 23) passt, der rechteckig und flach ist. Die Geräteanschlüsse an den Clients (HP-Taschenrechner, Drucker) sind mit einer B-Buchse ausgerüstet, in die nur ein Stecker Typ B (DIN IEC 61076-3-108, linker Stecker im Bild 23) passt.

Ein USB-Verbindungskabel hat immer einen flachen USB Stecker des Typs A auf der einen Seite und einen Stecker des Typs B auf der anderen Seite. Die Stecker Typ B für die Clients sind meist quadratisch oder als Mini-USB-Anschluss (wie im Bild) ausgeführt.

Bild 23 zeigt die beiden Stecker des mitgelieferten USB-Kabels. Rechts ist der Stecker Typ A (Computerseite) und links ein Ministecker für den Anschluss am HP-Taschenrechner zu sehen.

Eine direkte Kommunikation zwischen USB-Geräten ist gemäß dem USB-Standard nicht möglich.

**Bild 24: Druckeranschluss „on-the-go"**

Allerdings gibt es auch funktionierende direkte USB-Verbindungen zwischen zwei USB-Clients, wenn die USB-Software (Firmware in beiden USB-Geräten) die Funktion *On-the-go* unterstützt. Der Betrieb über *USB On-the-go* ist nur eingeschränkt möglich. Die Geräte können hier wahlweise Host oder Endgerät sein. Ein echter gleichzeitiger bidirektionaler Austausch von Daten ist aber trotzdem nicht möglich.USB *On-the-go* wird bei Digitalkameras benutzt, mit denen über eine direkte USB-Verbindung die Bilder direkt von der Kamera zum Drucker geschickt und ausgedruckt werden können. Bild 24 zeigt einen USB-Anschluss für Digital-Kameras an einem CANON-PIXMA-Drucker. USB *On-the-go* ist für HP-Taschenrechner nicht verfügbar.

## 1.7.4 *USB/RS232-Adapter*

**Bild 25: USB/RS232-Adapter**

Im Handel gibt es einen USB/RS232-Adapter (CONRAD-Bestell-Nr. 98 24 17), der für PCs ohne RS232-Schnittstelle einen RS232-Port über den USB-Anschluss des PCs zur Verfügung stellt. Ein entsprechender Treiber wird auf Datenträger mitgeliefert (siehe Bild 25).

Damit kann man einen HP 48GX/49G, der nur eine RS232-Schnittstelle hat, an einen PC anschließen, der nur USB hat.

Die genannten HP-Taschenrechner werden über die Verbindungssoftware Conn4x.exe und den Adapter mit der seriellen RS232-Schnittstelle betrieben.

Bei Conn4x.exe muss allerdings als Verbindung der „USB-Rechner" (siehe Bild 19 auf Seite 49) ausgewählt werden, weil Conn4x.exe nicht weiß, dass „hinter" der USB-Schnittstelle noch ein Adapter angeordnet ist. Ob es funktioniert, habe ich noch nicht ausprobiert.

## 1.7.5 *Tool IOMAN (I/O-Manager)*

Programmiert von *Prof. Dr. Wolfgang Rautenberg*.

I/O bedeutet: Input/Output.

In der (englischen) Beschreibung *Ioman.htm* zum Tool **IOMAN** sind die Druckerschnittstellen und ihre Vor- und Nachteile ausführlich beschrieben (siehe Tools auf Seite 227).

Im diesem Dokument sind auch interessante Hinweise und Bemerkungen zu den Schnittstellen USB, RS232 und IR (= Infrarot) im Zusammenhang mit den HP-Taschenrechnern zu finden (siehe auch unter 1.6.1. auf Seite 47).

Mit IOMAN können alle Einstellungen einfacher und bequemer vorgenommen werden und auch der weiter unten beschriebene interaktive Betrieb über die serielle Schnittstelle kann über das Tool **IOMAN** erfolgen.

## 1.7.6 Druckbefehle des HP-Taschenrechners

Die beiden HP-Taschenrechner HP 48GX und HP 49G verfügen über die nötigen Druckbefehle, mit denen ein angeschlossener serieller Drucker direkt angesprochen werden kann. Auf diese Weise lassen sich alle druckbaren Objekte, die mit ASCII-Zeichen darstellbar sind, zu Papier bringen, wenn man weiß, wie es geht.

Für bestimmte Anwendungen können mit dem HP 48GX/49G die Druckseiten mit den berechneten Inhalten (Variablen, Stackobjekte) und der entsprechenden Formatierung als Stringobjekte aufbereitet werden, wenn man die Steuerzeichen des Druckers mit verwendet. Anschließend kann mit dem Befehl PR1 das Stringobjekt, das sich in Stackebene 1 befindet, auf den Drucker übertragen werden.

Programme, die in lesbarem Quellcode als ASCII-Datei vorliegen, können mit dem Befehl PRVAR direkt ausgedruckt werden. Dabei werden die Programmstrukturen durch entsprechende Einrückungen sichtbar.

Bitgrafiken (Plots, Bildschirmschnappschüsse) können mit PRLCD gedruckt werden.

Außerdem gibt es noch die Druckbefehle CR, DELAY, OLDPRT, PRLCD, PRST, PRSTC, die ausführlich in Lit. [10] beschrieben sind und auch in nachfolgender Tabelle 1 zu finden sind.

**Tabelle 1: HP-Druckbefehle**

| Druck-Befehl auf dem HP 48GX/49G | Wirkungsweise auf dem seriellen Drucker |
|---|---|
| PR1 | Das unterste Objekt auf dem Stack wird in voller Länge vollständig ausgedruckt. Dieses Objekt muss druckbar sein, also lesbare ASCII-Zeichen enthalten. Je nach Länge des Objektes kann der Ausdruck mehrere Seiten umfassen. |
| PRST | Der gesamte Stack wird ausgedruckt. Alle Objekte werden in voller Länge vollständig ausgedruckt. Sie müssen druckbar sein, also lesbare ASCII-Zeichen enthalten. Je nach Länge der Objekte kann der Ausdruck mehrere Seiten umfassen. |
| PRSTC | Der gesamte Stack wird **kompakt** ausgedruckt. Alle Objekte werden in kompakter Form, so wie sie der Bildschirm zeigt, ausgedruckt. Sie erscheinen auf dem Papier so wie in der Stackanzeige. |
| PRLCD oder [ON]& (▲) | Bitgrafik-Druck eines Grafikobjekts.<br>Plots und GROBs, die sich auf dem Bildschirm befinden, werden auf dem seriellen Drucker ausgedruckt.<br>**Achtung:**<br>Dieser Befehl sollte nur dann verwendet werden, wenn alle Voraussetzungen zum Grafikdruck auf dem Drucker vorliegen.<br>Wenn der Drucker das HP-Grafikformat nicht versteht, dann weiche man auf den **Capture-Image-Befehl** der PC-Verbindungssoftware aus. |

Fertige Druckroutinen können über
    [APPS][2][OK][3] (Bildschirmschnappschuss) oder
    [APPS][2][OK][4] (Drucken eines Objekts)
aufgerufen werden. Dabei kann zwischen den Schnittstellen „USB", „Serial" und „Infrared" ausgewählt werden.

Beim HP 48GX findet man die Druckroutinen mit
[▶][1][**Print display**] und
[▶][1][**Print ...**].
Dort kann man nur wählen zwischen „Infrared" und „Wire".

## 1.7.7 *Konfiguration der Schnittstellen*

Nun müssen noch die Schnittstellen- und Übertragungsparameter auf beiden Seiten (auf dem HP 48GX/49G und auf dem seriellen Drucker) richtig eingestellt (konfiguriert) werden, damit sich der HP 48GX/49G mit dem Drucker auch versteht. Die Einstellungen müssen auf beiden Seiten identisch sein.

Man kann auf dem HP 48GX/49G

- die Übertragungsgeschwindigkeit (Baudrate),
- den Modus der Paritätsprüfung (Parity-Bit),
- das Übertragungsprotokoll XON/XOFF mit receive pacing und transmit pacing
- die Checksumme und
- den Translationsmodus

einstellen. Das sind die I/O-Parameter, die auf dem HP 48GX/49G **in der reservierten Variablen IOPAR** gespeichert sind.

Da manche Parameter, wie die
- die Anzahl der Datenbits,
- die Anzahl der Stopbits,

auf dem HP 48GX/49G fest vorgegeben sind, muss die Anpassung auf dem Drucker vorgenommen werden.

Nun muss der sendende Teil, hier der HP 48GX/49G, noch wissen, wie die Druckparameter einzustellen sind, das heißt, wie lang die Zeilen auf dem Drucker maximal werden dürfen und welche Kombination von Zeilenterminatoren (*Carriage return* CR oder *Linefeed* LF oder beide) auf dem Drucker eingestellt ist.

Die Druckparameter sind **in der reservierten Variablen PRTPAR** (= Printparameter) auf dem HP 48GX/49G gespeichert.

## 1.7.8 *I/O-Parameter in IOPAR beim HP 48GX/49G*

Die Variable **IOPAR** ist eine Liste im HOME-Verzeichnis des HP 48GX/49G und hat die Form

{ *Baudrate, Parität, receive pacing, transmit pacing, Checksumme, Translationsmodus* }.

Beispiel: {9600, 0, 1,1, 3, 3}

### *1.7.8.1  Baudrate*

Die **Baudrate** gibt die Übertragungsgeschwindigkeit in Bit pro Sekunde (= Einheit Baud) an. Es stehen zur Auswahl: 1200, 2400, 4800, 9600 und 15300 Baud.

### *1.7.8.2  Paritätsprüfung*

Die **Paritätsprüfung** ist die Datensicherung auf dem Übertragungsweg. Sie erfolgt an der sendenden und empfangenden Stelle auf reiner Hardwarebasis. Der Sendebaustein fügt ein Bit (Parity-Bit) zum Datenbyte hinzu, der Empfangsbaustein prüft die Parität. Der Parity-Modus wird durch Einstellung des Parameters "Paritätsprüfung" oder "Parity" identisch auf beiden beteiligten Datenübertragungseinrichtungen festgelegt:

- Parity-Modus 0: NONE = keine Paritätsprüfung, es wird kein Parity-Bit hinzugefügt.
- Parity-Modus 1: ODD = odd parity, Prüfung auf ungerade Zahl von Einsen.
- Parity-Modus 2: EVEN = even parity, Prüfung auf gerade Zahl von Einsen.
- Parity-Modus 3: MARK = Signal (Parity-Bit immer auf 1 (Signalpegel).
- Parity-Modus 4: SPACE = Lücke (Parity-Bit immer auf 0 (Signal-Lücke).

Wenn die Parity-Moduszahl ein negatives Vorzeichen hat, wird nur beim Senden ein Parity-Bit hinzugefügt, aber empfangene Daten werden nicht auf Parität geprüft (gilt nur für die Seite des HP 48GX/49G, die Gegenstelle sendet aber das Paritätsbit).

Ist die Parity-Moduszahl positiv, wird in beiden Richtungen auf Parität geprüft. Beim Datenaustausch mit dem PC muss in beiden Richtungen eine Paritätsprüfung erfolgen, beim Drucken wird meist keine Paritätsprüfung vorgenommen (Modus NONE).

Es gibt einen Befehl, den Parity-Modus zu setzen: PARITY. Man stellt eine der Zahlen 0, 1, 2, 3, 4, -1, -2, -3 oder -4 in den Stack und ruft **PARITY** durch Eintippen des Befehls oder durch **[CAT][PARITY]** auf. Damit ist der oben erläuterte Modus in die Variable IOPAR übernommen.

**Achtung:**
Beim HP 48GX/49G steht die Paritätsprüfung nur für das KERMIT-Protokoll zur Verfügung. Alle anderen Übertragungen (XMODEM, XON/XOFF) müssen mit NONE-Parity betrieben werden.

### 1.7.8.3 Daten-Handshake über Steuerleitungen

Die beteiligten seriellen Geräte steuern den Datenverkehr über Handshake-Signale. Ein vollbelegtes RS232-Kabel besitzt Datenleitungen und Steuerleitungen.

Über die Steuerleitungen kann ein kompletter Hardware-Handshake erfolgen.

### 1.7.8.4 Daten-Handshake über XON/XOFF-Protokoll

Da das Verbindungskabel zwischen Drucker und HP 48GX/49G nur drei Leitungen (Sendesignal, Empfangssignal und Masse) verwendet, scheidet für den Betrieb ein hardwaremäßiger Handshake aus, weil dazu zusätzliche Leitungen erforderlich wären. Die Steuerung wird per Steuerzeichen vorgenommen. Dazu bietet sich das XON/XOFF-Protokoll an.

Der Datensender (PC oder HP 48GX/49G) sendet so lange Daten über die Sendeleitung zum Drucker, bis der Druckerpuffer voll ist. Dann meldet der Drucker ein XOFF (transfer off = Steuerzeichen DC3 = ASCII-Code 19 = Ctrl S) über die Empfangsleitung zurück und das sendende Gerät stoppt die Übertragung. Wenn der Druckerpuffer wieder aufnahmefähig ist, sendet der Drucker ein XON (transfer on = Steuerzeichen DC1 = ASCII-Code 17 = Ctrl Q) und der Taschenrechner fährt mit der Übertragung fort.

Für jede Senderichtung des XON/XOFF-Protokolls kann festgelegt werden, ob Signale für **Daten-Handshake** (Pacing) verwendet werden sollen (gilt nicht für KERMIT-Übertragungen):

- **Beim Senden: Dritten Parameter** des IOPAR auf 1 setzen, sonst auf null.
- **Beim Empfangen: Vierten Parameter** des IOPAR auf 1 setzen, sonst auf null.

(Hinweis: Anstelle der Zahl 1 kann auch ein anderer Nicht-null-Wert genommen werden.)

**Beispiel:** Wenn man Daten zu einem Drucker sendet, der mit XON/XOFF-Protokoll arbeitet, dann muss beim Senden der Daten an den Drucker ein Handshake erfolgen, damit der Puffer nicht überläuft und keine Daten verlorengehen.

In der Gegenrichtung (vom Drucker zum HP 48GX/49G) werden nur Steuersignale, aber keine Nutzdaten gesendet. Man sollte aber trotzdem {9600, 0, **1**, **1**, 3, 3} einstellen (nicht bei KERMIT).

Wichtig:
1. Alle IOPAR Parameter sind ganze Zahlen (Integer).
2. PARITY-Prüfung (Parameter Nr. 2) ist (nach Handbuch) nur für KERMIT-Protokoll verfügbar, nicht aber für andere Verfahren. Deshalb muss bei XON/XOFF mit Parity NONE gearbeitet werden.
3. Pacing (Parameter Nr. 3 und 4) wird nicht für KERMIT I/O verwendet, aber kann bei XON/XOFF aktiviert werden.

### *1.7.8.5 Checksumme*

Für die Bildung der **Checksumme**, die der HP 48GX/49G sendet, kann
Check-Modus 1 (= 1-digit arithmetic checksum),
Check-Modus 2 (= 2-digit arithmetic checksum) oder
Check-Modus 3 (= 3-digit cyclic redundancy check)
eingestellt werden. Die Checksumme wird nur bei Datenübertragung zu einem anderen HP-Rechner oder zum PC verwendet. Beim Drucken ist sie unerheblich, weil der Drucker die Checksumme nicht auswertet.

### *1.7.8.6 Translationsmodus*

Der **Translationsmodus** legt fest, wie die Sonderzeichen des HP-Zeichensatzes (siehe unter 2.7.1 ab Seite 96) zum Drucker gesendet werden sollen und wie der Zeilenterminator interpretiert werden soll.

- **Translationsmodus 0** übersetzt nichts, sondern lässt die Daten durch, so wie sie sind (transparente Datenübertragung).
- **Translationsmodus 1** übersetzt beim Senden ein einzelnes Linefeed (= LF = ASCII-Code 10) in die zwei Zeichen CarriageReturn (= CR = ASCII-Code 13) und Linefeed (= LF = ASCII-Code 10), beim Empfangen umgekehrt.
- **Translationsmodus 2** wandelt nur HP-Sonderzeichen mit den ASCII-Codes 128 bis 159 in druckbare ASCII-Sequenzen um, diese beginnen mit Backslash und enthalten zwei weitere ASCII-Zeichen. Alle anderen HP-Zeichen werden unverändert übertragen.
- **Translationsmodus 3** wandelt alle HP-Sonderzeichen (ASCII-Codes 128 bis 255) in druckbare ASCII-Sequenzen um, diese beginnen mit Backslash und enthalten zwei weitere ASCII-Zeichen. Zum Beispiel wird das Summenzeichen (großes griechisches Sigma) als "\GS" ausgedruckt und das Wurzelzeichen wird zu "\v/". Die Tabelle des HP-Zeichensatzes ist unter 2.7.1 ab Seite 96 zu finden.

---

**Hinweis:**
Die ASCII-Zeichen mit Code 0 bis 127 sind international einheitlich, jedes Terminal und jeder Drucker kann sie korrekt darstellen. Ausnahmen gelten für die ASCII-Codes 64 (@ oder §), 91, 92, 93, 123, 124, 125 und 126, die mit deutschen Umlauten oder Klammern belegt sind. Die ASCII-Codes 128 bis 255 können gerätespezifisch oder mit nationalen Sonderzeichen belegt werden.

Der HP-Zeichensatz ist ein solcher gerätespezifischer Zeichensatz. Mit Translationsmode 3 kann dieser Zeichensatz beim Senden zum Drucker oder PC in druckbare Zeichen im Bereich der ASCII-Codes < 128 umgesetzt werden.

Wenn die HP-Zeichen auf einem Drucker nur in anderer Belegung der Codes vorhanden sind, dann kann mit dem Druckparameter Remap eine spezielle Umordnung der Zeichen vornehmen (Remap: siehe unten bei PRTPAR).

### 1.7.9 Übertragungszeit

Je nach Einstellung der Parameter ändert sich auch die Zahl der pro Byte zu übertragenden Bits. Zu den nutzbaren 8 Datenbits müssen noch weitere Bits pro Byte übertragen werden, sodass sich die Übertragungszeit entsprechend erhöht.

Eine übliche Einstellung ist: **1 Startbit, 8 Datenbits, 1 Stopbit und 1 Paritybit**.

Bei dieser Konfiguration müssen 11 Bits pro Byte übertragen werden. Dies ist bei der Berechnung der Übertragungszeit zu berücksichtigen.

**Beispiel:**

Dateigröße 10000 Byte
Baudrate 9600 Bit/s
Übertragungszeit = 10000 × 11/ 9600 = 11,45 Sekunden

Lässt man die Paritätsprüfung weg (Einstellung NONE), dann müssen 10 Bits pro Byte übertragen werden, die Übertragungszeit verringert sich dann bei diesem Beispiel auf 10000 × 10/9600 = 10,42 Sekunden.

### 1.7.10  Druckparameter in PRTPAR auf dem HP 48GX/49G

Die Variable **PRTPAR** im HOME-Verzeichnis des HP 48GX/49G ist eine Liste mit folgender Form:

{ *relay time, remap, line length, line termination* }

#### 1.7.10.1  Relay time (Verzögerungszeit)

Eine Zahl zwischen 0,0 und 6,9 (Default-Wert 1,8 Sekunden) kann eingestellt werden. Sie gibt die Verzögerungszeit in Sekunden an, die der HP 48GX/49G wartet, bevor er die nächste Zeile an den Drucker sendet. Hiermit kann man spezielle Drucker in Messgeräten ansteuern, die eine gewisse Zeit zum Wagenrücklauf brauchen. Metallpapierdrucker drucken auch beim Wagenrücklauf, wenn während dieser Zeit Daten kommen. Soll dies verhindert werden, muss eine entsprechende Verzögerung eingestellt werden.

#### 1.7.10.2  Remap

Hier kann für die ASCII-Codes ab 128 (erweiterte ASCII-Zeichensatz) eine individuelle Zeichen-Umwandlung durchgeführt werden.

Der Parameter *remap* muss den **remapping string** enthalten. In diesem sind *n* ASCII-Zeichen (Position **1** bis *n*) enthalten, die den ursprünglich zu sendenden ASCII-Codes (**127** + *n*) zugeordnet und an deren Stelle gesendet werden. Der String kann beliebig (max. 128 Zeichen) lang sein. Wenn ASCII-Codes größer als (**127** + *n*) gesendet werden, erfolgt keine Umwandlung, dann wird das Originalzeichen gedruckt, das im Drucker für den gesendeten ASCII-Code definiert ist.

**Beispiel:** Remapping string mit n = 7 Zeichen: "ABCDxyz".

**Tabelle 2: Remapping string**

| ursprünglicher ASCII-CODE | 128 | 129 | 130 | 131 | 132 | 133 | 134 |
|---|---|---|---|---|---|---|---|
| zu sendendes ASCII-Zeichen | A | B | C | D | x | y | z |
| Position *n* im String | 1 | 2 | 3 | 4 | 5 | 6 | 7 |

Wenn also der ASCII-Code 131 zu senden ist, dann sendet der HP 49G den ASCII-Code für das Zeichen "D" an den Drucker. Auf diese Weise können unterschiedliche Zeichensätze zwischen Drucker und HP 48GX/49G angepasst werden.

**Erzeugung eines Remapping-Strings:**

Mit dem Programm (RPN-Modus)

```
« "" 128 255 FOR n  n  CHR  +  NEXT  »
```

("" = Leerstring) erzeuge man einen Remapping-String, der den HP-Zeichensatz ab ASCII-Code-Nr. 128 enthält.

Diesen String editiere man so, dass alle Zeichen darin mit dem Druckerzeichensatz an diesen ASCII-Code-Positionen übereinstimmen und speichere den String als zweiten Parameter in PRTPAR (*remap*).

**Beispiel:**

Beim HP 48GX wird dies dazu verwendet, den Infrarot-Drucker richtig anzusteuern. Der Befehl OLDPRT setzt den passenden **remapping string** für den Infrarot-Drucker HP 82240A für die ASCII-Codes 128 bis 255. Der Befehl OLDPRT ist zwar im HP 49G auch vorhanden, aber der HP 82240A ist wegen fehlender Infrarot-Schnittstelle des HP 49G an diesen gar nicht anschließbar.

**Achtung!**

Translation und Remapping betreffen nur die ASCII-Codes >127.

Es ist mir nicht bekannt, welches Verfahren bei gleichzeitiger Verwendung von Remapping und Translation auf dem HP-Rechner **Vorrang** hat. Möglicherweise konkurriert oder kollidiert Remapping mit den Translationsmodi 1 bis 3.

**Empfehlungen:**

Remapping sollte nur bei **Translationsmodus 0** eingesetzt werden.

Remapping und Translationsmodus 3 sollten nicht gleichzeitig verwendet werden, weil der Translationsmodus 3 keine Zeichen > 127 sendet und damit das Remapping wirkungslos wäre.

Der **Translationsmodus 2** sendet die ASCII-Codes >159 unverändert. Für diesen Bereich könnte zusätzlich Remapping verwendet werden. Da aber der Remapping-String ab ASCII-Code 128 gilt, müsste für die ASCII-Codes 128 bis 159 unbedingt der Translationsmodus 2 Vorrang haben, wenn die gleichzeitige Verwendung beider Verfahren einen Sinn haben sollte.

Der **Translationsmodus 1** sendet die ASCII-Codes unverändert und fügt nur den Zeilenterminator ein. Auch hier ist mir nicht bekannt, ob ein gleichzeitiges Remapping Vorrang hätte.

Der Leser möge selbst Versuche vornehmen, falls er mit Remapping arbeiten will. Im Zweifelsfalle verwende man einen Leerstring als Remapping-String und nehme Translationsmodus 3.

## *1.7.10.3 Zeilenlänge (line length)*
Für die zu sendende Zeilenlänge gibt man die Anzahl der Zeichen an.

## *1.7.10.4 Zeilenende (line termination)*
Als Zeilenende-Sequenz ist beim HP 48GX/49G CR+LF voreingestellt, also ein Zweizeichenstring mit CHR(13) CHR(10). Man kann aber auch andere ASCII-Zeichen in einem String vorgeben, die eine Zeile beenden sollen.

## 1.7.11 **Eingabe der Konfigurationsdaten**
Auf welche Weise stellt man nun diese Parameter auf dem HP 48GX/49G ein?

Man kann das I/O-Menü beim HP 49G über die Tastenfolge **[APPS] [I/O functions] [OK]** und beim HP 48GX über **[⬛][I/O]** erreichen und dort unter **[Transfer]** die TRANSFER-Eingabemaske auswählen.

In dieser Maske werden nicht alle Parameter abgefragt. Deshalb muss man die Variablen IOPAR und PRTPAR im HOME-Verzeichnis editieren und die gewünschten Werte eintragen.

## 1.7.12 **I/O-Parameter beim Drucker**
Beim Drucker müssen die I/O-Parameter identisch zum HP 48GX/49G eingestellt werden. Da der HP mit 8 Datenbits und 1 Stopbit sendet, müssen diese Werte beim Drucker identisch dazu eingestellt werden. Als Parity-Modus wählt man am besten NONE. Beim Drucker wird dann eingestellt: **8NONE1**. Auch der Zeilenterminator (LF allein, CR allein oder CR+LF-Kombination) muss an Drucker und HP identisch eingestellt werden.

Beim seriellen Drucker wird meist das XON/XOFF-Übertragungsprotokoll verwendet. Der Drucker muss also auf XON/XOFF-Protokoll eingestellt sein. Hardware-Handshake unterstützt der HP nicht.

Anstatt dem XON/XOFF-Protokoll kann bei Druckern auch das ETX/ACK-Protokoll verwendet werden (übliche ASCII-Steuerzeichen für Datenkommunikation, ETX = end of text = ASCII-Code 06, ACK = acknowledgement = positive Quittierung = ASCII-Code 03).

In den Handbüchern des HP 49G ist kein Hinweis darauf zu finden, ob der HP 49G dieses Protokoll unterstützt.

---

**Technischer Hinweis:**

XON/XOFF-Protokoll und ETX/ACK-Protokoll sind Protokolle auf den untersten Ebenen (low level) des ISO-7-Schichten-Modells[10].

KERMIT und XMODEM des HP 48GX/49G gehören einer höheren Schicht dieses Modells an. Welche Low-Level-Protokolle diese Übertragungsverfahren verwenden, ist mir nicht bekannt.

---

[10] Das 7-Schichten-Modell ist international genormt und enthält die logische Beschreibung der gesamten Datenübertragung zwischen aktiven und passiven Datenübertragungsgeräten.

## 1.7.13  *Einstellungen der Flags beim HP 49G*

Wichtige Flags (Flags siehe unter 2.2 auf Seite 68):

- Das Anzeigeflag -40 für die laufende Anzeige der Uhrzeit muss gelöscht sein. Die Uhranzeige stört die Datenübertragung.
- Das Flag -33 muss gelöscht sein.
- Das Flag -34 muss gesetzt sein.

Diese Einstellungen sind auch Voraussetzung für einen ungestörten Datenverkehr über die PC-Verbindungssoftware.

## 1.7.14  *Stromverbrauch beim Drucken*

Die Batterien oder Akkus des HP 48GX/49G müssen die für die Ansteuerung der seriellen Schnittstelle des Druckers erforderliche elektrische Leistung liefern. Der Stromverbrauch des HP-Taschenrechners ist bei Betrieb mit einem seriellen Drucker wesentlich höher als bei normalem Betrieb ohne Verbindung nach außen. Neuwertige Batterien oder voll aufgeladene Akkus sind Voraussetzung für eine störungsfreie Übertragung.

# 2 Grundfunktionen

## 2.1 Programmierung des HP-Taschenrechners

### 2.1.1 *Programmieren lernen*

Wenn man keine Ahnung vom Programmieren hat und mit dem Taschenrechner so lange probiert, bis ein Programm „läuft", kostet es viel Zeit und Mühe und bringt keine Erfolgserlebnisse.

**Programmieren ist ein Handwerk,** das gelernt werden muss. Es gibt einige Grundlagen, die man beherrschen muss. Diese Grundlagen werden in dem Begriff „Programmierlogik" zusammengefasst. Hier in diesem Buch werden die allgemeinen Programmiergrundlagen vorausgesetzt. Es muss klar sein, was Schleifen, Verzweigungen, Variablen, Objekttypen, Zeichenketten, Bits und Bytes sind. Im Dokument „Programmierlogik" (auf www.praxelius.de) habe ich die wichtigsten Begriffe zusammengestellt.

Eine gute Einführung in die Programmierung der HP-Taschenrechner ist auch in Lit. [10] im Kapitel 1 zu finden (in englischer Sprache).

Mit der Programmierlogik allein ist es aber nicht getan. Man muss auch das Fachgebiet beherrschen, für das man Programme schreiben will.

Beispiel:

> Wenn man ein Programm für die Berechnung einer Brücke schreiben will, dann nützt es wenig, wenn man nur die Programmierlogik allein beherrscht. Man muss auch wissen, wie man eine Brücke berechnet. Man muss Fachmann auf diesem Gebiet sein.

> Man muss den Vorgang (z. B. Brücke berechnen) bis ins Detail kennen. Die Aufgabe (das Problem) muss analysiert werden. Dann findet der Fachmann auch die Problemlösung. Diese wird umgesetzt in eine Programmstruktur. Nun wird beides, Programmstruktur und Problemlösung, unter Berücksichtigung der Programmierlogik in einer bestimmten Programmiersprache formuliert, es entsteht der Quellcode (engl.: *source code*).

Die Programmierung des Taschenrechners erfolgt vorwiegend in der Benutzer-Programmiersprache (User-RPL, siehe unten). Diese ist eine von vier auf dem HP-Rechner vorhandenen Programmiersprachen, die nachstehend unter 2.1.2 auf Seite 65 aufgeführt sind. Sie ist in Lit. [10] in Kapitel 1 (in englischer Sprache) beschrieben. Ebenso in Lit. [3]. Im Kapitel 2 der genannten Bücher sind viele Beispiele aufgeführt, die ausreichen, um die Programmierung zu verstehen. Die englische Sprache dürfte den Benutzern der HP-Taschenrechner keine Probleme bereiten, da sie die entsprechende Schulbildung besitzen.

Auf die Grundlagen der Programmierung der HP-Taschenrechner wird hier in diesem Buch nicht eingegangen, diese kann man in den genannten Handbüchern nachlesen. Es werden nur Beispielprogramme für diejenigen Themen gezeigt, die beim Einsatz des Rechners von Bedeutung sind. Dabei werden auch die verwendeten Programmschritte erläutert.

Es wird empfohlen, die hier in diesem Buch gezeigten und die auf der Praxelius-Homepage vorhandenen Programme Schritt für Schritt nachzuvollziehen. Dabei sollten auch die vom Programm unabhängigen Grundlagen der Berechnung (Theorie, Formeln) durchgearbeitet und verstanden werden.

Auch die unter *Praktische Anwendungen* auf Seite 279 aufgeführten Beiträge enthalten genügend Beispiele für die Programmierung von Ingenieuranwendungen.

## 2.1.2 Die vier Programmiersprachen der HP-Taschenrechner

Der HP 49G, HP 49g+ und der HP 50g enthalten gemäß Hersteller-Angaben 4 eingebaute Programmiersprachen:

Tabelle 3: Programmiersprachen des HP-Taschenrechners

| 1. | HP-Basic: | Mittelding zwischen Benutzer-RPL und BASIC. **Leicht zu lernen.** |
|---|---|---|
| 2. | Benutzer-RPL (User-RPL): | Dies ist die Benutzer-Programmiersprache des HP. Sie ist auch beim HP 48GX vorhanden. Die mitgelieferten Handbücher enthalten eine Grundanleitung zum Programmieren. **Die meisten Anwender programmieren ihren HP-Taschenrechner mit Benutzer-RPL.** |
| 3. | System-RPL (SysRPL): | Für diese Sprache ist die Entwicklungs-Software einschließlich Compiler und Decompiler im HP enthalten (nicht beim HP 48GX). Keine offizielle Dokumentation erhältlich. HP leistet keinen Support. **Nur für Spezialisten.** Im Advanced User's Reference Manual des HP wird im Kapitel 6 die System- und Assemblerprogrammierung beschrieben. |
| 4. | Assemblersprache (MASM oder ASM): | Die Entwicklungs-Software einschließlich Assemblerprogramm und Disassembler ist im HP enthalten (nicht beim HP 48GX). Keine offizielle Dokumentation erhältlich. HP leistet keinen Support. **Nur für Spezialisten.** Im Advanced User's Reference Manual des HP wird im Kapitel 6 die System- und Assemblerprogrammierung beschrieben. |

Was ist **RPL**?

**RPL** (*Reverse-Polisch LISP*) ist die Programmiersprache des HP 49G. Sie verwendet Elemente der beiden Computer-Programmiersprachen FORTH und LISP, wobei die Notation RPN und der LIFO-Stack von FORTH und die Arbeitsweise von LISP übernommen wurden.

**RPN** (Reverse-Polish Notation), die **umgekehrte polnische Notation**, wird bei den HP-Rechnern seit dem ersten Taschenrechner HP-35 (siehe Bild 31 und Bild 32 auf Seite 87) benutzt und hat sich bestens bewährt. Sie beruht darauf, dass man dem Rechner zuerst sagt, mit welchen Werten er rechnen muss bzw. wo sie stehen und dann, was er damit tun soll. Außerdem ist die Speichertechnik, der so genannte Stack, der als **LIFO-Stack** (LIFO = last in first out) im RPN-Modus des HP 49G automatisch arbeitet, von besonderer Bedeutung. Was zuletzt auf den Stapel gelegt wurde, wird zuerst wieder heruntergenommen (Stack siehe unter 2.6.4 auf Seite 88).

### 2.1.2.1 HP-Basic

Eine spezielle Dokumentation von **HP-Basic** ist nicht vorhanden. Vermutlich ist mit **HP-Basic** die im HP 48GX und HP 49G/49g+/50g benutzte algebraische Darstellung gemeint, deren Befehle von BASIC (= einfache PC-Programmiersprache) entlehnt sind. Dabei kann man so formulieren, wie man es gewöhnt ist.

**Beispiel:**
```
IF 'a > b' THEN 'a-b' ELSE 'b-a' END
```

Diese Formulierung ist „lesbarer", als die User-RPL-Notierung, die anschließend gezeigt wird.

## 2.1.2.2 Benutzer-RPL (User-RPL)

In User-RPL formuliert man obiges Beispiel so: `a b > 'a-b' 'b-a'` `IFTE`, wobei die Funktion IFTE eine `IF-THEN-ELSE-Abfrage` daraus formt.

Man kann aber auch algebraisch (als Funktion mit Argumenten) formulieren: `'IFTE(a>b,a-b,b-a)'`.

Der Anwender benutzt normalerweise User-RPL. Diese Programmiersprache ist leicht zu erlernen. Bei jedem Befehl werden die Argumente vom Rechner automatisch geprüft, sodass User-RPL als ziemlich sichere Sprache gelten kann. Es sollten keine Datenverluste dabei auftreten.

In Lit. [10] wird im Kapitel 1 und 2 die RPL-Programmierung beschrieben.

Diese beiden Programmiersprachen HP-Basic und User-RPL kann fast jeder Anfänger schnell lernen, wenn er die Handbücher liest (und versteht). Ein gutes Grundlagenwissen über Programmierlogik sollte vorhanden sein.

Die AUR[11]-Handbücher (Lit. [10] und [3]) zeigen eine ausreichend gute Einführung in die Programmierung der HP-Taschenrechner.

> Für die meisten Anwender, die den HP 49G und seine Nachfolger nicht bis auf das letzte Bit ausreizen, tunen oder frisieren wollen, reicht User-RPL für die Lösung der täglichen und beruflichen Probleme vollkommen aus.
>
> Auch für den praktischen Einsatz in Studium und Beruf genügt **User-RPL**.
>
> Die meisten hier in diesem Buch gezeigten Programme sind in **User-RPL** geschrieben. Sie sind so aufbereitet und erläutert, dass sie als Musterbeispiele für bestimmte Problemlösungen betrachtet werden können.

## 2.1.2.3 System-RPL

System-RPL ist schneller als User-RPL, aber diese Programme führen keine Plausibilitätsprüfungen (Prüfung der Eingaben) durch. Zum Programmieren sind spezielle Kenntnisse der Systemstruktur und der inneren Logik des Rechners erforderlich.

Für System-RPL ist die Kenntnis von User-RPL Voraussetzung. Alles was man zusätzlich noch braucht, ist eine komplette Liste der System-RPL-Befehle, die auch „entry points" genannt werden und sich im Innern des ROMs befinden.

„Entry points" (Pointer) sind Speicheradressen, bei denen eine interne Routine (ein eingebautes Unterprogramm) anfängt.

Kennt man diese Adresse, kann man das Unterprogramm in den eigenen Programmen mitverwenden, man muss nur den Aufruf (den Pointer) angeben. Das Unterprogramm gibt das Ergebnis an das rufende Programm zurück.

Es soll über 5000 dieser „entry points" geben, die man nach und nach bei Bedarf lernen kann. Die meisten davon haben Namen (benannte entry points) und gelten allgemein (supported entry points) oder nur für bestimmte ROM-Versionen (unsupported entry points), die man lediglich über ihre Adressen ansprechen kann.

Die Liste der *entry points* heißt ***extable*** (auch unter LIB 258 bekannt) und kann von der HP-Internetseite und auch von www.hpcalc.org heruntergeladen werden.

---

[11] AUR = **A**dvances **U**ser's **R**eference Manual

Für System-RPL gibt es das Buch „**Programming in SystemRPL**" von *Eduardo Kalinowski* und *Carsten Dominik* **für den HP 49G** in Neuauflage vom April 2002 mit 638 Seiten als PDF-Dokument (1215 kB) im Internet[12] unter www.hpcalc.org.

> **Programmieren in System-RPL ist etwas für Spezialisten, denen User-RPL nicht genügt.**
> System-RPL-Programme sind in den Foren bei www.hpcalc.org zu finden. Dort bieten die Spezialisten für die systemnahe Programmierung von HP-Rechnern ihre Programme an. Siehe auch unter 4.3 ab Seite 227. Auch die meisten Tools von *Prof. Rautenberg* sind in System-RPL geschrieben (siehe Tabelle 49 auf Seite 228).
> Hier in diesem Buch wird nicht auf System-RPL eingegangen.

### *2.1.2.4 Assembler*

Die Assemblersprache hat keinen Bezug zu User-RPL oder zu System-RPL, so dass man hier etwas ganz Neues lernen muss.

Assembler ist eine einfache symbolische Maschinensprache. Als Befehle werden einfache binäre Kommandos verwendet, denen jeweils ein Symbol mit zwei oder drei Buchstaben (z. B. ADD für Addieren, DIV für Dividieren usw.) zugeordnet wird. Diese Kommandos erledigen elementare Aufgaben direkt auf der Ebene des Prozessors. Hat man ein Programm in dieser symbolischen Schreibweise fertig, so wird es mit einem Assemblierungsprogramm (auch Assembler genannt) in binäre Befehle übersetzt, die der Prozessor direkt versteht.

Es mag kompliziert erscheinen, dass man eine Menge *elementarer* Befehle schreiben muss. Aber man hat damit den schnellsten Code zur Verfügung, weil er intern direkt ausgeführt werden kann und nicht interpretiert werden muss.

In Lit. [10] im Kapitel 6 Section 4 ist die ASM-Programmierung abgehandelt.

Das englisch-sprachige Buch „**Introduction to Saturn Assembly Language**" von *F. H. Gilbert* und *Eric Rechlin* gibt eine sehr gute Einführung in die maschinennahe Programmierung mit allen nötigen Grundlagen. Es ist ebenfalls auf der CD-ROM des HP 49G zu finden.

Auch die entsprechende **Assembler-Software** ist auf der genannten CD-ROM im Verzeichnis „hpcalc\program" zu finden, so dass man nur noch loszulegen braucht - wenn man alles kapiert hat.

> Die Programmierung in *Saturn Assembly Language* ist vor allem für diejenigen Anwender gedacht, die hauptsächlich schnelle Programme entwickeln wollen, die mit User-RPL und auch mit System-RPL nicht möglich sind (z. B. Spiele).
> Da die Taschenrechner HP 49g+ und HP 50g einen ARM-Prozessor haben, der die Saturn-CPU nur emuliert, ist fraglich, ob die *Saturn Assembly Language* noch korrekt funktioniert.

---

[12] Angaben ohne Gewähr!

## 2.2 Systemflags

Die HP-Taschenrechner HP 49G, HP 49g+ und HP 50g haben 128 Systemflags, die zur Einstellung der Betriebsmodi dienen. Der HP 48GX hat nur 64 Systemflags, die weitgehend denen der anderen drei Rechner entsprechen.

Im Anhang C von Lit. [10] ist eine ausführliche **Tabelle der Systemflags** enthalten.

Mit den Systemflags können Berechnungs- und Anzeigemodi, Zahlenformate, Zahlendarstellungen, Koordinatensysteme und Alarme ausgewählt werden. Die wichtigsten (aber nicht alle) Systemflags sind über die Tastenfolge **[MODE][FLAGS]** zugänglich.

Nachstehende Tabelle 4 zeigt alle Systemflags mit der zugehörigen Beschreibung.

Die Zusammenhänge für Funktionen, bei denen mehrere Flags zusammenwirken, sind in Nebentabellen ab Seite 77 dargestellt.

Im Einzelnen sind dies:

    Flags -5 bis -10:    Binäre Wortlänge unter 2.2.2.1 auf Seite 77,
    Flags -11 und -12:    Binärganzzahlen-Modus unter 2.2.2.2 auf Seite 77,
    Flags -15 und -16:    Wahl des Koordinatensystems unter 2.2.2.3 auf Seite 77,
    Flags -17 und -18:    Wahl des Winkelmodus unter 2.2.2.4 auf Seite 77,
    Flags -45 bis -48:    Nachkommastellen unter 2.2.2.5 auf Seite 78,
    Flags -49 und -50:    Darstellung reeller Zahlen unter 2.2.2.6 auf Seite 78.

Bei einigen Flags sind in der Tabelle (noch) Fragezeichen angebracht, weil die Bedeutung nicht dokumentiert oder mir nicht (genau) bekannt ist. Bei anderen Flags gibt es in verschiedenen Quellen unterschiedliche Angaben für die Bedeutung der Flags.

*Die kursiv geschriebenen Texte innerhalb der Tabelle sind keine HP-Angaben, sondern lediglich (von HP noch nicht bestätigte) Mitteilungen von Anwendern oder Ergebnisse von „try and error".*

In unterstrichener Schrift: Angaben von Entwicklern auf Umwegen über die News Group (englische Texte).

**User-Flags** (Benutzerflags) sind mit erwähnt, soweit sie für eingebaute (System-)Funktionen verwendet werden. Die Zeilen sind grau unterlegt.

### 2.2.1 *Tabelle der Systemflags*

**Tabelle 4: Tabelle aller Systemflags**

| Flag-Nr. | Bedeutung | gesetzt = 1 | gelöscht = 0 |
|---|---|---|---|
| -1 | **QUAD** und **ISOL** liefern ... | nur die Hauptlösung | die allgemeine Lösung |
| -2 | Symbolische Konstanten ... | Auswertung zu Zahlen | bleiben symbolisch, (wenn Flag -3 gelöscht ist) |
| -3 | Symbolische Argumente ... | Auswertung zu Zahlen | bleiben symbolisch |
| -4 | *nicht belegt* | | |
| -5 ... -10 | Wortlänge | siehe Nebentabelle 2.2.2.1 | |
| -11 ... -12 | Zahlenmodus | siehe Nebentabelle 2.2.2.2 | |

| Flag-Nr. | Bedeutung | gesetzt = 1 | gelöscht = 0 |
|---|---|---|---|
| -13 | *nicht belegt* | | |
| -14 | TVM-Berechnungen benutzen Zahlungsmodus | BEGIN = vorschüssige Zahlung | END = nachschüssige Zahlung |
| -15 ... -16 | Koordinatensystem | siehe Nebentabelle 2.2.2.3 | |
| -17 ... -18 | Winkelmodus (Altgrad, Neugrad, Bogenmaß) | siehe Nebentabelle 2.2.2.4 | |
| -19 | Befehl →V2 erstellt ... | eine komplexe Zahl | einen 2D-Vektor |
| -20 | Unterlauf ... | wird als Fehler behandelt | liefert 0 und setzt Flag -23 oder -24 |
| -21 | Überlauf ... | wird als Fehler behandelt | setzt Flag -25 und liefert (±)MAXR |
| -22 | Unendliches Ergebnis ... | setzt Flag -26 und liefert (±)MAXR | wird als Fehler behandelt |
| -23 | Negativer Unterlauf ... | ist aufgetreten, (wenn Flag -20 gelöscht ist) | ist nicht aufgetreten |
| -24 | Positiver Unterlauf ... | ist aufgetreten (wenn Flag -20 gelöscht ist) | ist nicht aufgetreten |
| -25 | Überlauf ... | ist aufgetreten (wenn Flag -21 gelöscht ist) | ist nicht aufgetreten |
| -26 | Unendliches Ergebnis ... | ist aufgetreten (wenn Flag -22 gesetzt ist) | ist nicht aufgetreten |
| -27 | Anzeige symbolischer komplexer Ausdrücke | als 'x + y*i' | als '(x,y)' |
| -28 | Mehrere Gleichungen ... | werden gleichzeitig geplottet | werden nacheinander geplottet |
| -29 | Achsen bei 2D und statischen Plots | Es werden keine Achsen gezeichnet | Es werden Achsen gezeichnet |
| -30 | *nicht belegt* | | |
| -31 | Geplottete Punkte ... | werden nicht verbunden | werden verbunden |
| -32 | Darstellung Graphik-Cursor ... | in der inversen Farbe des Hintergrunds | immer dunkel |
| -33 | IR-Port nur beim HP 48 und beim HP 49g+ und HP 50g **Note: Because the HP49G has no IR port, -33 SF disable the I/O capabilities of the calc!** | Disables I/O capabilities (beim HP 49G) I/O directed to IrDA port (beim HP 49g+) | ***Flag sollte beim HP 49G gelöscht sein!*** Beim HP 49g+: I/O directed to serial/USB port |

| Flag-Nr. | Bedeutung | gesetzt = 1 | gelöscht = 0 |
|---|---|---|---|
| -34 | **Printing Device:**<br><br>Der HP 49G hat keinen IR-Port ( = Infrarot-Port).<br><br>IR-Port nur beim HP 48GX und beim HP 49g+. | Beim HP 49G: Printer output directed to serial port (if flag -33 is clear)<br><br>Beim HP 49g+: Set (default): Printer output directed to USB/serial port if flag -33 is clear, or to IrDA compatible printer otherwise. | Beim HP 49G: - 34 CF should be avoided<br><br>Beim HP 49g+: Prints via IR to the HP82240 printer. Flag -33 is ignored. |
| -35 | Übertragung von Objekten … | im binären Format | im ASCII-Format |
| -36 | Empfang von Objekten | existierendes Objekt gleichen Namens wird überschrieben | empfangenes Objekt gleichen Namens wird umbenannt |
| -37 | Drucken … | mit doppeltem Zeilenabstand | mit einfachem Zeilenabstand |
| -38 | Ende der Druckzeile | kein Zeilenvorschub | mit Zeilenvorschub |
| -39 | E/A-Meldungen | werden unterdrückt | werden angezeigt |
| -40 | Uhr | wird ständig angezeigt, wenn HEADER = 2 ist. | wird nicht angezeigt |
| -41 | Format der Zeitanzeige | 24-Stunden-Anzeige | 12-Stunden-Anzeige |
| -42 | Datumsformat | TT.MM.JJ (Tag.Monat.Jahr) | MM/TT/JJ (Monat/Tag/Jahr) |
| -43 | Unbestätigter wiederholter Alarm … | wird nicht neu gesetzt | wird neu gesetzt |
| -44 | Bestätigter Alarm … | wird in der Alarmliste gesichert | wird in der Alarmliste gelöscht |
| -45 … -48 | Anzahl der angezeigten Stellen | siehe Nebentabelle 2.2.2.5 | |
| -49 … -50 | Anzeigemodus | siehe Nebentabelle 2.2.2.6 | |
| -51 | Dezimalzeichen | Dezimalkomma (,) | Dezimalpunkt (.) |
| -52 | Objekt in Stackebene 1 | Anzeige in 1 Zeile | Anzeige in bis zu 4 Zeilen |
| -53 | Klammernanzeige in algebraischen Ausdrücken | alle Klammern werden angezeigt | einige Klammern werden unterdrückt |
| -54 | Kleine Matrixwerte … | werden nicht auf 0 gesetzt, DET rundet nicht | werden auf 0 gesetzt, DET rundet |
| -55 | Argumente des letzten Befehls … | werden nicht gesichert | werden gesichert |

| Flag-Nr. | Bedeutung | gesetzt = 1 | gelöscht = 0 |
|---|---|---|---|
| -56 | System BEEP siehe auch Calculator Modes über Taste [MODE] | BEEP ist deaktiviert | BEEP ist aktiviert |
| -57 | Alarm-Summton … | wird unterdrückt | ist aktiviert |
| -58 | Parameter und Variablen INFO … | werden nicht angezeigt | werden angezeigt |
| -59 | Variablenbrowser … | zeigt nur die Namen an | zeigt Namen und Inhalt an |
| -60 | Dauerhafter Alpha-Modus | Einschalten durch **einmal** [ALPHA] drücken | Einschalten durch **zweimal** [ALPHA] drücken |
| User-Flag +60 für eingebaute Funktion | Anzeige der Konstanten, abhängig vom Flag +61 (siehe Beschreibung des Befehls CONST), | Einheitentyp: Konstanten in englischen Einheiten | Einheitentyp: Konstanten in SI-Einheiten |
| -61 | USER-Modus dauerhaft über Tastatur einschalten (Ausschalten erfolgt durch „einmal Drücken" der Tastenkombination [¶][ALPHA] ) | Einschalten durch **einmal** Tastenkombination [¶][ALPHA] drücken | Einschalten durch **zweimal** Tastenkombination [¶][ALPHA] drücken |
| User-Flag +61 für eingebaute Funktion | Anzeige der Konstanten (siehe Beschreibung des Befehls CONST) | Konstanten werden ohne Einheiten angezeigt | Konstanten werden mit Einheiten angezeigt |
| -62 | USER-Modus per Flag voreinstellen (Flag wird auch durch Tastenkombination [¶][ALPHA] gemäß Flag -61 gesetzt ) | USER-Modus einschalten | USER-Modus ausschalten |
| -63 | ENTER-Belegung | benutzerdefiniert | wertet Befehlszeile aus |
| -64 | Letztes GETI oder PUTI … | hat Index umgebrochen auf 1 | hat Index nicht umgebrochen |
| -65 | Mehrzeilige Anzeige von Stackebenen | nur erste Stackebene in mehreren Zeilen | alle Stackebenen in mehreren Zeilen |
| -66 | Lange Strings | in einer Zeile | in mehreren Zeilen |
| -67 | Anzeige-Modus der Uhr | analog ( bei Flag -40 = 1) | digital (bei Flag -40 = 1) |
| -68 | Einrückung Befehlszeile | automatisch | nicht automatisch |
| -69 | Cursor-Bewegung | Vollbild: Cursor kann sich über die Textanzeige hinaus bewegen | Cursor kann sich nicht außerhalb des Textes bewegen |

| Flag-Nr. | Bedeutung | gesetzt = 1 | gelöscht = 0 |
|---|---|---|---|
| -70 | →GROB | kann Strings akzeptieren, die über mehrere Zeilen gehen | kann nur einzeilige Strings akzeptieren |
| -71 | Adressen in ASM | (Dis)Assembler erzeugt Labels anstelle von Adressen | (Dis)Assembler erzeugt Adressen |
| -72 | Zeichensatz für Stackanzeige | wenn aktueller Zeichensatz FONT6, dann benutzt Stackanzeige den Mini-Zeichensatz | Stackanzeige benutzt den aktuellen Zeichensatz |
| -73 | Zeichensatz für Befehlszeilen-Editor | wenn aktueller Zeichensatz FONT6, dann benutzt Befehlszeilen-Editor den Mini-Zeichensatz | Befehlszeilen-Editor benutzt den aktuellen Zeichensatz |
| -74 | Ausrichtung Stackanzeige | linksbündig | rechtsbündig |
| -75 | Key Click = kurzer Ton bei jedem Tastendruck (wirksam nur bei Flag -56 = 0) | aktiviert | nicht aktiviert |
| -76 | Löschen [PURGE] im Filemanager (FILER) *Warnung: Das reguläre PURGE-Command fragt nie. Es löscht sofort.* | Filemanager braucht zum Löschen keine Bestätigung des Benutzers | Filemanager löscht nur mit Bestätigung des Benutzers |
| -77 | Duplicates flag -76 ? | ? | Duplicates flag -76 ? |
| -78 | Related to some sort of Kernel Parameter ? | ? | Related to some sort of Kernel Parameter ? |
| -79 | Anzeige algebraischer Objekte im Stack | in Standardform ' ' (Eingabezeilenmodus) | in EQW-Form (Formelmodus) |
| -80 | Zeichensatz für EQW-Stackanzeige | wenn aktueller Zeichensatz FONT6, dann benutzt EQW-Stackanzeige den Mini-Zeichensatz | EQW-Stackanzeige benutzt den aktuellen Zeichensatz |
| -81 | Zeichensatz für EQW-GROB | wenn aktueller Zeichensatz FONT6, dann benutzt EQW-GROB den Mini-Zeichensatz | EQW-GROB benutzt den aktuellen Zeichensatz |

| Flag-Nr. | Bedeutung | gesetzt = 1 | gelöscht = 0 |
|---|---|---|---|
| -82 | Zeichensatz für EQW | wenn aktueller Zeichensatz FONT6, dann benutzt EQW den Mini-Zeichensatz | EQW benutzt den aktuellen Zeichensatz |
| -83 | Anzeige von GROBs | durch Beschriftung in einer Zeile im Stack (Standardform) | der Inhalt von GROBs wird teilweise im Stack angezeigt |
| -84 | Zeichensatz für Menüfelder | wenn aktueller Zeichensatz FONT6, dann werden Menüfelder mit Mini-Zeichensatz angezeigt | Menüfelder werden mit aktuellem Zeichensatz angezeigt |
| -85 | Stackanzeige <br> **Note:** <u>if flag -79 is clear, objects displayed on multiple lines are shown in standard form, regardless of this flag state.</u> | SYSRPL-Stackanzeige | Standard-Stackanzeige |
| -86 <br> (2 Bedeutungen angegeben) | Programm-Prefix | aus | ein |
| | *Toggle für Auto-Attach der Development-Libraries (256+257) bei Warmstart.* <br> *Anmerkung:* <br> Flag -86 ist als Toggle nur wirksam, wenn **extable** (= Lib 258) **nicht** geladen ist. Wenn **extable** (Version ab Sept. 2000) geladen ist, dann erfolgt unabhängig von Flag -86 **immer** ein Auto-Attach der Libs 256+257. | *Auto-Attach ein* | *Auto-Attach aus* |
| -87 | Stackanzeige rekursiv | nein | ja |
| -88 | Objektanzeige rekursiv | ja | nein |
| -89 | Anzeige von Unbekannten ... | als Mnemonics | als Adressen |
| -90 | Zeichensatz für Auswahlboxen | wenn aktueller Zeichensatz FONT6, dann werden den Auswahlboxen mit Mini-Zeichensatz angezeigt | Auswahlboxen werden mit aktuellem Zeichensatz angezeigt |
| -91 | Matrix-Writer | arbeitet mit Liste von Listen | akzeptiert nur Felder |
| -92 | MASD | SYSRPL | Assembler |
| -93 | Header <br> *dies ist nicht der Bildschirm-Header!* | mathematischer Header | normaler Header |

| Flag-Nr. | Bedeutung | gesetzt = 1 | gelöscht = 0 |
|---|---|---|---|
| -94 | Ergebnis | ungleich LASTCMD | gleich LASTCMD |
| -95 | Programmiermodus | algebraisch | RPN |
| -96 | (Menü, nicht belegt) **Achtung: Dieses Flag verursacht einen Systemabsturz. Es darf nicht gesetzt werden.** *(Siehe untenstehende Bemerkung)* | (wird angezeigt) $1 = Systemabsturz$ | (wird nicht angezeigt) 0 = empfohlener Dauerzustand!!!!! |
| -97 | Listen-Anzeige | zweidimensional | nur horizontal |
| -98 | Vektoren-Anzeige | zweidimensional | nur horizontal |
| -99 | verboseflag: CAS-Modus | ausführlich set for informations | abgekürzt |
| -100 | stepflag: Weg zum Ergebnis | schrittweiser Modus ein (Schritt-für-Schritt-Modus) | schrittweiser Modus aus = sofort Endergebnis |
| -101 | vxxlflag | internal use: true if VXXL success | internal use: true if VXXL failed |
| -102 | nogcdflag | set for no gcd computations | |
| -103 | complexflag: Komplex- / Real-Zahlen | komplex set for complex mode on | real |
| -104 | invlnflag (internal use) | Set: $LN(x) \rightarrow -INV(-LN(x))$. | Clear: $LN(x) \rightarrow INV(LN(x))$. |
| -105 | approxflag: Genauigkeit | Näherungsmodus = reelle Zahlen Beispiel: 0,33333333333 set for approx mode on | exakter Modus = symbolische Ergebnisse Beispiel: 1/3 |
| -106 | TSIMP ... tsimpflag | ... darf nicht innerhalb SERIES verwendet werden. Set: TSIMP calls are not allowed in SERIES. | ... darf innerhalb SERIES verwendet werden. Clear: TSIMP calls are allowed in SERIES. |
| -107 | modularflag | Internal use: modular computation. | |
| -108 | divflag | Internal use: testing remainder = 0 | |
| -109 | numfactorflag: Numerische Faktorisation | ist erlaubt Set: Numeric factorization is allowed. | ist nicht erlaubt Clear: Numeric factorization is not allowed. |
| -110 | bigdataflag: Größe der Matrizen | große Matrizen set for large matrices | normale Matrizen |

| Flag-Nr. | Bedeutung | gesetzt = 1 | gelöscht = 0 |
|---|---|---|---|
| -111 | nonrecurflag: Rekursive Vereinfachungen in EXPA und TSIMP | sind nicht erlaubt<br>Set: Do not simplify non rational expression (no recursive simplification in EXPAND and TSIMP). | sind erlaubt<br>Clear: Simplify non rational expression (recursive simplification in EXPAND and TSIMP). |
| -112 | iisirrqflag | Set: 'i' can not be simplified. | Clear: 'i' can be simplified (treated as the irrational square of $-1$). |
| -113 | pfexpaflag:<br><br>RISCH versucht zu linearen Ausdrücken zu vereinfachen | nein!<br>*Linear simplification mode off.*<br>Set: Do not apply linearity simplification when using integration CAS commands. | ja!<br>*Linear simplification mode on.*<br>Clear: Apply linearity simplification when using integration CAS commands. |
| -114 | increaseflag: Umschalten der Sortierfolge der Exponenten in Polynomen | Exponenten in aufsteigender Reihenfolge anordnen,<br>z.B.: $x+x^2+x^3+x^4$ | Exponenten in absteigender Reihenfolge anordnen<br>z:B.: $x^4+x^3+x^2+x$ |
| -115 | sqrtflag: It is simply a switch whether you want to enable or disable sqrt simplifications (flag set for disable) | square roots can not be simplified (SQRT not as irrational square) | square roots can be simplified (SQRT as irrational square) |
| -116 | prefersinflag:<br><br>Vereinfachung von Funktionen ... | ... vorzugsweise zu Ausdrücken mit Sinus statt Kosinus<br>set if sin are prefered to cos | ... vorzugsweise zu Ausdrücken mit Kosinus statt Sinus |
| -117 | chooseflag: Standardmäßige Menüform | Softmenü mit Menüfeldern | Auswahlbox (Choose-Box) |
| -118 | keepintflag | set if xINT is not simplified | |
| -119 | nocareflag:<br>Rigorous Modus | aus<br>set if non rigourous mode | ein |
| -120 | switchflag: Silent (stiller) Modus | ein<br>set to allow silent mode switch | aus |
| -121 | lnabsflag | Internal use: xLN returns LN(ABS( )) | Internal use: Calling LN does not add an ABS |
| -122 | div0by0flag occurs | a 0/0 has occured | |

| Flag-Nr. | Bedeutung | gesetzt = 1 | gelöscht = 0 |
|---|---|---|---|
| -123 | Forbid Mode Change<br><br>noswitchflag | „Forbid Mode Change" ein<br>= Moduswechsel verboten<br>set to forbid mode switch | „Forbid Mode Change" aus<br>= Moduswechsel erlaubt |
| -124 | cascompevalflag | set to forbid non alg. CASCOMPEVAL | |
| -125 | **Quadratwurzel-Vereinfachung** ein- oder ausschalten in Verbindung mit Flag -115. (Siehe auch nachfolgende Bemerkungen zu Flag -125). | Quadratwurzeln werden **nicht** vereinfacht dargestellt. | Quadratwurzeln werden vereinfacht dargestellt. |
| -126 | lastcolflag | row reduction (rref) done **without** last column | row reduction (rref) done **with** last column |
| -127 | unused | | |
| -128 | allrealflag | All variables are real variables. | Complex variables are allowed. |

**Bemerkung zu Flag -96:**

*Joe Horn* schrieb am 30.09.2001 in der News Group **comp.sys.hp48** (Zitat)**:**

NEVER SET FLAG -96! It was originally intended to toggle the menu line on/off. That feature never got fully implemented.

However, every ROM version to date has a dangerous partial implementation of it that can cause system crashes and loss of memory, but only if flag -96 is SET.

Example (back up memory before trying this): Set flag -96, then press [right-shift] [+] a few times. The HP49G will crash because it thinks that the menu line is turned off whereas in fact it isn't, and the display routine goes haywire.

So never set flag -96. (Zitatende)

**Bemerkungen zu Flag -125:**

*Set: Fast sign determination. Do not use polynomial Sturm sequences to try to find sign of expression. Also cancels square roots auto-simplification.*

*Clear: Accurate sign determination. Try to find sign of expressions using polynomial Sturm sequences.*

*Note: Remember that some commands always assume that square roots are in normal form.*

Flag -125 is named **sturmflag**. Set to forbid Sturm sign research. If you set it, then the Sturm sequences algorithm to find the sign of a polynomial expressions in an interval will be disabled. This can be used to avoid sometimes expensive computation to find the sign e.g. of the argument of ABS.

Setting flag -125 sets flag -115 because sqrt likes to know the sign of it's argument if we want to simplify sqrt.

Flag 125 controls whether the system will try to find sign of expressions using polynomial Sturm sequences. If it is set, it additionnaly cancels sqrt auto-simplification (but don't forget that some commands always assume that sqrt are in normal form).

### 2.2.2 Nebentabellen

#### 2.2.2.1 Systemflags -5 bis -10 (Binäre Wortlänge)

Tabelle 5: Nebentabelle für Flags -5 bis -10 (Wortlänge)

| Flag -10 | Flag -9 | Flag -8 | Flag-7 | Flag -6 | Flag -5 | ergibt binäre Wortlänge |
|---|---|---|---|---|---|---|
| 0 oder 1 | 0 oder 1 | 0 oder 1 | 0 oder 1 | 0 oder 1 | 0 oder 1 | + 1 = Binärzahl = Wortlänge |
| 1 | 1 | 1 | 1 | 1 | 1 | + 1 = 64 (Beispiel) |

siehe auch die Befehle:
**STWS** = Store Word Size = speichere Wortlänge
**RCWS** = Recall Word Size = zeige Wortlänge
Diese beiden Befehle wirken unmittelbar auf die Flags -5 bis -10.

#### 2.2.2.2 Systemflags -11 und -12 (Binärganzzahlen-Modus)

Tabelle 6: Nebentabelle für Flags -10 und -11 (Zahlenmodus)

| Zahlen | Flag -12 | Flag -11 | Erläuterung |
|---|---|---|---|
| DEC | 0 | 0 | Dezimale Darstellung, Zahlenbasis 10 |
| OCT | 0 | 1 | Oktale Darstellung, Zahlenbasis 8 |
| BIN | 1 | 0 | Duale (binäre) Darstellung, Zahlenbasis 2 |
| HEX | 1 | 1 | Sedezimale (hexadezimale) Darstellung, Zahlenbasis 16 |

#### 2.2.2.3 Systemflags -15 und -16 (Koordinatensystem)

Tabelle 7: Nebentabelle für Flags -15 und -16 (Koordinatensystem)

| Koordinatensystem (siehe Seite 211) | Anzeige im Header | Flag -16 | Flag -15 |
|---|---|---|---|
| Kartesische Koordinaten | XYZ | 0 | X |
| Zylinderkoordinaten | R∡Z | 1 | 0 |
| Kugelkoordinaten | R∡∡ | 1 | 1 |

X kann 1 oder 0 sein (= Don't care-Zustand).

#### 2.2.2.4 Systemflags -17 und -18 (Winkelmodus)

Tabelle 8: Nebentabelle für Flags -17 und -18 (Winkelmodus)

| Winkelmodus | Anzeige im Header | System-befehl | Flag -18 | Flag -17 |
|---|---|---|---|---|
| Altgrad (degree; 360° = Vollkreis) | DEG | DEG | 0 | 0 |
| Neugrad (gon; 400$^g$ = Vollkreis) | GRD | GRAD | 1 | 0 |
| Bogenmaß (radiant; $2\pi$ = Vollkreis) | RAD | RAD | X | 1 |

X kann 1 oder 0 sein (= Don't care-Zustand).

### 2.2.2.5 Systemflags -45 bis -48 (Nachkommastellen)

Anzahl der angezeigten Nachkommastellen bei reellen Zahlen

Tabelle 9: Nebentabelle für die Flags -45 bis -48 (Nachkommastellen)

| Flag -48 | Flag -47 | Flag -46 | Flag -45 | Anzahl der angezeigten Nachkommastellen |
|---|---|---|---|---|
| 0 oder 1 | 0 oder 1 | 0 oder 1 | 0 oder 1 | die 4 Flags nebeneinander als Binärzahl (Wertbereich dezimal 0 bis 11) |
| 1 | 0 | 1 | 0 | = 10 (Beispiel) |

### 2.2.2.6 Systemflags -49 und -50 (Darstellung reeller Zahlen)

Tabelle 10: Nebentabelle für die Flags -49 und -50 (Darstellung reeller Zahlen)

| Zahlenmodus | Flag -50 | Flag -49 | Erläuterung |
|---|---|---|---|
| STD | 0 | 0 | Zahl mit maximal 12 signifikanten Ziffern |
| FIX | 0 | 1 | Zahl mit maximal 12 signifikanten Ziffern und genau $n$ Nachkommastellen. |
| SCI | 1 | 0 | Wissenschaftliche Darstellung: Zahl mit maximal 12 signifikanten Ziffern, mit 1 Ziffer vor dem Komma und $n$ Nachkommastellen vor dem Exponenten. |
| ENG | 1 | 1 | Ingenieurdarstellung: Zahl mit maximal 12 signifikanten Ziffern mit $n$+1 (bei $0 \leq n \leq 11$) signifikanten Stellen, wobei 1 bis 3 Ziffern vor dem Komma stehen und der Exponent durch 3 teilbar ist. |

## 2.3 Benutzerflags

Der HP 49G, der HP 49g+ und der HP 50g bieten neben den 128 Systemflags auch 128 Benutzerflags (user flags). Alle Benutzerflags können als logische Merker in Programmen verwendet werden, wo sie gesetzt, gelöscht und abgefragt werden können. Die Systemflags können nur für Voreinstellungen des Betriebssystems verwendet werden, die Benutzerflags dagegen sind frei verwendbar.

Benutzerflags werden in Programmen hauptsächlich für Fallunterscheidungen benutzt:

> Am Anfang eines Programms werden Voraussetzungen und Bedingungen geprüft und bei Vorliegen der Bedingungen die entsprechenden Benutzerflags (bis zu 128) gesetzt. In den darauf folgenden Berechnungen werden anhand dieser Flags Fallunterscheidungen getroffen und der Berechnungsgang entsprechend gesteuert.

## 2.4 Arbeiten mit Flags

Hier wird das Arbeiten mit Flags beschrieben. Die Ausführungen gelten sowohl für die Systemflags wie auch für die Benutzerflags.

### 2.4.1 *Was sind Flags?*

Ein Flag ist ein Merker vom Typ LOGICAL (1 Bit), der

- gesetzt sein kann (Zustand „gesetzt" = „wahr" = „TRUE" = „T" = 1) oder
- nicht gesetzt sein kann (Zustand „gelöscht" = „falsch" = „FALSE" = „F" = 0).

Der HP 49G, der HP 49g+ und der HP 50g bieten 128 Systemflags und 128 Benutzerflags (user flags), die lediglich durch ihr Vorzeichen unterschieden werden.

**Systemflags:** Nummern -1 bis -128,
**Benutzerflags:** Nummern +1 bis +128.

### 2.4.2 *Flags abfragen, setzen und löschen*

Zum Setzen, Löschen und Abfragen von Flags gibt es ein Menü, das man über die Tastenfolge **[PRG][TEST][NXT][NXT]** aufrufen kann. Es enthält 6 Funktionen (Menüfelder). Vor dem Aufruf einer dieser Funktionen muss die Flagnummer im Stack stehen. Das Ergebnis der Abfragen (1 oder 0) wird in den Stack zurückgegeben.

**Tabelle 11: Flagbefehle**

| | |
|---|---|
| SF | setzt das Flag (gibt nichts zurück) |
| CF | löscht das Flag (gibt nichts zurück) |
| FS? | prüft, ob das Flag gesetzt ist und gibt 1 (wenn gesetzt) oder 0 (wenn gelöscht) zurück |
| FC? | prüft, ob das Flag gelöscht ist und gibt 1 (wenn gelöscht) oder 0 (wenn gesetzt) zurück |
| FS?C | prüft, ob das Flag gesetzt ist und gibt 1 (wenn gesetzt) oder 0 (wenn gelöscht) zurück und löscht dann das Flag. |
| FC?C | prüft, ob das Flag gelöscht ist und gibt 1 (wenn gelöscht) oder 0 (wenn gesetzt) zurück und löscht dann das Flag. |

Für die Voreinstellung der Arbeitsbereiche, Zahlenmodi, Formate und anderer Parameter werden bei den HP-Taschenrechnern **Systemflags** (mit negativem Vorzeichen) verwendet. Die Systemflags und die zugeordneten Einstellungen sind der **Tabelle der Systemflags** (= Tabelle 4, siehe unter 2.2.1 auf Seite 68) zu entnehmen.

Außer den Systemflags gibt es **128 Benutzerflags**, die positives Vorzeichen haben und beliebig verwendet werden können. Nicht mehr frei sind die Benutzerflags +60 und +61, die für die Konstantenbibliothek als Systemflags verwendet werden.

### 2.4.3 *Zustandsanzeige der Flags*

Nachdem die HP-Taschenrechner mit 64 Bit langen Binärzahlen arbeiten, genügen 4 Binärzahlen, um alle 256 Flags darin zu speichern. Die Flags werden mit dem Befehl **RCLF** (= recall flags) in den Stack geholt. Sie werden in einem Listenobjekt gezeigt, das vier Binärzahlen zu je 64 Bit enthält (siehe Bild 26). Die Darstellung der Flags in dieser Liste erfolgt in Binärganzzahlen (siehe unter 3.1 ab Seite 172). Führende Nullen werden in der Anzeige weggelassen, deshalb sind manche Binärganzzahlen kürzer als 16 Hexaziffern.

Wir wählen die Hexa-Darstellung, um die momentanen Flageinstellungen auf dem Bildschirm darzustellen (siehe Bild 26). Der Fachmann kann daraus auf einen Blick den Zustand der einzelnen Flags erkennen.

**Bild 26: Sicherung aller Systemflags**

```
DEG XYZ HEX C~ 'X'
{HOME FLAGH}
3:
2:
1:  { #  1630207B04FF6h
       # 80000000000000201h
       # 8010016002064021h
       # F000000000000001h
    }
|UsrFl|SysFl|FLHAN|HFONT|WINKL| KOO
```

Die Anzeige erfolgt in der Reihenfolge

{Systemflags -64 bis -1;
Benutzerflags 64 bis 1;
Systemflags -128 bis -65;
Benutzerflags 128 bis 65},

je nach Einstellung in DEC, HEX, OCT, BIN, wobei das jeweils niedrigste Bit ganz rechts steht.

Damit auch der Nichtfachmann die Flags leicht identifizieren kann, habe ich die beiden Programme **SysFl** (siehe Bild 29) und **UsrFl** geschrieben, die auch auf der Praxelius-Homepage als Quelltext im Translationsmode 3 zur Verfügung stehen.

Die Darstellungen der System- und Benutzerflags werden von diesen Programmen als Zehnergruppen erzeugt, wie in Bild 27 und Bild 28 gezeigt. Die Programme gelten auch für den HP 48GX, wenn bei **SysFl** und **UsrFl** eine Anpassung von 128 auf 64 Flags erfolgt.

**Bild 27: Anzeige aller Systemflags**

```
Systemflags  10000000
0001000000  0000010110
0000000000  1000000110
0100000000  1000010000
0000000000  0101100011
0000001000  0001111011
0000010011  1111110110
|UsrFl|SysFl|FLHAN|HFONT|WINKL| KOO
```

**Bild 28: Anzeige aller Userflags**

```
Userflags   11110000
0000000000  0000000000
0000000000  0000000000
0000000000  0000011000
0000000000  0000000000
0000000000  0000000000
0000000000  1000000001
|UsrFl|SysFl|FLHAN|HFONT|WINKL| KOO
```

In Bild 27 ist der **Zustand (0 oder 1) der Systemflags in Zehnergruppen** aufgeteilt worden, wobei das Flag mit der Nummer -1 rechts unten steht. Der Bildschirmabzug wurde auf dem HP 50g gemacht. Das Programm läuft auch auf dem HP 49G, wo der untere freie Platz wegfällt, weil beim HP 49G der Bildschirm kleiner ist.

Diese Darstellung ist zeilenweise zu lesen (20 Flags pro Zeile) und entspricht den beiden Hexa-Zahlen in Bild 26:

**#8010016002064021h** (Flags -128 bis -65) in Zeile 3 und
**#*000*1630207B04FF6h** (Flags -64 bis -1) in Zeile 1.

Die hier kursiv geschriebenen Nullen sind führende Nullen für die Flags -64 bis -53, sie erscheinen nicht in Bild 26.

Bei der Hexa-Zahl in Zeile 1 steht das niedrigste Bit ganz rechts und repräsentiert das Flag Nr. -1 (entspricht der rechten unteren Ecke der Bildschirmdarstellung in Bild 27).

Der Bildschirm in Bild 27 teilt sich folgendermaßen auf:

    1. Zeile von oben: String „Systemflags" und Flags -128 bis -121,
    2. Zeile von oben: Flags -120 bis -101,
    3. Zeile von oben: Flags -100 bis -81,
    4. Zeile von oben: Flags -80 bis -61,

5. Zeile von oben: Flags -60 bis -41
6. Zeile von oben: Flags -40 bis -21
7. Zeile von oben: Flags -20 bis -1

In Bild 28 ist der **Zustand (0 oder 1) der Benutzerflags** in Zehnergruppen aufgeteilt worden, wobei das Flag mit der Nummer +1 rechts unten steht.

Diese Darstellung ist zeilenweise zu lesen (20 Flags pro Zeile) und entspricht den beiden Hexa-Zahlen in Bild 26:

**#8000000000000201h** (Flags +128 bis +65) in Zeile 2 und
**#F000000000000001h** (Flags +64 bis +1) in Zeile 4.

Bei der Hexa-Zahl in Zeile 2 steht das niedrigste Bit ganz rechts und repräsentiert das Flag Nr. 1 (entspricht der rechten unteren Ecke der Bildschirmdarstellung in Bild 28).

Der Bildschirm in Bild 28 teilt sich folgendermaßen auf:

1. Zeile von oben: String „Userflags" und Flags +128 bis +121,
2. Zeile von oben: Flags +120 bis +101
3. Zeile von oben: Flags +100 bis +81
4. Zeile von oben: Flags +80 bis +61
5. Zeile von oben: Flags +60 bis +41
6. Zeile von oben: Flags +40 bis +21
7. Zeile von oben: Flags +20 bis +1

Diese Programme sind sehr einfach aufgebaut. Der Quelltext ist in Bild 29 und Bild 30 zu sehen.

**Bild 29: Programm SysFl auf dem HP-Bildschirm**

```
1: « "" 1. 128. FOR n
n NEG FS? "1" "0"
IFTE + n 10. MOD 0.
== « " " + » IFT n
20. MOD 0. == « "↵"
+ » IFT NEXT
" sgalfmetsyS " +
SREV CLLCD 0. DISP
0. WAIT DROP »
FLMAN SysFl UsrFl MFONT WINKL K00
```

**Bild 30: Programm UsrFl auf dem HP-Bildschirm**

```
1: « "" 1. 128. FOR n
n FS? "1" "0" IFTE
+ n 10. MOD 0. == «
" " + » IFT n 20.
MOD 0. == « "↵" +
IFT NEXT
" sgalfresU " +
SREV CLLCD 0. DISP
0. WAIT DROP »
FLMAN SysFl UsrFl MFONT WINKL K00
```

Die Programme fragen in einer Schleife ab, ob das jeweilige Flag gesetzt ist oder nicht und schreiben das Ergebnis als 0 oder 1 in einen String. Der String wird zuerst in aufsteigender Reihenfolge der Flags erstellt und dann mit SREV[13] horizontal gespiegelt (siehe SREV unter 2.19.1 auf Seite 156), weil er in der Anzeige invers von rechts unten (= niedrigstes Flag) nach links oben (= höchstes Flag) gelesen werden soll. Eine andere Möglichkeit wäre, die Flags per **RCLF** abzufragen und die gelieferten 4 Binärzahlen (siehe Bild 26) als Tabelle auszuwerten.

## 2.4.4 Sichern und Setzen aller Flags

### 2.4.4.1 Mit RCLF und STOF

Wie oben bei der Zustandsanzeige schon gezeigt, lassen sich die Zustände aller Flags gemeinsam durch den Befehl **RCLF** in den Stack holen (Bild 26) und können in einer Variablen (z. B. **'Flags'**) abgespeichert werden.

---

[13] SREV ist ein Befehl aus der eingebauten Bibliothek 256, die mit **256 ATTACH** vor Aufruf des Befehls aktiviert (angehängt) werden muss.

Über den umgekehrten Weg kann der Inhalt dieser Variablen in den Stack und von dort über **STOF** (= store flags) wieder in die Flags zurückgespeichert werden.

Dies ist von Vorteil, wenn Programme einige Flags verändern und nach Beendigung dieser Programme der vorherige Zustand der Flags wieder hergestellt werden muss.

Am Beginn des betreffenden Programms wird dann der Befehl **RCLF** aufgerufen, wobei der Zustand aller Flags gesichert wird. Diesen Zustand kann man mit **STOF** am Schluss des Programms wieder herstellen.

### 2.4.4.2 *Mit PUSH und POP*

Für die eben beschriebene Sicherung der Flags kann auch der Befehl **PUSH** verwendet werden, der nicht nur die Flags, sondern auch den aktuellen Pfad in die Variable ENVSTACK im Verzeichnis CASDIR sichert. Dieser Befehl führt **RCLF** und **PATH** und die Speicherfunktion aus. Mit **POP** kann wieder der alte Zustand hergestellt werden, die Variable ENVSTACK ist dann leer.

Dies ist von Vorteil, wenn Programme einige Flags verändern, in verschiedene Verzeichnisse springen und nach Beendigung dieser Programme der vorherige Zustand der Flags und der ursprüngliche Pfad wieder hergestellt werden müssen.

Am Beginn des betreffenden Programms wird dann der Befehl **PUSH** aufgerufen, wobei der Zustand aller Flags und der Pfad gesichert werden. Diesen Zustand kann man mit **POP** am Schluss des Programms wieder herstellen, wobei man sich wieder im ursprünglichen Verzeichnis befindet.

### 2.4.5 *Programme für das Flag-Management*

Der HP49 und seine Nachfolger besitzen 128 System-Flags und 128 Benutzer-Flags. Der HP 48GX besitzt nur 64 System-Flags und 64 Benutzer-Flags.

Die Tabelle der System-Flags (siehe unter 2.2.1) und die Anleitung zum Arbeiten mit den Flags (siehe unter 2.4) zeigen die richtige Verwendung der Flags.

Diese Flags können einzeln über **SF** (set flag) gesetzt oder über **CF** (clear flag) gelöscht werden.

Aus dem über **RCLF** in den Stack geholten Flag-Status kann ohne weitere Aufschlüsselung nicht ersehen werden, welche Flags gerade gesetzt sind. Deshalb wurden einige Programme geschrieben, die diesem Mangel abhelfen und den Umgang mit den Flags erleichtern und automatisieren. Die beiden Programme **SysFl** und **UsrFl** haben wir schon besprochen.

Andere Programme ändern ein oder mehrere Flags auf Tastendruck (Menüfeld) und zeigen anschließend den Status (durch Namensänderung des Menüfeldes) an. Das Besondere daran ist die Funktion **RENAME** (Umbenennen), die nach dem Tastendruck die Bezeichnung der Variablen im Menüfeld ändert.

Hinweis: Diese Programme laufen nicht innerhalb von benutzerdefinierten Menüs und auch nicht in Bibliotheken.

Der angezeigte Name weist immer auf den momentan eingestellten Modus oder Status hin. Durch Druck auf die entsprechende Menütaste wird umgeschaltet und die neue Einstellung als Menüname angezeigt. Diese Festlegung weicht von der üblichen Beschriftung einer Schaltfläche auf dem PC ab, die immer den Zielzustand angibt.

Die Programme laufen nur im **RPN-Modus**. Für die Umschaltung vom RPN-Modus in den ALG-Modus (Flag -95) sollte man kein Programm verwenden, da man dann wissen müsste, wie Programme im ALG-Modus aufgerufen werden müssen, damit man wieder zurückschalten kann (mit der [MODE]-Taste kommt man auf jeden Fall wieder zurück).

Folgende 16 Menüfelder sind vorhanden:

**Tabelle 12: Menüfelder für die Flagprogramme in SYS**

| Menüfeld | Funktion |
|---|---|
| FLMAN | Flag-Manager. Das Programm zeigt die wichtigsten Einstellungen auf dem Bildschirm des Taschenrechners an. Verlassen des Bildschirms mit beliebiger Taste. |
| SysFl | Status aller System-Flags als Bildschirmtabelle. Das Flag Nr. -1 steht rechts unten in der Tabelle. In Zehnergruppen sind die Flags nebeneinander angeordnet. Für den HP 48GX muss der Schleifendurchlauf von 128 auf 64 geändert werden. |
| UsrFl | Status aller Benutzer-Flags als Bildschirmtabelle. Das Flag Nr. 1 steht rechts unten. In Zehnergruppen sind die Flags nebeneinander angeordnet. Für den HP 48GX muss der Schleifendurchlauf von 128 auf 64 geändert werden. |
| mFONT | schaltet den Font der Stackanzeige von „groß" auf „klein" und umgekehrt. |
| WINKL | schaltet den Winkelmodus zyklisch weiter von **DEG** zu **GRD** zu **RAD** zu **DEG**, der am Header-Indikator Nr. 1 (am oberen Bildschirmrand) ersichtlich ist. Der Menü-Name ändert sich nicht. |
| KOO | schaltet den Koordinatenmodus zyklisch weiter von **RECT** zu **CYLIN** zu **SPHERE** zu **RECT**, der oben am Header-Indikator Nr. 2 ersichtlich ist. Der Menü-Name ändert sich nicht. |
| ZBasis | schaltet die Zahlenbasis für Binärganzzahlen zyklisch weiter von **DEC** zu **OCT** zu **BIN** zu **HEX** zu **DEC**, das oben am Header-Indikator Nr. 3 ersichtlich ist. Der Menü-Name ändert sich nicht. |
| REELL/COMPLEX | schaltet zwischen reeller **R=** oder **R~** und komplexer Zahlendarstellung **C=** oder **C~** hin und her. Beim Umschalten wechselt der Menü-Name und gibt den aktuellen Status an. Den aktuellen Zustand sieht man auch oben am Header-Indikator Nr. 4, der entweder **C=**, **R=**, **C~** oder **R~** anzeigt. Das Zeichen „~" weist auf den Näherungsmodus und das Zeichen „=" auf den Exaktmodus hin. Die Tastenkombination **LS-HOLD** + **[i]** bewirkt dasselbe. |
| ZAHL/SYMB | schaltet mehrere Flags um, die den Zahlenmodus ***numerisch*** oder ***symbolisch*** bestimmen. Beim Umschalten wechselt der Menü-Name und gibt den aktuellen Status an. |
| FORML/ZEILE | schaltet das Flag -79 für die Darstellung der untersten Stackzeile um. Beim Umschalten wechselt der Menü-Name und gibt den aktuellen Status an. |
| GENAU/NAEH | schaltet das Flag -105 für den Berechnungsmodus um. Beim Umschalten wechselt der Menü-Name und gibt den aktuellen Status an. Den aktuellen Zustand sieht man auch am Indikator 4, der entweder „~" oder „=" zeigt. Die Tastenkombination **[']&[ENTER]** bewirkt dasselbe. |

| Menüfeld | Funktion |
|---|---|
| PUNKT/KOMMA | schaltet das Flag -51 um. Beim Umschalten wechselt der Menü-Name und gibt den aktuellen Status an. |
| UHR0/UHR1 | schaltet die Anzeige der Uhr ein oder aus (Flag -40). Beim Umschalten wechselt der Menü-Name und gibt den aktuellen Status an. |
| DUHR/AUHR | schaltet die Gestalt der Uhrenanzeige von digital auf analog um (Flag -41). Beim Umschalten wechselt der Menü-Name und gibt den aktuellen Status an. Die Bildschirmdarstellung der analogen Uhr ist so schlecht, dass man sie nicht verwenden sollte. |
| USRRPL/SYSRPL | schaltet das Flag -85 um, das für die USRRPL-Darstellung oder SYSRPL-Darstellung der Programme zuständig ist. Beim Umschalten wechselt der Menü-Name und gibt den aktuellen Status an. |
| FLASI | sichert die aktuelle Einstellung der Flags nach Port :2: unter dem Namen FLAGS. Ein vorhandene Sicherung gleichen Namens wird vorher per Programm gelöscht und die Sicherung dann in den Port :2: geschrieben[14]. |

**Achtung:** Der von den Programmen als Variablenname angezeigte Status stimmt zu Beginn meist nicht. Das gilt auch, wenn der entsprechende Status direkt per Flag geändert wurde. Man muss jedes Programm etwa 2-mal ausführen, bis die richtige Bezeichnung einrastet und angezeigt wird.

### 2.4.6 Hinweis

Für beliebige andere Umschaltungen kann sich jeder Anwender selber die entsprechenden Programme schreiben.

Die in Tabelle 12 aufgelisteten Programme werden als Programmverzeichnis mit dem Namen **SYS.txt** auf der Praxelius-Homepage zur Verfügung gestellt. SYS kann als Unterverzeichnis von HOME verwendet werden.

## 2.5 Objekttypen

Um die Objekte (reelle Zahlen, Ganzzahlen, Binärganzzahlen, Listen, Arrays, Vektoren, usw.) unterscheiden zu können, mit denen der Taschenrechner arbeitet, ist für jedes Objekt eine Typnummer (Objekttyp) festgelegt, die in Programmen abgefragt und verwendet werden kann.

Nachfolgende Tabelle 13 (Quelle: Lit. [10] unter dem Befehl **TYPE**) zeigt eine Auflistung der Objekttypen, wobei die Objekttypen, 13, 15 und -1 ergänzt wurden, die in Lit. [10] nicht zu finden sind.

Der Befehl **TYPE** (Typ des Stackinhalts) wird verwendet, wenn der Inhalt eines Objekts in Stackebene 1 steht und der Objekttyp benötigt wird.

Der Befehl **VTYPE** (Typ der Variable) wird verwendet, wenn ein Variablenname in geraden Anführungszeichen im Stack steht. Existiert diese Variable, dann wird der Objekttyp des Inhalts zurückgegeben, existiert diese Variable nicht, wird -1 zurückgegeben. Der Objekttyp -1 wird also bei Abfragen gebraucht, um festzustellen ob das im Stack befindliche Objekt existiert (nicht unbekannt ist).

---

[14] Objekte im Portspeicher lassen sich nicht überschreiben, deshalb muss das Objekt gleichen Namens vorher dort gelöscht werden.

**Tabelle 13: Objekttypen**

| Objekttyp | Nummer |
|---|---|
| Benutzer-Objekte | |
| Unbekannter Typ | -1 |
| Real number (reelle Zahl) | 0 |
| Complex number (komplexe Zahl) | 1 |
| Character string (Zeichenkette, String) | 2 |
| Real Array (Vektor) | 3 |
| Complex Array | 4 |
| List (Liste) | 5 |
| Global name (globaler Name) | 6 |
| Local name (lokaler Name) | 7 |
| Program (Programm) | 8 |
| Algebraic object (algebraisches Objekt) | 9 |
| Binary integer (Binärganzzahl) | 10 |
| Graphics object (Grafikobjekt) | 11 |
| Tagged object (benanntes Objekt) | 12 |
| Unit object (Einheiten-Objekt) | 13 |
| XLIB-Name | 14 |
| Directory object (Verzeichnis) | 15 |
| Library (Bibliothek LIB) | 16 |
| Backup object (Sicherungs-Objekt) | 17 |
| Eingebaute Objekte | |
| Built-in function (eingebaute Funktion) | 18 |
| Built-in command (eingebauter Befehl) | 19 |
| Systemobjekte: | |
| System binary | 20 |
| Extended real | 21 |
| Extended complex | 22 |
| Linked array | 23 |
| Character | 24 |
| Code object | 25 |
| Library data | 26 |
| Minifont oder Longfloatzahl (LIB 902) | 27 |
| Real integer | 28 |
| Symbolic vector / matrix | 29 |
| Font | 30 |
| Extended object | 31 |

In manchen Benutzerbibliotheken werden neue Objekttypen erzeugt, die keine Nummer hätten, wenn der Programmierer nicht eine Objektnummer ausgeliehen hätte, z. B. Nummer 27 für die Longfloat-Bibliothek LIB 902.

Um den Objekttyp eines Objekts anzuzeigen, stellt man dieses Objekt in den Stack und ruft **TYPE** über **[PRG][TEST][NXT][TYPE]** auf oder tippt einfach **TYPE** ein.

Das Objekt verschwindet vom Stack und dafür wird die Nummer des Objekttyps angezeigt. Auf diese Weise können am Programmbeginn die Eingabewerte geprüft werden, ob sie den Objekttypen entsprechen, die für den Programmablauf gebraucht werden. Dadurch werden Eingabefehler erkannt.

## 2.6 Der Stack

Schon die ersten HP-Tischrechner (HP 9100B im Jahr 1970) waren mit einem Stack ausgestattet. Auch der erste Taschenrechner HP-35 (1973) besaß einen Stack, der allerdings nur vier Stackregister x, y, z und t und ein zusätzliches Speicherregister s für STO benutzte. Bild 31 zeigt den HP-35 mit seinen 35 Tasten und Bild 32 zeigt die Benutzungsanleitung.

„Register" stammt aus der Begriffswelt der Hardwarekomponenten, wo die Prozessoren in Assembler mit Hilfe der verschiedenen Prozessor-Register programmiert werden. Ein Register stellt den Speicherplatz für eine komplette Zahl zur Verfügung.

Nachfolgend wird der Stack der HP-Taschenrechner besprochen. Dabei sollte man auch immer die einfache Handhabung des Stacks im Auge haben, die auf

Bild 32 gezeigt wird.

Erst bei späteren programmierbaren HP-Taschenrechnern wurde die Anzahl der Stack-Register erhöht. Beim HP 48GX und seinen Nachfolgern ist die Anzahl der Speicherplätze des Stacks beliebig und nur von der Größe des verfügbaren Benutzerspeichers abhängig.

Der Stack ist im RPN-Modus verfügbar. Der im ALG-Modus verfügbare „History-Speicher" hat eine andere Wirkungsweise und wird hier nicht behandelt.

### 2.6.1 Was ist ein Stack?

„Stack" (gesprochen: *stäck*) ist das englische Wort für „Stapel". Das Wort „Stack-Speicher" sollte vermieden werden, weil dort keine „Stacks" gespeichert werden. Man sagt nur „der Stack". Der Stack ist Teil des normalen Arbeitsspeichers, der in besonderer Weise vom System gehandhabt wird.

---

Das Arbeiten mit einem Stack auf dem Taschenrechner darf nicht mit „Stapelverarbeitung" verwechselt werden, bei der eine Computeranlage Aufträge, die in einer Job-Liste gespeichert sind, nacheinander automatisch erledigt. Auch beim DOS-PC gibt es Stapelbefehle, die in Batch-Dateien (Datei-Endung .BAT) gespeichert sind, die aber nichts mit unserem Stack hier zu tun haben.

---

Nachstehend verwenden wir die englische Bezeichnung *Stack*, weil sie sich eingebürgert hat. Die deutsche Bezeichnung *Stapel* wird hier nicht verwendet, weil sie für rechnerinterne Register nicht gebräuchlich ist und nur zu Missverständnissen führen würde.

Die Mikroprozessoren (Z80, 8086 bis 80486 und deren Nachfolger vom Typ Pentium), die als Zentraleinheiten (CPU) in den Computern verwendet werden, besitzen hardwaremäßig die Stackfunktion und reagieren auf entsprechende Stackbefehle.

Der Stapelzeiger, Stackpointer (SP) genannt, wird vom PC-Betriebssystem auf eine bestimmte Basisadresse des Arbeitsspeichers gesetzt.

Die Speicherung und der Abruf der Werte werden dann von der Hardware automatisch gehandhabt. Man braucht bei den Stackbefehlen keine Adressen anzugeben.

Die Hardware zählt den SP beim Speichern entsprechend hoch (engl.: *increment* = um 1 erhöhen) und beim Zurückholen der Werte entsprechend zurück (engl.: *decrement* = um 1 vermindern). Ist die Basisadresse des SP beim „decrement" wieder erreicht, wird der Stack als „leer" gemeldet.

**Bild 31: Vorderseite des HP-35**

**Bild 32. Anleitung zur Benutzung des Stacks (auf der Rückseite des HP-35)**

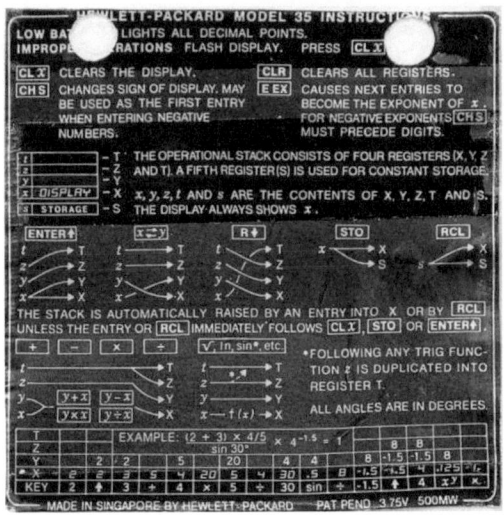

Die beiden runden Löcher am oberen Rand der Benutzungsanleitung stammen von den zwei Gehäuseschrauben des HP-35, die dahinter verborgen waren.

## 2.6.2 Was steht in den HP-Handbüchern über den Stack?

Der Stack ist in Lit. [5] auf Seite 2-20 und 2-21 nur kurz beim RPN-Modus erwähnt. Im späteren HP 49G-Handbuch Lit. [7] ist er im Anhang E2 beschrieben. Informationen darüber könne man sich auf der angegebenen HP-Webseite holen, heißt es dort.

In Lit. [4] ist der Stack im Kapitel 4 auf knapp 4 Seiten beschrieben.

Sehr ausführlich beschrieben ist der Stack (und auch der Interaktive Stack, siehe unter 2.6.7 ab Seite 93) in Lit. [2] auf den Seiten 3-1 bis 3-13. Diese Beschreibung gilt auch weitgehend für alle HP-Taschenrechner. Notfalls sollte man auf dieses Buch zurückgreifen!

## 2.6.3 Anschauliches Beispiel eines Stacks

Angenommen, auf einer Tischplatte seien 5 Bücher gestapelt. Bei der Umordnung des Bücherschranks soll diese schon belegte Tischplatte zur Zwischenlagerung verwendet werden.

Vorgang:

- Auf den schon vorhandenen Bücherstapel wird ein Lesezeichen (Einmerkblatt) gelegt, es bezeichnet den Stackpointer SP, dieser wird auf 5 gesetzt: SP = 5. Das ist die Basisadresse des Stacks. Die vorhandenen 5 Bücher sind damit berücksichtigt, interessieren aber im weiteren Verlauf nicht, weil ein anderer sie hingelegt hat.
- Nun wird ein Buch nach dem anderen auf diesen vorhandenen Stapel gelegt und der SP jedes Mal um eins hochgezählt.
- Man kann immer nur ein Buch oben drauflegen oder nur das oberste Buch wegnehmen, denn der Stack ist ein LIFO-Speicher (LIFO = Last In First Out), bei dem das zuletzt hingelegte Buch zuerst weggenommen werden muss.
- Solange der SP > 5 ist, kann ein Buch nach dem anderen von oben weggenommen werden. Der SP wird danach jedes Mal um eins vermindert.
- Wenn SP = 5 erreicht ist, liegt dort das Lesezeichen, es darf kein Buch mehr weggenommen werden, denn „unser" Stack ist leer (die ursprünglich vorhandenen Bücher gehören ja einem anderen). Wenn man trotzdem eines der darunter liegenden Bücher wegzunehmen versucht, wäre dies gegen die Stackregeln und man bekäme bei einem echten Computersystem und auch beim HP-Taschenrechner die Fehlermeldung „Stack leer!" (stack empty).

## 2.6.4 Der Stack des HP

Die im Beispiel gezeigte Arbeitsweise des LIFO-Stacks ist hardwaremäßig in der Zentraleinheit (CPU) des Taschenrechners implementiert und ist die schnellste Möglichkeit des Speicherzugriffs. Legt ein Programm die Werte auf dem Stack ab und holt sich diese dort wieder für den nachfolgenden Berechnungsgang, dann muss der Programmierer nur auf die Reihenfolge achten (LIFO!), damit nicht der falsche Wert verarbeitet wird. Anstelle des Stackpointers gibt es beim HP „Stackebenen" oder „Levels". Der Einfachheit halber wird im folgenden Text nur von „Ebenen" gesprochen.

Der HP-Stack im RPN-Modus ist ein „umgekehrter Stack", denn die unterste Zeile (= unterste Ebene = Level 1) der Stackanzeige hat immer die Nummer 1, dort wird das erste Objekt gespeichert. Auf dem Bildschirm des Taschenrechners sind die Stackebenen am linken Rand von unten nach oben nummeriert (siehe Bild 33).

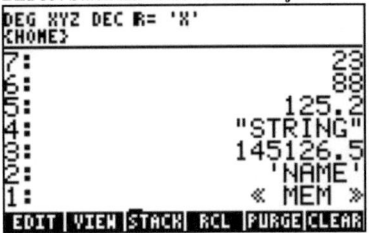

Bild 33: Stack mit verschiedenen Objekten

Speichert man ein neues Objekt im Stack, nimmt dieses die Ebene 1 in Anspruch und das vorher gespeicherte wird auf die Ebene 2 (2. Zeile von unten mit der Zeilennummer 2) gehoben. Das neue Objekt wird also nicht oben drauf gelegt, sondern immer unten drunter geschoben (bildlich!).

Beim Zurückholen der Objekte wird immer das Objekt der Ebene 1 genommen und die oberhalb befindlichen Objekte rutschen dann um eine Zeile nach unten.

## 2.6.5 Die Befehlszeile und der Befehlszeileneditor

### 2.6.5.1 Eingabe

Beim HP wird bei jeder Eingabe von Zahlen oder Zeichen mit dem ersten Tastendruck (ausgenommen davon sind Funktionstasten wie SIN, MODE, APPS, TOOL usw.) automatisch die Befehlszeile am unteren Rand des Stacks und damit der Befehlszeileneditor gestartet.

Der Stack wird um eine Zeile angehoben. Diese entstandene unterste Zeile hat aber keine Nummer.

Die Tastenfolge [ENTRY] = [P][ALPHA] öffnet ebenfalls die Befehlszeile.

Mit [ENTER] wird die normale Eingabe beendet, die Befehlszeile verschwindet und der Inhalt der Befehlszeile wird in die Ebene 1 übernommen, die anderen Inhalte werden um eine Zeile nach oben gehoben.

Mit der Funktion **CANCEL** (= [ON]) wird die Eingabe abgebrochen und die Befehlszeile verlassen. Die bereits eingegebenen Zeichen werden nicht in den Stack übernommen.

### 2.6.5.2 Befehle

In die Befehlszeile werden auch die Befehle über die Tastatur eingegeben und mit [ENTER] gestartet. Tippen Sie DATE ein und drücken dann [ENTER]. Dann wird das aktuelle Datum im Datumsformat (siehe unter 5.2 auf Seite 238) angezeigt.

Zur Eingabe von ASCII-Zeichen muss vor jedem Zeichen [ALPHA] gedrückt werden. Wenn [ALPHA][ALPHA] gedrückt wird, rastet der Feststeller ein (der Indikator α ist dauernd sichtbar) und man kann die Zeichen hintereinander eingeben[15].

Unser Datumsbefehl wird so eingetippt: [ALPHA] [ALPHA] [D][A][T][E][ENTER].
Nach [ENTER] verschwindet der Indikator α.

### 2.6.5.3 Editieren

- **Editor starten:**
  Das Drücken der Cursor-Taste (▼) (= Tastenkennung 35.1) bewirkt, dass der Inhalt der Ebene 1 in die Befehlszeile (=**Editormodus**) übernommen wird. Dort kann er editiert (bearbeitet) werden.

---

[15] Die Wirkung von [ALPHA] hängt auch vom Zustand des Systemflags -60 ab.

- **Editor regulär beenden:**
  Mit **[ENTER]** wird der Editor beendet und der geänderte Inhalt der Befehlszeile in die Ebene 1 übernommen (der alte Inhalt wird überschrieben), die Befehlszeile verschwindet und der Stack rutscht wieder nach unten in die alte Lage.
- **Editierung abbrechen:**
  Mit **CANCEL** (= **[ON]**) kann der Editor vorzeitig beendet werden, die Weiterbearbeitung wird abgebrochen (die Änderungen werden verworfen) und die Befehlszeile wird verlassen. Der vorherige Inhalt der Ebene 1 bleibt erhalten.

### 2.6.5.4 Starten der Befehlszeile

Mit **[ALPHA]** wird die Befehlszeile gestartet.

### 2.6.5.5 Befehlszeilen-Operationen

In Lit. [5] ist die „Verwendung der Befehlszeile" auf den Seiten 2-7 bis 2-12 beschrieben. Die Tabelle 2.2 dort auf der Seite 2-13 listet alle Befehlszeilen-Operationen auf, so dass hier auf weitere Erläuterungen verzichtet werden kann.

## 2.6.6 Die Stackbefehle des HP

Nicht immer gibt sich der Anwender mit der ursprünglichen Reihenfolge der Werte im Stack zufrieden. Deshalb gibt es Befehle zum Umordnen des Stacks.

Das Stackmenü startet man mit **[TOOL][STACK]**. Dort werden 19 Stackbefehle angeboten, die in folgender Tabelle 14 aufgelistet sind.

Die in Spalte 1 der Tabelle angegebenen Stackbefehle können im Eingabemodus und auch in Programmen als Befehle verwendet werden. DUP, DROP und SWAP können auch direkt über die Tastatur aktiviert werden.

Die Beschreibung und die Beispiele in der Tabelle gelten unter der Voraussetzung, dass die Stackbefehle der Tabellenspalte 1 (einschließlich einer evtl. Zahl *n*) von der Befehlszeile oder von einem Programm aus aufgerufen werden bzw. die Befehlseingabe den ursprünglichen Stack, auf den sich die Befehle beziehen, nicht verändert.

Die Beispiele der folgenden Tabelle (in den Spalten 3, 4 und 5) werden der Einfachheit halber mit Zahlen durchgeführt. Es können aber beliebige Objekte im Stack stehen. In den Beispielen stellt die Zahl vor dem Doppelpunkt die Nummer der Stackebene dar.

Die in der Beschreibung genannten Tastenkennungen sind unter 2.11.4 ab Seite 126 beschrieben.

**Tabelle 14: Stack-Befehle**

| Stack-Befehl | Beschreibung | Stack-ebene | Stack vorher | Stack nachher |
|---|---|---|---|---|
| ❶ | ❷ | ❸ | ❹ | ❺ |
| DUP | Dupliziert den Inhalt der Ebene 1, so dass dieser dann in den Ebenen 1 und 2 steht. Den gleichen Effekt hat das Drücken der **[ENTER]**-Taste, wenn der Stack nicht leer ist. | 3:<br>2:<br>1: | <br>34<br>18 | 34<br>18<br>18 |
| SWAP | Vertauscht die Inhalte der Ebenen 1 und 2. Der gleiche Effekt wird erreicht, wenn die Cursor-Taste (▶) (=Tastenkennung 36.1) gedrückt wird und mindestens zwei Ebenen belegt sind. | 2:<br>1: | 34<br>18 | 18<br>34 |

| Stack-Befehl ❶ | Beschreibung ❷ | Stackebene ❸ | Stack vorher ❹ | Stack nachher ❺ |
|---|---|---|---|---|
| DROP | Löscht den Inhalt der Ebene 1. Der gleiche Effekt wird erreicht, wenn die Rücktaste [←] gedrückt wird und mindestens eine Ebene belegt ist. | 2:<br>1: | 34<br>18 | 34 |
| OVER | Liefert eine Kopie des Inhalts der Ebene 2 und legt sie in Ebene 1 ab. Der verbleibende Stackinhalt wird um eine Zeile hochgehoben. | 3:<br>2:<br>1: | <br>34<br>18 | 34<br>18<br>34 |
| ROT | = 3 ROLL (siehe unten).<br>Rollt (rotiert) die ersten drei Inhalte des Stacks (nach oben):Der Inhalt der Ebene 3 wird nach Ebene 1 geholt und die Inhalte von Ebene 1 und 2 werden um eine Zeile nach oben geschoben. Die Inhalte ab Ebene 4 (und höher) bleiben unverändert. | 5:<br>4:<br>3:<br>2:<br>1: | 78<br>66<br>55<br>34<br>18 | 78<br>66<br>34<br>18<br>55 |
| UNROT | = 3 ROLLD (siehe unten)<br>Bewirkt das Gegenteil von ROT (macht ROT rückgängig).<br>Rollt die ersten drei Inhalte des Stacks (nach unten):<br>Der Inhalt der Ebene 1 wird nach Ebene 3 geholt und die Inhalte von Ebene 2 und 3 werden um eine Zeile nach unten geschoben. Die Inhalte ab Ebene 4 (und höher) bleiben unverändert. | 5:<br>4:<br>3:<br>2:<br>1: | 78<br>66<br>55<br>34<br>18 | 78<br>66<br>18<br>55<br>34 |
| n ROLL | Rollt die n Inhalte der Ebenen 1 bis n um 1 Zeile nach oben.<br>Die Inhalte der höheren Ebenen bleiben unverändert.<br>Beispiel: 4 ROLL<br>Beim Interaktiven Stack stellt man die Zeilenmarke in die n-te Zeile.<br>Der Befehl rollt dann den Inhalt der Ebenen 1 bis n um 1 Zeile nach oben. | 5:<br>4:<br>3:<br>2:<br>1: | 88<br>78<br>66<br>55<br>34 | 88<br>66<br>55<br>34<br>78 |
| n ROLLD | Rollt die n Inhalte der Ebenen 1 bis n um 1 Zeile nach unten (roll down).<br>Die Inhalte der höheren Ebenen bleiben unverändert.<br>Beispiel: 4 ROLLD<br>Beim Interaktiven Stack stellt man die Zeilenmarke in die n-te Zeile.<br>Der Befehl rotiert dann den Inhalt der Ebenen 1 bis n um 1 Zeile nach unten. | 5:<br>4:<br>3:<br>2:<br>1: | 88<br>78<br>66<br>55<br>34 | 88<br>34<br>78<br>66<br>55 |
| n PICK | Legt eine Kopie des Inhalts der Ebene n in Ebene 1 ab.<br><br>Beispiel: 3 PICK<br>Beim Interaktiven Stack stellt man die Zeilenmarke in die n-te Zeile und aktiviert **PICK**. | 5:<br>4:<br>3:<br>2:<br>1: | <br>78<br>66<br>55<br>34 | 78<br>66<br>55<br>34<br>66 |

| Stack-Befehl ❶ | Beschreibung ❷ | Stackebene ❸ | Stack vorher ❹ | Stack nachher ❺ |
|---|---|---|---|---|
| *n* UNPICK | Ersetzt den Inhalt der Ebene *n* +1 durch den Inhalt der Ebene 1 und löscht den Inhalt der Ebene 1. Macht ein vorheriges *n* PICK rückgängig. Beispiel: **3 UNPICK** Beim Interaktiven Stack stellt man die Zeilenmarke in die *n*-te Zeile und aktiviert **UNPICK**. | 5:<br>4:<br>3:<br>2:<br>1: | 78<br>66<br>55<br>34<br>69 | <br>78<br>69<br>55<br>34 |
| PICK3 | Dupliziert den Inhalt der Ebene 3 in Ebene 1 | 5:<br>4:<br>3:<br>2:<br>1: | <br>66<br>55<br>34<br>18 | 66<br>55<br>34<br>18<br>55 |
| DEPTH | Ermittelt die „Tiefe" des Stacks (eigentlich: „Höhe" des Stapels in der Stackanzeige). Die ermittelte Zahl gibt an, wieviele Ebenen vor dem Aufruf von DEPTH belegt waren. Diese Zahl wird auf Ebene 1 gelegt, so dass die momentane Tiefe durch den Befehl um 1 erhöht wird. | 6:<br>5:<br>4:<br>3:<br>2:<br>1: | <br>78<br>66<br>55<br>34<br>18 | 78<br>66<br>55<br>34<br>18<br>5 |
| DUP2 | Dupliziert die Inhalte der beiden untersten Ebenen. | 5:<br>4:<br>3:<br>2:<br>1: | <br><br>55<br>34<br>18 | 55<br>34<br>18<br>34<br>18 |
| *n* DUPN | Dupliziert die Inhalte der *n* untersten Ebenen. Beim Interaktiven Stack stellt man die Zeilenmarke in die *n*-te Zeile und aktiviert **DUPN**. Gezeigt ist **3 DUPN** | 6:<br>5:<br>4:<br>3:<br>2:<br>1: | <br><br><br>55<br>34<br>18 | 55<br>34<br>18<br>55<br>34<br>18 |
| DROP2 | Löscht die untersten beiden Ebenen. | 5:<br>4:<br>3:<br>2:<br>1: | 78<br>66<br>55<br>34<br>18 | <br><br>78<br>66<br>55 |
| *n* DROPN | Löscht die Inhalte der *n* untersten Ebenen. Beispiel: **3 DROPN** Beim Interaktiven Stack stellt man die Zeilenmarke in die *n*-te Zeile und aktiviert **DROPN**. | 5:<br>4:<br>3:<br>2:<br>1: | 78<br>66<br>55<br>34<br>18 | <br><br><br>78<br>66 |
| DUPDUP | Bewirkt dasselbe wie die zweimalige Ausführung von DUP. | 4:<br>3:<br>2:<br>1: | <br><br>34<br>18 | 34<br>18<br>18<br>18 |
| NIP | Löscht den Inhalt der Ebene 2. Bewirkt dasselbe wie die beiden Befehle SWAP und DROP hintereinander. | 4:<br>3:<br>2:<br>1: | 66<br>55<br>34<br>18 | <br>66<br>55<br>18 |

| Stack-Befehl ❶ | Beschreibung ❷ | Stack-ebene ❸ | Stack vorher ❹ | Stack nachher ❺ |
|---|---|---|---|---|
| $n$ NDUPN | Dupliziert den Inhalt der Ebene 1 ($n$-1)-mal, so dass er dann $n$-mal im Stack steht. $n$ wird in Ebene 1 zurückgegeben.  Beispiel: 3 NDUPN | 6: 5: 4: 3: 2: 1: |  55 34 18 | 55 34 18 18 18 3 |

**Tabelle 15: Zusätzliche Stack-Befehle**

| [ENTER] | funktioniert wie der Befehl DUP: Der Inhalt der Ebene 1 wird dupliziert. |
|---|---|
| CLEAR = [❯][◀] | löscht den gesamten Stack. |
| DEL= [❚][◀] | löscht den gesamten Stack. |
| [◀] = [Rücktaste] (Tastenkennung 45.1) | löscht den Inhalt der Ebene 1. |
| LASTARG | stellt Argument(e) des letzten Funktionsaufrufs in den Stack. |
| CMD = [❚][HIST] | zeigt (maximal) die letzten 4 Eingaben der Befehlszeile. |
| UNDO = [❯][HIST] | stellt den Stackinhalt her, wie er vor der letzten Befehlsausführung war (funktioniert nicht immer!). |

## 2.6.7 Der Interaktive Stack

Der Interaktive Stack ist in keiner neueren HP-Dokumentation beschrieben. Deshalb wurde für die nachfolgenden Erläuterungen das Benutzerhandbuch des HP 48GX, Lit. [2], Seiten 3-1 bis 3-13, zu Hilfe genommen.

Der Interaktive Stack ist ein sehr starkes, eingebautes Tool zum Anzeigen, Bearbeiten, Umordnen und Editieren der Inhalte des Stacks. Er steht für Programme nicht zur Verfügung, sondern funktioniert nur im Tastaturbetrieb, also **interaktiv**.

Die Funktionen des Interaktiven Stacks ermöglichen die Bearbeitung der Inhalte jeder Stackebene ohne Umordnung des Stacks.

Der Interaktive Stack ermöglicht:
- das Verschieben des Fensters für die Anzeige der anderen Stackebenen.
- das Verschieben und Kopieren von Objekten in andere Ebenen.
- das Kopieren des Inhalts jeder beliebigen Ebene in die Befehlszeile.
- das Löschen von Objekten aus dem Stack.
- das Ändern von Stack-Objekten.
- das Anzeigen von Stack-Objekten in einer entsprechenden Umgebung.

### 2.6.7.1 Start und Beendigung

Wenn eine oder mehrere Stackebenen belegt sind, kann der Start des Interaktiven Stacks mit der Taste **[HIST]** oder der Cursor-Taste (▲) erfolgen. Bei leerem Stack erhält man eine Fehlermeldung „Empty Stack".

Nach dem Start erscheint in Ebene 1 anstelle des Doppelpunkts der Stackzeiger ▶ (siehe Bild 34). Dieser kann zur Auswahl der zu bearbeitenden Ebene mit den Cursortasten (▲) und (▼) auf und ab bewegt werden.

Hier gelten die im Editor-Modus üblichen Befehle mit den umgeschalteten Cursortasten zum Springen an den unteren Anfang ([↑](▼)) oder an das obere Ende ([↑](▲)) des Stacks oder bildschirmweise bzw. an den oberen oder unteren Bildschirmrand. Der Stackzeiger ▶ zeigt immer die aktuelle Stackebene an, die zur Bearbeitung ansteht.

In der zu editierenden Zeile selbst springt man mit [↑](◄) an den Beginn der Zeile und mit [↑](►) an das Ende der Zeile. Beendet wird der Interaktive Stack durch **CANCEL**, das entspricht dem Drücken der Taste [**ON**].

### 2.6.7.2 Menü

Der Interaktive Stack bietet nach dem Start das Menü des Interaktiven Stacks an, das die zur Verfügung stehenden Stackbefehle enthält. Nachstehende Bilder zeigen zwei Seiten des Menüs. Auf der dritten Seite befindet nur noch das Menüfeld [**LEVEL**].

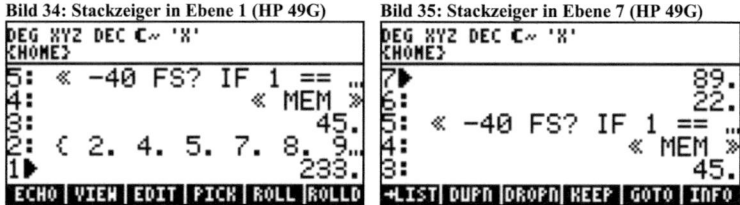

**Bild 34:** Stackzeiger in Ebene 1 (HP 49G)   **Bild 35:** Stackzeiger in Ebene 7 (HP 49G)

Bild 34 zeigt den Stackzeiger ▶ in Ebene 1 und Bild 35 zeigt ihn in Ebene 7.

### 2.6.7.3 Beschreibung der Menü-Funktionen

In der folgenden Tabelle wird der Begriff „aktuelle Ebene" benutzt:
**Die aktuelle Ebene ist diejenige Stackebene, in der sich der Stackzeiger befindet.**

**Tabelle 16:** Menü-Befehle des Interaktiven Stacks

| Funktion | Beschreibung |
|---|---|
| ECHO | Kopiert den Inhalt der aktuellen Ebene an die Cursorposition der Befehlszeile. |
| VIEW | Anzeigen oder Ändern des Objekts der aktuellen Ebene in der am besten geeigneten Umgebung (hängt vom Objekttyp ab). Mit [**ENTER**] wird die Änderung abgeschlossen, mit **CANCEL** wird die Änderung abgebrochen. |
| EDIT | Kopiert das Objekt der aktuellen Ebene zum Ändern in die Befehlszeile. Mit [**ENTER**] wird die Änderung abgeschlossen, mit **CANCEL** wird die Änderung abgebrochen. |
| PICK | Kopiert den Inhalt der aktuellen Ebene in die Ebene 1. Der ganze Stapel wird dadurch um eine Zeile angehoben. Der Stackzeiger ▶ behält seine vorherige Nummer. |
| ROLL | Verschiebt den Inhalt der aktuellen Ebene in die Ebene 1 und rollt den Rest des Stacks unterhalb der aktuellen Ebene nach oben.<br>Entspricht $n$ ROLL (siehe obige Tabelle), wobei $n$ durch die Position des Stackzeigers ▶ gegeben ist. |
| ROLLD | Verschiebt den Inhalt der Ebene 1 in die aktuelle Ebene und rollt den Rest des Stacks unterhalb der aktuellen Ebene nach unten.<br>Entspricht $n$ ROLLD (siehe obige Tabelle), wobei $n$ durch die Position des Stackzeigers ▶ gegeben ist. |

| Funktion | Beschreibung |
|---|---|
| →LIST | Erstellt eine Liste mit den Inhalten der Ebene 1 bis zur aktuellen Ebene. Entspricht dem Befehl *n* →LIST (aus dem PRG-Menü, Menü-Nr. 34.01), wobei *n* durch die Position des Stackzeigers ▶ gegeben ist. |
| DUPN | Dupliziert die Inhalte der Ebenen von Ebene 1 bis zur aktuellen Ebene. Entspricht *n* DUPN (siehe obige Tabelle), wobei *n* durch die Position des Stackzeigers ▶ gegeben ist. Der Stapel wird entsprechend angehoben. |
| DROPN | Löscht die Ebenen von Ebene 1 bis zur aktuellen Ebene. Entspricht *n* DROPN (siehe obige Tabelle), wobei *n* durch die Position des Stackzeigers ▶ gegeben ist. Der Stapel wird entsprechend kleiner. |
| KEEP | Löscht die Ebenen oberhalb des Stackzeigers ▶, so dass nur die Inhalte von Ebene 1 bis zur aktuellen Ebene erhalten bleiben. |
| GOTO | Bietet eine Eingabemaske, in der man die Nummer der gewünschten Ebene eingeben kann, zu der man springen möchte. Ist die Zahl höher als die Zahl der belegten Ebenen, so wird zur obersten Ebene gesprungen. |
| INFO | Zeigt für die aktuelle Ebene in einer Message-Box die Größe in Bytes (Size) und die Checksumme (CRC) des Objekts sowie den Inhalt des Objekts selbst (nur soviel, wie davon in die Message-Box passt) an. |
| LEVEL | gibt die Position des Stackzeigers ▶, also die Nummer der aktuellen Ebene an und stellt sie in die Ebene 1. Der ganze Stapel wird dadurch um eine Zeile angehoben. Der Stackzeiger ▶ behält seine vorherige Nummer. |
| [←] | löscht den Inhalt der aktuellen Ebene. |

**Beispiel:**

Um z. B. die Inhalte der Ebene 5 und 6 zu vertauschen, setzt man den Stackzeiger ▶ auf Ebene 5, ruft ROLL auf, dann setzt man ihn auf Ebene 6 und ruft ROLLD auf.

Wenn man andere als die in der Tabelle aufgeführten Funktionen (z. B. Rechenoperationen) ausführen will, muss man den Interaktiven Stack durch **CANCEL** verlassen und mit dem normalen Stack arbeiten.

## 2.6.8 *Sichern des Stacks*

Eine Funktion zum Sichern der Inhalte des gesamten Stacks ist im HP nicht vorhanden, weil sie mit wenig Aufwand selbst erstellt werden kann.

### 2.6.8.1 *Sichern aller Stackinhalte*

Der gesamte Stack kann durch folgendes Programm gesichert werden:

```
« DEPTH →LIST 'Stack' STO »
```

Dieses Programm speichere man in die Variable STOST (= store stack).

Hinweise:

1. Das Programm erzeugt bei Ausführung eine Variable 'Stack', in der eine Liste mit den Stackinhalten enthalten ist.
2. Der Stack ist nach dem Programmaufruf leer.
3. War der Stack vor dem Aufruf schon leer, ist auch die Liste in der Variablen 'Stack' leer.

4. Ist die Variable vor dem Aufruf bereits vorhanden, wird der vorherige Inhalt von 'Stack' überschrieben.

**Hinweis:**

Eine Variable[16] namens 'Stack' kann in verschiedenen Verzeichnissen gleichzeitig vorhanden sein. Sie ist für das aktuelle Verzeichnis „lokal" und für dessen Unterverzeichnisse „global".

### 2.6.8.2 Zurückholen der gesicherten Inhalte in den Stack

Die Stackinhalte können, falls sie vorher in 'Stack' gesichert wurden, mit folgendem Programm wieder zurückgeholt werden:

```
« Stack OBJ→ DROP »
```

Dieses Programm speichere man in die Variable 'RCLST' (= recall stack). Beim Aufruf werden die gespeicherten Stackinhalte unten an den vorhandenen Stack angefügt, der entsprechend angehoben wird.

**Hinweis:**

Nach dem ersten Aufruf von STOST sollte RCLST ausgeführt werden, wenn man mit den bisherigen Inhalten weiterarbeiten will.

### 2.6.8.3 Löschen der Sicherung

Wenn die vom Programm STOST erzeugte Variable 'Stack' gelöscht wird, dann ist die Sicherung der Inhalte des Stacks gelöscht.

**Hinweis:**

Die Programme STOST und RCLST sollten in das CST-Menü aufgenommen werden, damit sie in jedem Verzeichnis zur Verfügung stehen.

## 2.7 Zeichensätze auf HP und PC

### 2.7.1 Der HP-Zeichensatz

Tabelle 17 (Lit. [2], Seite 27-19 entnommen) zeigt die Zuordnung der einzelnen HP-Zeichen bzw. Ersatzzeichen zum ASCII-Code (= auch HP-Code).

Eine Auflistung aller HP-Zeichen ist auch in Lit. [10] im Anhang unter J zu finden.

### 2.7.2 Zeichendarstellung auf dem HP-Bildschirm

Die Darstellung aller HP-Zeichen auf dem HP-Bildschirm ist in folgenden Bildern zu sehen. Die Strings in Bild 36 und Bild 37 sind per Programm erzeugt worden und stehen jeweils in der Stackebene 1. Der Header des Bildschirms wurde abgeschaltet, um alle Zeichen darstellen zu können. Die Bilder zeigen den Bildschirm des HP 50g.

In Bild 36 sind die ASCII-Zeichen mit Code 32 bis 127 in einem String zu sehen, wobei immer 16 Zeichen in einer Zeile enthalten sind.

Die Anführungszeichen am Anfang und Ende des Strings gehören nicht zum String selbst, sie schließen ihn lediglich ein.

Die Zeichen mit Code 0 bis 31 sind nicht dargestellt, weil es sich hierbei um nicht druckbare (auf dem Bildschirm nicht darstellbare) ASCII-Steuerzeichen handelt.

---

[16] Schreibweise „Stack" beachten, die andere Schreibweise „STACK" ist reserviert.

**Bild 36: HP-Zeichen: Code 032 bis Code 127**

**Bild 37: HP-Zeichen: Code 128 bis Code 255**

In Bild 37 sind die ASCII-Zeichen mit Code 128 bis 255 in einem String zu sehen, wobei immer 16 Zeichen in einer Zeile enthalten sind. Die Anführungszeichen am Anfang und Ende des Strings gehören nicht zum String selbst, sie schließen ihn lediglich ein.

**Bild 38: CHARS Code 32 bis 143**

**Bild 39: CHARS Code 144 bis 255**

Die Anzeige dieser Zeichen auf dem HP-Bildschirm kann auch mit **CHARS** = [P][EVAL] aufgerufen werden (siehe Bild 38 und Bild 39), wobei dort mit (▲) nach oben und mit (▼) nach unten gescrollt werden kann.

Für die in den Bildern markierten Zeichen sind die Tastenfolgen zum Aufruf dieser Zeichen links unten zu sehen. Mit **MODIF** kann das markierte Zeichen modifiziert werden. Mit **ECHO** und **ECHO1** werden Zeichen ausgewählt und in den Stack geholt.

### 2.7.3 *Zeichendarstellung auf dem PC-Bildschirm*

Im HP-Zeichensatz (siehe Tabelle 17) sind für die Spezialfunktionen einige Codes des regulären ASCII-Zeichensatzes anders belegt als beim PC-ASCII-Zeichensatz. Es betrifft die ASCII-Codierungen 128 bis 160. Der Rest bis Codierung 255 stimmt überwiegend wieder mit der ASCII-Belegung überein.

Leider stellt der PC einige Zeichen anders dar als der HP-Taschenrechner. Funktionsbezeichnungen mit Pfeilen oder mathematischen Sonderzeichen im Programmtext stellt der PC mit dem üblichen ASCII-Zeichensatz dar. Das Programm enthält dann auf dem PC-Bildschirm sogenannte Schmierzeichen, wenn die verwendeten Codierungen auf PC und Taschenrechner unterschiedlich belegt sind.

Das ist nur ein Schönheitsfehler, der sich auf die Lauffähigkeit der HP-Programme **nicht auswirkt**. Mit dem Ausdrucken der Programmtexte klappt's halt dann nicht so gut. Aber es gibt eine Möglichkeit, doch richtig auszudrucken, siehe unten (Translation).

**Tabelle 17: HP-Zeichensatz**

| HP-Code | HP-Zeichen | Ersatz-zeichen | HP-Code | HP-Zeichen | Ersatz-zeichen | HP-Code | HP-Zeichen | Ersatz-zeichen |
|---|---|---|---|---|---|---|---|---|
| 128 | ∡ | \< ) | 142 | ← | \<- | 156 | Π | \PI |
| 129 | X̄ | \x- | 143 | ↓ | \\|v | 157 | Ω | \GW |
| 130 | ∇ | \.v | 144 | ↑ | \\|^ | 158 | ■ | \[] |
| 131 | √ | \v/ | 145 | γ | \Gg | 159 | ∞ | \oo |
| 132 | ∫ | \.s | 146 | δ | \Gd | 160 |  |  |
| 133 | Σ | \GS | 147 | ε | \Ge | 171 | « | \<< |
| 134 | ▶ | \\|> | 148 | η | \Gn | 176 | ° | \^o |
| 135 | π | \pi | 149 | θ | \Gh | 181 | μ | \Gm |
| 136 | ∂ | \.d | 150 | λ | \Gl | 187 | » | \>> |
| 137 | ≤ | \<= | 151 | ρ | \Gr | 215 | × | \.x |
| 138 | ≥ | \>= | 152 | σ | \Gs | 216 | Ø | \O/ |
| 139 | ≠ | \=/ | 153 | τ | \Gt | 223 | ß | \Gb |
| 140 | α | \Ga | 154 | ω | \Gw | 247 | ÷ | \:- |
| 141 | → | \-> | 155 | Δ | \GD | nnn | andere | \nnn |

## 2.7.4 Editieren von HP-Programmen auf dem PC.

### 2.7.4.1 Mit TrueType-Zeichensatz

Es wäre aber sehr praktisch, wenn man die HP-Programme auf dem PC über einen normalen Texteditor ändern und dann auf den HP übertragen könnte. Dazu bräuchte man aber einen Zeichensatz (TrueType Font = TTF), der die HP-Zeichen auch auf dem PC richtig darstellt. Dann könnten die geänderten HP-Programme ohne Zeichenumwandlung zwischen PC und Taschenrechner ausgetauscht werden.

Für den HP 48GX hatte man diese Notwendigkeit erkannt und stellte mit der Software TRANSFILE WIN48 einen TrueType-Font (Datei **HP48.TTF**) zur Verfügung. Diese Software und der Font funktionieren auch für die Nachfolgemodelle mit einer Ausnahme: Der HP-Taschenrechner-Zeichensatz enthält das **Euro-Zeichen**, das es bei HP48.TTF noch nicht gibt (siehe Bild 37). Die Zuordnung des Euro-Zeichens € erfolgt durch \160. Alle übrigen in der Tabelle 17 nicht angegebenen Ersatzzeichen werden mit **\nnn** erzeugt, wobei **nnn** der ASCII-Code des jeweiligen Zeichens ist. Im Zweifelsfall kann **CHARS** aufgerufen werden und dort der ASCII-Code nachgesehen werden.

### 2.7.4.2 Ohne besonderen Zeichensatz (nach Translation)

Die Editierung funktioniert unter den nachfolgend beschriebenen Voraussetzungen auch ohne TrueType-Zeichensatz über einen ganz normalen Texteditor.

Der HP-Taschenrechner enthält eine **eingebaute Umwandlungsfunktion**, die beim Datenaustausch zwischen dem PC und dem Taschenrechner eine **Umwandlung (Translation) des HP-Zeichensatzes in einen lesbaren ASCII-Zeichensatz** vornimmt. Wenn die Parameter der Übertragung passend eingestellt sind, erhält man automatisch auf dem PC-Bildschirm „lesbare" Programme und kann diese Zeichen auch ganz normal eingeben, editieren und ausdrucken.

HP hat Ersatzzeichen für die Darstellung im Texteditor festgelegt, die aus jeweils dem **Backslash** „\" und zwei weiteren Zeichen bestehen.

Die Übersetzung funktioniert bei der Übertragung in beiden Richtungen automatisch:

| vom HP zum PC | HP-Zeichen werden in ASCII-Ersatzzeichen umgewandelt |
| vom PC zum HP | ASCII-Ersatzzeichen werden HP-Zeichen umgewandelt |

Die Datei auf dem PC ist dann in ASCII-(Ersatz-)Zeichen codiert (und ist deshalb etwas größer), die Datei auf dem HP ist im HP-Zeichensatz codiert.

## 2.7.5 *Einstellungen für die Datenübertragung*

Die Datenübertragung muss auf der Verbindungssoftware **und** auf dem HP-Taschenrechner richtig eingestellt werden: **binär** oder **ASCII**.

Wenn man die vom Internet heruntergeladenen HP-Programme editieren will, sollte man die Translation in Ersatzzeichen (Mode 3) verwenden (siehe 2.7.7 auf Seite 99).

## 2.7.6 *Quellcode für HP-Programme auf dem PC*

Die im Zusammenhang mit diesem Buch bereitgestellten HP-Programme auf der Praxelius-Homepage sind im Translationsmodus 3 dargestellt, die der HP-Taschenrechner direkt verarbeiten kann (HP-Zeichensatz siehe **[CHARS]**). Diese HP-Programme kann man vom PC **ungeändert** über die Verbindungs-Software zum HP übertragen. Die Programme sind auf dem Taschenrechner sofort (im RPN-Modus) lauffähig.

Beim Editieren der Programme auf dem PC müssen die Ersatzzeichen des HP-Zeichensatzes nach Tabelle 17 verwendet werden. Das ist zwar am Anfang etwas ungewohnt, aber man gewöhnt sich schnell an diese Schreibweise.

## 2.7.7 *Hinweise zur Datenübertragung*

### 2.7.7.1 *ASCII-Programmtexte*

Jede HP-Programmdatei, die im **ASCII-Quellcode** vorliegt, hat auf dem PC einen **Header** (z. B.: %%HP: T(1)A(D)F(.);).

Ob der ASCII-Programmtext Ersatzzeichen enthält und übersetzt werden muss oder nicht, entnimmt der Taschenrechner dem Header der empfangenen Datei. Dabei entspricht der Wert T(1) dem **Translationsmodus 1**, entsprechend kennzeichnen T(2), T(3) und T(0) die anderen Modi gemäß dem eingestellten Wert (Beschreibung der Translationsmodi siehe Seite 59).

Der Header gehört nicht zum Programm, er ist mit einem **Semikolon** („;") vom Programm abgetrennt, das mit dem Zeichen « beginnt Im Translationsmodus 3 mit den Ersatzzeichen \<< dargestellt.

- Der **Translationsmodus T(1)** wird auch als „Newline (Ch 10)" bezeichnet, weil er die Programmzeilen in der Länge so umbricht (= Zeilenschaltungen einfügt), dass sie auf die LCD-Anzeige des HP passen. In derselben Länge sieht man sie auch im Texteditor auf dem PC.
- Die im **Translationsmodus T(3)** vorliegenden Programme sind auch im Browser lesbar. Leider weichen die Ersatzzeichen von der üblichen Darstellung auf dem HP ab, aber nach einiger Übung gewöhnt man sich schnell an die Ersatzzeichen. Die Programme sind mit jedem Texteditor editierbar.
- Bei der Übertragung vom Computer auf den HP braucht man sich nicht um die Umsetzung der Ersatzzeichen zu kümmern, der HP erkennt am Header, welche Translation er wählen muss.

Alle Programme mit den Headern T(0), T(1), T(2) und T(3) müssen zwischen PC und HP mit der Einstellung „ASCII" übertragen werden.

### 2.7.7.2 Binäre HP-Programme

Binäre HP-Programme sind nicht als Text lesbar, sondern enthalten nur Binärcodes. Bibliotheken, Grafiken und systemnahe Programme sind binär abgespeichert. Alle diese HP-Programme beginnen im Header mit **"HPHP"**.

Binäre Dateien, die mit "HPHP" beginnen, müssen zwischen PC und HP mit der Einstellung „binär" übertragen werden.

### 2.7.7.3 Syntaxprüfung

Bei der Datenübertragung vom PC zum HP überprüft der Taschenrechner die Syntax des ankommenden Programmes und schickt im Falle eines Fehlers eine Fehlermeldung zum PC zurück. Dieser meldet sich dann lautstark. Die Fehlermeldung enthält kaum Hinweise auf die Art des Fehlers.

Manchmal ist man ratlos bis verzweifelt, weil diese Fehlermeldung immer wiederholt wird. Schließlich merkt man dann nach der 10. Übertragung, dass es nicht am PC, nicht am PC-Programm und auch nicht an einer falschen Porteinstellung lag, sondern dass nur irgendwo im Programm ein läppisches Anführungszeichen fehlt.

Deshalb sollte man den Header und die Syntax vorher ganz genau prüfen, wenn man ein selbstgeschriebenes Programm vom PC zum HP übertragen will, sonst meckert der HP so lange über die Leitung zurück zum PC, bis er das Programm mit einwandfreier Syntax erhält. Man kann nie so sorgfältig sein, dass der Taschenrechner bei der ersten Übertragung nicht doch meckert.

### 2.7.7.4 Texteditor

Zum Programmieren auf dem PC im Translationsmodus T(3) sollte man einen ganz normalen Texteditor verwenden oder man stellt die Textverarbeitung, mit der man das Programm schreibt, auf „Nur ASCII-Text" ein. Formatierungen oder andere Codierungen, welche die Textverarbeitung normalerweise einfügt, erkennt der Taschenrechner nicht an. Beim Speichern auf die Festplatte sollte man das Programm als „Nur Text" speichern, dann werden keine zusätzlichen Formatierungszeichen eingefügt.

### 2.7.7.5 „Invalid Name"

Diese Fehlermeldung (oder auch „Invalid Syntax: <Name>") kommt manchmal bei der Übertragung eines Objekts vom PC zum HP. Am zu übertragenden Objekt selbst kann man meist keine Unstimmigkeiten oder falsche Syntax feststellen. Trotzdem ist der Taschenrechner hartnäckig und verweigert die Annahme. Man kommt einfach nicht drauf, was falsch sein könnte.

Des Rätsels Lösung ist ein **global gültiger gleichlautender Name** einer vorhandenen Variablen auf dem HP im Pfad über dem Zielverzeichnis, wo das Objekt gespeichert werden soll, oder eine im HOME-Verzeichnis angebundene Bibliothek, die bereits so einen Namen global enthält (als Programm oder Konstante). Auch die mathematischen Konstanten **e** und **i** gehören dazu.

Da diese Namen global sind und jedes Unterverzeichnis auf diese Objekte zugreifen kann, sind sie auch bei der Datenübertragung vom PC zum Taschenrechner bekannt. Kommt ein solcher Name bei der Datenübertragung vor, stellt der HP fest „Hab ich schon!". Weil er das Objekt nicht überschreiben darf, gibt er die Fehlermeldung aus.

Abhilfe schafft man, indem man die Bibliothek abhängt durch **DETACH ####**, wobei anstelle von #### die Bibliotheksnummer anzugeben ist. Dann ist dieser Name nicht mehr global bekannt und man kann das gleichnamige Objekt auf den Rechner übertragen. Wenn man die Bibliothek dann wieder anhängt, haben die lokalen Namen im Unterverzeichnis Vorrang. Entweder man benennt das „globale" Objekt gleichen Namens oder das zu übertragende Objekt um, nach dem Speichern bekommt es dann wieder den richtigen Namen.

Wenn man allerdings *e* oder *i* als Variablennamen in einem Programm verwendet, dann nimmt der HP das Programm nicht an, weil dies fest eingespeicherte mathematische Konstanten (reservierte Namen) sind: $e = 2{,}71828182846\ldots$ und $i = \sqrt{-1}$.

Ebenso ist der Name INFO in Bibliotheken sehr beliebt und verhindert, dass ein Programm, das diesen Namen enthält, auf den Rechner übertragen werden kann.

Man kann ja vorher in **CAT** = **[⮕][SYMB]** nachsehen, ob dort schon der Name existiert, den man verwenden möchte. Dort sind sämtliche auf dem Rechner vorhandenen Befehle aufgelistet, Objekte von angehängten Bibliotheken in Kursivschrift.

### 2.7.7.6 *Kommentare im Quelltext des HP-Programms*

Der Quelltext eines HP-Programms auf dem PC kann auch kommentiert werden. Der Kommentar erläutert das auf dem PC lesbare Programm. Der Kommentar muss mit dem Editor auf dem PC in das HP-Programm eingefügt werden, denn auf dem Taschenrechner können keine Kommentare geschrieben und gespeichert werden. Der Kommentar gehört nicht zum Programm.

Jede Zeile im HP-Quelltext, die mit dem Zeichen @ (genannt at-Zeichen oder Klammeraffe) anfängt und mit einem CR (Carriage return, ASCII-Code 13) oder einem Linefeed (ASCII-Code 10) endet, ist Kommentar.

Man achte darauf, Kommentarzeilen möglichst kurz zu halten. Bei langen Kommentarzeilen besteht die Gefahr, dass sie umgebrochen werden (= Zeilenumbruch) und der (umgebrochenen) Fortsetzungszeile dann das @-Zeichen am Anfang fehlt. Der HP-Rechner meldet dann bei der Übertragung einen Fehler. Bei der Übertragung des Programms vom PC auf den HP wird dieser Kommentar ignoriert, auf dem HP-Rechner ist er dann nicht mehr vorhanden.

In binär auf dem PC vorliegende Programme, die mit HPHP beginnen, können keine Kommentare eingefügt werden.

## 2.8 Zeichenketten und Texte

Eine moderne Dokumentbearbeitung mit Formatierungen, wie sie mit einem Textverarbeitungsprogramm auf dem PC möglich ist, kann mit dem HP-Taschenrechner nicht durchgeführt werden. Aber die eingebauten Befehle können bei der Textbearbeitung, die man auf dem Taschenrechner allgemein auch „Stringbearbeitung" nennt (engl.: character string = Zeichenkette), sinnvoll miteinander kombiniert werden, um eine bescheidene Textbearbeitung zu erreichen.

In Verbindung mit Listen und Auswahlmenüs können damit sogar Adress- oder Telefonverzeichnisse angelegt und gepflegt werden. Anstelle des Wortes „Zeichenkette" wird hier der kurze englische Begriff „String" verwendet. Nachfolgend werden die grundlegenden String-Befehle in ihrer Wirkung im RPN-Modus erläutert.

### 2.8.1 *Definition „String"*

Der Objekttyp „String" (Objekttyp 2) wird auf dem HP durch begrenzende gerade **Anführungszeichen**[17] " " gekennzeichnet. Alle ASCII-Zeichen, die sich <u>innerhalb</u> von 2 begrenzenden Anführungszeichen befinden, gehören zu einem String-Objekt. Die Anführungszeichen selbst gehören nicht zum String.

Innerhalb eines Strings dürfen keine Anführungszeichen vorkommen, weil sie ja dessen Begrenzer (engl.: *delimiter*) sind. Ein einzelnes Anführungszeichen innerhalb des Strings beendet den String an dieser Stelle, der Reststring wird als Objektname genommen oder führt zu einer Fehlermeldung. Gibt man zwei Anführungszeichen "" innerhalb eines Strings ein, dann teilen diese den String an dieser Stelle in zwei selbständige Strings auf.

> **Merkwürdige Tatsache:** Editiert man einen existierenden String nachträglich und gibt dann zwei Anführungszeichen "" ein, dann bleiben sie im String ohne Fehlermeldung stehen.

Das Anführungszeichen innerhalb des Strings zwischen ! und # in Bild 36 auf Seite 97 wird vom System geduldet, weil der String per Programm erzeugt wurde.

Einzelne Anführungszeichen innerhalb des Strings können aber trotzdem ordnungsgemäß gesetzt werden, wenn ein **Backslash** (\) vorangestellt wird. Dieser kann über **[ALPHA][**′**][5]** erzeugt werden und wird als **Steuerzeichen** (engl.: *control character*) erkannt. Soll ein Backslash im String als Textzeichen vorkommen, dann muss diesem auch ein Backslash vorangestellt werden, also müssen zwei \\ eingegeben werden, wenn einer im String dargestellt werden soll.

Bild 40 zeigt einen Quelltext und Bild 41 die dazugehörige Anzeige eines kleinen Programms, bei dem im String Anführungszeichen und Backslashes enthalten sind:

---

[17] Wir unterscheiden <u>gerade</u> Anführungszeichen "...", die wir in Programmen einsetzen, und <u>typografische</u> „...", die im laufenden Text dieses Buches eingesetzt werden. Beim HP und in den Programmen werden nur <u>gerade</u> Anführungszeichen verwendet.

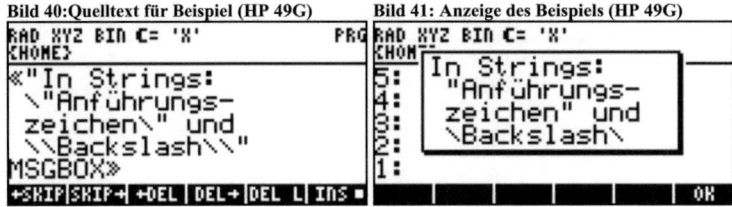

Bild 40: Quelltext für Beispiel (HP 49G)      Bild 41: Anzeige des Beispiels (HP 49G)

### 2.8.2 Die Stringbefehle des HP

Das Setzen der beiden Anführungszeichen "" zur Eingabe eines Strings erfolgt durch [']['×']. Dadurch schaltet der Taschenrechner in den Befehlszeileneditor, der Cursor steht dann zwischen den beiden Anführungszeichen und der String kann eingegeben werden.

Für die Eingabe der auf der Tastatur zur Verfügung stehenden Buchstaben und Zeichen muss vorher die Taste [ALPHA] einmal gedrückt werden, wenn anschließend nur ein Zeichen eingegeben werden soll.

Sollen mehrere Zeichen hintereinander eingegeben werden, dann kann [ALPHA] mit einem Finger gedrückt und gehalten werden, während mehrere Zeichen mit einem anderen Finger eingetippt werden. Drückt man [ALPHA][ALPHA], dann rastet der Feststeller (wie bei einer Schreibmaschine) ein und man kann beliebig viele Zeichen hintereinander eingeben.

Man kann auch während der Eingabe von Groß- auf Kleinbuchstaben (und umgekehrt) durch [¶] umschalten. Die genaue Handhabung ist in Lit. [5] im Kapitel 2 unter „Eingeben von Zeichen" beschrieben.

Alle Zeichen des HP, auch die nicht auf der Tastatur verfügbaren Zeichen (siehe Bild 38 und Bild 39), können über [CHARS] aufgerufen werden (siehe auch unter 2.12 ab Seite 131).

### 2.8.3 Stringspezifische Wirkung mancher Befehle

#### 2.8.3.1 Verkettung durch „+"

Die Taste mit dem Pluszeichen [+] aktiviert bei der Stringbearbeitung die Verkettungsfunktion. Ein Objekt (keine Liste!) kann mit einem String oder zwei Strings können miteinander verkettet (engl.: *concatenate*) werden.

Im RPN-Modus stehen die zu verkettenden Objekte im Stack, wobei das oben stehende Objekt im String **vorne** (= links) und das darunter stehende im String **hinten** (= rechts) angeordnet wird.

Tabelle 18: Beispiele von Stringverkettungen

| Typen | Verkettung mit [+] | ergibt in Stackebene 1 |
|---|---|---|
| Zwei Strings | "ABCDEF"<br>"GHIJK"<br>[+] | "ABCDEFGHIJK" |
| String und Zahl | "ABCD"<br>1234<br>[+] | "ABCD1234" |

| Typen | Verkettung mit [+] | ergibt in Stackebene 1 |
|---|---|---|
| Objektname und String | 'NAME1'<br>"ABCD"<br>[+] | "NAME1ABCD" |
| Programm und String | « ABC 6 + 65 × »<br>"CDEF"<br>[+] | "« ABC 6 + 65 × »CDEF" |
| Vektor und String | [4 5]<br>"ABCDE"<br>[+] | "[4 5]ABCDE" |
| String und algebraisches Objekt | "WW = "<br>'5*a+7*b'<br>[+] | "WW = '5*a+7*b'" |
| Diese Beispiele mögen zur Erläuterung genügen. | | |

### 2.8.3.2 Negieren der Bits durch NOT

Der Operator **NOT** bewirkt, dass alle Bits des Objekts in Stackebene 1 <u>negiert</u> werden. Bei Strings hat dies einen überraschenden Effekt.

Je 8 Bit bilden ein ASCII-Zeichen. Die 256 ASCII-Zeichen haben die Code-Nummern 0 bis 255.

Beispiele:
- Der Großbuchstabe "A" hat den Code 65, binär 0100 0001.
  Die Negierung ergibt 1011 1110, Code 190.
  Dieser Code gehört zum ASCII-Zeichen "¾".
- Der Kleinbuchstabe "a" hat den Code 97, binär 0110 0001.
  Die Negierung ergibt 1001 1110, Code 158.
  Dieser Code wird auf dem HP als schwarzes Quadrat dargestellt, siehe Tabelle 17 auf Seite 98.

In Bild 42 sind beide Buchstaben als String "Aa" in Stackebene 4 und die Negierung in Stackebene 3 dargestellt.

**Bild 42: Strings bei Negierung durch NOT**

**Beispiel:**
In den Stack eingeben: "**HP 49G: Strings**". Dann **NOT** ausführen.

Die Eingaben verschwinden, das Ergebnis wird in Stackebene 1 angezeigt und enthält außer "·⁻ËÆ¸ÅB¬" auch Sonderzeichen des HP mit Codierungen >128. Diese Codierungen werden auf dem HP anders als hier im Text dargestellt, siehe Tabelle 17 auf Seite 98.

Bild 42 zeigt den (vorher duplizierten) Eingabestring in Stackebene 2 und das Ergebnis der Negierung in Stackebene 1.

## 2.8.3.3 Verknüpfen der Bits durch OR, AND und XOR

**AND, OR** und **XOR** sind Operatoren, die zwei Argumente benötigen, sie wirken also auf zwei String-Objekte gleichzeitig. Jedes Bit des String-Objekts in Stackebene 1 wird mit dem entsprechenden Bit des zweiten String-Objekts in Stackebene 2 gemäß der entsprechenden Funktion verknüpft. Deshalb müssen beide Strings dieselbe Länge haben. Bei verschieden langen Strings gibt der HP die Fehlermeldung „Bad Argument Value" aus.

In den nachfolgenden Bildern sind zwei String-Objekte (in Stackebene 3 und 2 zu sehen) über einen dieser Operatoren verknüpft. Die Eingaben verschwinden vom Stack, das Ergebnis wird in Stackebene 1 angezeigt. (Um die Eingaben in den Bildern sichtbar zu machen, wurden sie vor Aufruf dupliziert.)

Das dargestellte LOGIC-Menü (Menü-Nr. 16) in der Fußzeile der Anzeige ist über die Tastenkombination [']['][3][NXT][LOGIC] aufrufbar. Diese Operatoren sind auch über [PRG][TEST][NXT] aufrufbar.

Nachstehende Bilder zeigen die Wirkung dieser Operatoren:

**Bild 43: Wirkung des Operators OR**

"H" = 72 = 0100 1000
"P" = 80 = 0101 0000
"H" OR "P" = "X" = 88 = 0101 1000

**Bild 44: Wirkung des Operators AND**

"H" = 72 = 0100 1000
"P" = 80 = 0101 0000
"H" AND "P" = "@" = 64 = 0100 0000

**Bild 45: Wirkung des Operators XOR**

"H" = 72 = 0100 1000
"P" = 80 = 0101 0000
"H" XOR "P" = 24 = 0001 1000
Code 24 ist hier nicht darstellbar, deshalb das „Schmierzeichen ■".

## 2.8.4 Befehle im String-Menü

Das zweiseitige String-Menü erreicht man über die Tastenkombination [PRG] [NXT][CHARS] oder über die Menünummern 62.01 und 62.02.

Bild 42 auf Seite 104 zeigt die erste Menüseite. Dieses Menü enthält die Stringbefehle SUB, REPL, POS, SIZE, NUM, CHR. Die zweite Menüseite (Bild 46 auf Seite 109) enthält OBJ→, →STR, HEAD, TAIL, SREPL und [PRG]. Mit [PRG] springt man zurück zum übergeordneten Menü PRG.

### 2.8.4.1 SUB = Substring extrahieren

Der Befehl **SUB** zieht aus einem String einen Substring heraus, dessen Anfangs- und Endposition angegeben sein muss.
- Der String steht in Stackebene 3,
- die Anfangsposition des Substrings steht in Stackebene 2,
- die Endposition des Substrings steht in Stackebene 1.

Als Ergebnis von **SUB** steht der Substring im Stack.

**Beispiel** (siehe Tabelle 19):

Die Zahl $3^{35}$ = **50031545098999707** hat 17 Stellen. Es sollen die Stellen 6 bis 12 ausgegeben werden. Zuerst wird die Zahl mit dem Befehl →**STR** in einem String verwandelt und dann der Befehl **SUB** darauf angewendet:

**Tabelle 19: Beispiel für SUB**

| String in Stackebene 3: | "50031545098999707" |
|---|---|
| Anfangsposition in Stackebene 2: | 6 |
| Endposition in Stackebene 1: | 12 |
| Nach Aufruf von **SUB**. Ergebnis: | "5450989" |

### 2.8.4.2 REPL = Substring einbauen oder anhängen

Der Befehl **REPL** (engl.: *replace* = ersetzen) ersetzt in einem String ab einer bestimmten Position die Zeichen durch einen vorgegebenen Substring.

Die Länge des Substrings wird vollständig übernommen, die vorher vorhandenen Zeichen im zu ändernden String werden überschrieben. Ist der Substring länger als der zu ersetzende Rest des Strings, dann wird der String einfach um die überzähligen Zeichen verlängert. Wird eine Position größer als die Länge des Strings angegeben, so wird der Substring am Ende angehängt.

**Beispiel** (siehe Tabelle 20):

In der Zahl $3^{35}$ = **50031545098999707** sollen ab Position 6 die Ziffern durch das Wort "unlesbar" ersetzt werden.

**Tabelle 20: 1. Beispiel für REPL**

| String in Stackebene 3: | "50031545098999707" |
|---|---|
| Startposition in Stackebene 2: | 6 |
| Substring als Ersatz in Stackebene 1: | "unlesbar" |
| Nach Aufruf von **REPL**. Ergebnis: | "50031unlesbar9707" |

Nun sollen Ziffern ab der vorletzten Position (16) ersetzt werden durch das Wort "unlesbar". Die Buchstaben "un" ersetzen die beiden letzten Ziffern, der restliche Substring "lesbar" wird ab Position 18 angehängt (siehe Tabelle 21).

**Tabelle 21: 2. Beispiel für REPL**

| String in Stackebene 3: | "50031545098999707" |
|---|---|
| Startposition in Stackebene 2: | 16 |
| Substring als Ersatz in Stackebene 1: | "unlesbar" |
| Nach Aufruf von **REPL**. Ergebnis: | "500315450989997unlesbar" |

Man kann auch einen Substring mit **REPL** an einen String anhängen. Als Startposition nimmt der HP 49G auch eine höhere Zahl als SIZE+1 (SIZE siehe unten!) ohne Meckern, hängt aber dann trotzdem unmittelbar an der letzten Position an, er fügt nichts dazwischen ein.

Diese Möglichkeit des Anhängens durch **REPL** ist umständlich und unpraktisch. Man sollte Strings nur mit der oben beschriebenen Verkettung durch [+] anhängen bzw. zusammenhängen.

### 2.8.4.3 POS = Position eines Substrings im String ermitteln

Der Befehl **POS** ermittelt die Anfangsposition eines Substrings in einem String. Ist der gesuchte Substring nicht im String enthalten, wird der Wert null zurückgegeben.

**Tabelle 22: Beispiel für POS**

| String steht in Stackebene 2: | "50031545098999707" |
|---|---|
| gesuchter Substring steht in Stackebene 1: | "545" |
| Nach Aufruf von **POS**. Ergebnis: | 6 |

Es wird nur immer das erste Auftreten des Substrings im String angezeigt. Mehrfaches Vorkommen eines Substrings, z.B. die "0" in obiger Zahl, kann auf diese Weise nicht ermittelt werden. Dazu müsste man ein Programm unter Zuhilfenahme der unten beschriebenen Befehle **HEAD** und **TAIL** erstellen.

### 2.8.4.4 SIZE = Länge eines Strings ermitteln

Man stellt den String in den Stack. Nach Aufruf von **SIZE** wird die Länge des Strings angezeigt.

### 2.8.4.5 NUM = ASCII-Code für ein Zeichen ausgeben

Man stellt das ASCII-Zeichen in Anführungszeichen in den Stack.

Die Funktion **NUM** wird über das eingebaute Menü mit **[PRG][TYPE][NXT][NUM]** aufgerufen. Das Ergebnis ist der ASCII-Code dieses Zeichens an. Es genügt auch, diese Funktion NUM über die Tastatur als Befehl einzutippen.

**Beispiel:**
Man stellt "A" in den Stack. Der Aufruf von **NUM** ergibt 65.

Diese Funktion NUM darf nicht mit der Tastenfunktion →NUM = [¹″] [ENTER] verwechselt werden, die einen symbolischen Ausdruck (z. B.: '25+5') berechnet und als Zahl (z. B.: 30) ausgibt.

### 2.8.4.6 CHR = zum ASCII-Code das zugehörige Zeichen ermitteln

Man stellt einen ASCII-Code in den Stack.

Nach Aufruf von **CHR** über **[PRG][TYPE][NXT][CHR]** steht das ASCII-Zeichen (Character) im Stack.

**Beispiel:**
Mit 65 im Stack ergibt der Aufruf von **CHR** den Buchstaben "A".

NUM und CHR gehören zusammen: Funktion und Umkehrfunktion.

### 2.8.4.7 OBJ→ = Objekt in seine Komponenten zerlegen

**OBJ→** zerlegt ein Objekt in seine Komponenten. Strings werden in einen Objektnamen umgewandelt. Man kann auch den Befehl **STR→** benutzen, der in **OBJ→** enthalten ist.

Nach dem Aufruf von **OBJ→** wird aus dem String "ABCD" ein Objektname gebildet: 'ABCD'.

Dieser Objektname kann mit einem leeren String "" verkettet und damit wieder in einen String verwandelt werden. Der weiter unten besprochene Befehl **S~N** wandelt auch Strings in Objektnamen um und umgekehrt.

### 2.8.4.8 →STR = Objekt in einen String verwandeln

Ein Objekt im Stack, meist eine Zahl, wird durch **→STR** in einen String verwandelt. Ein bereits vorhandener String wird durch **→STR** nicht verändert.

**Beispiel:**
Die Zahl **12345.678** wird durch **→STR** in einen String **"12345.678"** verwandelt.

### 2.8.4.9 HEAD = erstes Zeichen eines Strings ausgeben

Der Befehl **HEAD** gibt das erste Zeichen eines Strings auf dem Bildschirm aus.
**Beispiel:**
"ABCD".
Nach Aufruf von **HEAD** steht "A" im Stack.

### 2.8.4.10 TAIL = erstes Zeichen wegnehmen und Rest des Strings anzeigen

Der Befehl **TAIL** nimmt das erste Zeichen eines Strings weg und gibt die restlichen Zeichen auf dem Bildschirm aus.
**Beispiel:**
"ABCD".
Nach Aufruf von **TAIL** steht "BCD" im Stack.

### 2.8.4.11 SREPL = String suchen und ändern

**SREPL** (*search and replace = suchen und ersetzen*) sucht in einem vorgegebenen Stringobjekt nach einem Substring. Wird dieser gefunden, dann wird der gefundene Substring durch einen anderen ersetzt und eine 1 im Stack zurückgegeben.

Wird der gesuchte Substring nicht gefunden, dann bleibt das Stringobjekt unverändert und im Stack erscheint eine Null. Siehe Lit. [10], Seite 3-170.

**Beispiele:**

In Stackebene 3 steht der zu durchsuchende String, in Stackebene 2 der zu findende Substring und in Stackebene 1 der neue Substring. Bild 46 zeigt die Eingabe, Bild 47 zeigt das Ergebnis mit Treffer, wobei der String geändert wurde und eine 1 als Bestätigung zurückgemeldet wird.

Bild 48 zeigt wieder den zu durchsuchenden String, aber einen anderen zu findenden Substring. Bild 49 zeigt das Ergebnis, wenn kein Treffer erzielt wird, der ursprüngliche String bleibt unverändert, es wird eine 0 zurückgemeldet.

Die Bilder zeigen alle das Menü 62.02 auf dem HP 50g.

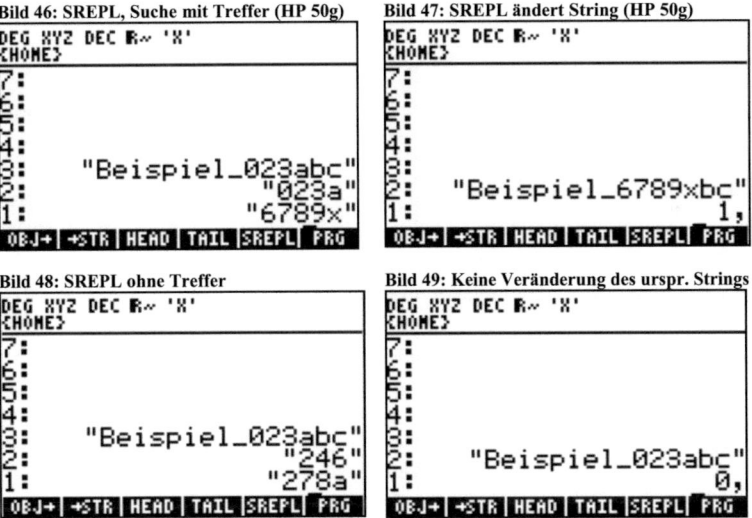

Bild 46: SREPL, Suche mit Treffer (HP 50g)  
Bild 47: SREPL ändert String (HP 50g)  
Bild 48: SREPL ohne Treffer  
Bild 49: Keine Veränderung des urspr. Strings

Dieser Befehl wird hauptsächlich bei Listenbearbeitung eingesetzt, wenn bestehende Strings systematisch verändert werden müssen.

### 2.8.5 *String-Befehle in der Bibliothek LIB 256*

Um die Bibliothek LIB 256 benutzen zu können, muss sie mit **256 ATTACH** aktiviert werden. Erst dann stehen die folgenden beiden Stringbefehle zur Verfügung.

#### 2.8.5.1 *S~N = Objektnamen in einen String umwandeln und umgekehrt.*

Aus dem String "ABCD" wird nach Aufruf von **S~N** der Objektname 'ABCD' erzeugt. Aus dem Objektnamen 'ABCD' wird nach Aufruf von **S~N** der String "ABCD" erzeugt.

#### 2.8.5.2 *SREV = Zeichenreihenfolge in einem String umkehren*

(engl.: SREV = *string reverse*).

**Beispiel:**
Aus "ABCDEFabcdef1234" wird nach Aufruf von **SREV** der String "4321fedcbaFEDCBA" erzeugt.

## 2.8.6 Stringbearbeitung per Programm

Für die manuelle Eingabe von Strings während eines Programmlaufs sind die Befehle **INPUT**, **INFORM** und **PROMPT** geeignet.

Die Stringbefehle werden häufig benutzt, um die Ausgaben über **DISP** oder **MSGBOX** entsprechend zu formatieren. Deshalb wird hier darauf verzichtet, weitere Erläuterungen oder Beispiele anzugeben.

Namhafte HP-Programmierer haben ausgezeichnete Programme zur Textbearbeitung und Datenspeicherung für den HP geschrieben. Unter www.hpcalc.org findet man genügend Beispiele (Editoren, Stringwriter, Telefonmanager, Organizer, Scheduler, Database-Manager).

## 2.9 Benutzerdefinierte Menüs

Der HP-Taschenrechner kann auf die persönlichen Bedürfnisse des Anwenders eingestellt werden. Es können verschiedene benutzerdefinierte Menüs angelegt werden.

### 2.9.1 Verschiedene Menüs

Jedes Element in einem Menüfeld ist entweder ein Befehl, der Name eines anderen Menüs, eine Variable oder ein Unterverzeichnis.

Näheres zu den Menüs ist in den mitgelieferten Handbüchern und unter 2.10 auf Seite 118 hier in diesem Buch zu finden.

Auf dem HP-Taschenrechner gibt es verschiedene Arten von Menüs:

1. **Normales Verzeichnismenü**, das die Variablennamen des aktuellen Verzeichnisses und die Namen der Unterverzeichnisse anzeigt. Sind mehr als 6 Namen im Menü (= mehrseitige Menüs), kann man mit **[NXT]** „vorblättern", d. h. die nächsten 6 Namen sichtbar machen. Mit **PREV** = [¶][NXT] kann man wieder „zurückblättern". Nach Drücken von **[VAR]** kehrt man immer zu diesem Menü zurück.
2. **Menü der eingebauten Funktionen**, das dann gezeigt wird, wenn ein Funktionsmenü z. B. **[MTH]** oder **[PRG]**, über das Tastenfeld ausgewählt wird.
3. **Globales benutzerdefiniertes Menü (Custom-Menü)** (siehe unten).
4. **Temporäres Menü** (siehe unten).
5. Das **Einheitenmenü** der eingebauten Einheiten wird mit **UNITS** = [¶][6] aufgerufen.
6. Das **Portmenü** mit Bibliotheken und den Ports :0:, :1: und :2: wird mit **LIB** = [¶][2] aufgerufen.
7. **Programmmenü**, das während einer Programmausführung gezeigt wird und z. B. zur Steuerung des Ablaufs durch Auswahl von Unterprogrammen dienen kann.

Weitere Sondermenüs werden hier nicht erwähnt.

### 2.9.2 Standard-Menüformen

Die Anzeige der Standard-Menüs ist von Systemflags abhängig:

- Flag -117 gesetzt = Menü mit Menüfeldern (Soft-Menü).
- Flag -117 gelöscht = Menü ist eine Auswahlbox (CHOOSE-Menü)
- Flag -90 gesetzt = Auswahlbox wird mit Mini-Zeichensatz angezeigt.
- Flag -90 gelöscht = Auswahlbox wird mit eingestelltem Zeichensatz angezeigt.

Beispiel: Zeitmenü: Aufruf durch **TIME** = [**P**]&[9] (Softmenü) oder Befehl **94.01 MENU**:

**Bild 50: Zeitmenü als Softmenü «-117 SF»**

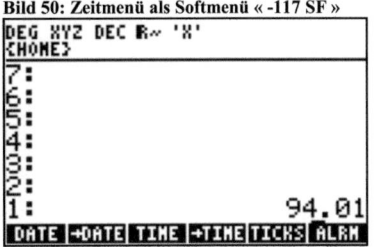

**Bild 51: Zeitmenü als Auswahlbox «-117 CF»**

Für Auswahlbox hier Flag -90 = 1.

Die Auswahlbox Bild 51 kann mit [**P**][9] aufgerufen werden.

Beispiel: MTH-Menü, aufzurufen mit **MTH** = [¶][SYMB]

**Bild 52: MTH-Menü als Softmenü «-117 SF»**

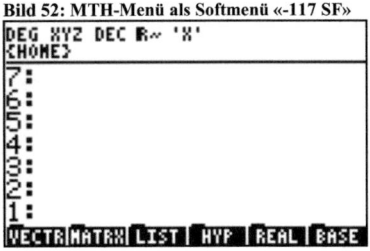

**Bild 53: MTH-Menü als Auswahlbox «-117 CF»**

Für Auswahlbox hier Flag -90 = 0

## 2.9.3 Globale benutzerdefinierte Menüs (Custom-Menüs)

### 2.9.3.1 Custom-Menü CST

Der HP bietet die Möglichkeit, **globale benutzerdefinierte Menüs (Custom-Menu)** zu erstellen. Ein Custom-Menü wird in der Variablen CST gespeichert. **CST ist ein reservierter Name** und darf nicht für andere Variablen verwendet werden.

Wenn ein Custom-Menü definiert ist, dann ist die Variable CST im betreffenden Verzeichnis, vorwiegend aber im HOME-Verzeichnis, abgelegt.

Dieses Custom-Menü gilt für das aktuelle Verzeichnis und dessen Unterverzeichnisse, die kein eigenes Custom-Menü, also keine CST-Variable, haben. Ist in einem Unterverzeichnis die Variable CST mit einem Custom-Menü vorhanden, so gilt dieses wieder für dieses und für alle Unterverzeichnisse. Und so weiter ...

Es ist auch möglich, das erste Custom-Menü nicht im HOME-Verzeichnis, sondern in einem Unterverzeichnis anzulegen.

Das **im aktuellen Verzeichnis gültige Custom-Menü** wird durch **CUSTOM** = [¶][MODE] aktiviert. Für das aktuelle Verzeichnis gilt das eigene CST oder, wenn dort keines vorhanden ist, das auf dem Pfad nach oben (zum HOME-Verzeichnis hin) zuerst gefundene CST. Ist in den übergeordneten Verzeichnissen keine Variable CST vorhanden, werden nach dem Aktivieren durch **CUSTOM** die Menüfelder leer angezeigt. Ein Tastendruck auf **[VAR]** holt das Menü des aktuellen Verzeichnisses wieder hervor.

Nach dem Aktivieren des Custom-Menüs sind die ersten 6 Menüfelder über die Tasten [F1] bis [F6] aufrufbar. Mit **[NXT]** sind die weiteren Menüfelder über [F1] bis [F6] zugänglich.

Deaktiviert wird das Custom-Menü durch **[VAR]**, dann sind die Menüfelder des aktuellen Verzeichnisses wieder sichtbar.

### 2.9.3.2  Struktur von CST

Das in der Variablen **CST** gespeicherte Custom-Menü muss nach einem bestimmten Schema aufgebaut sein, denn dort sind nicht nur die Menüfelder, sondern auch die hinterlegten Inhalte (Funktionen und Programme) gespeichert. Der Inhalt der Variablen CST kann deshalb ziemlich umfangreich werden.

Der Inhalt von CST besteht aus einem Listenobjekt, in dem für jedes Menüfeld wieder ein Listenobjekt verwendet wird. Es wird folgendes Schema verwendet:

```
{
{"Text1" {«..aktivieren mit [F1] ..» «..aktivieren mit [¶][F1] ..»
«..aktivieren mit [P][F1] ..»}}
{"Text2" {«.. aktivieren mit [F2] ..» «.. aktivieren mit [¶][F2] ..»}}
{"Text3" {«.. aktivieren mit [F3] ..»}}
{"Text4"{«...»}}
{"Text5"{«...» «...» «...»}}
{...}
}
```

**Zeichenerklärung**

1. Zusammengehörige Klammern {} oder « » sind immer paarweise vorhanden. In den Klammern können weitere Klammern sein, die wiederum Klammern enthalten:
   { { "String"{ «...» «...» «...» } } { "String"  ' ... ' } { "String" « ... » } }.
   Man muss zur öffnenden Klammer die zugehörige schließende Klammer suchen.

2. Die Inhalte zwischen den Programmklammern « ... » kennzeichnen im Schema und in der Erläuterung nur die Zuordnung zu den F-Tasten und nicht die wirklichen Inhalte.

3. Anwendung des Schemas siehe Beispiel.

**Erläuterung des Schemas:**

- Die äußere **Klammer** umfasst den gesamten Inhalt der Variablen **CST**.
- Der Inhalt der ersten inneren **Klammern** (oben in der Zeichenerklärung unterstrichen dargestellt) ist einem Menüfeld zugeordnet.

   Es kennzeichnet jeweils bis zu 3 Funktionen eines Menüfeldes, das den in Anführungszeichen "..." eingeschlossenen **Text als Menüfeldnamen** zeigt.

- Die übrigen inneren **Klammern** enthalten die Programmklammern « ... » mit den ausführbaren Inhalten für die Tasten F1 bis F6, die den Menüfeldern zugeordnet sind. Diese Klammern können entfallen, wenn sie nur ein einziges Objekt enthalten (siehe oben das Programm bei TEXT3). Bei den Inhalten gilt die folgende Reihenfolge in der zweiten Klammer:

    - «..mit [F1] aufrufbar.» (1. Eintrag in der ersten inneren Klammer) ist z. B. das Programm, das über die **nicht-umgeschaltete** Menütaste [F1] aufgerufen werden kann.

o   «..mit [¶][F1] aufrufbar..» (2. Eintrag in der ersten inneren Klammer) ist z. B. das Programm, das über die **links-umgeschaltete** Menütaste [F1] aufgerufen werden kann.

o   «..mit [▶][F1] aufrufbar..» (3. Eintrag in der ersten inneren Klammer) ist z. B. das Programm, das über die **rechts-umgeschaltete** Menütaste [F1] aufgerufen werden kann.

In der **äußeren Klammer** können beliebig viele **innere Klammern** eingeschlossen sein, welche die Anzahl der Menüfelder darstellen. Die ersten 6 Menüfelder werden nach der Aktivierung direkt angezeigt und sind über [F1] bis [F6] aufrufbar. Die weiteren Menüfelder werden nach Drücken der Taste [NXT] angezeigt und sind mit der jeweils zugeordneten F-Taste aufrufbar.

Die **inneren Klammern** können **bis zu drei ausführbare Objekte** enthalten (siehe auch Erläuterung oben):

1. Erzeugen eines Custom- Ist nur ein Objekt vorhanden, wird dieses mit der **Menütaste allein** gestartet.
2. Sind zwei Objekte vorhanden, so wird das erste mit der Funktionstaste allein und das zweite mit der **links-umgeschalteten Menütaste** gestartet.
3. Bei drei Objekten gilt die gleiche Reihenfolge, das dritte Objekt wird mit der **rechts-umgeschalteten Menütaste** gestartet.

### 2.9.3.3 Menüs

Nachfolgende Tabelle 23 zeigt den Text für ein HP-Benutzermenü (Custom-Menü). Er wird eingetippt und als Variable auf dem HP gespeichert.

**Tabelle 23: Programm für Beispielmenü mit Erläuterung**

| HP-Benutzermenü (Text) | Erläuterung des Beispiels: |
|---|---|
| { { "AUS" { OFF }}<br>{"INFO" {« CLLCD<br>"<br>Eigentümer<br>dieses HP 49G:<br>Karl Mustermann<br>" MSGBOX » | Leerzeichen und Zeilenschaltungen sind innerhalb der Anführungszeichen für die Textgestaltung der Bildschirmanzeige wichtig. Außerhalb der Anführungszeichen werden sie vom Rechner nicht beachtet, sie können zur übersichtlicheren Darstellung des Programms verwendet werden. |
| « CLLCD " Adresse:<br>80333 München<br>HP-Straße 49" MSGBOX »<br>« CLLCD " Serien-Nr.<br>ID93403666" MSGBOX<br>» }}{"UHR"{« -40 FS?<br>IF 1. == THEN -40 CF<br>ELSE -40 SF END » } }<br>{"BANK"{«"Alpha-Bank<br>"» «"Konto:<br>123 456 789"»«"BLZ:<br>777 888 99"»}}} | Das fertige Custom-Menü speichert man in eine globale Variable unter einem beliebigen Namen mit maximal 5 Buchstaben, z. B. BMENU.<br><br>Dieses Custom-Menü **BMENU.txt** steht auch als Beispieldatei auf der Praxelius-Homepage zur Verfügung. Dort hat diese Datei einen Header **%%HP: T(3)A(D)F(.);**, der gebraucht wird, wenn die Datei über die Verbindungs-Software direkt auf den HP übertragen wird. Außerdem dann die Ersatzzeichen verwendet.<br><br>Beim Eintippen auf dem HP muss man den Header weglassen (siehe Text links). Ersatzzeichen sind dann nicht erforderlich, weil die Eingabe direkt am HP-Taschenrechner erfolgt. |

Der Inhalt von BMENU wird durch [▶][BMENU] in den Stack gebracht.
Unser Beispielmenü hat 4 Menüfelder: **[AUS] [INFO] [UHR] [BANK]**

Tabelle 24: Menüfelder eines Beispielmenüs

| Menüfeld | [F-Taste allein] | [↰][F-Taste] | [↱][F-Taste] |
|---|---|---|---|
| [AUS] | schaltet den Taschenrechner aus | (nicht belegt) | (nicht belegt) |
| [INFO] | Information über Eigentümer | Adresse | Seriennummer |
| [UHR] | schaltet Uhranzeige ein und aus | (nicht belegt) | (nicht belegt) |
| [BANK] | Name der Bank und Kontonummer | Kontonummer | Bankleitzahl |

Nun gibt es zwei Möglichkeiten, aus dem Inhalt des Stacks ein Custom-Menü zu erzeugen:

1. Entweder:
   durch Eingabe von **MENU** oder aus **[CAT]** und den Befehl **MENU** auswählen. Die Variable CST wird erzeugt und das Menü gleich aktiviert.
   **Achtung:** Eine bestehende Variable CST wird durch den Befehl MENU mit dem neuen Menü überschrieben.

2. Oder:
   man speichert den Inhalt des Stacks in der Variablen **'CST'**. Nun steht das Custom-Menü für die Aktivierung durch **CUSTOM =[↰][MODE]** bereit.

In beiden Fällen erscheint folgende Anzeige:

**Bild 54: BMENU-Menü auf dem HP 49G**

Nach der Aktivierung des Menüs kann mit der Funktionstaste [F2] Menüfeld INFO aufgerufen werden, mit [F3] Menüfeld UHR und mit [F4] Menüfeld BANK mit den eingespeicherten Bankdaten. Mit [F1] kann der Rechner ausgeschaltet werden. Wenn keine Menütaste gedrückt wird, kann das Custom-Menü kann durch die Taste [VAR] deaktiviert werden, das Menü des aktuellen Verzeichnisses erscheint wieder.

### 2.9.3.4 Einsatz des Custom-Menüs

Ein Custom-Menü kann für verschiedene Zwecke eingesetzt werden. Kennzeichen dieses Menüs ist die globale Gültigkeit in allen Unterverzeichnissen, die kein eigenes CST-Menü haben. Man kann es aus jedem Unterverzeichnis heraus aktivieren.

Wer mehrere verschiedene Menüs verwenden will, lege sich in jedem Verzeichnis ein eigenes CST-Menü oder temporäre Menüs an.

## 2.9.4 Benutzerdefiniertes Einheitenmenü als Sonderfall

Einen Sonderfall eines Custom-Menüs findet man unter 2.21 „Einheiten" auf Seite 162, wo die Struktur (das Schema) des Menüs in der Variablen CST nicht das hier beschriebene Aussehen (Liste von Listen mit verschachtelten Klammern) hat. Die Menüfelder sind dort **keine ausführbaren Objekte**, sondern nur **Verweise** auf ausführbare Objekte (Einheiten), die mit den **Variablen** des aktuellen Verzeichnisses über die Einheitenfunktionen in Verbindung stehen.

Ein benutzerdefiniertes Einheitenmenü muss nicht in der Variablen CST abgespeichert werden, sondern kann in jeder anderen Variablen gespeichert werden. Dann ist es zweckmäßig, für das benutzerdefinierte Einheitenmenü ein temporäres Menü zu verwenden. Auch hier ist es möglich, das Menü als Programmvariable zu gestalten, wie nachstehend beschrieben.

## 2.9.5 Temporäre Menüs

**Inhalt und Gültigkeit**

1. Ein temporäres Menü hat den gleichen Aufbau wie das oben beschriebene Custom-Menü.
2. Es gilt jeweils nur in dem Verzeichnis, in dem es aktiviert wird.
3. Temporäre Menüs sind in Variablen mit beliebigem Namen abgespeichert.
4. Man kann beliebig viele temporäre Menüs in einem Verzeichnis als Variablen abspeichern.

**Aktivieren und Deaktivieren des temporären Menüs:**

1. Aktiv sein kann jeweils nur ein temporäres Menü.
2. Der Inhalt der Menü-Variablen wird in den Stack gebracht. Dies erfolgt durch Drücken der zugeordneten F-Taste.
3. Nun wird der Befehl **TMENU** entweder eingegeben oder über [CAT] ausgewählt und aktiviert.
4. Das temporäre Menü ist dann sofort verfügbar.
5. Das temporäre Menü ist so lange aktiv, bis es mit der Taste [VAR] deaktiviert wird.

**Besonderheiten:**

Ein temporäres Menü ist nicht an ein bestimmtes Verzeichnis gebunden, sondern kann in jedem Verzeichnis verwendet werden.

Wenn sich der Inhalt der Menü-Variablen im Stack befindet, kann man in das gewünschte Verzeichnis wechseln und dort das Menü aktivieren. Falls die Funktionen des Menüs Ergebnisse liefern und in Variablen ablegen, kann man dadurch gleich das richtige Verzeichnis für diese Ergebnisse auswählen. Wenn das Menü auf Variablen zugreift, müssen diese selbstverständlich im aktuellen Verzeichnis oder in den übergeordneten Verzeichnissen vorhanden sein.

Jedes Benutzermenü, ob Custom-Menü oder temporäres Menü, kann die Variablen des Verzeichnisses, in dem es aktiviert worden ist, verwenden, auch wenn diese für den Benutzer momentan nicht sichtbar sind.

Die Eigenart der temporären Menüs, aus dem Stack heraus aktiviert werden zu müssen, lässt die Speicherung in einem Portspeicher vorteilhaft erscheinen. Will man in einem beliebigen Verzeichnis ein temporäres Menü aufrufen, wechselt man in den Portspeicher, holt den Inhalt der Menü-Variablen in den Stack, drückt zum Zurückspringen in das aktuelle Verzeichnis die Taste [VAR] und aktiviert dann das temporäre Menü mit **TMENU**.

**Temporäres Menü als Programm**

Es gibt einen Trick, wie man ein temporäres Menü wie ein Programm aufrufen kann:

Das betreffende Menü wird zusammen mit dem Aktivierungsbefehl TMENU in Programmklammern eingeschlossen und das Ganze in einer Variablen gespeichert:

«{{"..."{«...»«...»«...»}}{"..."{«...»«...»«...»}}...}} TMENU »

Der Inhalt der äußeren Programmklammern « » ist das Menü, wie oben beschrieben.

Dieser Trick funktioniert auch bei Aufruf aus dem Portspeicher.

> **Vorsicht:** Auf die Variable **CST** für das Custom-Menü darf dieser Trick nicht angewendet werden, **CST sollte keine Programmvariable sein**!

Beachtet man dies nicht, passiert folgendes:
1. Enthält CST als Programmvariable das Menü und den Befehl **MENU**, so überschreibt dieser Befehl die Variable CST mit dem Menü und aktiviert dieses als Custom-Menü. Die Variable CST enthält dann nur noch das Menü, ist aber keine Programmvariable mehr. Die Aktivierung muss dann anschließend wieder mit **[CUSTOM]** erfolgen.
2. Enthält CST als Programmvariable das Menü und den Befehl **TMENU**, so aktiviert dieser Befehl das temporäre Menü. CST bleibt als Programmvariable erhalten. Der Aufruf über **CUSTOM** = [¶][MODE] zeigt dann aber ein leeres Menü, d.h. der Inhalt von CST ist nicht als Custom-Menü wirksam.

Man muss ja nicht unbedingt die reservierte Variable CST als Name für ein temporäres Menü hernehmen!

## 2.9.6 *Erstellen einer Auswahlbox (CHOOSE-Menü)*

Auswahlboxen sind eine praktische Sache. Man muss sich nicht durch viele Menüseiten durchklicken, sondern kann mit den Cursortasten auswählen.

Zur Erstellung einer Auswahlbox (CHOOSE-Menü) gibt es den Befehl CHOOSE. Er ist in Lit. [10] und [13] beschrieben.

**Erläuterung der Erstellung eines CHOOSE-Menüs:**

In Stackebene 3 muss die Fensterüberschrift als String stehen, z. B. "Datum und Uhrzeit".

In Stackebene 2 steht eine Liste mit Listen von Auswahlobjekten {"Zeilentext" Auswahlobjekt}, wobei jedes Auswahlobjekt ein Befehl, ein String, ein Programm oder ein Variablenname sein darf.

In Stackebene 1 steht die Nummer des sogenannten „default"-Elements, das nach Aufruf markiert sein soll.

Nach Ausführung von CHOOSE steht die aktivierte Auswahlbox in der Anzeige (siehe Bild 55), das erst nach manueller Auswahl eines Menüpunkts und manuelle Bestätigung durch [OK] das Resultat der Auswahl in der Stackebene 2 stellt. In Stackebene 1 steht die Ziffer 1, wenn die Ausführung des CHOOSE -Befehls erfolgreich war oder die Ziffer 0, wenn man mit dem Menüfeld [CANCL] abgebrochen hat. Die Rückmeldung in Stackebene 1 muss verarbeitet oder mit DROP gelöscht werden.

**Beispiel:**

Wir erstellen ein CHOOSE-Menü mit dem Namen "Datum und Uhrzeit", das uns Datum, Uhrzeit und ein Info anbieten soll. Nach dem ersten Aufruf soll die Uhrzeit markiert sein.

| Stackebene 3 | "Datum und Uhrzeit" |
|---|---|
| Stackebene 2 | {{"Datum" DATE}{"Uhrzeit" TIME}{"Info" "CHOOSE-Menü"}} |
| Stackebene 1 | 2               *(Anfangsmarkierung für Uhrzeit)* |
| Befehl | CHOOSE |

Nach Ausführung von CHOOSE zeigt der Bildschirm die Auswahlbox (siehe Bild 55). Diese muss „bedient" werden, indem ein Menüpunkt ausgewählt und mit [OK] bestätigt wird. Dann steht das ausgewählte Objekt in Stackebene 2 und eine 1 in Stackebene 1. Unser ausgewähltes Objekt ist TIME. Nachdem die „1" in Stackebene 1 durch [◀] oder DROP gelöscht wurde, wird mit [EVAL] das ausgewählte Objekt ausgeführt.

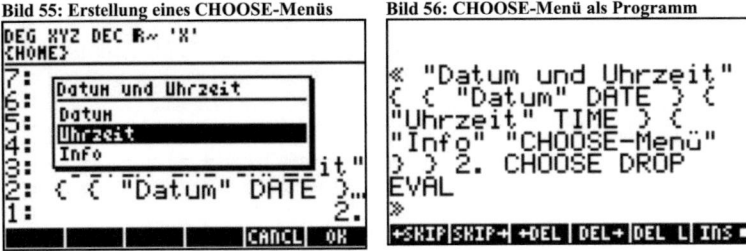

Bild 55: Erstellung eines CHOOSE-Menüs    Bild 56: CHOOSE-Menü als Programm

Ein CHOOSE-Menü allein, so wie hier gezeigt, wird man aber nicht isoliert verwenden, sondern in ein Programm einbinden. Bild 56 zeigt das Programm, das in einer Variablen gespeichert werden kann. Nach Aufruf dieser Variablen und der Auswahl des Menüpunkts wird sofort das ausgewählte Objekt ausgeführt, hier in unserem Fall wird sofort die Uhrzeit angezeigt.

Sollte der Bildschirminhalt im Hintergrund der Auswahlbox stören, kann als erster Programmbefehl CLLCD (= clear LCD-Anzeige) eingefügt werden, der den Bildschirm löscht.

Dieses Beispiel zeigt die wesentlichen Elemente der Programmierung einer Auswahlbox.

In den Ergänzungsbeiträgen (siehe auch Seite 282) wurden CHOOSE-Menüs sehr ausgiebig in den Programmbeispielen verwendet.

Folgende Programme auf der Praxelius-Homepage enthalten CHOOSE-Menüs, deren CHOOSE-Listen per Programm erstellt werden:

DREIECK.txt (Eingabemenü, Ergebnismenü, Variablen-Info)
DGMDIR.txt (Menü der Berechnungsergebnisse),
GKBDIR.txt (Menü KOO),
MUSIK.txt (Menü Info),
QSWDIR.txt. (Menü Resultate).

Diese Programme können als Lehrbeispiele zur Programmierung von professionellen Anwendungen verwendet werden.

### 2.9.7 *Erstellen von Eingabeformularen mit INFORM*

Ähnlich wie bei Auswahlboxen für die Ausgabe von Berechnungsergebnissen kann man auch Formulare für die Eingabe von Daten erstellen, wobei Listen verwendet werden. Dazu dient der Befehl INFORM (= Eingabe-Formular). Dieser ist in Lit.[10] und [13] beschrieben. Die dortige Beschreibung ist so umfangreich, dass sie hier nicht wiederholt wird.

**Kurze Erläuterung von INFORM:**
- In Stackebene 5 steht der Titeltext als String.
- In Stackebene 4 stehen die Felddefinitionen der Eingabefelder als Liste von Listen.
- In Stackebene 3 steht eine Liste mit der Anzahl der Spalten und Anzahl der Tabs bis zum markierten Feld.
- In Stackebene 2 stehen in einer Liste die Reset-Werte der Felder. Die Reset-Werte müssen in Zahl und Typ den Felddefinitionen entsprechen.
- In Stackebene 1 stehen schließlich in einer Liste die Initialisierungswerte. Die Initialisierungswerte müssen in Zahl und Typ den Felddefinitionen entsprechen.

**Beispiel: Telefonliste**

Folgendes HP-Programm fragt den Namen der Person, den Namen der Telefonliste und die Telefonnummer ab. Es ist unter dem Namen FORM.txt auf der Praxelius-Homepage zu finden

```
« "Beispiel für INFORM"
{ { "Name der Person:" "Nur Text in \" \" eingeben" 2 } { }
{ "Name der Liste:" "Nur Listenname in { } zulässig!" 5 }
{ "Telefon-Nr.:" "Nummer eingeben" } }
{ 1 1 }
{ "NN" { Liste0 } 0 }
{ "Name" { TLISTE } 12345678 } INFORM »
```

Nach Aufruf des Programms zeigt es den in Bild 57 zu sehenden Bildschirm mit den Initialisierungswerten. Nun kann man den jeweiligen Inhalt der 3 Zeilen mit [EDIT] editieren. Mit [OK] wird der eingegebene Inhalt als Liste in den Stack gespeichert (siehe Bild 58, hier im Beispiel mit den Initialisierungswerten).

**Bild 57: Eingabe über INFORM-Bildschirm**

**Bild 58: Ergebnis der INFORM-Eingabe**

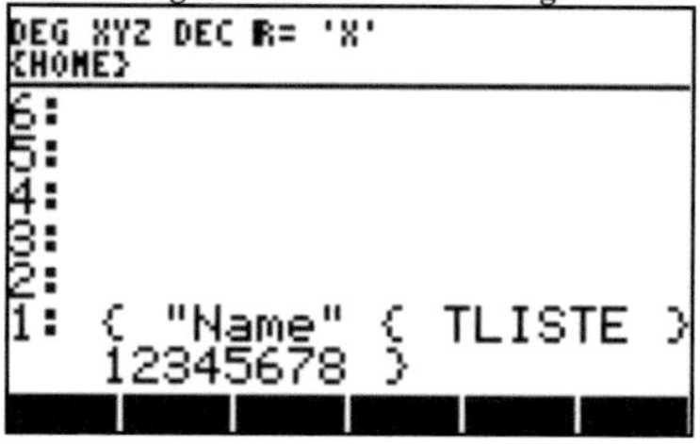

Diese Liste kann in ein anderes Programm übernommen werden, das die Liste entpackt und drei Stackinhalte getrennt für die weitere Bearbeitung zur Verfügung stellt.

## 2.10 Arbeiten mit Menüs

Elemente des Zugriffs auf die Daten des HP-Taschenrechners sind die Menüs. Sie sind am unteren Rand des Bildschirms sichtbar und sind entweder Dateiverzeichnisse oder Variablen. Sie sind den oberen sechs Tasten F1 bis F6 der HP-Tastatur zugeordnet. Nachfolgend wird die Art der Menüs und deren Handhabung beim Arbeiten mit dem Taschenrechner beschrieben.

Nachfolgende Ausführungen gelten für den RPN-Modus.

### 2.10.1 *Globale und temporäre Menüs*

Unter 2.9 auf Seite 110 und unter 2.21 auf Seite 162 werden globale und temporäre Menüs definiert und erzeugt. Auf diese dort gezeigte Weise kann man eigene Menüs erzeugen und an den persönlichen Bedarf anpassen.

### 2.10.2 *Eingebaute Menüs*

Der HP hat viele eingebaute Menüs und eingebaute Bibliotheken, die meist als Tastenmenüs oder gelegentlich auch als Auswahlboxen zur Verfügung stehen. Die einzelnen Befehle dieser Menüs können auch als Befehle oder (allgemeiner gesagt) als Objekte innerhalb eines Programms verwendet werden.

## 2.10.3 Bibliotheksmenüs

Die Menüs der angebundenen Bibliotheken, ob eingebaut oder selbst erzeugt, können allgemein über die **library ID** (LIB ID) der Bibliothek ausgewählt werden. Wie das geht, wird weiter unten beschrieben.

## 2.10.4 *Kennzeichnung der Menüs und Bibliotheken*

**Menünummer**
Da die Menüs systemintern genau definiert und bekannt sein müssen, ist jedes Menü intern mit einer eindeutigen Nummer bezeichnet.

Beispiel:
Mit der Tastenfolge **[PRG][MEM][DIR]** wird das Directory-Menü (Verzeichnismenü) ausgewählt. Das Programm « **71 MENU** » und die Befehlsfolge **71 MENU** haben die gleiche Wirkung wie die obige Tastenfolge. Das Directory-Menü hat also die Nummer 71.

Weitere Beispiele:

**Tabelle 25: Beispiele für Menünummern**

| Menü-Name | Tastenfolge für Auswahl | Befehlsfolge |
|---|---|---|
| TIME-Menu | [↰][9] oder [APPS][5] [↰]&[9] | 94 MENU oder 167 MENU |
| Alarm-Menü | [TIME][ALRM] | 95 MENU |
| Programmausgabemenü | [PRG][NXT][OUT] | 40 MENU |
| Arithmetikmenü | ARITH = [¶][1] | 125 MENU |

## 2.10.5 *Bibliotheksnummer als Menünummer*

Für die Menüs der Bibliotheken gilt die **library ID**, also die Bibliotheksnummer, die auch eine Menünummer ist.

> **Menünummern darf es nur einmal geben**
>
> Im HP muss die Nummer eines Menüs oder einer Bibliothek einmalig sein.
>
> Kurz gesagt: Wenn man eine fremde oder neue Bibliothek verwenden will, dann darf sie nicht dieselbe Nummer wie eine auf dem HP-Taschenrechner schon vorhandene Bibliothek haben. Man muss sich also vorher auf bestimmte Nummern einigen bzw. darf schon belegte Nummern nicht für neue Bibliotheken verwenden.
>
> **Nummernkonvention:**
> Wenn eine Nummer einmal vergeben ist, wird sie zur festen Nummer. Weil eingebaute Bibliotheken und eingebaute Menüs schon feste Nummern haben, muss man bei der Wahl der Bibliotheksnummern für eigene Bibliotheken sehr sorgfältig sein, damit man nicht eine Menünummer oder die Nummer einer eingebauten Bibliothek oder einer fremden Bibliothek erwischt, die auf demselben Rechner schon vorhanden ist.

## 2.10.6 *Menü auswählen und anzeigen*

Auswählen und anzeigen kann man ein bestimmtes Menü durch *nn* **MENU** oder *nn* **TMENU**, wobei *nn* die ein- oder mehrstellige Menünummer ist.

Das Menü einer Bibliothek wird auf die gleiche Weise ausgewählt, für *nn* wird dann die drei- oder vierstellige Bibliotheksnummer (library ID) angegeben. Angezeigt wird in diesem Fall die Hauptseite (1. Seite) eines Menüs.

Manche Menüs haben mehrere Seiten, die man über Tastatur mit der Taste [NXT] auswählen kann. Zum Anzeigen einer bestimmten Menüseite gibt man die Nummer des Menüs in der Form *nn.pp* an.

Dabei bedeutet *nn* die Nummer des Menüs und *pp* die zweistellige (!) Zahl für die entsprechende Menüseite (*pp* = page), die angezeigt werden soll. Die Auswahl und Anzeige erfolgt durch *nn.pp* **MENU** oder *nn.pp* **TMENU**.

**Beispiel:** Das Menü der eingebauten Bibliothek 256 (siehe unter 2.19 auf Seite 156) wählt man mit der Befehlsfolge **256 MENU** aus. Es wird als Menü mit Menüfeldern auf dem Bildschirm angezeigt.

### 2.10.7   Woher weiß ich diese Nummern?

#### *2.10.7.1   Nummernermittlung*

Um die Menünummern herauszufinden gibt es drei Möglichkeiten:

1. In Lit. [10] ist ab Seite H-1 eine Tabelle mit den Menünummern abgedruckt.
2. Bei www.hpcalc.org wurden aktualisierte Listen[18] (z.B. Datei **menulibs.zip** mit Liste **menulibs.txt**) veröffentlicht. Dort sind alle bis dahin **bekannten Menü- und Bibliotheksnummern** enthalten. Die von Anwenderbibliotheken belegten Nummern sind dort nicht zu finden, weil jeder Anwender sie individuell auswählt.

   Allerdings muss man bei Verwendung einer fremden Bibliothek überprüfen, ob dieselbe Nummer nicht schon auf dem Rechner vorhanden ist. In diesem Fall zerlegt der Fachmann die neue Bibliothek und setzt sie mit einer anderen LIB-ID wieder zusammen (siehe unter 2.18 auf Seite 151 und unter 4.3.5.8 auf Seite 232).
3. Mit dem Befehl **RCLMENU** kann die Menünummer für ein auf dem HP angezeigtes Menü ausgegeben werden. Aber manche Nummern lassen sich nicht durch **RCLMENU** ermitteln, siehe unter 2.10.9 und 2.10.10 weiter unten.

Vorgang der Nummernermittlung:

Man wählt per Tastenfolge das gewünschte Menü aus. Dann ruft man (während das Menü angezeigt wird) **RCLMENU** auf (über [CAT] oder über direkte Eingabe). Die gesuchte Nummer des Menüs wird im Stack angezeigt in der Form *nn.pp*.

Dabei bedeutet *nn* die Nummer des Menüs und *pp* die zweistellige (!) Zahl für die entsprechende Menüseite (*pp* = page), die gerade angezeigt wird. Die Hauptseite (1. Seite) eines Menüs wird immer mit *pp* = **01** angezeigt.

Beispiel:
  Wenn man sich die zweite Seite des **TIME-Menüs** mit **[']&[TIME][NXT]** anzeigen lässt und dann **RCLMENU** aufruft, erhält man die Stackanzeige **94.02**. Dabei ist **94** die Menünummer, **02** ist die zweistellige Seitenangabe. Umgekehrt kann man mit der Befehlsfolge **94.02 MENU** (anstelle der obigen Tastenfolge) dieses Menü direkt auswählen.

---

[18] Angaben ohne Gewähr!

### 2.10.7.2 Was steht in den Handbüchern über Menüs?

In den Handbüchern zum HP 49G gibt es nur spärliche Angaben über Menüs. Lit. [6], zeigt auf den Seiten 10, 12, 14, 28 und 31 einige Menüs und die Menünummern dazu. Lit. [4] enthält im Kapitel 1 auf den Seiten 1-1 bis 1-3 allgemeine Angaben über „Themenspezifische Menüs".

Es gibt folgende Menüs, deren Nummern nicht in den Handbüchern stehen:

**Tabelle 26: Menüs ohne Nummern**

| Menü | Tastenfolge | Menünummer, aus **RCLMENU** |
|---|---|---|
| Mathematik | MTH = [↰][SYMB] | 3 |
| Symbolische Lösungen | S.SLV = [↰][7] | 120 |
| Exponential- und Logarithmusfunktionen | EXP&LN = [↰][8] | 121 |
| Trigonometrie | TRIG = [↱][8] | 122 |
| Infinitesimalrechnung | CALC = [↰][4] | 123 |
| Algebra | ALG = [↱][4] | 124 |
| Matrizen | MATRICES = [↰][5] | 129 |
| Statistik | STAT = [↱][5] | Auswahlmenüs mit INFORM-Eingaben |
| Konvertieren | CONVERT = [↰][6] | 131 |
| Einheiten | UNITS = [↱][6] | 42 |
| Arithmetik | ARITH = [↰][1] | 125 |
| Komplexe Zahlen | CMPLX = [↱][1] | 130 |
| Basis | BASE = [↱][3] | 15 |

Viele dieser Menüs haben Untermenüs.

### 2.10.8 Hinweis für temporäre Menüs

Temporäre Menüs können nicht auf diese Weise (über eine Menünummer) aufgerufen werden, weil sie nur temporär (für die Zeit ihrer Verwendung) existieren und keine Menünummer haben. Sie sind meist in Variablen gespeichert. Man wählt diese temporären Menüs aus, indem man diese Variable mit **TMENU** aktiviert.

Über `{} TMENU` kann ein leeres Menü in einem beliebigen Verzeichnis temporär erzeugt werden (siehe Bild 59). Mit Druck auf die Taste **[VAR]** verschwindet es wieder.

Schreibt man in ein Menü lediglich den Text der Menüfelder, ohne Funktionen oder Programme daran anzuhängen, dann erhält man ein inaktives Menü.

Beispiel: `{{Dies }{ist}{ein}{inaktives}{Menü}}TMENU` (siehe Bild 60):

Bild 59: Leeres Menü

Bild 60: Inaktives Menü

In Bild 60 wurden mit [⇑](▼) die Menüinhalte auf den Bildschirm geholt. Mit [NXT] verschwinden sie wieder. Mit [VAR] kann das Menü verlassen werden.

### 2.10.9 Nicht über Tastatur auswählbare Menüs

Nicht alle Menüs sind über Tastatur auswählbar. Die meisten alten Menüs des HP 48GX mit den Menünummern 30, 74 bis 93, 96 bis 118, 132, 133, 134 bis 138, 140 bis 142, 144, 145, 147, 149,150 und 167 sind zwar auch auf dem HP 49G verfügbar, aber nur über den MENU-Befehl zugänglich. Einige davon sind nicht mehr aktiv.

**Tabelle 27: Nicht über Tastatur auswählbare Menüs**

| Menü | Tastenfolge | Menünummer |
|---|---|---|
| Alte Solver-Menüs | keine | 30, 74 bis 80 |
| Alte PLOT-Menüs | keine | 81 bis 92 |
| Altes SYMBOLIC-Menü | Einzelbefehle über [CAT][...] aufrufbar | 93 |
| Library-Menü: [PVARS],[LIBS],[DETACH], [ATTACH],[PINIT] | Einzelbefehle über [CAT][...] aufrufbar | 110 |
| Ports und angebundene Libraries | [LIB] | 111, 112 |
| Gleichungsbibliothek [EQLIB], [COLIB], [MES], [UTILS] | keine | 113 |
| Konstantenbibliothek COLIB | [APPS][Constants lib][OK] | 115, Auswahlmenü |
| [MSOLVR],[MINIT],[MITM], [MUSER],[MCALC],[MROOT] | keine | 116 |
| Alte I/O-Menüs | [APPS][I/O functions] | Auswahlmenü, Menüs 104 bis 109 |

### 2.10.10 Nummernlose Menüs

Manche Menüs geben über **RCLMENU** keine definierte Nummer aus. RCLMENU ist auf Auswahlmenüs nicht anwendbar. Diese Menüs sind in der nachfolgenden Tabelle zusammengestellt.

Die Tabelle enthält Menünummern, die auf Tastenmenüs gleichen (??) Inhalts hinweisen.

**Tabelle 28: Nummernlose Menüs**

| Menü | Tastenfolge | Bemerkungen |
|---|---|---|
| Portspeicher-Menüs, $x$ ist die Portnummer | [LIB][:$x$:] | Für die Inhalte der Portspeicher sind keine Menünummern verfügbar, weil die Portspeicher gegenüber den Verzeichnissen (in denen sich die Menüs befinden) anders organisiert sind. Auswahl der Inhalte über Tastenfolge oder Filemanager [¶][FILES] |
| TIME-Menü | [TIME] | Auswahlmenü, Menünummern 94 oder 167?? |
| Solve-Menü | [NUM.SLV] | Auswahlmenü, Menünummer 74 bis 79?? |
| Statistik-Menüs | [STAT] | Auswahlmenü, Menünummern 96 bis 103?? |
| Tool-Menü | [TOOL] | erschließt die Auswahlmenüs CASCMD und HELP, keine Menünummern?? |

Die Fragezeichen in der Tabelle sollen darauf hinweisen, dass die Tastenmenüs von den Auswahlmenüs im Inhalt abweichen können. Will man einen bestimmten Befehl, dann ist es besser, ihn direkt einzugeben oder über [CAT] auszuwählen.

Menünummern, die nicht belegt sind, erzeugen beim Aufruf von **MENU** eine Fehlermeldung „MENU-Error" und liefern Angaben über evtl. fehlende Argumente.

### 2.10.11 *Menüs im Schnellzugriff per Tastatur*

Manche Menüs sind wirklich sehr gut versteckt. Selbst wenn man weiß, wo sich ein bestimmtes Menü befindet, muss man sich durch mehrere Menüebenen hindurchklicken, bis man das Menü zur Verfügung hat. Merken kann man sich den Pfad sowieso nicht.

Oder das Menü ist auf der Tastaturbeschriftung überhaupt nicht zu finden, dann hilft vielleicht noch die Taste [APPS], die verschiedene Menüs erschließt. Und manche Menüs lassen sich (wie oben gezeigt) über die Tastatur gar nicht aufrufen.

Häufig gebrauchte Menüs legt man sich deshalb als Variablen in sein persönliches Arbeitsverzeichnis. Die Variablen enthalten ein kurzes Programm mit Menünummer und einem der Befehle TMENU oder MENU.

Beispiele:

**Tabelle 29: Beispiele für Schnellzugriff auf Menüs**

| Für Menü | anstatt der Tastenfolge | Programm | in Variable |
|---|---|---|---|
| Ausgabemenü: | [PRG][NXT][OUT] | « 40 MENU » | P-OUT |
| Logische Funktionen: | [BASE][NXT][LOGIC] | « 16 MENU » | LOGIK |
| Zeitfunktionen: | [ſ']&[9] | « 94 MENU » | ZEIT |

Die Menüs [OUT], [LOGIC] und [TIME] lassen sich direkt über diese Variablen aufrufen und werden dann angezeigt. Man kann die Menüaufrufe auch auf benutzerdefinierte Tasten (siehe Beschreibung von ASN im Handbuch, oder das Tool **KEYMAN** auf Seite 227) legen. Dies hat jedoch den Nachteil, dass man sich merken muss, auf welche Tasten man sie gelegt hat.

## 2.10.12 Menüverwendung in Programmen

Wenn die Befehle INPUT und INFORM die gewünschten Eingaben nicht zulassen, kann es erforderlich sein, das Programm per Befehl PROMPT oder HALT anzuhalten, um Zwischenrechnungen oder Eingaben in den Stack auf Stackebene zu ermöglichen.

Nach der Eingabe muss dann das Programm per Tastaturbefehl **CONT** = [¶][ON] (= **Continue** = Weitermachen) zur Fortsetzung des Programmlaufs veranlasst werden.

Die Benutzerfreundlichkeit gebietet es in solchen Fällen, dass das Programm nach dem HALT die richtigen Menüs anzeigt, damit der Benutzer sofort damit arbeiten kann.

Zu diesem Zweck wird per Programm vor dem HALT das gewünschte Menü ausgewählt:

`« ...... nn MENU HALT .... »`, wobei anstelle von *nn* die gewünschte Menünummer gesetzt wird.

Folgende 2 Beispiele sollen dies verdeutlichen, wobei jetzt ausnahmsweise ignoriert werden soll, dass DATE als Befehl im Programm selbst auch ausgeführt werden könnte.

`« RCLMENU "Datum: " 6 FIX 94 MENU HALT + CLLCD MSGBOX MENU »`

Erläuterung:
Das Programm merkt sich mit **RCLMENU** das ursprüngliche Menü im Stack, erzeugt den String **"Datum: "** im Stack, wählt dann mit **94 MENU** das TIME-Menü aus und hält an. Der Benutzer sieht den Stackinhalt und dieses Menü. Nun drückt er **[DATE]** (oder er ignoriert das angebotene Menü und gibt das Datum per Tastatur in "" ein). Dann fährt er nach Eingabe von **[CONT]** = [¶][ON] mit dem Programm fort. Eine Messagebox wird bei gelöschtem Bildschirm angezeigt, in der nun der vervollständigte String zu sehen ist.

Nach Drücken von **[OK]** der Messagebox schaltet das Programm wieder in das ursprüngliche Menü und beendet seinen Lauf.

Beim zweiten Programm ersetzt der PROMPT-Text das HALT-Kommando, ansonsten wie oben:

`« RCLMENU "Datum: " 6 FIX 94 MENU "Eingabe des Datums:" PROMPT + CLLCD MSGBOX MENU »`

Unterbrechungsanzeige:
Während der vom Programm angeforderten Eingabe erscheint rechts oben der Indikator HLT, damit der Benutzer weiß, dass er ein wartendes Programm vor sich hat. Dieser Indikator verschwindet, wenn das Programm vollständig ausgeführt und beendet ist.

Für den Fall, dass **HLT** stehen bleibt, muss man das evtl. noch wartende Programm entweder mit **[CONT]** fortsetzen oder mit der Tastenfolge **[PRG][NXT][NXT][RUN][KILL]** beenden.

Interrupt-Tiefe:
Während der Programmunterbrechung kann ein weiteres Programm ausgeführt (und auch unterbrochen) werden, um z. B. die gewünschte Eingabe zu erzeugen und im Stack abzulegen. Danach wird das unterbrochene Programm fortgesetzt. Wie weit die Verschachtelung von Unterbrechungen („interrupts") möglich ist, mag der Leser selbst herausfinden.

## 2.11 Tastatur und Tastenbelegungen

Die Anzahl von 35 Tasten wurde beim ersten HP-Taschenrechner, dem HP-35, zur Namensgebung verwendet. Beim HP 49G und den Nachfolgemodellen mit jeweils 51 Tasten stimmt die Anzahl der Tasten mit dem Namen nicht mehr überein.

Es gibt folgende Tastengruppen, die farblich gegeneinander abgehoben sind:
- 6 Menütasten [F1] bis [F6],
- 4 runde Cursortasten (◄), (►), (▲),(▼),
- 19 Befehlstasten,
- Rücktaste [◄],
- 10 Zifferntasten [0] bis [9],
- Taste für Punkt [.],
- Taste für Leerzeichen [SPC],
- 3 Umschalttasten,
- 4 arithmetische Tasten ([+], [-], [x], [÷]),
- Systemtaste ([ON]),
- Systemtaste [ENTER].

Der HP-Taschenrechner bietet dem Benutzer die Möglichkeit, die Tastatur nach Bedarf zu belegen, diese Belegung abzuspeichern, zu löschen und eine gespeicherte andere Belegung zu aktivieren. Auf diese Weise kann er für verschiedene Aufgaben die jeweilige Tastaturbelegung erzeugen und abspeichern und später bei Bedarf aktivieren.

### 2.11.1 *Mehrfachbelegung der Tasten*

Die ersten vier Bilder zeigen alle aufgedruckten Funktionen und damit die Standard-Tastenbelegungen der Taschenrechner-Modelle HP 48GX, HP 49G, HP 49g+ und HP 50g.

Die Anzahl der vorhandenen Tasten reicht für die vielen Funktionen nicht aus. Ordnete man noch mehr Tasten auf der Vorderseite des Rechners an, würde die Handhabung unübersichtlich und die Fehlbedienung nähme wegen der dann kleineren Tastengröße zu. Deshalb wurden die Tasten in der Standardbelegung schon mehrfach belegt. Auf den Tasten ist deren Bedeutung aufgedruckt, die sich mit der entsprechenden Taste direkt aktivieren lassen. Auf dem Rechnergehäuse ist über den Tasten rechts und links ein farbiger Aufdruck angebracht. Diese Funktionen werden mit umgeschalteten Tasten gleicher Farbe erreicht.

Lit. [5] (Benutzerhandbuch des HP 49G von 1999) zeigt auf der Seite 1-2 das Tastaturlayout und führt auf Seite 1-3 sieben verschiedene Tastenbelegungen auf:

1. Haupttastenbelegung
2. Menütasten
3. Links-umgeschaltete Tastenbelegung (mit Beschriftung über der Taste links).
4. Rechts-umgeschaltete Tastenbelegung (mit Beschriftung über der Taste rechts)
5. ALPHA-Tastenbelegung mit Tastendruck [ALPHA]
6. Links-umgeschaltete ALPHA-Tastenbelegung (mit Tastenfolge [ALPHA][¶])
7. Rechts-umgeschaltete ALPHA-Tastenbelegung (mit Tastenfolge [ALPHA][P])

Mit den Tastendrücken **[leftshift-hold]** und **[rightshift-hold]** kommen bei den neueren Versionen des HP-Betriebssystems noch zwei weitere Tastenbelegungen hinzu. Mit zusätzlichen Tools sind weitere Tastatur-Funktionalitäten möglich.

## 2.11.2 *Standard-Tastenbelegung*

Die HP-Modelle weisen 10 waagrechte Tastenreihen auf.

Die vorhandene Original-Tastenbelegung des HP, **Standard-Tastenbelegung** genannt, ist in Lit. [5] auf Seite 1-5 erklärt. Dort ist für jede Tastenreihe die Belegung angegeben. Dabei ist zu beachten, dass die dort für die Reihe 1 angegebenen Funktionen nicht direkt aufrufbar sind. Unter 2.12 ab Seite 131 ist die richtige Handhabung der Reihe-1-Tasten erläutert.

Bei vielen der sieben oben angeführten Tastenbelegungen werden Menüs und Untermenüs aufgerufen, die weitere Funktionen erschließen.

## 2.11.3 *Erzeugen und Verwalten einer Benutzertastatur*

Wenn der HP-Taschenrechner fabrikneu geliefert wird, gibt es keine Benutzertastatur. Diese muss, wie der Name schon sagt, vom Benutzer speziell für seine Bedürfnisse eingerichtet und verwaltet werden.

## 2.11.4 *Tastenkennungen*

Um eine Taste mit einer vom Benutzer bestimmten Funktion zu belegen, muss die dem Rechner bekannte Tastenkennung verwendet werden. Dabei ist die Anordnung der Tasten von Wichtigkeit, die Tastenbeschriftung spielt dabei keine Rolle.

**Das Nummernschema:**

- Der Rechner hat 10 waagrechte Tastenreihen. Die Nummern dieser Reihen (1 bis 10) werden als erster Teil der Tastenkennungen verwendet.
- Jede Tastenreihe hat bis zu 6 Tasten. Die Nummer in der jeweiligen waagrechten Tastenreihe, also eine Ziffer von 1 bis 6, ist der zweite Teil der Tastenkennung.

Zusätzlich werden die verschiedenen Tastenumschaltungen in der Kennung durch die erste angehängte Ziffer nach einem Punkt angegeben:

- **.0** oder **.1** = Taste ohne Umschaltung
- **.2** = [¶]-Umschaltung
- **.3** = [ſ]-Umschaltung
- **.4** = [ALPHA]-Umschaltung
- **.5** = [ALPHA][¶]-Umschaltung
- **.6** = [ALPHA][ſ]-Umschaltung

Eine zweite Ziffer „1" nach dem Punkt zeigt an, dass es sich um eine [rightshift-hold]- oder [leftshift-hold]-Umschaltung handelt. Diese Möglichkeit gibt es aber erst bei den neueren Flash-ROM-Versionen.

---
**Tastenkennung:**
Eine Tastenkennung ###.## besteht also aus bis zu 3 Ziffern vor dem Punkt und bis zu 2 Ziffern hinter dem Punkt.

---

Beispiele:

- Die [ENTER]-Taste (rechts unten) hat die Tastenkennung 105.1 (= 10. Reihe, 5. Taste),
- die Zifferntaste [9] hat die Tastenkennung 74.1,
- das Auswahlmenü TIME = [ſ][9] hat die Tastenkennung 74.3,
- Soft-Menü TIME = [ſ]&[9] hat die Tastenkennung 74.31.

Eine Ausnahme in der Anordnung auf der Tastatur bilden die Pfeiltasten (Cursortasten). Gehören diese nun zur zweiten, dritten oder vierten Tastenreihe?

Hierfür gelten folgende Kennungen:

- Pfeil nach oben = [Cursor up] = **(▲)** = 25.1,
- Pfeil nach links = [Cursor left] = **(◄)** = 34.1,
- Pfeil nach unten = [Cursor down] = **(▼)** = 35.1
- Pfeil nach rechts = [Cursor right] = **(►)** = 36.1.

### 2.11.5 *Programm zur Anzeige der Tastenkennung*

Wenn man die Tastenkennung nicht durch Abzählen der Tasten ermitteln will, macht man sich am besten ein Programm, das die Tastenkennung im Stack ausgibt.

Das Programm « `0 WAIT` » speichert man z.B. in der Variablen 'KEY?'. Nach Aufruf des Programms wartet dieses und gibt nach Eingabe einer Taste bzw. Tastenfolge deren Kennung im Stack aus. Einfacher geht's nicht!

**Hinweis:**
Dieses selbstgestrickte Programm **KEY?** zeigt **nicht** die erweiterte Tastenkennung (##.#1, mit der „1“ an der zweiten Stelle nach dem Punkt) für Tastenkombinationen (für die [rightshift-hold]- oder [leftshift-hold]-Umschaltung) an.

**Beispiele:**

**[KEY?][UNITS]** oder **[KEY?][↱][6]** liefert die Kennung 84.3,
**[KEY?](▲)** liefert die Kennung 25.1.

### 2.11.6 *Zuordnen eines Objekts zu einer Taste*

Ein Objekt (z. B. ein Programm) kann mit dem Befehl **ASN** (von englisch: *assign* = zuordnen) einer Taste zugeordnet (assigned) werden.

**Vorgang „Zuordnen“:**

1. Das zuzuordnende Objekt wird in die Stackebene 2 gestellt
2. die Tastenkennung wird in die Stackebene 1 gestellt.
3. Der Aufruf von **ASN** ordnet das Objekt der betreffenden Taste zu.

Jetzt kann **im USER-Modus** durch Betätigen der belegten Taste, Tastenkombination oder Tastenfolge das Objekt aktiviert werden.

**Warnung!**

Es sollte für den Benutzer selbstverständlich sein, dass er sich nicht durch Tastenbelegungen „aussperrt“.

Tasten, die für den System-Notdienst (siehe 4.2 unter auf Seite 224), zur normalen Eingabefunktionalität (z. B. ALPHA oder ENTER) oder zur Zurückschaltung vom USER-Modus zur Standardbelegung notwendig sind, sollten nicht mit Benutzerfunktionen belegt werden.

Hat man sich ausgesperrt, bleibt nur der „Warmstart“ übrig, mit dem man den USER-Modus verlassen kann. Die Falschbelegung der Tasten sollte dann anschließend sofort bereinigt werden.

## 2.11.7 Aufhebung der Zuordnung eines Objekts zu einer Taste

Die Aufhebung einer bestehenden Zuordnung **für eine Taste** kann auch mit **ASN** durchgeführt werden.

**Vorgang „Aufhebung"**

1. Der Objektname 'SKEY' (= Standard-Key) wird in Stackebene 2 gestellt
2. die Tastenkennung wird in die Stackebene 1 gestellt.
3. Der Aufruf von **ASN** hebt die Benutzerbelegung **dieser Taste** auf und aktiviert die Standardbelegung.

## 2.11.8 Sichern einer Tastenbelegung

Eine bestehende Benutzertastatur kann man auch in eine Variable abspeichern.

**Vorgang „Sichern"**

1. Der Befehl **RCLKEYS** legt eine Liste auf dem Stack ab, in der für alle benutzerdefinierten Belegungen Objekt und Tastenkennung enthalten sind. Enthält die Liste am Anfang auch ein 'S', dann zeigt dieses an, dass alle nicht durch den Benutzer belegten Tasten die Standardbelegung haben, die nicht unterdrückt ist. Fehlt das 'S' in der Liste, dann ist die Standardbelegung im USER-Modus unterdrückt.
2. Variablenname für die Sicherung in den Stack eingeben.
3. **STO** aufrufen. Damit wird die Liste in diese Variable gespeichert.

## 2.11.9 Aktivieren einer gespeicherten Tastenbelegung

Wenn man für verschiedene Anwendungen jeweils bestimmte Benutzertastaturen braucht und diese gesichert hat, kann man die in einer Variablen gespeicherte Tastenbelegung zum passenden Zeitpunkt aktivieren.

**Vorgang „Aktivieren"**

1. Liste der gespeicherten Tastenbelegungen aus der Variablen in den Stack holen.
2. **STOKEYS** aufrufen.

Bestehende Tastenbelegungen werden dabei durch die neuen überschrieben. Falls in der Liste der Name 'SKEY' und eine zugeordnete Tastenkennung enthalten sind, wird für diese Taste die Standardbelegung aktiviert.

Falls am Beginn der Liste ein 'S' enthalten ist, wird bei unterdrückter Standardbelegung diese wieder freigeschaltet. Dies ist immer zu empfehlen, da sonst die Unterdrückung der Standard-Tastenbelegung aus vorherigen Anwendungen erhalten bleibt.

## 2.11.10 Löschen von Tastenbelegungen

Hier gibt es vier verschiedene Möglichkeiten:

1. **Löschen aller vom Benutzer angelegten Tastenbelegungen**, also Löschen der aktiven Benutzertastatur, wobei die Standard-Tastatur wieder aktiviert wird:
   **0 DELKEYS**
2. **Unterdrücken der Standard-Tastatur**, wobei (im USER-MODUS!) nur die vom Benutzer angelegten Tastenbelegungen aktiv bleiben (= Benutzertastatur ohne Standardbelegung).

Alle nicht vom Benutzer belegten Tasten melden sich bei Betätigung mit einem Signalton):
**'S' DELKEYS**

3. **Löschen einer einzigen Tastenbelegung:**
   ###.## DELKEYS, wobei ###.## für eine Tastenkennung steht, deren Zuordnung gelöscht werden soll

4. **Löschen mehrerer Tastenbelegungen:**
   {###.##$_1$ ###.##$_2$ ... ###.##$_n$} DELKEYS

Beispiel:
Löschen der Zuordnung für Tastenkennung 73.11
**73.11 DELKEYS**

### 2.11.11 *USER-Modus*

Alle oben erzeugten Tastenbelegungen (also die Benutzertastatur) sind nur im Benutzer-Modus (USER-Modus) aktiv. Dieser wird per Tastatur oder per Flag -62 aktiviert.

**Merksatz:**
Im USER-Modus schaltet der Rechner die Standard-Tastenbelegung nur für die vom Benutzer belegten Tasten temporär ab. Für alle anderen Tasten gilt die Standard-Tastenbelegung auch im USER-Modus, wenn sie nicht per Befehl **'S' DELKEYS** unterdrückt wurde.

Wenn man nur **für einen Befehl** auf USER-Modus umschalten will, drückt man [¶][ALPHA]. Der Rechner zeigt oben den Indikator 1US an.

Nach anschließendem Betätigen **einer benutzerbelegten Taste** schaltet der Rechner automatisch zur Standard-Tastenbelegung zurück und der Indikator verschwindet.

Wenn man den USER-Modus **für mehrere Befehle** hintereinander braucht, drückt man die Tastenfolge [¶][ALPHA][¶][ALPHA]. Der Indikator USR erscheint. Nach Drücken der benutzerbelegten und auch anderer Tasten muss man mit der Tastenfolge [¶][ALPHA] wieder zur Standard-Tastenbelegung zurückschalten.

Für den USER-Modus sind zwei Systemflags zuständig:

1. **Flag -61:** Bei gesetztem Flag bewirkt die einmalige Betätigung der Tastenfolge [¶][ALPHA] ein sofortiges Umschalten auf den dauerhaften USER-Modus **USR**, bei gelöschtem Flag muss, wie oben gesagt, diese Tastenfolge zweimal betätigt werden.

2. **Flag -62:** Durch Setzen dieses Flags kann man in den dauerhaften USER-Modus **USR** umschalten.

### 2.11.12 *Tastenbefehle in Programmen*

Zwei Befehle ermöglichen die Abfrage von Tastendrücken innerhalb eines Programms:

**WAIT**

Wenn innerhalb eines Programms der Befehl **WAIT** mit den Argumenten **0** oder **-1** verwendet wird, dann stoppt das Programm und wartet so lange, bis eine Taste(nfolge) gedrückt wird, deren Tastenkennung dann auf dem Stack abgelegt wird. Auf diese Weise kann man per Programm abfragen, welche **Tastenkennung = Taste(nfolge)** gedrückt wurde.

Wie oben schon erwähnt, werden bei Tastenkombinationen die shift-hold-Tastenkennungen mit WAIT nicht richtig wiedergegeben.

## KEY

Der Befehl **KEY** funktioniert nur innerhalb eines Programms und verhält sich ähnlich wie **WAIT**, jedoch wird hier die **Lage der Taste** angezeigt, die durch Reihennummer und Reihenfolge der Taste in der betreffenden Reihe gegeben ist. Hier werden also auch die Umschalttasten [¶], [▶] und [ALPHA] allein (getrennt) angezeigt.

Hier wird nicht die Tastenkennung, sondern nur die Lage der Taste auf der Tastatur angezeigt.

Beispiele für KEY:

- `«DO UNTIL KEY END»` liefert die Lage der Taste.
  Wird nach Aufruf dieses Programms die Taste [ENTER] gedrückt, steht anschließend **105.** im Stack.

- `«DO UNTIL KEY END 81 SAME»` liefert **1**, wenn die Taste [¶] = 81 gedrückt wurde und **0**, wenn eine andere Taste gedrückt wurde.

## KEYEVAL

Um auch temporäre Menüs aufrufen zu können, die keine Menünummer besitzen oder Tastenfunktionen, von denen man den Namen nicht weiß, gibt es den Befehl **KEYEVAL**. Dieser führt die für eine angegebene Tastenkennung gültige Funktion (auch im USER-MODUS) aus.

Das heißt, man kann per Programm mit **KEYEVAL** „Tasten drücken".

Beispiele:

1. Der Befehl **OFF** zum Ausschalten des Rechners kann über [▶][ON] per Tastatur ausgeführt werden. Das Programm `«101.3 KEYEVAL»` leistet dasselbe und ist dem Programm `«OFF»` äquivalent.
2. Das Untermenü POWR des Einheitenmenüs UNITS kann über Tastatur mit [▶][6][NXT][POWR] aufgerufen werden.
3. Das Programm `«84.3 KEYEVAL 33.1 KEYEVAL 14.1 KEYEVAL»` führt zum gleichen Ergebnis.

### 2.11.13 *KEYTIME auf dem HP-Taschenrechner*

**KEYTIME** ist die Reaktionszeit einer Taste bei Wiederholung des Tastendrucks.

Der mit dem Befehl →**KEYTIME** einzugebende Zahlenwert ist die Anzahl der Ticks (8192 Ticks = 1 Sekunde), die ablaufen müssen, bis der nächste Tastendruck akzeptiert wird. Auf diese Weise wird eine versehentliche Mehrfachauslösung einer Taste durch das sogenannte „Prellen" [19] vermieden.

Der Rechner akzeptiert eine Zahl von 0 bis 4096 (= 0 bis 0,5 Sekunden). Eine Zahl >4096 wird auf 4096 gesetzt, eine Zahl <0 wird auf null gesetzt.

Der momentan gültige Wert kann mit dem Befehl **KEYTIME**→ anzeigt werden. Der bei HP 50g voreingestellte Wert ist 1138 (entspricht 1138/8192 = 0,14 Sekunden).

---

[19] Wenn ein mechanischer Kontakt (z. B. eine Taste einer Tastatur) einen Stromkreis schließt, dann entstehen am Kontakt kleine Kontaktfunken, die bei empfindlichen Geräten ein mehrmaliges Schließen und Öffnen des Kontaktes vortäuschen. Diesen Effekt nennt man „Prellen" des Kontaktes. Dieses Prellen wird unterdrückt, wenn nur das erste Schließen gewertet wird und alle nachfolgenden Kontaktfunken unterdrückt werden. Dieses „Entprellen" kann durch rein elektrische Funkenlöschung über einen Kondensator oder über eine logische Zählschaltung (wie beim HP-Taschenrechner) erreicht werden, bei der nur der erste Schließvorgang gezählt wird, die nachfolgenden aber nicht mehr berücksichtigt werden.

Eine „repeating key" Funktion ist nicht eingebaut. Diese würde bewirken, dass bei Festhalten einer Taste nach einer eingestellten Zeit der Tastendruck automatisch so lange wiederholt wird, bis man die Taste loslässt.

### 2.11.14 System-Tastatur

Die System-Haupttaste ist [ON] in Verbindung mit den Tasten [F1] bis [F6]. Die Beschreibung der Systemfunktionen ist in 4.2 „System-Notdienst" ab Seite 224 zu finden.

Für die Aktualisierung (Upgrade) des Betriebssystems sind bestimmte Tasten besonders belegt („No-System-Menü"), hierauf wird hier nicht eingegangen, weil beim Upgrade die Anweisungen auf dem Bildschirm erscheinen.

### 2.11.15 Tastaturmanager KEYMAN

Zum Schluss noch ein Hinweis auf den **Tastatur-Manager (KEYMAN)**, der von *Prof. Dr. Wolfgang Rautenberg* programmiert wurde. Das Programm ist unter 4.3 ab Seite 227 beschrieben.

KEYMAN ist ein Programmpaket, das neben der ab Version 1.19 des Betriebssystems hinzugekommenen [shifthold]-Funktionalität noch zwei weitere Funktionalitäten bietet:

1. **Doppelklick** (Taste zweimal kurz hintereinander drücken) und
2. **„long-press"** (Taste mindestens 0,3 Sekunden lang drücken).

## 2.12 Tasten und Tastenfunktionen

Gerade die Kurzbefehle mit bestimmten Tastenfolgen und Tastenkombinationen (engl.: *shortkeys*) bringen in vielen Fällen eine wesentliche Zeitersparnis beim Eintippen der Tastenfunktionen gegenüber der dokumentierten (offiziellen) Vorgehensweise. In Tabelle 30 sind diese Kurzbefehle zusammengestellt. Eine vollständige Aufzählung ist nicht möglich, weil bei jedem Update neue hinzukommen.

Quellen: Lit. [10] Anhang G

### 2.12.1 Undokumentierte Funktionen des HP

Es gibt einige Tastenfunktionen, die in den Handbüchern undokumentiert geblieben sind. Inzwischen sind neuere Handbücher erschienen, in denen die bisher fehlenden Angaben dokumentiert sind. Auf den HP-Internetseiten www.hp.com/calculators und www.hpcalc.org sind die neuesten Dokumentationen zu finden.

Die mir bekannten undokumentierten Funktionen werden in Tabelle 30 erwähnt.

### 2.12.2 Tastenbefehle

Zur Darstellung der Notation siehe unter 1.2 ab Seite 25 und zu mehrfach belegten Tasten siehe unter 2.11 ab Seite 125.

Die Erläuterung der gewählten Darstellung der Tastenfunktionen ist in der nachfolgenden Tabelle 30 zu finden.

Die Zuordnung der Buchstaben zu den Tasten ist auf der Tastatur zu finden. Die übrigen ASCII-Codes werden in der im HP implementierten Zeichentabelle, hier mit **CHARS** bezeichnet, in der linken unteren Ecke angezeigt, wenn sich der Cursor auf dem Zeichen befindet (siehe auch Lit. [5], Seite 2-10 bis 2-12).

Die Zeichentabelle wird über **[CHARS]** (= *Character set*) aufgerufen.

Die meisten Funktionen und Befehle und deren Aufruf über das Tastenfeld sind in der HP 49G-Kurzanleitung Lit. [6] ab Seite 35 abgedruckt.

### 2.12.3  *Funktionen der Reihe 1*

Die Funktionen der Reihe 1 des HP49G-Tastenfeldes **(Y=, WIN, GRAPH, 2D/3D, TBLSET und TABLE)** sind im mitgelieferten **Handbuch Seite 1-6** aufgezählt und ab **Seite 4-3 in Kapitel 4** verwendet. Sie dienen zur Eingabe oder Steuerung der Plot-Funktionen.

**Bild 61: Reihe-1-Funktionen auf dem HP 49G**

Der farbige Aufdruck dieser Funktionen auf dem Taschenrechnergehäuse über den Tasten [F1] bis [F6] (siehe Tastenfeldausschnitt in Bild 61) lässt vermuten, dass diese Funktionen mit **[¶][F1]** bis **[¶][F6]** aktiviert werden können, weil die Farbe mit der [¶]-Taste übereinstimmt. Diese Vermutung ist falsch. Die Tastenfolge **[¶][F1]** listet nicht die zu plottenden Gleichungen und Daten auf, sondern startet die Funktion des der Taste [F1] zugeordneten Menüfeldes.

Wenn einer links-umgeschalteten Taste keine Menüfunktion zugeordnet ist, gibt es ein akustisches Signal und eine Fehlermeldung. Dies gilt auch für die restlichen links-umgeschalteten Tasten [F2] bis [F6].

Durch Probieren kommt man dahinter, dass die über der Tastenreihe 1 aufgedruckten Funktionen mit **[¶]&[F1]** bis **[¶]&[F6]** aufzurufen sind.

Wenn man an die Wirkungsweise der benutzerdefinierten Menüs (siehe unter 2.9 auf Seite 110) denkt, bei denen die Tasten [F1] bis [F6] mit Rechts- und Linksumschaltung verwendet werden, sieht man ein, dass den Entwicklern von HP keine andere Wahl blieb: Sie mussten eine weitere Umschaltmöglichkeit, nämlich die mit den festgehaltenen Umschalttasten, dafür hernehmen.

Tabelle 30 zeigt diese *Reihe1-Funktionen* zusammengefasst mit anderen undokumentierten Funktionen.

### 2.12.4  *Tabelle der (meist undokumentierten) Tastenfunktionen*

(Ohne Gewähr! Siehe auch die Funktion CHARS zur Darstellung des Zeichensatzes).

**Tabelle 30: Tabelle der (meist undokumentierten) Tastenfunktionen**

| Tastendrücke, Tastenfolgen, Tastenkombinationen | Funktion, Bedeutung im Eingabemodus | Quelle |
|---|---|---|
| Reihe1-Funktionen | | |
| [¶]&[F1] | Y= | Lit. [5], Kapitel 4 |
| [¶]&[F2] | WIN | Lit. [5], Kapitel 4 |
| [¶]&[F3] | GRAPH | Lit. [5], Kapitel 4 |
| [¶]&[F4] | 2D/3D | Lit. [5], Kapitel 4 |
| [¶]&[F5] | TBLSET | Lit. [5], Kapitel 4 |
| [¶]&[F6] | TABLE | Lit. [5], Kapitel 4 |

| Tastendrücke, Tastenfolgen, Tastenkombinationen | Funktion, Bedeutung im Eingabemodus | Quelle |
|---|---|---|
| Griechische Buchstaben | | |
| [ALPHA][↱][*Buchstabe*] oder [CHARS] | bewirkt die Erzeugung von griechischen Buchstaben | |
| Deutsche Umlaute | | |
| [ALPHA][*Vokal*][ALPHA] [¶][9] wobei für *Vokal* A, O oder U zu setzen ist. | Erzeugung von deutschen **Umlauten** (Großbuchstaben **Ä,Ö,Ü**) | siehe auch CHARS; ähnlich werden andere Sonderzeichen erzeugt, wobei die Taste [9] durch andere Ziffern ersetzt wird. |
| [ALPHA][¶][*Vokal*][ALPHA][¶][9] wobei für *Vokal* A,O oder U zu setzen ist. | Erzeugung von deutschen **Umlauten** (Kleinbuchstaben **ä,ö,ü**) | siehe CHARS; ähnlich werden andere Sonderzeichen erzeugt, wobei die Taste [9] durch andere Ziffern ersetzt wird. |
| Spezielle Sonderzeichen | | |
| [ALPHA][↱][2] | Ausrufungszeichen „!" | siehe CHARS |
| [ALPHA][↱]&[2] | auf dem Kopf stehendes Ausrufungszeichen | siehe CHARS |
| [ALPHA][↱][3] | Fragezeichen „?" | siehe CHARS |
| [ALPHA][↱]&[3] | auf dem Kopf stehendes Fragezeichen | siehe CHARS |
| [ALPHA][↱]&[4] oder [ALPHA][↱][4] | EURO-Zeichen = CHR(160) | siehe CHARS |
| [ALPHA][↱]&[5] oder [ALPHA][↱][5] | Back-Slash = „\" = CHR(92) | siehe CHARS |
| [ALPHA][↱]&[6] | Gradzeichen, wie z.B. in 5° C | siehe CHARS |
| [↱]&[EQW] | Back quotes = Apostrophe rückwärts „`'" = 2×CHR(96) | siehe CHARS Diese Tastenkombination erzeugt 2 Zeichen |
| [ALPHA][↱]&[SPC] oder [↱]&[SPC] oder [ALPHA] [¶] [2] | Semikolon „;" | siehe auch CHARS |
| Funktionenaufrufe | | |
| [¶]&[NXT] und [¶]&[PREV] | Zuletzt verwendetes Menü (wie beim HP 48GX [MENU]), | Lit. [10] Anhang G |
| [¶]&[VAR] | HOME | Lit. [10] Anhang G |
| [↱]&[ENTER] | Umschalter für Exakt-/Näherungsmodus | Lit. [10] Anhang G |

| Tastendrücke, Tastenfolgen, Tastenkombinationen | Funktion, Bedeutung im Eingabemodus | Quelle |
|---|---|---|
| [▶]&[9] | „Tools" aus dem Zeit-Auswahlmenü, das mit [▶][9] aufgerufen wird. | Lit. [10] Anhang G |
| [ENTER] | DUP im Stack, Beenden des Editors und Compilierung | Lit. [10] Anhang G |
| [Rücktaste] = [◀]<br>Sonderfunktion dieser Taste bei „Systemverklemmungen":<br>Falls das System beim Warmstart in einer unendlichen Schleife läuft, drückt man die Rücktaste <u>während des Warmstarts</u> und hält sie so lange gedrückt, bis das System wieder in den Normalzustand zurückkehrt. Aktive User-Libraries werden dabei ignoriert. | DROP im Stack | Lit. [10] Anhang G |
| (◀) | Fenster des Graphik-Editors: PICTURE | Lit. [10] Anhang G |
| (▶) | SWAP | Lit. [10] Anhang G |
| (▲) | HIST | Lit. [10] Anhang G |
| (▼) | Objekt-Editor starten, wobei das Objekt der Stackebene 1 geöffnet wird. | Lit. [10] Anhang G |
| [¶](▼) | Editor starten, wobei das Objekt der Stackebene 1 geöffnet wird. | Lit. [10] Anhang G |
| [▶](▼) oder<br>[▶]&(▼) | Review Key (zeigt vollen Text der Menüfeldbeschriftungen und auch die Variableninhalte) | Lit. [10] Anhang G. Ob und wie die Flags -58, -59 und -96 daran beteiligt sind, ist nicht bekannt. |
| [▶] [*Einheit*]<br>[*Einheit*] ist ein Menüfeld in einem Einheitenmenü, das über die zugeordnete Taste aus [F1] bis [F6] aufzurufen ist. | Zahl aus einem Einheitenobjekt abtrennen (anstatt Funktion UVAL) siehe „Einheiten" unter 2.21 ab Seite 162 | siehe Benutzerhandbuch HP 48G Seite 10-3 |
| [¶] [*Einheit*]<br>[*Einheit*] ist ein Menüfeld in einem Einheitenmenü, das über die zugeordnete Taste aus [F1] bis [F6] aufzurufen ist. | Umrechnen eines Einheitenobjekts in ein anderes (anstatt Funktion CONVERT) siehe „Einheiten" unter 2.21 ab Seite 162 | siehe Lit. [2], Seite 10-3 und Seite 10-8 |
| Datenübertragung | | |
| [▶]&(▶) | Starten des Kermit Servermodes ("Awaiting Server Cmd."), Beenden des Servers mit [ON] | siehe auch: [CAT] Menüfeld "Server" oder Befehl **SERVER** |

| Tastendrücke, Tastenfolgen, Tastenkombinationen | Funktion, Bedeutung im Eingabemodus | Quelle |
|---|---|---|
| [I']( ▶ ) | X-Modem-Server („Waiting for Command") (abVersion 1.16) Beenden des Servers mit [ON][ON] | Lit. [10] Anhang G |
| [ON]&(▲) oder [ON]&[1] (nur beim HP 48GX) | Bildschirm-Schnappschuss starten; nur bei Datenübertragung über den X-Modem-Server zwischen HP und PC | Bitte auch die Anweisungen auf dem Bildschirm beachten. |

## 2.13 Globale Variablen

Variablen sind namentlich festgelegte Speicherbereiche, in denen Objekte gespeichert werden können. Globale Variablen sind in den Verzeichnissen des HP-Taschenrechners als Menüfelder namentlich (named variables) sichtbar.

Da die Menüfelder nur 5 Zeichen zeigen, kann man sich die vollständigen Namen der Menüfelder mit [I']( ▼ ) (= Review Key) auf dem Bildschirm ungekürzt anzeigen lassen.

Für Variablennamen gelten auf dem HP folgende Einschränkungen (HP-Namenskonvention):

1. Variablennamen können bis 127 Zeichen lang sein. Es wird zwischen Groß- und Kleinbuchstaben unterschieden. Man beachte die Schreibweise in den Menüfeldern.
2. Variablennamen dürfen nicht mit einer Ziffer beginnen.
3. Die Namen von bestehenden Funktionen dürfen nicht verwendet werden.
4. Reservierte Variablennamen sollte man nicht für eigene Benennungen verwenden, weil diese vom HP in besonderer Weise verwendet werden. Man nennt sie „reservierte Variablen" (siehe 2.14 auf Seite 136).
5. In Variablennamen auf dem HP sind auch Sonderzeichen zugelassen, die nicht der Windows-Namenskonvention des PC entsprechen. Deshalb ist vor der Übertragung von Programmen und Variablen vom HP auf den PC darauf zu achten, dass die Namen den Namenskonventionen beider Systeme entsprechen.

### 2.13.1 *Anlegen einer globalen Variablen*

Eine globale Variable wird angelegt, indem man einen Namen erzeugt und unter diesem Namen ein Objekt abspeichert. Die Namen müssen der Namenskonvention entsprechen (siehe oben).

### 2.13.2 *Beispiel*

Wir geben die Zahl **3.45** in den Stack ein, dies soll der Inhalt der zu erzeugenden Variablen A sein (Voreinstellung für Dezimalpunkt).

Mit **[']** erzeugen wir nun zwei gerade Apostrophe ' ' in der Befehlszeile, wobei der Cursor zwischen den beiden Apostrophen steht. Nun wird mit **[ALPHA][A]** der Buchstabe A dazwischen geschrieben und mit **[ENTER]** abgeschlossen. Nun steht 'A' im Stack. Es ist der Name einer Variablen.

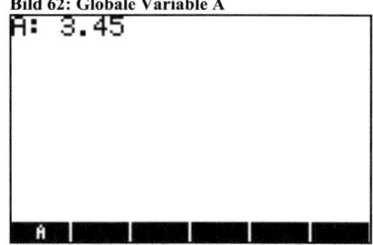

Bild 62: Globale Variable A

**Hinweis:** Wenn die Variable noch nicht existiert, können wir uns die Eingabe der Apostrophe sparen. Der Variablenname 'A' wird dann mit [ALPHA][A][ENTER] erzeugt.

Nun drücken wir die Taste [STO], um den im Stack über der Variablen 'A' stehenden Wert in die Variable zu speichern. Nun sehen wir links im aktuellen Verzeichnis (Arbeitsverzeichnis) das Menüfeld mit dem Namen [A].

In Bild 62 wurde mit [↑](▼) die Anzeige des Menüs veranlasst. Der Inhalt der Variablen kann in den Stack geholt werden, wenn die zugeordnete Taste [F1] gedrückt wird, nach unserer Notation bezeichnet der Variablenname [A] den Tastenbefehl. Der Wert 3.45 steht nun im Stack.

Merke: Der Name einer globalen Variablen, z. B. 'A', ist von Apostrophen eingeschlossen. Wenn man den Namen ohne Apostrophe aufruft, wird immer der Wert der Variablen in den Stack geholt.

## 2.14 Reservierte Variablen

Variablennamen kennzeichnen bei der Programmierung und Speicherung die Namen von Dateien, Verzeichnissen und Programmen. Das System hat aber bestimmte Namen reserviert, die man beim Programmieren nicht für eigene Variablen benutzen darf.

Tabelle 31 listet diese Namen und deren Bedeutung auf. Für den HP 48GX gelten nur einige wenige Variablen als reserviert, sie sind in der Tabelle mit „(auch beim HP 48GX)" gekennzeichnet.

**Quellen:** Für HP 49G/49g+/50g: Lit. [10], Anhang D,
für HP 48GX: Lit [2], Seite 5-6.

Tabelle 31: Reservierte Namen für Variablen

| Reservierte Variable bzw. Konstante | Erläuterung der Anwendung |
|---|---|
| *ALRMDAT* (auch beim HP 48GX) | Enthält die Daten für einen Alarm, der gerade erstellt oder geändert wird. |
| *CST* (auch beim HP 48GX) | Aktueller Inhalt für Custom-Menü (siehe unter 2.9.3.1 auf Seite 111 |
| *CASDIR* | Unterverzeichnis im HOME-Verzeichnis, wird ab Version 1.19-3 automatisch angelegt. Es kann gelöscht werden, wird aber sofort wieder vom System angelegt. Es enthält reservierte Variable. Man kann das Verzeichnis mit dem HIDE-Tool (siehe Tools unter 4.3.5.9 auf Seite 232) unsichtbar machen (verstecken). |
| *CASINFO* | Enthält die Formel der Ableitung von **PRIMIT** als Grafikobjekt. |
| *d#* *der....* (auch beim HP 48GX) | Zeigt eine benutzerdefinierte Ableitung an, wobei # die Nummer der definierten Ableitung kennzeichnet. Auch Namen, die mit "der" beginnen, werden für benutzerdefinierte Ableitungen verwendet. |

| Reservierte Variable bzw. Konstante | Erläuterung der Anwendung |
|---|---|
| *ENVSTACK* (im Verz. CASDIR) | enthält eine Liste von Listen, die den mit PUSH gespeicherten Zustand aller Flags und einen gespeicherten Pfad enthält. Ist die Liste leer, wurde der genannte Inhalt mit POP zurückgespeichert (siehe Befehle PUSH und POP). |
| *EPS* (im Verz. CASDIR) | Der kleinste reelle Wert, unterhalb dem der Rechner bei bestimmten Operationen zu null abrundet, z. B. EPSX0 |
| *EQ* (auch beim HP 48GX) | Enthält die von den Anwendungen PLOT und SOLVE verwendete aktuelle Gleichung, siehe Lit. [10], Anhang D. |
| *ERABLEMSG* | Information bezüglich der unberechneten Integrationen. |
| *EXITED* | Wenn ein Programm in dieser Variablen enthalten ist, wird es nach Verlassen des Befehlszeilen-Editors (z. B. nach Editieren eines Programms) ausgeführt. Beispiel: «CLLCD " Editor beendet" 5 DISP 2 WAIT 2 →HEADER». Das Programm schaltet den Header wieder ein, der beim Editieren abgeschaltet war. Man speichere dieses Programm in die Variable EXITED mit 'EXITED' STO |
| *EXPR* | aktueller Ausdruck, symbolische Operationen |
| *IERR* | Unsicherheit (Unschärfe) in der aktuellen Integration |
| *IOPAR* (auch beim HP 48GX) | Aktuelle Parameter für Datenübertragungsoperationen (I/O-Operationen) |
| *MODULO* (im Verz. CASDIR) | Der aktuelle Wert der Modulo-Voreinstellung. Wird in bestimmten Fällen in HOME oder CASDIR automatisch angelegt. |
| *n1, n2, ...* (auch beim HP 48GX) | Ganzzahlige Koeffizienten, werden z. B. bei ISOL benutzt. |
| *PERIOD* (im Verz. CASDIR) | enthält eine Konstante, die bei trigonometrischen Berechnungen verwendet wird, z.B. 2*π |
| *PICT* (auch beim HP 48GX) | Name für aktuelle Grafikobjekte, siehe auch „Wandtafel" in Kapitel 7 „Grafikfunktionen" ab Seite 273. |
| *PPAR* (auch beim HP 48GX) | Parameter-Liste für PLOT-Befehle, siehe Lit. [10], Anhang D. |
| *PRTPAR* (auch beim HP 48GX) | enthält eine von Print-Befehlen verwendete Parameterliste |
| *s1,s2, ...* (auch beim HP 48GX) | werden von ISOL und QUAD zur Darstellung von beliebigen Zeichen in symbolischen Lösungen benutzt. |
| *ΣDAT* (auch beim HP 48GX) | Aktuelle Matrix der Statistik-Daten, siehe Lit. [10], Anhang D. |
| *ΣPAR* (auch beim HP 48GX) | Parameter für Statistikberechnungen, siehe Lit. [10], Anhang D. |
| *PRIMIT* (im Verz. CASDIR) | Der zuletzt berechnete „antiderivative" Ausdruck „antiderivative" ist die Stammfunktion, die aus der eingegebenen Funktion durch Integration erzeugt wurde. |
| *REALASSUME* (im Verz. CASDIR) | Eine Liste der Variablen, deren Werte das Computer Algebra System (CAS) als reelle Werte voraussetzt. |

| Reservierte Variable bzw. Konstante | Erläuterung der Anwendung |
|---|---|
| STARTED | Wenn in dieser Variablen ein Programm enthalten ist, wird es mit dem Start des Befehlszeilen-Editors gestartet. Dies gilt bei folgenden Aufrufen: EDIT, EDITB, VISIT, VISITB, oder mit (▼) im RPN-Modus.<br>**Beispiel:** «CLLCD " Editor gestartet" 3 DISP 2 WAIT 0 →HEADER». Das Programm schaltet den Header ab, der beim Editieren nur stören würde. Man speichere dieses Programm in die Variable *STARTED* mit 'STARTED' STO |
| STARTERR | Wird benutzt, um benutzerdefinierte Fehlermeldungen zu erzeugen. |
| STARTEQW | Wird benutzt, um eine benutzerdefinierte Operation einer selektierten Komponente im Equation Writer hinzuzufügen. |
| STARTOFF | Wenn diese Variable ein Programm enthält, wird dieses von der „time-out"-Funktion gestartet, bevor der Rechner nach 5 Minuten Arbeitspause (oder nach voreingestellter Zeit, siehe *TOFF* weiter unten) sich automatisch ausschalten würde. Der Rechner startet das in *STARTOFF* enthaltene Programm, bleibt aber dann eingeschaltet.<br><br>Die Abschaltung muss dann mit OFF im Programm selbst vorgenommen werden. Wenn die Variable *STARTOFF* nicht existiert, schaltet sich der Rechner nach der „time-out"-Zeit automatisch aus.<br><br>**Beispielprogramm für automatische Ausschaltung:**<br>« 3600 .1 BEEP 1800 .1 BEEP 3600 .1 BEEP OFF». Dieses in der Variablen *STARTOFF* gespeicherte Programm gibt eine akustische Tonfolge von sich und schaltet dann den Rechner aus. |
| STARTUP | Wenn diese Variable ein Programm enthält, wird dieses nach einem Warmstart gestartet.<br>**Beispiel:** «"Warmstart ausgeführt" CLLCD 3 DISP 2 WAIT». Man speichere dieses Programm in die Variable *STARTUP* mit 'STARTUP' STO |
| TOFF | Der HP 49G/49g+/50g schaltet sich automatisch aus, wenn kein Programm läuft und 5 Minuten lang keine Eingabe erfolgt (time out). Diese voreingestellte Zeit kann man beliebig ändern. Wenn man die gewünschte „time-out"-Zeit in die Variable *TOFF* speichert, schaltet sich der Rechner automatisch nach dieser Zeit aus. Die Zeiteingabe muss in Ticks und binär erfolgen (siehe Kapitel 5 „Zeitfunktionen" ab Seite 237).<br>1 Sekunde = 8192 Ticks.<br><br>**Beispiel:**<br>Für 1 Minute „time-out"-Zeit (= 60 Sekunden × 8192 Ticks/Sekunde = 491520 Ticks) muss die Zahl #491520d binär in die Variable *TOFF* gespeichert werden, also mit #......d.<br>Zum Zeitpunkt des Ausschaltens kann man ein Programm starten lassen, das in der Variablen *STARTOFF* abgelegt sein muss (siehe *STARTOFF*) und das die Variable *TOFF* als Aufruf enthält. |

| Reservierte Variable bzw. Konstante | Erläuterung der Anwendung |
|---|---|
| *TPAR* | Aktuelle Parameter für angezeigte "Tables" |
| *VPAR* (auch beim HP 48GX) | Aktuelle Parameter für 3D-PLOT-Befehle, siehe Lit. [10], Anhang D. |
| *VX* | *VX* enthält den voreingestellten Variablennamen für symbolische Berechnungen. Im Lieferzustand enthält die Variable *VX* den Wert 'X'. |
| | Dieser Wert wird im Header der LCD-Anzeige als Indikator angezeigt. *VX* befand sich in älteren System-Versionen im HOME-Verzeichnis. Ab Flash-ROM-Version 1.19-3 ist der Name *VX* in CASDIR zu finden. Der Inhalt kann beliebig geändert werden. Alle Befehle mit ...VX (z.B. DERVX, INTVX) greifen auf diese Variable zu. Wer seine Gleichungen gerne mit klein „x" verwendet, muss 'x' in die Variable *VX* speichern oder mit [MODE][CAS] im Menü CAS MODES unter *Indep var:* nach Aufruf von EDIT eingeben. |
| | Falls *VX* noch in HOME situiert sein sollte, *VX* einfach löschen und einen Warmstart machen, *VX* wird dann automatisch in CASDIR angelegt. |
| *ZPAR* | Zoom-Parameter beim Plotten, siehe Lit. [10], Anhang D |

## 2.15 Lokale Variablen

Lokal sind Variablen, deren Namen nur innerhalb des Programmes gültig sind, in dem sie definiert worden sind. Eine Ausnahme bilden die kompilierten Variablen, die ebenfalls zu den lokalen Variablen gerechnet werden. Nachfolgend wird gezeigt, wie man lokale Variablen anlegt und mit ihnen arbeitet.

Quelle: Lit. [3].

### 2.15.1 *Einleitung*

Lokale Variablen sind namentlich festgelegte Speicherbereiche, in denen Objekte gespeichert werden können. Beim Programmieren des HP-Taschenrechners werden Variablen verwendet, welche die Eingabewerte, Werte von Zwischenberechnungen und Ergebniswerte enthalten.

Bei der Benennung von Variablen muss die im Handbuch festgelegte Namenskonvention eingehalten werden. Die Namen von reservierten Variablen dürfen nicht frei verwendet werden.

Bei Variablen werden zwei Typen unterschieden:
1. **Globale Variablen**, deren Namen als Menüfelder in den Verzeichnissen angezeigt werden, sind für den Benutzer und für die Programme frei zugänglich.
2. **Lokale Variablen** sind Variablen, deren Namen nur innerhalb des Programmes gültig sind, in dem sie definiert worden sind. Eine Ausnahme bilden die **kompilierten Variablen**, die ebenfalls zu den lokalen Variablen gerechnet werden.

Hier wird die Erzeugung und Handhabung von lokalen Variablen einschließlich der kompilierten Variablen beschrieben. Vorausgesetzt wird der Betrieb des Rechners im **RPN-Modus**.

## 2.15.2 Vorteile von lokalen Variablen

**Globale Variablen** müssen nach Beendigung des Programms gelöscht werden, wenn man sie anschließend nicht mehr braucht. Dies kann am Schluss des Programms vom Programm selbst erfolgen oder muss manuell erledigt werden. Außerdem müssen diese Variablen eigens vor dem Programmlauf oder vom Programm selbst unter einem bestimmten Namen im Menü angelegt werden. Die Inhalte werden mit **STO** dort gespeichert (siehe Beispiel oben). Dabei muss beachtet werden, dass vorhandene Variablen gleichen Namens damit überschrieben werden.

**Lokale Variablen** haben diese Nachteile nicht.

- Sie sind **temporäre** Variablen, die vom Programm erzeugt und mit Inhalten (Objekten) belegt werden.
- Sie sind nur innerhalb des Programms, in dem sie definiert sind, gültig.
- Das Programm kann auf diese Variablen wesentlich schneller zugreifen als auf globale Variablen.
- Sie existieren nur während des Programmablaufs und können nicht außerhalb des Programms benutzt werden.
- Sie erscheinen nicht im VAR-Menü (= Menü des aktuellen Verzeichnisses, das durch die Taste **[VAR]** aufgerufen wird).

## 2.15.3 Erzeugen von lokalen Variablen

**Achtung:**
Man vermeide gleichlautende Namen für globale und lokale Variablen in demselben Programm. Der Rechner kann den Unterschied eindeutig erkennen, nur der Programmierer kommt dann leicht durcheinander.

1. Die Programmklammern « » sind mit **[⇑][+]** als Begrenzung des Programms einzugeben.
2. Dann ist der Rechtspfeil → mit **[⇑][0]** einzugeben (Rechtspfeil = ASCII-Code 141).
3. Dann folgt ein **Leerzeichen**.
4. Dann folgt eine Reihe von Namen für die lokalen Variablen.
5. Zum Schluss wird die definierende Prozedur (ein algebraischer Ausdruck oder ein Programmobjekt) eingegeben, die die Namen der lokalen Variablen benutzen kann.

« → $name_1$ $name_2$ ... $name_n$ 'algebraischer Ausdruck' »
oder
« → $name_1$ $name_2$ ... $name_n$ « programm » »

Innerhalb des in Punkt 4 eingegebenen inneren Programms können weitere Programme mit lokalen Variablen angeordnet werden (mehrstufige Verschachtelung).

Vor der Programmausführung müssen die Objekte für die lokalen Variablen im Stack vorhanden sein, sonst wird die Fehlermeldung " → Error: Too Few Arguments" ausgegeben.

Während der Programmausführung werden $n$ Objekte vom Stack geholt und den Variablen $name_1$ $name_2$ ... $name_n$ zugewiesen, wobei das Objekt der Stackebene $n$ der Variablen $name_1$ und absteigend die anderen Objekte den folgenden Variablen zugewiesen werden. Das Objekt der Stackebene 1 wird der Variablen $name_n$ zugewiesen.

**Bild 63: Zahlen im Stack für lokale Variablen**

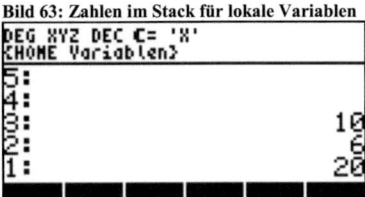

**Beispiel 1:**

Die Objekte (Zahlen) des in Bild 63 gezeigten Stacks werden im Programm wie folgt zugewiesen:

→ *a* erzeugt     *a* = 20

→ *a b* erzeugt   *a* = 6 und *b* = 20

→ *a b c* erzeugt *a* = 10, *b* = 6 und *c* = 20

In der definierenden Prozedur können die Namen der lokalen Variablen benutzt werden.

Das in Bild 64 gezeigte Beispielprogramm erzeugt aus obigen Stackwerten die in Bild 65 gezeigte Ausgabe:

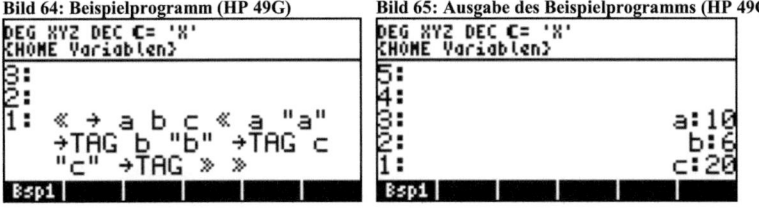

Bild 64: Beispielprogramm (HP 49G)     Bild 65: Ausgabe des Beispielprogramms (HP 49G)

### 2.15.4 Auswertung der Variablen während des Programmlaufs

Lokale Variablen werden während des Programmlaufs etwas anders als die globalen Variablen ausgewertet.

**Globale Variablen** werden durch den Aufruf des Namens direkt gestartet und in dem Speicherbereich, in dem sie gespeichert sind, **automatisch ausgeführt**, wenn es sich um ein Programmobjekt handelt.

Wird eine globale Variable als Unterprogramm innerhalb eines anderen Programms durch Namen aufgerufen, so läuft zuerst dieses Unterprogramm im gesonderten Speicherbereich ab und übergibt das Ergebnis im Stack, dann wird das aufrufende Programm mit dem auf den globalen Namen folgenden Programmbefehl fortgeführt. Eine globale Variable, die eine Zahl enthält, stellt diese Zahl nach Aufruf in den Stack.

Beim Aufruf eines lokalen Namens innerhalb eines Programms wird der vorher aus dem Stack geholte und in der lokalen Variablen gespeicherte Inhalt (Objekt) in den Stack zurückgeholt, aber nicht automatisch ausgeführt. Ist der Inhalt der lokalen Variablen ein Programmobjekt, der Name einer globalen Variablen oder ein algebraisches Objekt, dann muss der Befehl **EVAL** nachfolgen, um den Inhalt auszuführen. Ist in der lokalen Variablen eine Zahl gespeichert, wird diese, wie bei globalen Variablen, in den Stack gestellt.

Lokale Variablen können überall im Innern der definierenden Prozedur, auch in den weiteren Verschachtelungen, aufgerufen werden, während die in den inneren Verschachtelungen definierten lokalen Variablen in den äußeren, sie aufrufenden Prozeduren nicht gelten.

**Beispiel 2:**

**Bild 66: Programm mit lokalen Variablen (HP 49G)**

```
DEG XYZ DEC C= 'X'
{HOME Variablen}
3:
2:
1: « → a b c « a b +
    * → d « d "(a+b)*c"
    →TAG » a b c » »
Bsp1 Bsp2
```

Bei dem in Bild 66 gezeigten Programm kann die innere Prozedur die in der äußeren Prozedur definierten lokalen Variablen *a*, *b* und *c* und die eigene lokale Variable *d* aufrufen, während die äußere Prozedur die lokale Variable *d* der inneren Prozedur nicht aufrufen kann.

### 2.15.5 Unterprogramme

Ein Unterprogramm hat den Zweck, gleichartige Programmabläufe zusammenzufassen und als aufrufbares Programm anderen Programmen zur Verfügung zu stellen. Der Programmcode muss nicht in die Hauptprogramme eingebunden werden, sondern es müssen nur die Namen der Unterprogramme aufgerufen und die Argumente (**aktuelle Parameter**) übergeben werden. Auf diese Weise werden die Hauptprogramme kürzer und übersichtlicher.

Wie oben gezeigt, können beim HP 49G in globalen Variablen gespeicherte Programme von anderen Programmen als Unterprogramme benutzt und mit Namen aufgerufen werden. Sie werden dann automatisch in ihrem eigenen Speicherbereich ausgeführt, so als wären sie manuell per Tastendruck im Menü aufgerufen worden. Nachteilig ist, dass sie keine Werte aus lokalen Variablen übernehmen können, die Argumente müssen ebenfalls in globalen Variablen oder im Stack gespeichert werden.

**Beispiel 3: (wie man's nicht machen sollte!)**

« a b + SQ »

Dieses Programm berechnet $(a+b)^2$ und ist in der globalen Variablen **Q** gespeichert. Es soll als **Unterprogramm** verwendet werden und die Werte *a* und *b* vom Hauptprogramm übergeben bekommen. Das nachfolgend gezeigte Hauptprogramm

« → a b « Q "Q" →TAG » »

holt die Werte *a* und *b* vom Stack, definiert sie als lokale Variablen und ruft das Unterprogramm **Q** auf. Dieses soll aus den Werten *a* und *b* den Wert $Q=(a+b)^2$ berechnen und an das Hauptprogramm liefern. Dieses soll das Ergebnis dann ausgeben.

**Leider funktioniert die im Beispiel gezeigte Übergabe der Argumente nicht.**

**Warum nicht?** Weil das Hauptprogramm und das Unterprogramm als globale Variablen jeweils im eigenen Speicherbereich ausgeführt werden, weiß das Unterprogramm **Q** nichts von den lokalen Variablen *a* und *b* des Hauptprogramms. Es erwartet globale Variablen *a* und *b* und würde nach seinem Ablauf nur das berechnete Ergebnis über den Stack an das Hauptprogramm übergeben, wenn es Eingabewerte zur Verfügung gehabt hätte. Beide Programme sind vor dem Ablauf bereits beim Speichern lauffähig kompiliert worden und wissen nichts voneinander. Das Hauptprogramm weiß nicht, was das Unterprogramm **Q** tut.

Das im Beispiel 3 gezeigte Unterprogramm funktioniert nur, wenn die Werte *a* und *b* in globalen Variablen verfügbar sind. Die lokalen Variablen haben keinen Einfluss auf das Unterprogramm.

Der Umweg, über globale Variablen Argumente (aktuelle Parameter) an Unterprogramme zu übergeben, ist aber eine sehr umständliche Methode. Deshalb gibt es beim HP 49G (wie auch schon beim HP 48GX) **kompilierte lokale Variablen**.

### 2.15.6 *Kompilierte Variablen*

Eine kompilierte lokale Variable ist eine bestimmte Form der lokalen Variablen. Sie hat alle oben beschriebenen Vorteile von lokalen Variablen und kann außerdem auch außerhalb des Programms, in dem sie definiert worden ist, verwendet werden.

Beim HP verwendet man bei den kompilierten Variablen das bei höheren Programmiersprachen übliche Prinzip des **gemeinsamen Speicherbereichs für Haupt- und Unterprogramme**. Bei FORTRAN nennt man diesen Speicherbereich COMMON und die Variablen heißen COMMON-Variablen.

Bereits bei der Erstellung der Programme auf dem HP werden die gemeinsam von Haupt- und Unterprogrammen zu benutzenden lokalen Variablen festgelegt und beim Abspeichern des Programms kompiliert. Beim Programmablauf stellt das Hauptprogramm die Inhalte in einem benannten (gemeinsamen) Speicherbereich zur Verfügung. Das Unterprogramm kennt diese namentlich festgelegten Speicherbereiche und holt sich dort die Inhalte. Diese Übergabe der Argumente ist wesentlich schneller als über globale Variablen.

Die Variableninhalte (Objekte) sind nur während der Programmausführung des Hauptprogramms **temporär vorhanden**. Das Unterprogramm, obwohl es als Programm in einer globalen Variablen gespeichert ist, ist für sich allein nicht lauffähig, weil die notwendigen aktuellen Parameter außerhalb des laufenden Hauptprogramms nicht existieren. Ein Aufruf eines solchen Unterprogramms per Tastatur liefert die Fehlermeldung "Error: Undefined Local Name".

**Namen von kompilierten Variablen**

> Der Name einer kompilierten Variablen hat als erstes Zeichen den Links-Pfeil (← = ASCII-Code 142). Zwischen Linkspfeil und dem nächsten Zeichen darf **kein Leerzeichen** stehen. Der Linkspfeil ist Teil des Namens.

Das erste Zeichen kann durch den Befehl **142 CHR** erzeugt oder über [CHARS] = [ľ][EVAL] ausgewählt werden. Die weiteren Zeichen müssen der Namenskonvention des HP 49G entsprechen.

Ansonsten werden die kompilierten Variablen genau so erzeugt und gehandhabt wie lokale Variablen.

Das Programm des Beispiels 3 wird im Beispiel 4 mit kompilierten Variablen gezeigt.

### 2.15.7 *Übergabe der Argumente durch kompilierte Variablen*

**Beispiel 4:**

Das linke Bild zeigt das Hauptprogramm **QA** (= Q-Ausgabe) und das rechte Bild das Unterprogramm **Q** mit den kompilierten lokalen Variablen.

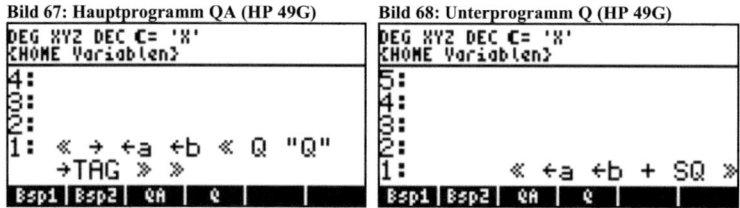

Bild 67: Hauptprogramm QA (HP 49G)     Bild 68: Unterprogramm Q (HP 49G)

Das Programm **QA** liest z. B. die Stackwerte 4 und 6 in die kompilierten Variablen ←*a* und ←*b* ein, speichert sie intern und stellt sie den Unterprogrammen beim Aufruf zur Verfügung. Das Unterprogramm **Q** verwendet diese Werte und berechnet damit $(4 + 6)^2$ und das Hauptprogramm gibt das Ergebnis **Q: 100** im Stack aus.

Die Inhalte der beiden kompilierten Variablen sind nur während des Ablaufs des Hauptprogramms verfügbar und werden ordnungsgemäß an das Unterprogramm **Q** übergeben. Nach Beenden des Hauptprogramms existieren diese kompilierten Variablen nicht mehr.

Das Unterprogramm **Q** kann als Unterprogramm von verschiedenen Hauptprogrammen unabhängig voneinander aufgerufen werden, weil es als globale Variable existiert.

### 2.15.8 Einschränkungen

1. Ein Programm mit Aufrufen von kompilierten Variablen (wie hier das Programm **Q**) kann nicht als selbständiges Programm verwendet werden, es muss **immer als Unterprogramm** in einem Hauptprogramm verwendet werden, das die Namen der beteiligten kompilierten Variablen (Common-Variablen) definiert und die Inhalte dafür zur Verfügung stellt.

2. Die Namen der kompilierten Variablen (mit Linkspfeil als erstem Zeichen) können nicht für globale Variablen verwendet werden. Ein Versuch, eine globale Variable mit einem solchen Namen zu erzeugen, endet mit der Fehlermeldung "STO Error: Undefined Local Name".

## 2.16 Portspeicher

### 2.16.1 Was sind Portspeicher?

Portspeicher sind eigene Speicherbereiche im Taschenrechner außerhalb des Benutzerspeichers (siehe auch unter 1.3.5.2 auf Seite 33). Die Speicherstruktur wird nicht durch Variable und Verzeichnisse bestimmt, sondern durch benannte Objekte, die nicht größer als 128 kB sein dürfen. Hier wird gezeigt, wie man mit Portspeichern arbeitet.

In allen Portspeichern können nur **Objekte von höchstens 128 kB Größe** gespeichert werden. Selbst wenn der Portspeicher größer ist und noch genügend Speicherplatz aufweist, kann beim Versuch, Objekte >128 kB zu speichern, eine Fehlermeldung kommen. Dann muss man eben die Objekte in Stücke von ≤ 128 kB teilen.

Der Portspeicher wird über die Tastenfolge **[LIB][:x:]** (= [P̂][2][:x:]) aufgerufen, wobei für **[:x:]** eines der Menüfelder **[:0:]**, **[:1:]** oder **[:2:]** zu wählen ist. Dahinter verbergen sich die entsprechenden Menüs mit den gespeicherten Objekten.

## 2.16.2 *Portspeicher im HP 48GX*

**Bild 69: HP 48GX-Speicherkarten, je 128 kB**

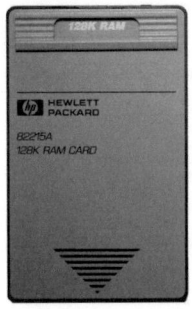

Im HP 48GX ist nur der Portspeicher :0: fest eingebaut. Weitere Portspeicher können auf maximal 2 RAM-Speicherkarten (Maße 54 × 86 × 2 mm, siehe Bild 69) in den Kartenschacht des HP 48GX eingeschoben werden, wobei je 128 kB einen weiteren Portspeicher ergeben. Eine Karte darf maximal eine Speicherkapazität von 4 MB haben, sie kann dann 32 Portspeicher mit je 128 kB bilden.

Jede Speicherkarte hat eine eigene Stromversorgung mit einer 3V-Batterie des Typs CR2016, die am oberen Rand der Karte eingeschoben ist.

Die Portspeicher auf den Speicherkarten des HP 48GX können als ganz normale Portspeicher benutzt werden. Wenn die Speicherkarten herausgenommen werden, dann werden diese Ports im HP 48GX nicht mehr angezeigt. Die Verwendung der Speicherkarten und alle damit zusammenhängenden Probleme sind im Handbuch Lit. [2] in Kapitel 28 beschrieben.

## 2.16.3 *Portspeicher im HP 49G/49g+/50g*

In Lit. [4] ist das Kapitel 11 dem Speicher gewidmet. Auf den Seiten 11-7 und 11-8 ist der Portspeicher beschrieben.

Die Portspeicher :0:, :1: und :2: des HP 49G/49g+/50g sind eigene Speicherbereiche. Beim HP 49g+/50g kommt der Port :3: auf einer handelsüblichen SD-Speicherkarte (SD-Karte siehe unter 2.17 ab Seite 149) hinzu.

Über den Filemanager **[FILES]** kann man den Portspeicher ansehen und verändern, wenn man **0:IRAM**, **1:ERAM** oder **2:FLASH** auswählt und mit **[OK]** aktiviert. Dort sind sogar die einzelnen gespeicherten Objekte gekennzeichnet als DIR, LIST, PROG, GROB (= Grafik-Objekt), ALG, STRNG oder Lxxxx ( = Bibliothek mit der Nummer xxxx).

Während man im Benutzerspeicher Unterverzeichnisse anlegen kann, ist das im Portspeicher nicht möglich, dort kann man nur benannte Objekte als Sicherungs-Objekte anlegen und verwalten.

Die Portspeicher :0: und :1: im HP 49G sind RAMs (engl.: *random access memory* = Benutzerspeicher), die bei Batterieausfall und bei Memory-RESET ihre Inhalte verlieren (flüchtige Speicher). Dagegen bleibt im Portspeicher :2: in diesen Fällen alles erhalten, weil er ein Flash-ROM-Speicher ist (= nicht-flüchtiger Speicher).

> **Achtung:**
> Wenn man den Portspeicher aufruft, dann arbeitet man immer noch im aktuellen Verzeichnis von vorher, das Menü des Portspeichers wird nur darübergeblendet. Links oben auf dem Bildschirm im Header wird nach wie vor das aktuelle Verzeichnis {HOME ........} angezeigt.
>
> Vom Portspeicher kehrt man mit der Taste **[VAR]** ins aktuelle Verzeichnis zurück, oder besser gesagt: Mit **[VAR]** schaltet man die Überblendung wieder aus und zeigt die Variablen des aktuellen Verzeichnisses.
>
> **Begriff:** Das **aktuelle Verzeichnis** ist das, worin man momentan (vor Aufruf des Portspeichers) arbeitet (Arbeitsverzeichnis).

## 2.16.4 Wie arbeitet man mit den Portspeichern?

Den Portspeicher kann man auf 5 verschiedene Arten benutzen:

### 2.16.4.1 Sicherung für Einzeldateien (Objekte).

Man bringt das zu speichernde Objekt (z. B. Variable, Verzeichnis, Programm, String) in den Stack, dann wählt man den Portspeicher und den Namen und dann speichert man.

**Beispiel:** Die Inhalt des Objekts ABC soll im Port :2: abgespeichert werden.
Vorgang:

- Inhalt von ABC mit [↱][ABC] in den Stack bringen,
- dann den Namen :2: ABC mit [¶][::][2](▶)[ABC][ENTER] in den Stack stellen, dort wird dann **2:ABC** angezeigt,
- dann [STO] drücken.
- Im Port :2: findet man dann die Datei ABC.
- Im Port :2: erscheint bei Tastendruck [ABC] der Dateiinhalt im Stack.

### 2.16.4.2 Sicherung für Programme

Sind die Objekte ausführbar (= Programme), dann werden diese im Portspeicher nach Tastendruck auf die zugeordnete F-Taste ausgeführt. Man kann (umständlicher) auch den Inhalt der Programmvariable (mit [↱][*Programmname*]) in den Stack stellen und dann mit der Taste [EVAL] das Programm starten.

Brauchen die Programme Variablenwerte als Eingaben, dann müssen diese im **aktuellen Pfad** vorhanden sein (MERKE: Portmenü ist nur über das aktuelle Verzeichnis darübergeblendet!), und auch der Output des Programms wird im aktuellen Verzeichnis gespeichert. Dass man nach wie vor im aktuellen Verzeichnis arbeitet, ist der große Vorteil, wenn man nur Daten im aktuellen Verzeichnis haben will und die Programme dort nur stören würden. Ohne Verwendung des Portspeichers müsste man in diesem Fall im aktuellen Verzeichnis bei Programmaufruf den Pfad zum Verzeichnis angeben, in dem sich das Programm befindet.

### 2.16.4.3 Sicherung für Verzeichnisse

Man kann auch ganze **Verzeichnisse mit allen Unterverzeichnissen** im Portspeicher sichern. Der Verzeichnisname wird wie ein normaler Variablenname behandelt. Der Inhalt wird dann wie normaler Variableninhalt behandelt. Das gespeicherte Verzeichnis ist im Portspeicher eine normale Variable, deren Inhalt durch Tastendruck angesehen werden kann.

Will man das Verzeichnis wieder voll funktionsfähig haben, muss man es in den Benutzerspeicher zurückspeichern, indem man

- den Inhalt aus dem betreffenden Port in den Stack stellt und
- ins aktuelle Verzeichnis schaltet und dort den Verzeichnisnamen (z.B. 'AAAA') in den Stack stellt und
- dann [STO] drückt.

Das Verzeichnis (z. B. AAAA) wird dann als Unterverzeichnis des aktuellen Verzeichnisses angelegt.

### 2.16.4.4 Sicherung des gesamten Benutzerspeichers (Systemsicherung)

Den Inhalt des gesamten Benutzerspeichers (HOME-Verzeichnis mit allen Unterverzeichnissen) kann man mit dem Befehl **ARCHIVE** in den Portspeicher sichern.

Der Name des Sicherungsobjekts hat die Form *:x: Sicherungsname* , wobei **:x:** die Nummer des Portspeichers bedeutet und für *Sicherungsname* ein zulässiger Name gewählt werden kann.

Vor der Sicherung sollten die aktuellen Flags in Variablen gespeichert werden.

Dazu gibt es unter 4.3.6.1 ab Seite 233 zwei Sicherungsprogramme **ARCH2** und **ARCH3**.

### 2.16.4.5 *Heimatort für Bibliotheken*

Man kann eine Bibliothek als normale Datei in einem beliebigen Verzeichnis unter einem beliebigen Namen oder im Portspeicher speichern, wo dann die sogenannte **library ID** (LIB ID = Bibliotheksnummer) als Dateiname erscheint. Wenn die Bibliothek aktiviert (angebunden) werden soll, MUSS sie in einem Portspeicher gespeichert sein.

**So speichert man eine Bibliothek in den Portspeicher:**
Die Bibliothek wird durch Drücken der zugeordneten Menütaste in die Stackebene 1 gestellt, dort wird dann ein **library object** angezeigt, z.B. **Library 1720: MUSIK**, wobei die Zahl die **library ID** und der Text der Bibliotheksname ist.

Dann gibt man die Nummer des Portspeichers ein, in den man die Bibliothek speichern möchte, z.B. die Zahl **2** für den Port :2:. Der Speichervorgang wird mit dem Tastendruck **[STO]** aktiviert.

Näheres über Bibliotheken siehe unter 2.16.6 ab Seite 148.

### 2.16.5 *Sichern des Portspeicherinhalts*

> Die Inhalte der Portspeicher werden beim Sichern des gesamten Benutzerspeichers mit ARCHIVE nicht mitgespeichert.
>
> Das ist auch vernünftig, weil man nämlich die Sicherung des Benutzerspeichers in jedem Portspeicher ablegen und mit RESTORE wieder zurückholen kann. Würde der Portspeicher mitgesichert, enthielte er die **Sicherung seiner selbst** und würde sich rekursiv aufblähen.

Auf dem PC über Conn4x ist der Portspeicherinhalt nicht zu sehen und folglich auch nicht auf den PC übertragbar. Alle Portspeicher sind aber über den Filemanager **[APPS]** zugänglich, die Inhalte können über COPY beliebig kopiert werden.

Die Portspeicher :0:, :1: und :2: sind auch über **[LIB][:0:]** bis**[LIB][:2:]** zugänglich.

Wie sichert man nun den Inhalt eines Portspeichers?

> Objekte des Portspeichers müssen in ein Verzeichnis des Benutzerspeichers übertragen (kopiert oder verschoben) werden, wenn sie mit ARCHIVE mitgesichert werden sollen. Das gibt nur einen Sinn, wenn man dann mit ARCHIVE über die *Conn4x-Software* in eine PC-Datei sichert.
>
> Zum Verschieben der Dateien ist der **Filemanager** von Vorteil, weil dort alle Inhalte sichtbar und bearbeitbar sind.

Port :3: ist bereits auf einer SD-Speicherkarte gespeichert. Zur Sicherung kopiert man diese Karte auf einen anderen externen Datenträger.

## 2.16.6 Probleme beim Überprüfen von Backups

Holt man einen Backup aus dem Port :2: oder Port :3: in den Stack, weil man ihn ansehen oder überprüfen will, dann muss er neben den schon gespeicherten Inhalten im Benutzerspeicher Platz haben. Ist dies nicht der Fall, dann kommt eine Fehlermeldung „Error: Insufficient Memory".

Mit **FILES** = [¶][APPS] ruft man den Filemanager auf. Dort kann man sich ansehen, wieviel Platz noch in den einzelnen Bereichen HOME (= IRAM), 3:SD (= Port :3:), 2:FLASH (= Port :2:), 1:ERAM (= Port :1:), 0:IRAM (= Port :0:) frei ist.

Bild 70: Anzeige des belegten Speichers

Bild 71: Anzeige des bereinigten Speichers

In Bild 70 wird ein freier Benutzerspeicher in HOME von 24 kB angezeigt. HOME ist der Benutzerspeicher, er ist Teil des IRAM, deshalb wird bei beiden der gleiche freie Speicherplatz angezeigt.

24 kB reichen in keinem Fall für das Speichern des Backups im Stack aus. Nach dem Bereinigen des Speichers (Defragmentieren) mit MEM (siehe unter 4.4.2 auf Seite 235) sind 140 kB frei (siehe Bild 71). Jetzt kann man den Backup in den Stack holen.

## 2.16.7 Wiederherstellen eines gespeicherten Systemzustandes

Im Normalfall holt man beim Wiederherstellen den Inhalt des Backups nicht in den Stack, sondern gibt nur den Namen des Backups an und ruft dann RESTORE auf.

Beim Wiederherstellen von gespeicherten Systemzuständen will man den bestehenden Benutzerspeicher damit überschreiben, also das System neu aufsetzen. Dann ist es unwesentlich, wieviel vom Benutzerspeicher momentan noch frei ist.

Mit RESTORE kann man einen gespeicherten Systemzustand (Systemsicherung) wiederherstellen. Dazu wird der Sicherungsname :x: *Sicherungsname* in den Stack gestellt und **RESTORE** aufgerufen. Der aktuelle Inhalt des Benutzerspeichers im Rechner wird durch die Sicherung überschrieben.

Beispiel:

Bild 72: RESTORE eines Backups

Steht der Backup unter dem Namen **B1112272357** in Port :2:, dann geht man mit **[LIB][:2:]** in den Port :2:, blättert mit **[NXT]** auf die Menüseite, wo der Backup steht und ruft dann **[ENTRY][B1112272357]** auf. Nun steht **2:B1112272357** im Stack (siehe Bild 72). Mit **[RESTORE]** und **[OK]** wird das Wiederherstellen gestartet, wobei der gesamte Benutzerspeicher überschrieben wird.

## 2.17 Die SD-Karte im HP (Port :3:)

Der HP behandelt die SD-Karte als Port :3: (siehe dazu Portspeicher unter 2.16 ab Seite 144). SD-Karten bis 2 GB Kapazität werden vom Taschenrechner akzeptiert.

Nachfolgender Text beschreibt, wie der HP die SD-Karte formatiert, Daten liest und speichert. Es sind auch einige Besonderheiten zu beachten.

### 2.17.1 Einleitung

Im mitgelieferten deutschen Handbuch (Lit. [9]) steht im Kapitel 18 auf Seite 18-1, dass in Port :3:, also auf der SD-Karte, keine Unterverzeichnisstruktur angelegt werden kann. Möglicherweise werde dies aber in einer späteren Version möglich sein, wobei die aktuelle Version, auf die sich diese Aussage bezieht, nicht genannt ist.

### 2.17.2 Offizielle Dokumentation von HP

Im Internet auf der Seite des Herstellers sind Beiträge (**Training Modules**) zu finden, die nähere Auskunft über spezielle Themen geben. Auf der mit dem HP 50g mitgelieferten CD-ROM ist innerhalb der *Learning Modules* das Archiv *50g.zip* und darin die Datei *50g Using an SD-Card.pdf* zu finden, in der die von HP zusammengestellten Instruktionen enthalten sind.

### 2.17.3 Formatieren der SD-Karte

Da man die SD-Karte über einen Kartenleser im PC wie ein zusätzliches Festplattenlaufwerk benutzen kann, ist es auch möglich, eine Verzeichnisstruktur auf der Karte anzulegen. Neue Karten müssen auf jeden Fall zuerst mit der **FAT16-Filestruktur** (DOS/Windows) formatiert werden, damit sie im PC und auch im HP korrekt funktionieren. Der HP erkennt nur die FAT16-Struktur, FAT32 erkennt er nicht.

#### 2.17.3.1 Formatieren auf dem PC

Formatiert wird mit dem DOS-Befehl, der im Startmenü unter „Ausführen" eingegeben wird:

**FORMAT %Laufwerk% /FS:FAT /V:HPKarte /A:8192**

wobei anstelle von **%Laufwerk%** der Laufwerksbuchstabe der SD-Karte mit Doppelpunkt (z.B. **F:**) zu setzen ist.

Der Schalter **/FS:FAT** darf nicht fehlen, hierdurch wird die FAT16-Struktur angelegt.

Ebenso ist **/A:8192** erforderlich, um die Größe der Speicher-Zuordnungseinheit festzulegen. Die mit **/V:** festzulegende Datenträgerbezeichnung wird im Windows-Explorer als Laufwerksname der SD-Karte angezeigt, diese Angabe ist optional. Diese Bezeichnung erscheint auf der Karte als leerer String mit diesem Stringnamen.

#### 2.17.3.2 Formatieren im HP-Taschenrechner

Im HP 49G+ (bis ROM-Version 2.0) muss die Tastenkombination **[ON]&[F4]** aufgerufen werden, um ins Systemtestmenü zu gelangen. Dort rufe man im Menü Punkt 9 auf. Mit einem Warmstart **[ON]&[F3]** gelangt man wieder zurück.

Ab ROM-Version 2.0 ist die Formatiermöglichkeit **im Filemanager** vorhanden, der mit **[FILES]** (siehe dazu Menüfeld [FORMAT] in Bild 70 auf Seite 148) aufgerufen wird. Bei **[ON]&[F4]** ist FORMAT im Menü nicht mehr vorhanden.

Sind die vorgesehenen Verzeichnisnamen und die Namen der zu speichernden Objekte auch für den HP zulässig und gültig (und wenn es keine Fremddaten sind), so kann der Taschenrechner mit der so präparierten Karte korrekt arbeiten.

### 2.17.4 Anlegen einer Verzeichnisstruktur in Port :3:

Unterverzeichnisse werden, je nach Systemumgebung, mit Slashes (Schrägstrich rechts „/") oder Backslashes (Schrägstrich links „\") in der Pfadangabe gegeneinander getrennt. Slashes können beim HP nicht direkt eingegeben werden, weil sie einen Namen in zwei Teile trennen und eine (fehlerhafte) Division einleiten würden. Backslashes haben beim HP bestimmte Funktionen in Strings (siehe unter 2.8 ab Seite 102).

Wenn man Objekte in Unterverzeichnissen von Port :3: speichern will, so muss man **beim Speichern des ersten Objekts** nach der folgenden Anleitung vorgehen:

1. RPN-Modus einstellen.
2. Objekt in den Stack bringen.
3. Den kompletten, in Port :3: vorgesehenen Pfadnamen des Objekts in den Stack eingeben. Dabei wird der volle Pfadname, den das Objekt in Port :3: erhalten soll, in Anführungszeichen gesetzt und darin die einzelnen Unterverzeichnisse durch Slashes getrennt. Die Portnummer selbst steht nicht in Anführungszeichen.
4. Dann die Taste [STO] betätigen.

**Hierzu ein Beispiel.**

Ein Programm mit dem Namen **Prog1** soll in das Unterverzeichnis **V2** gespeichert werden. V2 soll ein Unterverzeichnis von V1 sein, und dieses wiederum soll im Verzeichnis **PROG** in Port :3: liegen.

- Das Programm durch [ʼ][Prog1] in den Stack bringen.
- Den vollen Pfadnamen :3:"PROG/V1/V2/Prog1" in den Stack eingeben.
- Die Taste [STO] drücken.

Diese Verzeichnisstruktur wird damit in Port :3: angelegt und das Objekt dort gespeichert. Nun überzeuge man sich im Filemanager, aufzurufen durch [APPS](▲)[OK], vom Erfolg dieser Aktion: Im Filemanager wird in Port :3: zuerst PROG angezeigt. Mit der Taste (▶) wechselt man ins Unterverzeichnis V1, nochmals mit (▶) kommt man ins Unterverzeichnis V2. Dort findet man **Prog1**, gekennzeichnet als Typ "Prog". Das Programm lässt sich mit EVAL dort direkt starten. Steckt man die SD-Karte in den Kartenadapter und überprüft das Ganze auf dem PC, so sieht man dort die entsprechenden Verzeichnisse (Pfade in der Statusleiste haben dort Backslashes!).

### 2.17.5 Löschen von Verzeichnissen in Port :3: nicht möglich

Alle Objekte in den Verzeichnissen des Ports :3: können im Filemanager mit PURGE gelöscht werden, allerdings die Verzeichnisnamen selbst nicht.

Auch die Eingabe des vollen Pfadnamens im Stack und ein anschließendes PURGE funktionieren nicht. Auch nicht, wenn man jedes Verzeichnis einzeln „von unten her" löschen will.

Wie das Löschen der Verzeichnisse auf der Karte auf dem HP funktioniert, habe ich noch nicht erforscht. Man kann aber diese Verzeichnisse auf der SD-Karte unter Windows auf dem PC oder im Pocket-PC ganz normal löschen.

## 2.17.6  Dokumentation, Tools und Backup auf der Speicherkarte

### 2.17.6.1  Fremddaten auf der SD-Karte

Auf der Speicherkarte kann man nicht nur HP-Objekte speichern, sondern (wenn die Speicherkapazität auf der SD-Karte groß genug ist) auch die gesamte Dokumentation für diesen Taschenrechner mit allen PDF- und HTML-Dateien unterbringen. Diese können durchaus in Verzeichnissen und Unterverzeichnissen organisiert sein. Der Filemanager meldet dann zwar „Undefined Name", wenn keine gültigen HP-Verzeichnisnamen verwendet werden, aber der Taschenrechner toleriert die Existenz dieser fremden Karteninhalte in Port :3:.

Man kann sämtliche Dateien der HP-Dokumentation (z. B. dieses Buch) sowie die PDF-Dateien mit den offiziellen HP-Handbüchern auf die SD-Speicherkarte legen. Die SD-Speicherkarte kann man mit einem Pocket-PC lesen. Pocket-PC und HP-Taschenrechner kann man überall hin mitnehmen. So stehen auf der SD-Speicherkarte alle Beschreibungen und Tools immer zur Verfügung. Braucht man ein Tool oder ein Programm auf dem HP-Taschenrechner, dann übernimmt man das betreffende Objekt von der SD-Karte (Port :3:) in den Taschenrechner.

### 2.17.6.2  Schreibschutzschalter der SD-Karte

Auch Backups des Taschenrechners sollte man immer in **Port :3:** ablegen. Die SD-Karte kann man mit einem Schalter schreibgeschützt machen (Stellung: „Lock"). Das ist eine Sicherung, die jeden Batterieausfall und jedes PURGE übersteht.

Der Schreibschutz der SD-Karte hat allerdings einige Tücken. Der HP liest den Status des Schreibschutzschalters nicht immer richtig ein. So kann man in bestimmten Fällen auch bei Schreibschutz auf die SD-Karte schreiben und auch ohne Schreibschutz bekommt man manchmal bei einem Schreibversuch die Meldung „Disk protected". Das Verhalten hängt davon ab, in welchem Betriebszustand sich der HP zum Zeitpunkt des Einsetzens der SD-Karte befindet. Deshalb sollte man darauf achten, dass jede SD-Karte vor dem Einschalten des HP eingesteckt wird und vor Gebrauch im HP richtig formatiert ist.

## 2.18  Erzeugung von Bibliotheken

Voraussetzung für die Erzeugung einer Bibliothek auf dem HP-Taschenrechner ist das Vorhandensein eines Verzeichnisses (directory) mit den Objekten (Programmen, Variablen, Funktionen), die in einer Bibliothek enthalten sein sollen.

Als geeignetes Beispiel soll das Programmverzeichnis MUSIK (siehe Kapitel 6 ab Seite 262) dienen. Zur Vorbereitung wird empfohlen, vorher das Kapitel 6 zu lesen und das Verzeichnis MUSIK mit den Musikprogrammen auf den HP zu übertragen. Die folgenden Erläuterungen gehen davon aus, dass dieses Verzeichnis **MUSIK**, so wie es beschrieben ist, auf dem HP-Taschenrechner des Anwenders existiert. Es wird empfohlen, vorher auch die Erläuterungen zum Portspeicher unter 2.16 auf Seite 144 zu lesen.

### 2.18.1  Der eingebaute Bibliotheks-Erzeuger (Library Creator)

Im Gegensatz zum HP 48GX haben die Modelle HP 49G, HP 49g+ und HP 50 G die Fähigkeit, Bibliotheken selbst zu erzeugen, ohne dass dazu ein anderer Computer erforderlich ist. Der Befehl **CRLIB** (create library) startet den eingebauten **Library Creator**. Nähere Erläuterungen folgen weiter unten.

## 2.18.2 Definitionsvariablen anlegen

Bevor eine Bibliothek erzeugt werden kann, muss das in eine Bibliothek umzuwandelnde Verzeichnis „präpariert" werden, damit der Befehl **CRLIB** die nötigen Angaben bekommt, um eine funktionierende Bibliothek daraus erzeugen zu können. Das Verzeichnis MUSIK wird nun als aktuelles Verzeichnis geöffnet.

Zunächst müssen spezielle Definitionsvariablen im aktuellen Verzeichnis angelegt werden, die diese Bibliothek definieren:

**Tabelle 32: Definitionsvariablen zur Erzeugung von Bibliotheken**

| Variable | Erläuterungen und Hinweise |
| --- | --- |
| $TITLE | Titel der Bibliothek (als String in Anführungszeichen abspeichern). Hierin wird der Name MUSIK abgespeichert. |
| $ROMID | Diese Variable muss eine Zahl zwischen 769 und 1792 enthalten, die auch LIB-ID (library identification) genannt wird. Wir speichern die Nummer **1720** (Jahreszahl, als Erinnerung an Bach's „Wohltemperiertes Klavier"). <br><br>**Achtung!** <br>Es dürfen keine bestehenden Menü-Nummern und keine vorhandenen Bibliotheksnummern gewählt werden (siehe unter 2.10.5 auf Seite 119). |
| $CONFIG | In dieser Variablen steht das "library configuration object", das beim Warmstart ausgeführt wird. Die Zahl 1 (default configuration object) führt den ATTACH mit der in $ROMID gespeicherten LIB-ID durch. Andere Inhalte der Variablen $CONFIG sollten nur genommen werden, wenn man genau weiß, was sie bewirken (evtl. Beiträge bei www.hpcalc.org lesen). Sicherheitshalber wird als Inhalt die Zahl 1 gewählt. |
| $VISIBLE | Diese Variable muss eine Liste von Variablen des aktuellen Verzeichnisses enthalten, die in der Bibliothek verfügbar sein und im Menü der aufgerufenen Bibliothek sichtbar sein sollen. <br>Inhalt siehe unten. |
| $HIDDEN | Diese Variable muss eine Liste von Variablen des aktuellen Verzeichnisses enthalten, die in der Bibliothek verfügbar sein, aber im Menü der aufgerufenen Bibliothek nicht sichtbar sein sollen. <br>Inhalt siehe unten |
| $VARS | Diese Variable muss eine Liste von Variablen des aktuellen Verzeichnisses enthalten, die nicht in die Bibliothek eingebunden werden sollen, weil ihr Inhalt beim Arbeiten mit der Bibliothek veränderbar bleiben soll. <br>Inhalt siehe unten |
| $EXTPRG | Mit Hilfe dieser Variablen können zu den fest eingebauten Menüs (z.B. APPS, STATS) zusätzliche Befehle hinzugefügt werden, die in einer benutzerdefinierten Bibliothek hinterlegt werden müssen. Nähere Informationen darüber sind über www.hpcalc.org zu bekommen. Deshalb wird hier auf eine nähere Erläuterung verzichtet. <br>Diese Variable verwenden wir hier nicht. |

Nun fehlen noch die Inhalte für $VISIBLE, $HIDDEN und $VARS. Der Befehl **VARS** erzeugt eine Liste mit **allen** Variablen des Verzeichnisses MUSIK, wie nachfolgend gezeigt:

{ *$VARS* *$HIDDEN* *$CONFIG* *$TITLE* *$ROMID* *$VISIBLE* Info <u>GT</u> GTA ELISE HANS TONF <u><u>INF1 NOTE</u></u> C0 CS0 D0 DS0 E0 F0 FS0 G0 GS0 A0 B0 H0 C1 CS1 D1 DS1 E1 F1 FS1 G1 GS1 A1 B1 H1 C2 CS2 D2 DS2 E2 F2 FS2 G2 GS2 A2 B2 H2 C3 CS3 D3 DS3 E3 F3 FS3 G3 GS3 A3 B3 H3 P }.

Aus dieser Liste werden die Inhalte für die genannten Definitionsvariablen ausgewählt. Die **kursiven Variablen** sind die Definitionsvariablen selbst.

### 2.18.2.1  Die Definitionsvariable $VISIBLE

Im Bibliotheksmenü sollen diejenigen Variablen sichtbar sein, die zum Programmieren von Liedern und Musikstücken gebraucht werden.

In $VISIBLE werden diejenigen Variablen aus obigem Kasten ausgewählt, die sichtbar sein sollen, also

{Info GTA ELISE HANS TONF C0 CS0 D0 DS0 E0 F0 FS0 G0 GS0 A0 B0 H0 C1 CS1 D1 DS1 E1 F1 FS1 G1 GS1 A1 B1 H1 C2 CS2 D2 DS2 E2 F2 FS2 G2 GS2 A2 B2 H2 C3 CS3 D3 DS3 E3 F3 FS3 G3 GS3 A3 B3 H3 P }.

**Achtung:** Der Inhalt dieser Variablen wird Teil der Bibliothek. Diese Variablen werden durch Einbinden in die Bibliothek zu Konstanten, sie sind während des Ablaufs der Menüfunktionen nicht veränderbar. Wenn diese Inhalte geändert werden sollen, dann muss das ursprüngliche Verzeichnis MUSIK geändert und die Bibliothek neu erzeugt werden.

### 2.18.2.2  Die Definitionsvariable $HIDDEN

Die Definitionsvariable $HIDDEN enthält diejenigen Variablen, die zwar mit ihrem Inhalt zur Verfügung stehen müssen, aber im Menü der aufgerufenen Bibliothek nicht sichtbar sein sollen. $HIDDEN bekommt die oben **doppelt unterstrichenen** Variablen als Inhalt: {**INF1 NOTE**}. INF1 enthält den für **Info** hinterlegten Inhalt, der nur stören würde, wenn er im Menü sichtbar wäre. NOTE enthält die Frequenzen für die Musiknoten des Programms TONF.

**Achtung:** Auch der Inhalt dieser Variablen wird Teil der Bibliothek. Diese Variablen werden durch Einbinden in die Bibliothek zu Konstanten, sie sind während des Ablaufs der Menüfunktionen nicht veränderbar. Wenn diese Inhalte geändert werden sollen, dann muss das ursprüngliche Verzeichnis MUSIK geändert und die Bibliothek neu erzeugt werden.

### 2.18.2.3  Die Definitionsvariable $VARS

Inhalt: { **GT** }.

Der Inhalt der Variablen GT soll verändert werden können, deshalb darf sie nicht in die Bibliothek eingebunden werden, sondern muss im aktuellen Verzeichnis vorhanden sein (oben im Kasten einfach unterstrichen).

**Achtung:** Alle in $VARS enthaltenen Variablen werden nicht in die Bibliothek übernommen. Sie müssen im aktuellen Verzeichnis vorhanden sein.

### 2.18.3  *Aktivieren und Aufruf von CRLIB*

Nachdem die Definitionsvariablen angelegt sind und den richtigen Inhalt haben, kann **CRLIB** aufgerufen werden, um die gewünschte Bibliothek auf dem HP 49G, HP 49g+ oder HP 50g zu erzeugen.

Wenn der Befehl **CRLIB** auf dem HP-Taschenrechner noch nicht funktioniert, dann muss er erst einmal aktiviert werden.

CRLIB ist in der versteckten Entwicklungs-Bibliothek Nr. 256 (built-in library, siehe unter 2.19 ab Seite 156) des HP enthalten, die auch als „Hacker's toolkit" bezeichnet wird.

Die Aktivierung (Anbindung) dieser Bibliothek Nr. 256 erfolgt durch **256 ATTACH** im RPN-Modus oder **ATTACH(256)** im algebraischen Modus.

Nun wird **CRLIB** aufgerufen. Nach kurzer Zeit erscheint im Stack die Anzeige: **Library 1720: MUSIK**

Dies ist das gewünschte Library-Objekt, das in eine beliebige Variable gespeichert werden kann. Hier im aktuellen Beispiel wird es in die Variable MLIB gespeichert. Damit ist es vom Stack verschwunden.

### 2.18.4 Bemerkungen zum Speichern und Anbinden

#### 2.18.4.1 Speichern der Bibliothek

Man kann eine Bibliothek als normale Datei in einem beliebigen Verzeichnis unter einem beliebigen Namen (wie hier in MLIB) speichern. Speichert man sie in einem Portspeicher, dann erscheint die sogenannte **library ID** (LIB-ID = Bibliotheksnummer) als Dateiname. Wenn die Bibliothek aktiviert (angebunden) werden soll, **muss** sie in einem Portspeicher gespeichert sein.

#### 2.18.4.2 Bibliothek anbinden (aktivieren)

Die Bibliotheken sind von allein nicht aktiv. Man muss sie erst aktivieren (anbinden).

Bibliotheken kann man an jedes Verzeichnis **anbinden** und dann von dort und von allen darunterliegenden (Unter-)Verzeichnissen aus aufrufen. Üblicherweise bindet man eine Bibliothek aber an das HOME-Verzeichnis an, dann sind deren Programme global (d.h. in allen Verzeichnissen) verfügbar.

Angebunden wird die Bibliothek, indem man ihre Nummer in den Stack stellt und dann aus dem gewünschten Verzeichnis heraus **ATTACH** aufruft.

#### 2.18.4.3 Welche Bibliotheken sind angebunden?

Mit dem Befehl **LIBS,** einzugeben in die Befehlszeile oder aufzurufen über **[CAT][LIBS]**, kann man feststellen, welche Bibliotheken angebunden sind.

Nähere Erläuterungen über ATTACH, DETACH, PVARS und LIBS stehen in Lit. [10] oder Lit. [13] bei den entsprechenden Befehlen.

#### 2.18.4.4 Bibliothek abhängen (deaktivieren)

Eine Bibliothek kann wieder abgehängt (deaktiviert) werden, wenn man in dem Verzeichnis, in dem man sie angebunden hat, die Bibliotheksnummer in den Stack stellt und **DETACH** aufruft.

#### 2.18.4.5 Aktuelles Verzeichnis (Arbeitsverzeichnis)

Auch wenn man mit einer Bibliothek arbeitet, das Menü aktiviert und Variableninhalte erzeugt, so arbeitet man immer noch im aktuellen Verzeichnis (Arbeitsverzeichnis) des Benutzerspeichers. Das Bibliotheksmenü ist nur „darübergeblendet" (siehe Erläuterungen über den Portspeicher unter 2.16 ab Seite 144).

## 2.18.5 *Speichern und Anbinden der erzeugten Bibliothek*

Um das in unserem Fall vorher in MLIB gespeicherte **library object** wieder in den Stack zu stellen, wird die zugeordnete F-Taste gedrückt. Nun erscheint die Stackanzeige: **Library 1720: MUSIK**.

Nach Eingabe der Nummer des Portspeichers, in den die Bibliothek gespeichert werden soll, also für Port :1: die Portnummer **1** (als Zahl ohne die Doppelpunkte), wird **[STO]** aktiviert. Der Stackinhalt verschwindet und im Port :1: ist nun ein Objekt **1720** vorhanden. Das ist die Bibliothek MUSIK.

Diese muss noch „angebunden" werden. Im HOME-Verzeichnis wird eingegeben: **1720 ATTACH**, oder es wird ein Warmstart mit **[ON]&[C]** durchgeführt.

Nach Aufruf von **LIB** = [▶'][2] erscheint links neben den Portspeichern das Menüfeld [MU-SIK]. Nach Aktivieren erscheint das Menü der Bibliothek auf dem Bildschirm. Links oben in der Anzeige wird das HOME-Verzeichnis angezeigt: Das heißt, das aktuelle Verzeichnis ist HOME, das Menü der Bibliothek ist nur „darübergeblendet"

Wenn die Bibliothek hergestellt, im Portspeicher abgelegt und angebunden ist, könnte der Inhalt des ursprünglichen Verzeichnisses MUSIK gelöscht werden. Selbstverständlich kann bei Bedarf auch wieder ein spezielles Musikverzeichnis angelegt werden. Aber es ist besser, man bewahrt das Original (am besten im Port :2:) auf. Auf die Bibliothek kann aus jedem Verzeichnis zugegriffen werden.

## 2.18.6 *Bibliotheksbefehle im Katalog [CAT]*

Die Befehle, Variablen und Funktionen der angebundenen Bibliotheken erscheinen im Katalog **[CAT]**. Während die Befehle der **eingebauten Bibliotheken** sich dort in der Schreibweise von den Originalbefehlen des HP nicht unterscheiden, erscheinen die Befehle der **externen** an das HOME-Verzeichnis angebundenen (benutzerdefinierten) Bibliotheken im Katalog *in Kursivschrift*.

Bei Lieferung des HP sind im Katalog nur die System-Befehle enthalten. Später, wenn dann die Befehle von internen oder externen Bibliotheken dazukommen, erhöht sich die Anzahl. Die eingebaute Bibliothek Nr. 256 hat 35 Befehle, unsere MUSIK-Bibliothek bringt es auf 55 Eintragungen in [CAT].

## 2.18.7 *Bibliothek erzeugen mit den Operating Tools OT49*

Die **Operating Tools OT49** (Autor: *Prof. Dr. Wolfgang Rautenberg*) enthalten eine Sammlung praktischer Befehle und Funktionen für den HP-Programmierer.

Hier sollen aus OT49 nur die beiden Funktionen des Befehls **D↔L** betrachtet werden.

### *2.18.7.1 Bibliothek erzeugen mit D↔L*

**OT49** liegt selbst als Bibliothek vor und enthält einen sehr praktischen Befehl **D↔L** zur Umwandlung eines Verzeichnisses in eine Bibliothek.

**Alle oben gezeigten Arbeiten übernimmt der Befehl D↔L.** Er erzeugt bei der ersten Verwendung die nötigen $-Variablen, die man dann verändern (editieren) kann. Dann wiederholt man den Befehl mit den veränderten Variablen und speichert die endgültige Bibliothek in den Portspeicher.

## 2.18.7.2 Bibliothek splitten mit D↔L

Derselbe Befehl **D↔L** kann aber auch dazu benutzt werden, aus einer vorhandenen Bibliothek wieder ein Verzeichnis (Quellverzeichnis genannt) mit den ursprünglichen Programmen herzustellen. Das nennt man „Splitten einer Bibliothek", dies ist ebenso wichtig wie das „Erzeugen".

Man kann dadurch eine vorhandene Bibliothek später ergänzen, verändern oder aus fremden Bibliotheken einen schönen Befehl herausziehen, ohne die ganze Bibliothek behalten zu müssen. Dazu muss man splitten (zerlegen) können. Man stellt die LIB-ID in den Stack und ruft **D↔L** auf. Es wird ein Verzeichnis **s###** erzeugt, wobei ### die LIB-ID darstellt.

## 2.19 Entwicklungsbibliothek 256

Die Entwicklungs-Bibliothek 256 ist im ROM des HP-Taschenrechners enthalten. Sie ist nicht von Anfang an aktiviert, sondern sie muss also vor Gebrauch „angebunden" werden. Dies geschieht mit der Befehlsfolge **256 ATTACH** im RPN-Modus oder mit **ATTACH(256)** im algebraischen Modus.

Bei jedem Warmstart wird sie wieder automatisch „abgehängt" und muss für den weiteren Gebrauch erneut angebunden werden.

Nur für Assembler-Programmierer und fortgeschrittene Anwender werden im nachfolgenden Text die Befehle aufgelistet. Diese sind auch in Lit. [10] (Kapitel 6) zu finden.

Bevor man mit Befehlen aus dieser Bibliothek experimentiert, sollte man unbedingt eine Sicherung des gesamten Rechnerinhalts durchführen (Sicherung siehe unter 4.3.6 auf Seite 233).

### 2.19.1 *Liste der Befehle*

(Englische Begriffe werden nicht übersetzt)

Die Entwicklungs-Bibliothek 256 ist in Lit. [10] Kapitel 6 abgehandelt. Hier in der Tabelle 33 sind die Befehle eingetragen.

Siehe auch Notation unter 1.2 ab Seite 25.

**Tabelle 33: Liste der Befehle für die Bibliothek 256**

| Befehle, alphabetisch | Eingabe →Ausgabe | Erläuterungen |
|---|---|---|
| APEEK | #adr → #value | gibt den 5-Nibble[20]-Wert aus, der an der angegebenen Adresse gespeichert ist. |
| ASM→ | CODE/ #StartAdr #EndAdr → string | gibt den Assemblercode zwischen zwei Adressen als String aus. |
| ASM | siehe Handbuch Lit. [10] Kapitel 6 | |
| A→ | #adr → object | gibt den Objektnamen des an der angegebenen Adresse gespeicherten Objektes aus. |
| →A | object → #adr | gibt die Adresse des angegebenen Objektes aus. |
| A→H | #adr → string | gibt die angegebene Adresse als String aus. |

---

[20] Nibble ist ein halbes BYTE, also 4 Bit

| Befehle, alphabetisch | Eingabe →Ausgabe | Erläuterungen |
|---|---|---|
| H→A | string → #adr | gibt die Adresse aus, die durch den angegebenen String repräsentiert wird. |
| BetaTesting | → String | gibt die Vornamen der Beta-Tester als String aus |
| CD→ | CODE → string | gibt den Assemblercode als String aus |
| →CD | string → CODE | gibt den String als Assemblercode aus |
| COMP→ | Composit → N objects | INNERCOMP, zerlegt ein zusammengesetztes Objekt in N Einzelobjekte |
| CRC | string → #CRC | gibt die CRC eines Strings (ohne die 4 letzten Nibbles) aus. |
| CRLIB | siehe unter 2.16.6 ab Seite 148 | erzeugt eine Bibliothek |
| ER | | im Handbuch nicht beschrieben |
| →H | object → string | zeigt die Speicherdarstellung eines Objekts als String (gives the memory representation of an object) |
| H→ | string → object | umgekehrte Operation von →H |
| S→H | string → string | zeigt die Speicherdarstellung vom Inhalt des Strings (gives the memory representation of the contents of a string) |
| H→S | string → string | umgekehrte Operation von S→H |
| LC~C | Long complex/complex → complex/Long Complex | konvertiert eine komplexe Zahl in eine „Long complex" und umgekehrt |
| LR~R | real/long real → long real/real | konvertiert eine „long real"-Zahl in eine „real"-Zahl und umgekehrt |
| MAKESTR | zahl → string | gibt einen String mit angegebener Länge aus. |
| PEEK | #adr #size → string | gibt den Speicherinhalt der Adresse mit der angegebenen Anzahl von Nibbles aus (gives the memory contents at the address on size nibbles) |
| POKE | #adr string → | schreibt n Nibbles in den Speicher bei der angegebenen Adresse beginnend (write *n* nibbles in memory starting at the specified address) |
| R~SB | system binary/real → real/system binary | konvertiert eine „real"-Zahl in eine Systembinärzahl (system binary) und umgekehrt |
| SB~B | system binary/binary integer → binary integer/system binary | konvertiert eine Systembinärzahl (system binary) in eine Binärintegerzahl (binary integer) und umgekehrt |

| Befehle, alphabetisch | Eingabe →Ausgabe | Erläuterungen |
|---|---|---|
| SERIAL | → string | gibt einen String aus, der die Seriennummer enthält. Diese stimmt nicht mit der auf der Rückseite des HP 49G eingravierten Nummer überein. |
| SREV | string → string | kehrt die Reihenfolge der Zeichen in einem String um; aus "12345abcd" wird "dcba54321" und umgekehrt |
| S~N | ID/name → string/ID | konvertiert einen Objektnamen in einen String und umgekehrt; aus 'Name' wird "Name" und umgekehrt. |
| →S2 | object → string | Dekompiliert eine Objekt im System RPL Modus |
| →ALG | object → object | konvertiert ein zusammengesetztes Objekt (composit) in ein algebraisches |
| →LST | object → list | konvertiert ein zusammengesetztes Objekt (composit) in eine Liste |
| →PRG | object → program | konvertiert ein zusammengesetztes Objekt (composit) in ein Programm |
| →RAM | ROMobject → RAMobject | kopiert ein Objekt in den RAM-Speicher, auch wenn es ein ROM-basiertes Objekt ist (copy an object in ram even if it was a rom based object) |
| XLIB~ | real real → XLIB<br>binary real → XLIB<br>real binary → XLIB<br>binary binary → XLIB | konvertiert reelle und Binärzahlen zu XLIB |

## 2.19.2 *Aufrufe*

Falls die Bibliothek Nr. 256 angebunden ist, sind die oben beschriebenen Befehle

1. über den Katalog [CAT],
2. über Tasten-Menüs (dazu vorher **256 MENU** im RPN-Mode eingeben oder mit **[APPS] [Development lib] [OK]** aus Anwendungsmenü auswählen) oder
3. per Programm (als Programmbefehle)

aufrufbar.

Für den Normalanwender, der sich noch nicht mit Assemblerprogrammierung beschäftigt hat, sind nur fünf Befehle interessant:

**Tabelle 34: Von Normalanwendern meist verwendete Befehle der Bibliothek 256**

| Befehl | Erläuterung |
|---|---|
| S~N | aus 'Name' wird "Name" und umgekehrt |
| SREV | aus "12345abcd" wird "dcba54321" und umgekehrt |
| CRLIB | siehe unter 2.16.6 ab Seite 148 |
| BetaTesting | Namen der Tester |
| SERIAL | Ausgabe der Seriennummer des Rechners; stimmt nicht mit der auf der Rückseite aufgeklebten Nummer überein. |

Die anderen Befehle dienen dem fortgeschrittenen System-Programmierer dazu, die Speicheradressen umzurechnen und die interne Darstellung der Objekte zu bekommen. Als Anfänger sollte man diese Befehle nicht anwenden, solange man nicht weiß, was sie bewirken oder was sie kaputtmachen können.

Will man Befehle aus dieser Bibliothek in einem normalen Benutzerprogramm verwenden, dann sollte man am Programmanfang die Bibliothek anbinden und am Schluss wieder abhängen: `«256 ATTACH ...<Programmbefehle> .... 256 DETACH»`.

## 2.20 Arbeiten mit Bibliotheken

Die HP-Taschenrechner haben einige fest eingebaute Bibliotheken. Außerdem können externe Bibliotheken installiert werden.

### 2.20.1 Bibliotheken auf dem HP 48GX

Beim HP 48GX ist die *Gleichungsbibliothek* (*Equation Library*) fest eingebaut. Der Zugriff erfolgt mit [f][3] = [f][EQ LIB]. Das Menü ist über [¶][EQ LIB] aufrufbar. Eine genaue Beschreibung aller Funktionen und Gleichungen ist in Lit. [3] im Kapitel 4 *Equation Reference* zu finden. Deshalb erübrigt sich hier eine Beschreibung.

Zweckmäßig ist es, die **LIB 1026 XSrvr: XMODEM-Server** zu installieren. Sie ermöglicht die Verwendung des neuen Verbindungsprogramms Conn4x.exe zur Verbindung mit dem PC. Die Installation kann direkt über dieses Programm erfolgen, man folgt einfach den Hinweisen auf dem Bildschirm.

Bibliotheken, die für den HP 48GX hergestellt sind, können nicht auf den anderen Modellen verwendet werden. Ebenso sind Bibliotheken der Rechner HP 49G/49g+/50g nicht auf dem HP 48GX lauffähig.

Da der HP 48GX Bibliotheken nicht selbst erzeugen kann, gibt es das MSDOS-Programm USRLIB.EXE, mit dem Bibliotheken für den HP 48GX auf dem PC extern erzeugt werden können. Diese können mit der Windows-Verbindungssoftware Conn4x.exe auf den HP 48GX übertragen werden. Näheres findet man unter www.hpcalc.org.

### 2.20.2 Bibliotheken auf dem HP 49G

Beim HP 49G ist nur die Entwicklungsbibliothek LIB 256 fest eingebaut. Sie ist über **[APPS][12]** aufzurufen.

Mitgeliefert wird auf Port :2: die **LIB 1234 HPDEMO**. Wenn man sie mit `1234 ATTACH` anbindet, kann man nach Aufruf eine Bildschirm-Animation ablaufen sehen. Sie wird mit **CANCEL** beendet und mit `1234 DETACH` wieder abgehängt.

Die Gleichungsbibliothek fehlt, kann aber mit dem englischsprachigen Tool **EQL+** (Autor: *Prof. Dr. Wolfgang Rautenberg*) nachgerüstet werden.

### 2.20.3 Bibliotheken auf dem HP 49g+

Beim HP 49g+ ist die Gleichungsbibliothek mit den LIBs 226 und 227 wieder vorhanden. Sie ist mit **[APPS][12]** aufzurufen. Die Beschreibung ist in Lit. [10] im Kapitel 5 zu finden.

Auch die Entwicklungbibliothek LIB 256 ist vorhanden, aufzurufen mit **[APPS][13]**. Die Beschreibung ist in Lit. [10] in Kapitel 6 zu finden.

## 2.20.4 Bibliotheken auf dem HP 50g

Beim HP 50g sind, wie bei HP 49g+, die Gleichungsbibliothek LIB 226 und 227 und die Entwicklungsbibliothek LIB 256 fest eingebaut.

Außerdem ist, erstmalig bei einem HP-Taschenrechner, auch die *Periodic Table* (*Periodensystem der chemischen Elemente*) LIB 229 fest eingebaut.

Alle fest eingebauten Bibliotheken sind unter [APPS] zu finden.

### 2.20.4.1 LIB 229 (Periodic Table)

LIB 229 ist das *Periodensystem der chemischen Elemente* (*Periodic Table*) auf dem HP 50g. In Lit. [13] auf Seite B-5 steht eine Tabelle „*Properties of Elements*" (*Eigenschaften der Elemente*), wo Angaben über diese LIB 229 zu finden sind:

> Zitat:
> Notes about properties: Mass number for a stable element is based on the isotope with the highest percent abundance; for a radioactive element, it's based on the longest half-life. Density for a gas is at 273 K with units of g/l; for others, it's at 300 K with units of g/cm$^3$. Oxidation states are in order of most stable to least stable. Atomic volume for a gas is for its liquid state at the boiling point; for others, it's dervied from the density at 300 K. Thermal conductivity is measured at 300 K. Electrical conductivity is measured at 293 K. Data in the Periodic Table application is based on the „Periodic Table of the Elements" published by Sargent-Welch Scientific Company, a VWR Company, and is used by permission. (Zitatende)

Aufruf der Periodentafel mit [APPS][13]. Das Menü besteht aus den Feldern [PERTBL], [PTPROP], [MOLWT] und [PERINFO].

Nach dem Aufruf des Menüfelds [PERTBL] erscheint die Periodentafel als Grafik, in der man mit den Cursortasten ein Element markieren kann. In Bild 73 ist das Feld für *Aluminium* markiert. Drückt man [ENTER], dann erscheinen sofort die Eigenschaften des Elements, siehe Bild 75.

**Bild 73: Periodensystem der Elemente**

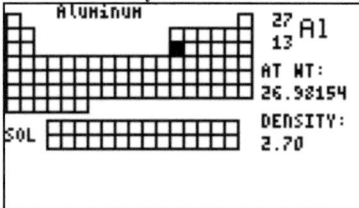

Mit [TABLE], [NAME] und [SYMB] kann man zwischen der Tafel (in Bild 73 zu sehen), der alphabetischen Liste der Namen der Elemente (in Bild 74 zu sehen) und der Liste der alphabetisch geordneten Symbole hin und her schalten. [ATWT] stellt das Atomgewicht des markierten Elements in den Stack, [DENS] stellt die Dichte des markierten Elements in den Stack. In der Liste der Elemente oder Symbole erhält man nach [ENTER] alle Angaben zum markierten Element. Die Reihenfolge der Angaben entspricht der in Lit. [13] auf Seite B-5 aufgeführten Tabelle.

**Bild 74: Alphabetische Liste der Elemente**

Ruft man in der Periodentafel das Menüfeld [NAME] auf, erscheint die alphabetische Namenliste der Elemente (siehe Bild 74). Markiert man einen Namen, hier z. B. *Aluminium* und drückt [ENTER], dann erscheinen die Eigenschaften des Elements (siehe Bild 75) in der Reihenfolge, die in Lit. [13] auf Seite B-5 in der Tabelle gezeigt ist.

Bild 75: Eigenschaften von Aluminium

Stellt man die Nummer des Elements und die Nummer der Eigenschaft (siehe Tabelle in Lit. [13], dort auf Seite B-5) in den Stack, dann erhält man nach dem Aufruf des Menüfelds **[PTPROP]** von [APPS][13] die entsprechende Angabe für das Element:

Z. B. für Element Nr. **13** *Aluminium* und für die Eigenschaft Nr. **8** *Melting Point* (Schmelzpunkt), erhält man nach Aufruf von **13 8 [PTPROP]** den Wert **933,25_K**.

Für Element Nr. **8** *Sauerstoff* und für Eigenschaft Nr. **9** *Boiling Point* (Siedepunkt) erhält man nach Aufruf von **8 9 [PTPROP]** den Wert **90,18_K**.

Für Element Nr. **79** *Gold* erhält man mit **79 8 [PTPROP]** den Schmelzpunkt **1337,58_K** und mit **79 9 [PTPROP]** den Siedepunkt **3130,0_K**.

Mit [PLOT] lässt sich für alle Elemente der Verlauf der markierten Eigenschaft anzeigen, wobei das markierte Element auf der x-Achse gekennzeichnet ist.

Auch das Molekulargewicht lässt sich anzeigen:

Stellt man H2O in den Stack und ruft das Menüfeld **[MOLWT]** von [APPS][13] auf, so erhält man das Molekulargewicht von Wasser ($H_2O$): **18,0152_g/gmol**.

Bei H2SO4 (Schwefelsäure $H_2SO_4$) erhält man das Molekulargewicht **98,734_g/gmol**.

Alle angezeigten Werte lassen sich mit **[→STK]** in den Stack stellen.

### 2.20.4.2 LIB 226 und 227 (Gleichungsbibliothek)

Diese beiden LIBs 226 und 227 gehören zur *Equation Library*, die viele Formeln der Physik und die meisten Naturkonstanten enthält.

Aufruf mit **[APPS][Equation Library][EQLIB][EQNLIB]**. Die Beschreibung findet man in Lit. [10] oder Lit. [13], dort jeweils in Kapitel 5.

### 2.20.5 Installierbare Bibliotheken

Installierbare Bibliotheken können, wie oben beschrieben, selbst hergestellt werden oder sind als Tools verfügbar. Die Tools sind ab Seite 227 beschrieben.

### 2.20.6 Longfloat Library LIB 902

Als Beispiel einer mathematischen Bibliothek sei hier **LIB 902 LONGFLOAT** von *Gjermund Skailand* genannt. Sie ermöglicht Berechnungen mit sehr langen reellen Zahlen (longfloat). Diese Bibliothek ist unter http://www.hpcalc.org/hp49/math/numeric/lf393.zip[21] zu finden (393 ist die Version vom 30.12.2006). Die Dokumentation ist englischsprachig.

Man speichert die gewünschte Genauigkeit einer Zahl (Stellenanzahl) in die Variable DIGITS im Verzeichnis HOME. Dabei ist in der Stellenanzahl nach oben (fast) keine Grenze gesetzt. Wünscht man 25 Stellen, dann gibt man ein: **25 'DIGITS' STO**.

---

[21] Angabe ohne Gewähr!

Nach dem Anbinden und Aufrufen dieser Bibliothek findet man 64 Funktionen auf 11 Menüseiten. In Bild 76 sind alle Menüfelder der 11 Menüseiten übersichtlich zusammengestellt. Jedes Menüfeld enthält eine Longfloat-Funktion, welche die Zahlen des Objekttyps 27 verarbeiten kann. Lange reelle Zahlen haben die in der Variablen DIGITS angegebene Stellenanzahl, wobei das Dezimalzeichen am Schluss vor dem Exponenten steht.

**Bild 76: Die 11 Menüs der LIB 902**

**Bild 77: Longfloat-Beispiele auf dem HP 50g**

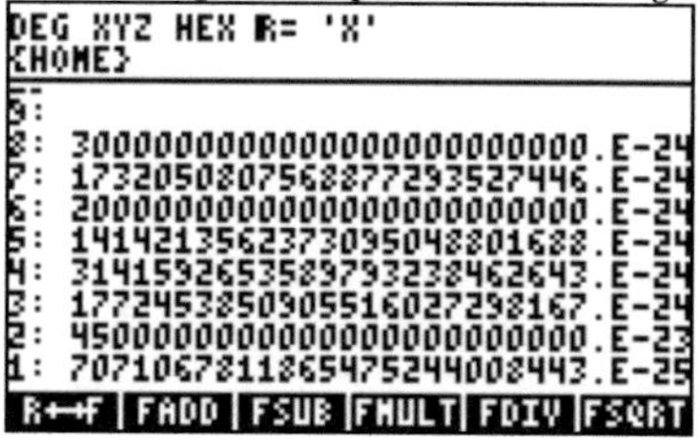

Nach Aufruf **[LIB][LONGFLOAT]** erscheint die erste Menüseite (siehe 1. Zeile in Bild 76). Die Funktion [R↔F] wandelt eine in Stackebene 1 stehende normale reelle Zahl in eine lange reelle Zahl um oder umgekehrt. [FSQRT] ist die Funktion der Quadratwurzel.

Bild 77 zeigt einige Longfloat-Beispiele in den Stackebenen (DIGITS = 25):

8: 3,0;   7: $\sqrt{3{,}0}$ ;   6: 2,0;   5: $\sqrt{2{,}0}$ ;   4: Zahl $\pi$ ;   3: $\sqrt{\pi}$ ;   2: 45,0;   1: **sin**(45°).

## 2.21 Einheiten

Unter *Einheiten* versteht man physikalische, technische und andere Einheiten (z. B. Maßeinheiten, Gewichtseinheiten). Die HP-Taschenrechner haben ein eingebautes Einheitensystem, das alle gängigen genormten Einheiten und Funktionen zur Umrechnung der Einheiten enthält. Ein großer Vorteil der Einheiten-Funktionen ist, dass man auch benutzerdefinierte Einheiten erzeugen und damit genauso wie mit den fest eingebauten Einheiten rechnen kann. Der Abschnitt beschreibt, wie man mit den Einheiten rechnen und benutzerdefinierte Einheiten erzeugen kann.

*Für nachfolgende Beispiele stellen wir das Dezimalzeichen auf „Komma" ein.*

### 2.21.1 *Gesetzliche Einheiten*

**Internationales Einheitensystem (SI)**

Das „Gesetz über Einheiten im Messwesen" stützt sich auf das *Internationale Einheitensystem (SI)* und legt die *gesetzlichen Einheiten* fest, die als „rechtes Maß" im Wirtschaftsleben und im **geschäftlichen Verkehr** zu gelten haben.

**Amtliche Uhrzeit**

Sogar **Datum und Uhrzeit** werden amtlich vorgegeben, sie werden von der *Physikalisch-Technischen Bundesanstalt (PTB)* im Braunschweig über Funk (DCF77, Langwelle 77,5 kHz) verbreitet. Über Funkuhren, die das Zeitsignal des Senders DCF77 (Mainflingen) auffangen, wird die amtliche Uhrzeit übermittelt.

Die Genauigkeit der dort als Zeitbasis verwendeten Atomuhr wird mit 1 Sekunde Abweichung in 300000 Jahren (= $1{,}06 \cdot 10^{-13}$) angegeben.

## 2.21.2 Vorsätze und Vorsatzzeichen (Präfixe)

Für dezimale Vielfache und Teile der Einheiten gibt es genau festgelegte Vorsatzzeichen (Präfixe), die in DIN 1301, Teil 1 und in der „Ausführungsverordnung zum Gesetz über Einheiten im Messwesen (Einheitenverordnung - EinhV)" veröffentlicht wurden.

In der Anlage 2 zu § 1 der „Ausführungsverordnung zum Gesetz über Einheiten im Messwesen (Einheitenverordnung - EinhV)" sind diese Vorsatzzeichen wiedergegeben. Nachfolgende Tabelle 35 ist (bis auf die Sortierfolge) identisch zur Tabelle 5 der DIN 1301, Teil 1.

**Vorsätze und Vorsatzzeichen** zur Bezeichnung von dezimalen Vielfachen und Teilen von Einheiten (SI-Vorsätze).

**Tabelle 35: Vorsatzzeichen für Einheiten**

| Nr. | Faktor, mit dem die Einheit multipliziert wird | Vorsatz | Vorsatzzeichen |
|---|---|---|---|
| ❶ | ❷ | ❸ | ❹ |
| 1 | $10^{18}$ | Exa | E |
| 2 | $10^{15}$ | Peta | P |
| 3 | $10^{12}$ | Tera | T |
| 4 | $10^{9}$ | Giga | G |
| 5 | $10^{6}$ | Mega | M |
| 6 | $10^{3}$ | Kilo | k |
| 7 | $10^{2}$ | Hekto | h |
| 8 | $10^{1}$ | Deka | da |
| 9 | $10^{-1}$ | Dezi | d |
| 10 | $10^{-2}$ | Zenti | c |
| 11 | $10^{-3}$ | Milli | m |
| 12 | $10^{-6}$ | Mikro | µ |
| 13 | $10^{-9}$ | Nano | n |
| 14 | $10^{-12}$ | Piko | p |
| 15 | $10^{-15}$ | Femto | f |
| 16 | $10^{-18}$ | Atto | a |

## 2.21.3 Das Einheitensystem des HP

Die Entwickler des HP 49G/49g+ und HP 50g haben das Einheitensystem des HP 48GX unverändert übernommen. Ein großer Vorteil der Einheiten-Funktionen ist, dass man auch **benutzerdefinierte Einheiten** erzeugen und damit genauso wie mit den fest eingebauten Einheiten rechnen kann. In den Handbüchern sind darüber keine ausreichenden Informationen vorhanden. Lediglich das Handbuch des HP 48GX (Lit.[2]) geht kurz darauf ein, erläutert aber die Zusammenhänge auch nicht.

### 2.21.3.1 Das Einheitenobjekt

Ein Einheitenobjekt besteht aus einer reellen Zahl und einer Einheitenbezeichnung, wobei beide durch einen Unterstrich verknüpft sind.

**Beispiel:** Einheitenobjekt **'5,50_m'** für 5,50 Meter = 5,50 m (aus der Kategorie „Längenmaße").

## 2.21.3.2 Rechnen mit Einheiten und Konstanten

Eine Übersicht über das Rechnen mit Einheiten und Konstanten findet man in Lit. [4] in Kapitel 6 (Unit objects) und Kapitel 7 (Constants library). Auch im mitgelieferten deutschen Handbuch zum HP 50g und in den Lernmodulen auf CD-ROM ist das Rechnen mit Einheiten beschrieben.

### 2.21.3.3 Benutzerdefinierte Einheiten erzeugen

Im nachfolgenden Text wird erläutert, wie man benutzerdefinierte Einheiten erzeugen kann und wie man sie verwendet. Die Inhalte der oben genannten Kapitel der Handbücher werden dabei als bekannt vorausgesetzt. Als Beispiel werden in diesem Beitrag **Währungseinheiten** erzeugt und verwendet. Der HP hat solche Einheiten aus gutem Grund (keine festen Wechselkurse!) nicht fest eingebaut.

Mit dem Tool **UNITMAN** (*unit manager* = Einheiten-Manager, Autor: *Prof. Dr. Wolfgang Rautenberg*) kann man die eingebauten Einheitenmenüs ohne viel Tipparbeit leicht ergänzen und ändern. Auch die dezimalen Vielfachen und Teile der Einheiten mit ihren genormten Vorsatzzeichen werden über UNITMAN zugänglich.

## 2.21.4 Flageinstellungen

Flag -61 1US/USR-Modus (Vorauswahl Benutzermodus),
Flag -62 Ein- und Ausschalten des USR-Modus,
Flag -95 gelöscht = RPN-Modus,
Flag -117 gesetzt = Menüs sind über Menütasten [F1] bis [F6] abrufbar.

Siehe dazu auch die Tabelle der Systemflags in 2.2.1 ab Seite 68.

## 2.21.5 Das Arbeiten mit Einheiten

### 2.21.5.1 Erzeugen eines Einheitenobjekts

In Lit. [4] Kapitel 6 (Unit objects) ist die Beschreibung der Einheitenobjekte zu finden. Auf Seite 6-2 wird die Erzeugung eines Einheitenobjekts in 7 Schritten erklärt, wobei man die Einheitenbezeichnung als Text in die Eingabezeile schreiben soll.

Ist man im entsprechenden Einheitenmenü (z.B. Längeneinheiten), dann genügt (abweichend von der Beschreibung im Handbuch) zur Erzeugung eines Einheitenobjekts **die Eingabe des Wertes und anschließend der Einheit (= Drücken der zugeordneten Taste aus [F1] bis [F6])**.

### 2.21.5.2 Einheiten-Konvertierung

An der genannten Stelle in Lit. [4] ist die Beschreibung der Einheiten-Konvertierung zu finden. Die dort beschriebene Methode verwendet die Funktion **CONVERT**. Man muss das zu konvertierende Einheitenobjekt (z.B. **3,45_m**) und die Zieleinheit (z.B. **1_in**) in den Stack eingeben und dann die Funktion CONVERT aufrufen. Als Ergebnis aus den obigen Beispielzahlen steht dann im Stack: **135,826771654_in**.

Einfacher und schneller funktioniert eine andere Methode, die nur in Lit. [2] (Handbuch für den HP 48GX, dort auf Seite 10-3 und Seite 10-8) erwähnt ist, aber auch bei den übrigen Modellen funktioniert:

> Mit einer links-umgeschalteten Menütaste wird das Einheitenobjekt in der Befehlszeile bzw. in Ebene 1 in das entsprechende (Ziel-)Einheitenobjekt umgewandelt. Das heißt: [↑][*Einheit*] rechnet den Wert in Stackebene 1 in den Wert der [*Einheit*] um, wobei für *Einheit* die entsprechende Bezeichnung des Menüfeldes zu wählen ist.

**Beispiel:** Umrechnung der Länge **3,45_m** in Zoll (inches)

1. Mit **UNITS** = [↑][6] in das Einheitenmenü springen und dort
2. mit Taste F2 in das Menü [**LENG**] der Längeneinheiten springen.
3. **3,45** eintippen und mit [**F1**] die Einheit [**m**] zuordnen, im Stack steht dann **3,45_m**
4. Die Konvertierung in Zoll erfolgt durch [↑][**in**]
   (Erläuterung: [**in**] ruft man im Menü mit [**F6**] auf)
5. Als Ergebnis wird **135,826771654_in** angezeigt.
6. Möchte man dies noch in Fuß (feet) umrechnen, drückt man [↑][**ft**], Ergebnis **11,3188976378_ft**
7. Durch [↑][**m**] kann wieder in Meter umgerechnet werden: **3,45_m**

Diese Konvertierungsmethode wird auch bei den Währungseinheiten weiter unten gezeigt.

### 2.21.5.3 Abtrennen des Wertes aus einem Einheitenobjekt

Manchmal will man nicht mit dem Einheitenobjekt weiterrechnen, sondern die Zahl daraus abtrennen. In den Handbüchern wird dafür die Funktion **UVAL** verwendet.

Auch hier gibt es eine einfachere Methode, die nur in Lit. [2] (Handbuch für den HP 48GX, dort auf Seite 10-3 und Seite 10-8) erwähnt ist, aber auch bei den übrigen Modellen funktioniert:

> Mit einer rechts-umgeschalteten Menütaste wird durch die entsprechende Einheit dividiert. Das heißt im Spezialfall: [↑][*Einheit*] spaltet aus dem Einheitenobjekt **xxx**_*Einheit* in Stackebene 1 den Wert **xxx** ab, wobei **xxx** eine reine Zahl und *Einheit* die im Menüfeld bezeichnete Einheit ist.

**Beispiel:**

Einheitenobjekt **3,45_m**

Daraus will man die Zahl **3,45** abtrennen. Dazu ist nur ein Schritt notwendig: Im entsprechenden Einheitenmenü LENG die Tasten [↑][**m**] drücken, im Stack steht dann als Ergebnis die reine Zahl **3,45**.

> Der ursprüngliche und beabsichtigte Zweck dieser Methode ist die Eingabe des Kehrwertes der Einheit. Man gibt die reine Zahl ein und anschließend [↑][*Einheit*].
>
> Steht aber bereits ein Einheitenobjekt dieser *Einheit* im Stack, so wird dieses nach der Eingabe von [↑][*Einheit*] durch die *Einheit* geteilt und es steht die reine Zahl im Stack. Man spart sich so bei identischen Einheiten den etwas aufwendigeren Aufruf der Funktion **UVAL**.

### 2.21.6  *Das Erzeugen von benutzerdefinierten Einheiten*

Das Erzeugen und Handhaben von benutzerdefinierten Einheiten in eigenen benutzerdefinierten Einheitsmenüs wird nachfolgend Schritt für Schritt gezeigt.

## 2.21.6.1 Definieren von Währungseinheiten

> **Achtung:**
> Die nachfolgend angegebenen Umrechnungskurse für den EURO und die Variablenbezeichnungen der Landeswährungen sind nur als Beispiele gedacht. Keine Gewähr für die Übereinstimmung mit den offiziellen Angaben!

Wer sich die ganze nachfolgend beschriebene Tipparbeit sparen will, kann das auf der Praxelius-Homepage vorhandene Verzeichnis **EURO.txt** verwenden.

Der Dateiname besteht nur aus diesen vier Buchstaben ohne Erweiterung, weil er genauso vom HP-Taschenrechner bei der Übertragung übernommen werden wird. Man überträgt diese Datei per Conn4x im Format ASCII in den HP. Dort entsteht dann ein (Unter-)Verzeichnis mit dem Namen EURO. Das Verzeichnis EURO enthält HP-Programmbefehle, die nicht verändert werden dürfen, deshalb darf die Datei auf dem PC nicht editiert werden!

Zum Definieren von Einheiten sind auf dem HP drei Schritte notwendig:

1. Zuerst muss eine **Bezugseinheit** (Basisvariable) der neuen Kategorie „Währung" angelegt werden.
2. Dann müssen die **Variablen mit den Umrechnungskursen** angelegt werden.
3. Zum Schluss muss ein **benutzerdefiniertes Menü** erzeugt werden, das die Bezugseinheit und die Variablen verknüpft.

Zur Vorbereitung wird mit dem Befehl **CRDIR** ein leeres Verzeichnis 'EURO' erzeugt und als Arbeitsverzeichnis genommen. Dort werden alle Variablen angelegt.
Moduseinstellung: **RPN-Modus**.

**1. Bezugseinheit festlegen**

Nachdem in Europa der EURO eingeführt worden ist, der zu den nationalen Währungen der beteiligten Mitgliedsländer der EU in einem festen Verhältnis steht, wird auch hier der EURO als Bezugseinheit verwendet.

Zur Vorbereitung wird das Einheitenobjekt **'1,_EUR'** in den Stack gestellt. Dann wird es durch 10-mal **[ENTER]** dupliziert, damit es 11-mal im Stack vorhanden ist (für die 11 EURO-Länder). Dies dient dazu, dass später beim Anlegen der Variablen die Einheitenbezeichnung nicht wiederholt eintippt werden muss.

Nun wird die Basisvariable 'EUR' erzeugt und ein Einheitenobjekt darin abgespeichert, das der Rechner bereits kennt. Das Objekt '1,_1' (wird auf dem Stack als reelle Zahl 1,0 gespeichert) bietet sich dafür an. Das ist die Einheit einer reinen Maßzahl („dimensionslose" Zahl) und wird auch „Einheit 1" genannt. Man kann auch jedes andere dem Rechner schon bekannte Einheitenobjekt dafür hernehmen, z.B. 1,0_cm.

Der Inhalt dieser Variablen dient lediglich dazu, die Verbindung zu den im Rechner vorhandenen Einheiten-Funktionen herzustellen.

> **Warnung!**
> Als logische Folge ergibt sich daraus, **dass man in die Variable 'EUR' auf keinen Fall das Einheitenobjekt '1,_EUR' speichern darf**, denn dieses soll ja erst definiert werden. Tut man dies trotzdem, wird sich der Rechner später bei der Umrechnung der Währungseinheiten „aufhängen" bzw. in einer unendlichen Schleife bleiben, weil er mit „sich selbst-definierenden" Einheiten nichts anfangen kann. Dann wäre ein Warmstart nötig und anschließend müsste man doch das Richtige einspeichern.

> Also in die Variable EUR gleich das Einheitenobjekt '1,_1' bzw. die Zahl 1,0 speichern!

## 2. Variablen der Währungsbezeichnungen erzeugen

Nun werden die 11 Variablen mit den Währungsbezeichnungen der 11 Länder erzeugt. Folgende Tabelle zeigt die Variablen und ihre Inhalte. Die Reihenfolge innerhalb der Tabelle ist nicht wichtig. Das im Schritt 3 zu erzeugende benutzerdefinierte Menü legt erst die Reihenfolge fest.

**Vorgang:**

1. Eintippen der Zahl aus Spalte 3 und mit
2. [1/*x*] den Kehrwert dieser Zahl berechnen (ist in Spalte 4 nur angedeutet).
3. Dann die Multiplikationstaste [*x*] drücken, um diesen Kehrwert mit der im Stack stehenden Bezugseinheit **1,_EUR** zu multiplizieren.
4. Das Ergebnis wird in die Variable der Spalte 2 gespeichert.

Beispiel für die Zeile "Deutschland":

- Zahl **1,95583** aus Spalte 3 eintippen, [1/*x*] drücken,
- es ergibt sich die Zahl **0,511291881196**,
- Multiplikationstaste [×] drücken,
- im Stack steht dann **0,511291881196_EUR**,
- dann 'DEM' eintippen, Taste [STO] drücken.
- Die Variable DEM hat nun den richtigen Wert.

Auf diese Weise erzeugt man alle Variablen.

### Tabelle der Umrechnungskurse und Variableninhalte

Die nachfolgende Tabelle 36 enthält die Umrechnungskurse des EURO. Sie stammt aus einem Zeitungsbericht vom Tag der Bekanntgabe der Kurse. Diese Tabelle enthält einige Fehler, die Herr *Ralph Friese* aus Karlsruhe am 25.07.2001 dankenswerterweise mitgeteilt hat (Zitat):

1. ISO-Kürzel für Holländische Gulden ist NLG (nicht HLG)
2. ISO-Kürzel für Irische Pfund ist IEP (nicht IRP)
3. Umrechnungskurs für Irische Pfund ist 0,787564 (nicht 0,797564)
4. Die Griechische Drachme fehlt: GRD mit 340,750. (Zitatende)

Hier werden die Beispiele und auch die Programme nicht korrigiert, da es hier nur auf die Demonstration der richtigen Arbeitsschritte ankommt. Diese können mit beliebigen, willkürlichen Zahlen gezeigt werden.

Für die Richtigkeit der Bezeichnungen und Umrechnungskurse keine Gewähr!

Wer auf richtige Umrechnung der Landeswährungen Wert legt, sollte die Tabelle und das Programm zur Übung selbst auf die amtlichen Werte korrigieren.

**Tabelle 36: Währungseinheiten**

| Nationale Währung ❶ | Währungsbezeichnung = Variablenname ❷ | Umrechnungskurs 1 EUR = Wert in Landeswährung ❸ | Kehrwert von Spalte 3 1 Einheit der Landeswährung = Wert in EUR-Einheiten ❹ |
|---|---|---|---|
| Deutschland | 'DEM' | 1,95583 | 0,51129... |
| Belgien | 'BEF' | 40,3399 | 2,4789...E-2 |
| Finnland | 'FIM' | 5,94573 | 0,16818... |
| Frankreich | 'FRF' | 6,55957 | 0,152449... |
| Holland | 'HLG' | 2,20371 | 0,45378... |
| Irland | 'IRP' | 0,797564 | 1,2538... |
| Italien | 'ITL' | 1936.27 | 5,1645,..E-4 |
| Luxemburg | 'LUF' | 40,3399 | 2,4789...E-2 |
| Portugal | 'PTE' | 200,482 | 4,98797..E-3 |
| Spanien | 'ESP' | 166,386 | 6,01012...E-3 |
| Österreich | 'ATS' | 13,7603 | 7,26728...E-2 |

### 3. Benutzerdefiniertes Menü erzeugen

**Vorbemerkungen**

Das benutzerdefinierte Menü wird in der Variablen CST (Custom-Menu) abgespeichert. Diese Variable wird erst aktiv, wenn man im betreffenden Verzeichnis den Custom-Modus durch **CUSTOM = [¶][MODE]** einschaltet. Durch Drücken der Taste **[VAR]** kann man das CST-Menü wieder deaktivieren.

Das im Verzeichnis HOME aktive CST-Menü gilt auch für alle Unterverzeichnisse, bis ein Unterverzeichnis ein eigenes CST hat. Dieses gilt dann für alle folgenden Unterverzeichnisse, usw.

Im Arbeitsverzeichnis EURO wird anschließend ein CST-Menü erzeugt.

**Inhalt des CST-Menüs**

Die CST-Variable besteht aus einer Liste von Objekten, die nach Aktivieren des Menüs als Menüfelder zur Verfügung stehen.

Das zu erzeugende Währungsmenü CST hat 12 Objekte, nämlich die 11 nationalen Währungseinheiten und die gemeinsame Währung. Jedes Objekt der Form '1,_xxx' ist vom nächsten durch ein Leerzeichen getrennt. Das Komma (oder wahlweise der Punkt) darf nicht weggelassen werden, weil dies das Dezimalzeichen ist.

{'1,_EUR' '1,_DEM' '1,_ATS' '1,_LUF' '1,_FRF' '1,_ITL' '1,_ESP' '1,_PTE' '1,_BEF' '1,_FIM' '1,_HLG' '1,_IRP'}

Nun wird diese Liste im Stack erstellt und in die Variable CST gespeichert. Damit ist die Definition der Währungseinheiten fertig.

> Empfehlenswert ist jetzt nach dieser umfangreichen Tipparbeit eine Sicherung des gesamten Verzeichnisses EURO in einen der Port-Speicher, vorzugsweise in den Port :2:. Dazu wird mit **UPDIR = [¶][VAR]** in das nächsthöhere Verzeichnis gesprungen und durch **[']̂[EURO]** der Inhalt des Verzeichnisses in den Stack geladen und mit **STO** nach ':2:EURO' abspeichern.

## 2.21.7 Arbeiten mit dem Währungsmenü

Das Verzeichnis EURO ist nun das Arbeitsverzeichnis. Es enthält die 12 Währungsvariablen. Mit denen kann man aber nicht rechnen, weil das CST-Menü nicht aktiv ist.

Die Aktivierung des Währungsmenüs geschieht durch **CUSTOM**. Deaktiviert wird das CST-Menü durch die Taste [VAR].

Die ersten 6 Menü-Felder erscheinen:
[EUR] [DEM] [ATS] [LUF] [FRF] [ITL]
und nach Drücken der Taste [NXT] erscheinen die restlichen 6 Menü-Felder:
[ESP] [PTE] [BEF] [FIM] [HLG] [IRP].

Diese Menü-Felder werden durch die zugeordneten Tastendrücke **[F1]** bis **[F6]** ausgewählt. Die Reihenfolge der Menüfelder wird durch die Reihenfolge in der Liste der Einheitenobjekte der Variablen **CST** bestimmt.

**1. Beispiel:**

Umrechnung von **5_EUR** in verschiedene andere Währungen:
*Zu empfehlen ist eine Einstellung auf zwei Dezimalstellen durch* **2 FIX**.

Eintippen der Zahl **5** und **[EUR]** aktivieren,
im Stack steht nun 5,_EUR.

Die Umrechnung in DEM erfolgt durch **[¶][DEM]**.
Im Stack steht nun **9,77915_DEM**;
5 Euro entsprechen also **9,78 DM**.

Das im Stack stehende Einheitenobjekt **9,77915_DEM** kann sofort weiter umgerechnet werden in österreichische Schillinge durch **[¶][ATS]**.
Im Stack steht nun **68,8014999999_ATS**, also sind 5 Euro = 68,80 ö.Schilling.

---

**Merksatz:**
Zahlenwert eingeben und gewünschte Währungstaste wählen,
dann durch **[¶]** und Drücken der F-Taste für die andere Währung deren berechneten Wert abrufen.

Auf diese Weise kann jede Währung in jede beliebige andere umgerechnet werden.

---

**2. Beispiel:**

Addition mehrerer Währungswerte: **5,_EUR + 3,25_DEM + 500,_ITL**

**Vorgang:**
Eintippen von 3 Einheitenobjekten: **5 [EUR] 3,25 [DEM] 500 [ITL]**.
Diese stehen nun im Stack übereinander und können mit [+][+]addiert werden.
Dann steht die Summe dieser Beträge im Stack.
Das Ergebnis wird in der Währung der untersten Stackebene angezeigt,
hier in diesem Fall: **13398,84718_ITL**.
Umrechnung in DEM: **[¶][DEM]**.

**Ergebnis der Addition: 13,53420_DEM = 13,53 DM.**

---

**Merksatz:**
Beträge verschiedener Währungen können einfach durch [+] addiert werden.
Sie werden in der Währung der untersten Stackebene angezeigt.

## 2.21.8 Erweitern eines benutzerdefinierten Menüs

**Tabelle 37: Erweitern eines benutzerdefinierten Menüs**

| | |
|---|---|
| 1. | Das zur Verfügung gestellte HP49-Verzeichnis **EURO** enthält zusätzlich ein kleines Auswahlmenü mit den Umrechnungskursen, die über eine Messagebox ausgegeben werden. Dieses Auswahlmenü [KURS] gehört nicht zum Währungsmenü und ist deshalb **nur bei nicht aktiviertem CST wirksam**. Außerdem ist dort auch die Währung "USD" (US-Dollar) aufgenommen. Den genauen Kurs gibt man in EUR in die Variable USD ein, momentan ist der Kurs **1_USD = 0,95_EUR** eingestellt. Es können beliebig viele andere Währungen „nachgerüstet" werden. |
| 2. | In das CST-Menü kann man noch wesentlich mehr „hineinpacken", z.B. zusätzliche Befehle zum Ausgabeformat. Wenn man dem hier erzeugten Währungsmenü noch zwei zusätzliche Menüfelder [STD] und [FIX2] hinzufügt, so sieht das wie folgt aus (Ergänzungen kursiv dargestellt): <br> { *{"STD" {«STD»}}{"FIX2" {«2 FIX»}}* '1,_EUR' '1,_DEM' '1,_ATS' '1,_LUF' '1,_FRF' '1,_ITL' '1,_ESP' '1,_PTE' '1,_BEF' '1,_FIM' '1,_HLG' '1,_IRP'} |
| 3. | Mit den benutzerdefinierten Einheiten kann genauso gearbeitet werden wie mit den Konstanten oder eingebauten Einheiten. Deshalb erübrigt sich hier eine weitere Erläuterung. |

## 2.21.9 Der Einheiten-Manager UNITMAN

Wer keine eigenen benutzerdefinierten Einheiten-Menüs, wie oben beschrieben, erzeugen will, sondern nur daran interessiert ist, in die HP49-eigenen Einheitenmenüs einfach und schnell zusätzliche Einheiten einzubauen oder dort vorhandene Einheiten wegzunehmen, für den ist der Einheiten-Manager UNITMAN (Autor: *Prof. Dr. Wolfgang Rautenberg*) das richtige Tool.

Jede mit UNITMAN definierte Einheit erscheint im Einheitensystem des HP49. Jede Einheit, ob eingebaut oder selbst hinzugefügt, kann durch UNITMAN aus den Menüs auch (temporär) gelöscht werden. Auf diese Weise kann man die eingebauten Menüs komplett auf Benutzermenüs umstellen und reorganisieren. UNITMAN liegt als Bibliothek für den HP49 vor (siehe Tools ab Seite 227).

## 2.21.10 Beschränkungen für Einheitennamen

Bei der Wahl neuer Einheitennamen sollte man sehr sorgfältig sein, denn manche Bezeichnungen sind bereits als Einheiten belegt oder anderweitig als Namen von Konstanten, Befehlen oder Funktionen vergeben.

Im HP49 ist zum Beispiel **1_PS** nicht die Einheit für die (deutsche) Pferdestärke, sondern ein dezimales Vielfaches (Präfix **Peta** = $10^{15}$) der Einheit **1_S** (S = Siemens = Einheit für den Leitwert, als Kehrwert der Einheit Ohm). **1_PS** (PetaSiemens) = 10^15_S. Obwohl die Einheit "S" nie ernsthaft benutzt wurde, ist sie mit allen Präfixen rechnerintern blockiert und kann nicht umdefiniert werden.

Da **PS** (deutsche Pferdestärke) ohnehin keine gesetzliche Einheit mehr ist und die Leistung von Motoren in **kW** (Kilowatt) angegeben werden muss, ist **PS** auch nicht mehr wichtig.

## 2.21.11 *Zugriff auf Einheiten-Menüs per Programm*

Die Menüs der benutzerdefinierten Einheiten können nicht direkt über den Befehl MENU bzw. TMENU erreicht werden, weil sie temporäre Menüs sind, die keine Menünummern haben (siehe unter 2.10 auf Seite 118).

Ein Umweg ist der Befehl KEYEVAL, mit dem man per Programm diejenigen Tastenfolgen „drückt", die man von Hand drücken müsste, um das benutzerdefinierte Menü aufzurufen.

Auf die im HP49 fest eingebauten Einheiten-Menüs kann dagegen per Programm unter Aufruf der folgenden Menünummern zugegriffen werden.

Tabelle der Einheiten-Menüs

**Tabelle 38: Nummern von Einheitenmenüs**

| Menü | | Menü-Nummer |
|---|---|---|
| UNITS, Seite 1 mit Untermenüs Nr. 1 bis 6 | | 42.01 |
| UNITS, Seite 2 mit Untermenüs Nr. 7 bis 12 | | 42.02 |
| UNITS, Seite 3 mit Untermenüs Nr. 13 bis 17 | | 42.03 |
| Nr. | Untermenüs von UNITS: | |
| 1 | TOOLS | 59.01 |
| 2 | LENG | 43.01 |
| 3 | AREA | 44.01 |
| 4 | VOL | 45.01 |
| 5 | TIME | 46.01 |
| 6 | SPEED | 47.01 |
| 7 | MASS | 48.01 |
| 8 | FORCE | 49.01 |
| 9 | ENRG | 50.01 |
| 10 | POWR | 51.01 |
| 11 | PRESS | 52.01 |
| 12 | TEMP | 53.01 |
| 13 | ELEC | 54.01 |
| 14 | ANGL | 55.01 |
| 15 | LIGHT | 56.01 |
| 16 | RAD | 57.01 |
| 17 | VISC | 58.01 |

# 3 Mathematische Funktionen

## 3.1 Zahlensysteme auf dem HP

Das Dokument „*Zahlensysteme - einfach umgerechnet*" auf der Praxelius-Homepage bietet eine Einführung in die Zahlensysteme und ihre Umrechnung.

Die Verarbeitung der großen ganzen Zahlen ist in den Handbüchern schlecht dokumentiert. Es wird lediglich auf einer HP-Webseite erwähnt, dass erweiterte Integerfunktionen verfügbar seien.

Der HP 49G und seine Nachfolgetypen sind die einzigen Taschenrechner, die ich kenne, die hochgenaue Integerfunktionen und große Integerzahlen mit so großer Stellenanzahl auf Tastendruck berechnen und handhaben können (beim TI-89 ist bei 614 Stellen Schluss: z.B. bei der Zahl $2^{2039}$ bzw. $7^{726}$).

Beim PC müssen hierfür eigene HGN-Algorithmen (HGN = hochgenau) verwendet werden, um die CPU zu veranlassen, eine Arithmetik über eine vorgegebene Anzahl von Bytes durchzuführen und solche Zahlen zu beherrschen. Die Programmierung gehört zu den Aufgaben der Informatik.

### 3.1.1 *Reelle Zahlen (Dezimalzahlen)*

Der normale Computer beherrscht außer den durch die Wortlänge *n* des Prozessors beschränkten Bereich 0 bis $(2^n - 1)$ der Integerzahlen (das sind ganze Zahlen ohne Dezimalzeichen) auch Dezimalzahlen (reelle Zahlen, Zahlentyp REAL), die mit Mantisse und Exponent dargestellt werden.

Diese **halblogarithmische Darstellung** der reellen Dezimalzahlen bestimmt die Genauigkeit der Berechnungen und den darstellbaren Zahlenbereich.

Der HP-Taschenrechner stellt eine reelle Zahl im SCI-Modus (siehe Tabelle 10 auf Seite 78) als ±#,############E±### dar, wobei # eine Ziffer und das Komma das Dezimalzeichen darstellt. Die Mantisse hat 12 signifikante Stellen, der Exponent ist dreistellig und sein Absolutwert ist < 500. Der HP bewältigt damit den Zahlenbereich $10^{-500} < |a| < 10^{+500}$, wobei *a* eine Dezimalzahl ist.

### 3.1.2 *Binärganzzahlen*

Die HP-Taschenrechner kennen den Zahlentyp „Binärganzzahlen". Diese interne Darstellung verwendet das **Dualsystem** mit der Zahlenbasis 2. Die Größe der darstellbaren Zahl wird von der Anzahl der Stellen (Bits) bestimmt, die beim Taschenrechner über die Flags -5 bis -10 oder über den Befehl **STWS** (store word size) als Wortlänge eingestellt werden. Die Wortlänge des Taschenrechners beträgt maximal 64 Bit.

Mit **RCWS** wird die eingestellte Wortlänge auf dem Stack ausgegeben.

Anzeigen kann man diese Integerzahlen in verschiedenen Modi:

- als Dualzahl (Binärzahl, Einstellung BIN),
- als Oktalzahl (Einstellung OCT),
- als Dezimalzahl ohne Kommastellen (Einstellung DEC) und
- als Hexa-Zahl (Einstellung HEX).

Zum Beispiel kann man mit 3 Bits die ganzen Zahlen in dezimalem Format # 0d bis #7d, mit 4 Bits #0d bis #15d und mit den 64 Bits des Taschenrechners #0d bis #18446744073709551615d mit maximal 20 Dezimalziffern (oder als Hexazahl #0h bis #FFFFFFFFFFFFFFFFh mit maximal 16 Hexa-Ziffern) darstellen. Größere Binärganzzahlen lassen sich damit nicht darstellen.

Um diese Binärganzzahlen (Objekttyp 10) in reelle Zahlen (Objekttyp 0) umzuwandeln und umgekehrt, gibt es die Funktionen **B→R** (Binärganzzahl in reelle Zahl) und **R→B** (reelle Zahl in Binärganzzahl). Sie sind zusammen mit den Modusbefehlen (DEC, BIN, OCT, HEX) und anderen zahlenbezogenen Befehlen im Menü Nr. 15.01 zu finden, das mit **15 MENU** oder **BASE** = [$\uparrow$][3] aufgerufen wird.

Binärganzzahlen verwendet der Rechner für die Darstellung verschiedener Systemzustände, die als Bitmuster vorliegen.

Das Arbeiten mit diesen Binärganzzahlen ist in den HP-Handbüchern ausführlich beschrieben und wird deshalb hier nicht behandelt.

### 3.1.3 *Große ganze Zahlen (große Integer)*

#### *3.1.3.1    Ganzzahlen mit vielen Dezimalstellen*

Ab dem Modell HP 49G beherrscht der HP Ganzzahlen in dezimaler Stellenschreibweise, die wesentlich mehr Stellen umfassen als mit 64 Bit darstellbar sind. Das sind die positiven natürlichen Zahlen.

Diese großen Integerzahlen werden im Dezimalsystem in Stellenschreibweise dargestellt. Der Berechnung und Darstellung liegt eine eigene Integer-Arithmetik zugrunde. Diese großen Integerzahlen sind neu, der HP 48GX kennt diese großen Integerzahlen (Objekttyp 28) nicht.

#### *3.1.3.2    Unterschied zwischen Binärganzzahlen und großen Integerzahlen*

Die Arithmetik der Binärganzzahlen ist zur Integer-Arithmetik der großen Integerzahlen nicht kompatibel. Für die Umwandlung einer Binärganzzahl mit 64 Bit in eine große Integerzahl gibt es keinen Befehl, weil der Bereich der Binärganzzahlen nur auf 64 Bit begrenzt ist. Dies entspricht einer maximal 20-stelligen dezimalen Darstellung.

Z. B. kann die oben genannte Binärganzzahl #18446744073709551615d nicht in die 20-stellige Integerzahl ($2^{64} - 1$) = 18446744073709551615 umgewandelt werden. Einen Befehl B→I zur direkten Umwandlung gibt es nicht. Die Hintereinanderausführung der beiden Befehle B→R und R→I bringt auch nichts. Die Zahl #18446744073709551615d wird dadurch in 18446744073700000000 umgewandelt, weil der Weg über die reellen Zahlen wegen ihrer begrenzten Mantisse zu ungenau ist und dies damit keine exakte Umwandlung ist.

#### *3.1.3.3    Zahlendarstellung auf dem HP-Bildschirm*

Die Ausführung der Funktion STD hat beim HP 48GX die Folge, dass ganze Dezimalzahlen mit Dezimalzeichen zu Ganzzahlen (Integerzahlen) werden. Beim HP 49G und seinen Nachfolgern funktioniert dies etwas anders, obwohl die Funktion STD identisch zum HP 48GX beschrieben ist. Um eine ganze Dezimalzahl, mit Dezimalzeichen und ohne Nachkommastellen in eine Integerzahl zu verwandeln, muss der Befehl **R→I** (Real → Integer) ausgeführt werden. Umgekehrt, um eine Integerzahl in eine reelle Zahl zu verwandeln, muss der Befehl **I→R** aufgerufen werden. Diese und noch andere Befehle sind im Menü Nr. 172 zu finden, aufzurufen durch **[CONVERT][REWRITE]**.

## 3.1.3.4 Integerfunktionen

Bestimmte Funktionen funktionieren auch mit den großen Integerzahlen. Das sind z. B. die Funktionen $y^x$, $x!$, $x^2$, sowie die **Addition, Subtraktion, Multiplikation und Division von Integerzahlen**, soweit sich durch diese Funktionen ganze Zahlen ergeben. Ergeben sich dadurch keine ganzen Zahlen, wird ein "Overflow" oder "Integer too large" gemeldet. Auch die Wurzelfunktion arbeitet bei großen **Quadratzahlen** korrekt.

Beispiel:

Als Vorbereitung müssen die Flags -2 und -3 auf „symbolisch" eingestellt werden (siehe unten bei Einstellungen unter 3.1.3.5) und der Zahlenmodus mit [ʳ]&[ENTER] auf „exakter Modus" eingestellt werden, der zugeordnete Indikator muss R= anzeigen.
Nun wird die 20-stellige Integerzahl **12345678901234567890** in den Stack eingegeben. Sie ist zwar in der Eingabezeile nicht vollständig sichtbar, aber das ist in Ordnung. Diese Zahl wird mit [ENTER] dupliziert, sodass sie zweimal im Stack steht. Mit [×] wird diese Zahl quadriert, die erzeugte Quadratzahl steht als lange Integerzahl im Stack, sie lautet:
**152415787532388367501905199875019052100**.
Sie kann über die EDIT-Funktion (▼) gelesen werden (siehe unten bei Bildschirmdarstellung unter 3.1.3.6).
Nun kann über die Wurzelfunktion [ $\sqrt{x}$ ] die ursprüngliche Zahl wieder hergestellt werden. Es dauert eine Weile, bis aus der 39-stelligen Zahl die Quadratwurzel berechnet ist, sie lautet wie erwartet: **12345678901234567890**.

Zusätzlich gibt es spezielle Integerfunktionen. Hier zwei Beispiele:

**IDIV2** liefert den ganzzahligen Quotienten und den Rest einer Division zweier großer Integerzahlen.
**IREMAINDER** liefert den Teilungsrest einer Division zweier großer Integerzahlen.

Durch Probieren findet man heraus, dass der HP durchaus Integerzahlen berechnen und darstellen kann, die **mehr als 8000 Stellen** haben können.

Nachdem man diese Möglichkeiten **durch Probieren herausfinden** muss, weil sie der Benutzer nicht in den Handbüchern findet, wird er eine gewisse Zeit brauchen bis er alles darüber weiß.

## 3.1.3.5 Einstellungen

Die Flags -2 und -3 müssen auf „symbolisch" eingestellt (zurückgesetzt = 0) sein, Flag -105 muss auf den „exakten" Modus eingestellt (zurückgesetzt = 0) sein.

Wenn die Flags -2 und -3 gesetzt (=1) sind, gibt es Fehlermeldungen bei der Berechnung von großen Integerzahlen. Wird der Näherungsmodus verwendet, so werden alle Zahlen und Ergebnisse, die größer als der Darstellungsbereich der reellen Zahlen sind, angemeckert und entsprechende Fehlermeldungen ausgegeben.

## 3.1.3.6 Bildschirmdarstellung

Diese großen Zahlen können über die VIEW-Funktion oder die **EDIT-Funktion (▼)** gelesen werden. Sie werden auf dem LCD-Bildschirmchen dargestellt und müssen über die EDIT-Funktion gelesen werden, wobei man mit den Cursortasten vom Anfang zum Ende [ʳ](▶) und wieder zurück [ʳ](◀) springen kann. Die EDIT-Funktion wird über **CANCEL = [ON]** beendet.

Wenn man eine große Integerzahl in eine Zeichenkette (String) umwandelt (diese Zahl einfach zu einem leeren String "" addieren oder →STR ausführen), kann man die Stringfunktionen (siehe unter 2.8 ab Seite 102 ) darauf anwenden.

Das Kopieren durch [ENTER] in die nächste Stackebene und die anderen Funktionen (wie SWAP) werden **sehr träge ausgeführt**, weil diese Zahlen sehr groß sind, viel Speicherplatz brauchen und das „Hin- und Herschaufeln" der Zahlen im Speicher viel Zeit verschlingt.

Die **Batterien** (siehe Abschnitt 1.1.3 auf Seite 22) des HP werden durch diese Berechnungen sehr strapaziert. Man muss darauf achten, dass die Batterien ausreichend Kapazität haben oder bei Verwendung von Akkus diese frisch geladen sind.

### 3.1.3.7 Beispiele für Integer-Arithmetik

Alle Beispiele werden im **RPN-Modus** durchgeführt. Der Exakt-Modus muss eingestellt, der Indikator muss R= zeigen.

$2^{1000}$ ergibt eine Zahl mit 302 Stellen. Zur vollständigen Darstellung auf dem Bildschirm wurde diese Zahl (nachträglich von Hand) in einen String umgewandelt, in den dann nach jedem 30. Zeichen ein Zeilenvorschub eingefügt wurde. Dieser String wird in Bild 78 mit **VIEW** dargestellt.

**Bild 78: 302 Stellen mit VIEW dargestellt**

Die Stellenanzahl kann man sich auch anzeigen lassen: Wenn diese Zahl im Stack steht, gibt man **SIZE** ein, die Zahl 302 wird angezeigt.

Man kann die Stellenzahl auch selbst ausrechnen:
$1000 \cdot \log_{10}(2) = 301{,}029995664 \approx 302$

$2^{5000}$ ergibt eine Zahl mit 1506 Stellen (Stellenanzahl = $5000 \cdot \log_{10} 2$).

Die Fakultät der Zahl 1000 wird ebenfalls korrekt berechnet und dargestellt:

Man stellt **1000!** in den Stack und drückt [ENTER], dann wird
**1000!** = $1 \cdot 2 \cdot 3 \cdot 4 \cdot \ldots \cdot 999 \cdot 1000$ berechnet.

Allerdings braucht der HP 49G mit der eingebauten *x*!-Funktion zur Berechnung des Ergebnisses etwa 61 Sekunden, der HP 49g+ und der HP 50g schaffen es in 28,8 Sekunden. Man kann aber auch eine FOR-NEXT-Schleife von 1 bis 1000 programmieren und $1 \cdot 2 \cdot 3 \cdot 4 \cdot \ldots \cdot 999 \cdot 1000$ ausrechnen lassen. Dann dauert es etwas länger.

Das Ergebnis ist eine Zahl mit 2568 Stellen. Diese Information findet man über den Befehl **SIZE**, wenn die Zahl vorher in den Stack gestellt wird.

$7^{9999}$ ergibt eine Zahl mit 8451 Stellen (Berechnungsdauer auf dem HP 49G etwa 353 Sekunden, auf dem HP 49g+ etwa 190 Sekunden). Die ersten 20 Stellen und die letzten 20 Stellen dieser Zahl sind im nachfolgenden Kästchen dargestellt:

`13655326938206299575...58935601930400857143`

wobei die mittleren 8411 Stellen durch drei Punkte vertreten werden.

Bei dem Versuch, $7^{10000}$ direkt einzugeben, streikt der Rechner (Fehlermeldung: Integer too large). Berechnet man aber die Zahl $7^{9999} \cdot 7$, so ergibt sich sofort das richtige Ergebnis für $7^{10000}$. Vermutlich ist nur der Eingabebereich der Funktion $y^x$ auf $x<10000$ beschränkt. Man kann zur Probe das Ergebnis der Zahl $7^{10000}$ wieder durch 7 teilen, es ergibt sich wieder die vorherige Zahl.

Es ist sogar möglich, mit der vorher berechneten Zahl $7^{9999}$ das Produkt $7^{9999} \cdot 7^{9999}$ (nach einer weiteren Berechnungsdauer von fast ¼ Stunde auf dem HP 49G) zu erhalten, es ist eine Zahl mit 16901 Stellen. Diese Zahl wurde dann nochmals mit 7·7 multipliziert und damit die Zahl $7^{20000}$ berechnet (16902 Stellen). Dabei waren die Grenzen des Rechners noch nicht erreicht. Vermutlich hängen diese nur vom verfügbaren Speicherplatz ab.

### 3.1.3.8 Beispiel: Passwortberechnung

Man kann z. B. ein Passwort durch eine Anweisung angeben:

Das Passwort besteht aus den 12 Ziffern an den Positionen 1100 bis 1111 der Zahl $11^{1111}$.

Wenn man das Passwort auf diese Weise angibt, können nur die Besitzer eines HP 49G/49g+/50g das Passwort ermitteln, alle anderen Taschenrechner beherrschen solch große Zahlen nicht.

Berechnungsbeispiel:

Zuerst werden die Systemflags mit «{ -2 -3 -105 } CF» richtig eingestellt. Das Passwort wird dann durch folgendes Programm berechnet, das auf dem HP-Rechner so aussieht: «  11 1111 ^ "" + 1100 1111 SUB OBJ→ ». Es berechnet die Zahl $11^{1111}$, wandelt sie in einen String mit 1157 Ziffern um, zieht aus diesem String die 12 Ziffern der Positionen 1100 bis 1111 als Substring heraus und wandelt diesen in eine ganze Zahl um.

Ergebnis: **962242365816**. Dies sind die 12 gesuchten Ziffern des Passworts. Dauer der Berechnung auf dem HP 50g: 3,78 Sekunden.

### 3.1.4 Primzahlfunktionen

Auf die großen Integerzahlen können auch alle Primzahlfunktionen angewandt werden. Jede Integerzahl kann durch die Funktion **FACTOR** in ihre Primfaktoren oder Potenzen der Primfaktoren zerlegt werden. Der Befehl **FACTORS** ist ähnlich, er gibt jedoch die Primfaktoren und die zugehörigen Exponenten als Liste zurück.

**Beispiel:** Die Zahl **35373204842494575269664** wird durch **FACTOR** zerlegt in $2^5 \cdot 3^7 \cdot 11^{17}$. Der Befehl **FACTORS** liefert für diese Zahl eine Liste {11 17. 3 7. 2 5.}, wobei der Exponent jeweils durch einen Punkt gekennzeichnet ist (lies: 11 in der 17. Potenz, 3 in der 7. Potenz und 2 in der 5. Potenz).

Über die Funktion **ISPRIME?** kann abgefragt werden, ob die Integerzahl eine Primzahl ist. Die Funktionen **NEXTPRIME** und **PREVPRIME** liefern die nächste oder vorhergehende Primzahl einer bestimmten Integerzahl.

**35373204842494575269664** ist keine Primzahl, weil wir sie oben in Faktoren zerlegen konnten. Wir berechnen die beiden benachbarten Prinzahlen:
**PREVPRIME = 35373204842494575269593** und
**NEXTPRIME = 35373204842494575269677**,
wobei nur die letzten drei Stellen unterschiedlich sind.

*Bei großen Zahlen mit mehreren hundert Stellen muss man Geduld haben, manche Berechnungen laufen sehr lange, ¼ bis ½ Stunde sind keine Seltenheit.*

## 3.1.5 Hochgenaue reelle Zahlen

In diesem Zusammenhang sei auf ein Tool „longfloat" von *Gjermund Skailand* hingewiesen. Mit diesem Tool ist es möglich, mit reellen Zahlen beliebiger Stellenanzahl auf einem HP-Taschenrechner zu rechnen (siehe LIB 902 auf Seite 161).

## 3.2 Die Summenfunktion

Auf dem HP ist eine **Summenfunktion** Σ verfügbar, mit der man die Summe endlicher Reihen berechnen kann. Diese Funktion ist in Lit. [10], Seite 3-212 dokumentiert. In Lit. [5] ist auf Seite 1-8 die Syntax kurz angegeben.

Die Summenfunktion ist in der Mitte der Tastatur auf eine feste Taste gelegt. Mit der rechtsumgeschalteten [SIN]-Taste (Σ = [▶][SIN]) wird sie aktiviert. Sie funktioniert sowohl im RPN-Modus wie auch im algebraischen Modus (ALG).

Im RPN-Modus müssen die Argumente im Stack stehen, im algebraischen Modus steht der Stack nicht zur Verfügung, hier müssen die Argumente in runden Klammern mitgegeben werden. Hier wird beides gezeigt.

### 3.2.1 Die mathematische Schreibweise

**Formel 2: Summenformel allgemein**

$$\sum_{n=1}^{m} f(n)$$

Die mathematische Darstellung wird auch auf dem HP-Bildschirm in dieser Form angezeigt, wenn die Flags richtig gesetzt sind.

Diese Kurzschreibweise bedeutet: Für jeden ganzzahligen Wert von **1** bis **m** der Variablen **n** wird der Funktionswert *f(n)* als Summand ausgerechnet und aufsummiert.

### 3.2.2 Beispiel

Als Beispiel soll die Summe der ersten 100 ungeraden ganzen positiven Zahlen ausrechnet werden. Ungerade Zahlen werden als (**2n-1**) für **n** definiert. Die erste ungerade positive Zahl ist **1**, die einhundertste ist **2 · 100 - 1 = 199**.

In mathematischer Summendarstellung sieht dies so aus:

**Formel 3: Summenformel, ungerade Zahlen**

$$\sum_{n=1}^{100} (2 \cdot n - 1)$$

Der sich mit **n** verändernde Summand (Funktion von **n**) wird hier der Deutlichkeit halber in runden Klammern angegeben Diese Klammern könnten auch entfallen, der HP lässt sie ohnehin weg.

Zuerst sollten die Systemflags richtig gesetzt werden:

**Tabelle 39: Systemflags für Summenfunktion**

| Flag-Name | Nr. | Bedeutung | Bitwert | Bemerkungen |
|---|---|---|---|---|
| Konstanten | -2 | symb | gelöscht = 0 | |
| Funktion | -3 | symb | gelöscht = 0 | |
| Ausgabeform | -79 | als Gleichung | gesetzt = 1 | |
| Winkelmodus | -17 | RAD | gesetzt = 1 | Befehl **RAD** eingeben |
| Genauigkeit | -105 | exakt | gelöscht = 0 | umzuschalten durch [▶]&[ENTER] |

Wenn die Flags anders gesetzt sind, sieht das Ergebnis nicht wie hier angegeben aus. Beim exakten Modus (Genauigkeit) wird immer der genaue Ausdruck (z.b.: Formel, rationale Zahl, Wurzelausdruck) angegeben, der Näherungsmodus liefert eine in der Stellenanzahl begrenzte reelle Zahl, falls sie sich berechnen lässt.

### 3.2.2.1 RPN-Modus

Im RPN-Modus sind die Argumente in der richtigen Reihenfolge in den Stack zu stellen (siehe Bild links):

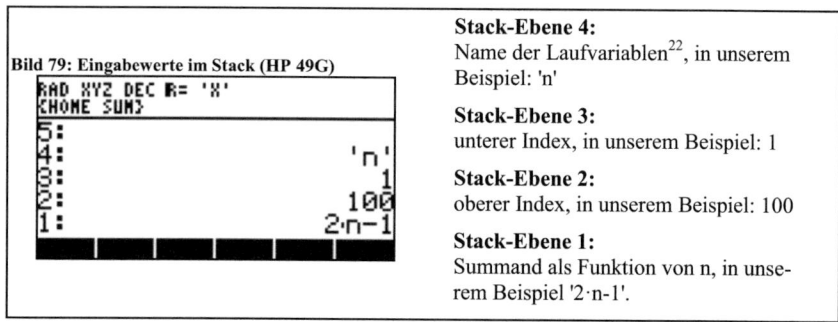

Bild 79: Eingabewerte im Stack (HP 49G)

**Stack-Ebene 4:**
Name der Laufvariablen[22], in unserem Beispiel: 'n'

**Stack-Ebene 3:**
unterer Index, in unserem Beispiel: 1

**Stack-Ebene 2:**
oberer Index, in unserem Beispiel: 100

**Stack-Ebene 1:**
Summand als Funktion von n, in unserem Beispiel '2·n-1'.

Nach Aufruf der Summenfunktion Σ mit ([↱][SIN]) steht das numerische Ergebnis (=**10000**) in Stackebene 1.

Im RPN-Modus kann die Aufgabe auch als algebraischer Ausdruck in folgender Form eingegeben werden:

'Σ(*n=untererIndex, obererIndex, Summand*)',

wie in Bild 80 gezeigt. Nach Betätigen von **[ENTER]** erscheint die Formel mit Zahlenwerten (siehe Bild 81).

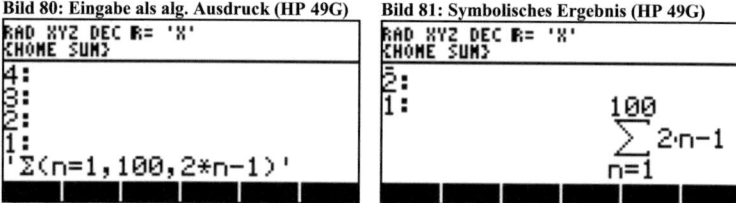

Bild 80: Eingabe als alg. Ausdruck (HP 49G)   Bild 81: Symbolisches Ergebnis (HP 49G)

Wenn man diese Formel ausgerechnet (numerisch) haben möchte, ruft man **[EVAL]** oder die Funktion →**NUM** (= [↱][ENTER]) auf. Als Ergebnis erscheint **10000** im Stack.

Werden der untere oder obere Index oder beide Indizes als Variable eingegeben, dann stellt der Rechner (auch im RPN-Modus) das Ergebnis als algebraischen Ausdruck oder als Formel (je nach Zustand des Flags -79) dar. Dieser Ausdruck kann dann nur in Programmen mit den entsprechenden, zuvor definierten Variablen weiterverwendet werden.

---

[22] Eine Laufvariable wird während der Rechnung vom unteren Index zum oberen Index hochgezählt, hat also für jeden Summanden einen anderen Wert.

## 3.2.2.2 ALG-Modus

Im algebraischen Modus wird der Ausdruck **ohne** Apostrophe eingegeben (siehe Bild 82). Man ruft die Funktion mit Σ = [▶][SIN] auf, dann erscheint das Sigma-Zeichen mit Klammer, in die man die Werte für die Parameter einsetzen muss.
Der Start der Berechnung erfolgt mit **[ENTER]**. Das ausgerechnete Ergebnis ist in Bild 83 dargestellt. Der Indikator **ALG** rechts oben in der Anzeige zeigt den aktiven ALG-Modus an, bei dem beides, die gestellte Aufgabe und das Ergebnis (=**10000**) angezeigt wird.

Bild 82: Eingabe im Modus ALG (HP 49G)   Bild 83: Ergebnis im Modus ALG (HP 49G)

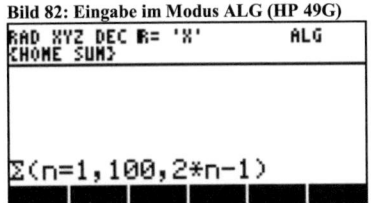
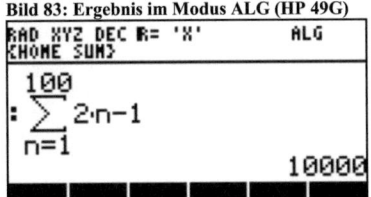

Interessant im Beispiel ist die Tatsache, dass die Summe der ungeraden Zahlen immer eine Quadratzahl ist, dass also gilt:

**Formel 4: Quadratzahlen**

$$\sum_{n=1}^{m}(2 \cdot n - 1) = m^2$$

**Beweis:**

Für die Summe der Glieder einer arithmetischen (linearen) Reihe wird das arithmetische Mittel des ersten und letzten Gliedes gebildet und dieses wird mit der Anzahl der Glieder multipliziert.

$$\frac{1 + (2 \cdot m - 1)}{2} \cdot m = m^2$$

Damit kann das Ergebnis der Summenfunktion sofort über die Quadratfunktion überprüft werden.

## 3.2.3 *Berechnung von Potenzreihen*

Für die Berechnung von Potenzreihen ist die Summenfunktion gut geeignet. Die ungeraden Zahlen können auch bei der Berechnung des Funktionswertes **sin $x$** verwendet werden, wenn $x$ im Bogenmaß in die Formel eingesetzt wird.

**Achtung**: Dass die Summenfunktion unter der SIN-Taste liegt, hat mit der Sinusfunktion und auch mit dem nachfolgenden Beispiel nichts zu tun. Es ist reiner Zufall.

**Beispiel:** Berechnung des Wertes von **sin $x$** im ALG-Modus

Obwohl die Sinusfunktion auf dem Rechner als Taste vorhanden ist, soll hier der Sinus für den Winkel $x = \mathbf{30°}$ (Altgrad) über diese Summenfunktion als Summe berechnet werden. Dieser Winkel muss zuerst ins Bogenmaß (Radiant) umgerechnet werden:

$x = \pi \cdot 30°/180° = \mathbf{0{,}523598775598}$.

Dieser Wert wird in die Variable '$x$' eingespeichert. Die Formel für die Berechnung von **sin $x$** ist eine Potenzreihe.

**Formel 5: Sinus-Reihe**

$$\sin x = \frac{x}{1!} - \frac{x^3}{3!} + \frac{x^5}{5!} - \frac{x^7}{7!} + \frac{x^9}{9!} - \ldots + \ldots - \ldots$$

Zur Eingabe dieser Formel kann man den „Equation-Writer" (siehe Beschreibung im mitgelieferten Handbuch, Kapitel 3) benutzen oder die Formel als algebraischen Ausdruck wie folgt eingeben:

`'Σ(n=1,50,x^(2*n-1)/(2*n-1)!*(-1)^(n+1)'`

Flag -79 entscheidet darüber, wie dieser Ausdruck nach der Eingabe angezeigt wird (als Formel oder als algebraischer Ausdruck).

**Bild 84: Ausgabe der Sinusberechnung (HP 49G)**

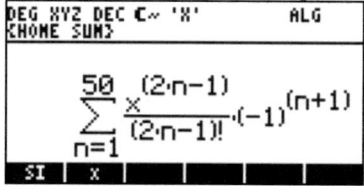

Bei der Eingabe der Formel ist jede Klammer wichtig. Das Ausrufungszeichen („!") im Nenner des Bruches ist ein Formelzeichen und bewirkt die Berechnung der „Fakultät einer Zahl" (englisch: **Factorial (Gamma) Function**). Man sollte auch darauf achten, dass man Ganzzahlen (ohne Dezimalzeichen) eingibt, denn sonst bewirkt "!" die Berechnung der Gamma-Funktion. Die Potenzen der Zahl (-1) bewirken eine „alternierende" Summierung, bei der abwechselnd addiert und subtrahiert wird.

Diese Formel wird in der von uns angelegten Variablen SI gespeichert. Durch **EVAL(SI)** wird im ALG-Modus die Summation durchgeführt. Im RPN-Modus wird die Formel in den Stack gestellt und **EVAL** aufgerufen. Das Ergebnis wird angezeigt: **0,5**.

also ist: **sin 0,523598775598 = sin 30° = 0,5**.

Die Berechnung wurde auf 50 Summanden beschränkt, der Abbruch dieser unendlichen Reihe an dieser Stelle beeinflusst die Genauigkeit des gewünschten Ergebnisses nicht. Selbst ab dem 10. Summanden ändert sich das darstellbare Ergebnis nicht mehr, denn dieser 10. Summand hat den Wert $x^{19}/19! = 3,766 \cdot 10^{-23}$ und ändert nur die 23. Stelle hinter dem Komma, die der Rechner ohnehin nicht anzeigen kann. Bei einer größeren Anzahl von Summanden erfolgt ein „Underflow" des Zahlenbereichs, so dass man die Flags -20 und -21 vorsichtshalber löschen (= zurücksetzen) sollte, damit man keine Fehlermeldung erhält und die Berechnung nicht dadurch automatisch abgebrochen wird.

Herr *Dr. Ralf Fritzsch* aus Hamburg schrieb folgende Ergänzung:

> (Zitat) Die eingebaute Computeralgebra-Software (wie unmerklich bei vielen anderen Gelegenheiten auch) versucht zunächst, die Summe „symbolisch" zu berechnen und dabei auf SIGMA respektive SIGMAVX zurückzugreifen.
>
> Im „Benutzerhandbuch für Fortgeschrittene" wird das „diskrete Stammfunktion" genannt, im englischen Original „discrete antiderivative".
>
> So, wie man bei Kenntnis der Stammfunktion *F(x)* des Integranden *f(x)* das Integral **INT**(*x* von *a* bis *b* über *f(x)\*dx*) einfach durch *F(b)-F(a)* erhält, geht das auch mit der „diskreten Stammfunktion" *S(x)* des Summanden *s(x)*:
>
> **Summe**(*x* von *a* bis *b* mit Schrittweite 1 über *s(x)*) = *S(b)-S(a)*.

SUMME(X=1 bis ∞ , 1/X²) = -PSI(∞,1) - (-PSI(1,1)) = 0 - (-π²/6) = π²/6.

Kennt der HP49G im exakten Modus einmal nicht die diskrete Stammfunktion, versucht er nach meiner Erfahrung die näherungsweise Berechnung der Summe (wobei allerdings der Rechner nicht extra in den Näherungsmodus umschaltet).(Zitatende)

Vielen Dank an Herrn *Dr. Ralph Fritzsch* für die Ergänzung.

## 3.3  Die Integralfunktion

Mit der eingebauten Integralfunktion des HP-Taschenrechners können bestimmte und unbestimmte Integrale berechnet werden. Dieser Abschnitt behandelt die Anwendung der Integralfunktion und der Umkehrfunktion (Ableitung) einer Funktion. Die mathematischen Grundlagen der Integralrechnung werden beim Leser als bekannt vorausgesetzt.

Quelle: Lit. [10] Seiten 3-211 und 3-212.

### 3.3.1 *Einleitung*

Mit der eingebauten Integralfunktion ∫ des HP-Taschenrechners können bestimmte und unbestimmte Integrale berechnet werden. Die mathematischen Grundlagen werden beim Leser als bekannt vorausgesetzt.

> Achtung:
> Das Wort „Funktion" wird hier in zwei Bedeutungen benutzt:
> 1. Als Funktion des Taschenrechners, die mit einem Tastendruck gestartet werden kann.
> 2. Als mathematische Funktion *f(x)*, die als Argument für die Integralberechnung eingegeben werden muss.

#### 3.3.1.1  *Bestimmtes Integral*

Mathematische Schreibweise des **bestimmten Integrals:**

**Formel 6: Bestimmtes Integral**

$$\int_a^b f(x)\,dx = F(b) - F(a)$$

Für die Funktion *f(x)* kann auf dem abgeschlossenen Intervall von *a* bis *b* der Wert des Integrals ausgerechnet werden. *F(x)* wird die Stammfunktion von *f(x)* genannt.

Umgekehrt gilt: *F'(x)* = *f(x)*. Die Ableitung der Stammfunktion ergibt die ursprüngliche Funktion.

#### 3.3.1.2  *Unbestimmtes Integral*

Als **unbestimmtes Integral** der Funktion *f(x)* in einem Intervall bezeichnet man die Menge aller Stammfunktionen der Funktion *f(x)* in diesem Intervall.

Wenn *F(x)* irgendeine Stammfunktion von *f(x)* ist, so gilt:

**Formel 7: Unbestimmtes Integral**

$$\int f(x)\,dx = F(x) + C$$

*C* wird Integrationskonstante genannt. *x* ist die Integrationsvariable.

## 3.3.2 Aufruf der Integralfunktion

Die Integralfunktion wird mit ∫ = [▶][TAN] oder aufgerufen. Das Integralzeichen ∫ ist bei der Tangenstaste auf dem Gehäuse farbig aufgedruckt.

Vor dem Aufruf sollten die Flags {-2, -3, -79, -105} gelöscht, also auf null gesetzt werden.

Die Argumente der Integralfunktion ∫ müssen (im RPN-Modus) im Stack stehen:

| Stackebene 4: | untere Integrationsgrenze (reelle oder komplexe Zahl, Variablenname, algebraischer Ausdruck, oder Einheitenobjekt), z.b. 0 oder 'a' |
|---|---|
| Stackebene 3: | obere Integrationsgrenze (Typen wie untere Grenze) |
| Stackebene 2: | Integrand als Formel mit Variablen oder Konstanten |
| Stackebene 1: | Variablenname, nach dem integriert werden soll. |

Das Ergebnis wird im Stack angezeigt.

Will man den Wert eines **bestimmten Integrals** berechnen, müssen alle Variablen (außer der Integrationsvariablen) mit Zahlenwerten belegt sein. Das Integrationsintervall muss abgeschlossen sein, also eine feste obere und untere Grenze haben.

Für die symbolische Auswertung **bestimmter oder unbestimmter Integrale** können symbolische Formelzeichen verwendet werden.

Für die allgemeine Ermittlung eines unbestimmtes Integrals auf dem HP kann als obere Grenze die Integrationsvariable und als untere Grenze null angegeben werden. Die Integrationskonstante wird vom HP nicht berücksichtigt.

Zu beachten ist, dass von den eingebauten Funktionen des HP nur diejenigen integriert werden können, für die auch eine integrierbare Umkehrfunktion auf dem Rechner als eingebaute Funktion verfügbar ist. Zum Beispiel können die Ableitungen aller eingebauten Funktionen integriert werden. Bei Polynomen müssen die Basisterme linear sein.

## 3.3.3 Beispiel im RPN-Modus

Zu integrieren ist: $x^5 - c \cdot x^4 + x^3$ für $x$ von $0$ (null) bis $a$.

Bild 85 zeigt die Eingaben im Stack und in Bild 86 ist das (ungewöhnliche) Ergebnis des Integrals zu sehen.

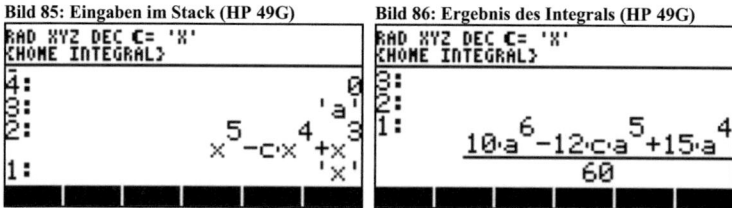

Bild 85: Eingaben im Stack (HP 49G)   Bild 86: Ergebnis des Integrals (HP 49G)

Das in Bild 86 angezeigte Ergebnis muss noch vereinfacht werden. Nach Aufruf des Befehls **EXPAN** (expand = auseinanderziehen) zeigt der Bildschirm das erwartete Ergebnis (Bild 87):

**Bild 87: Vereinfachtes Integral (HP 49G)**   **Bild 88: Ergebnis im ALG-Modus**

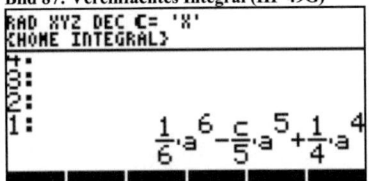
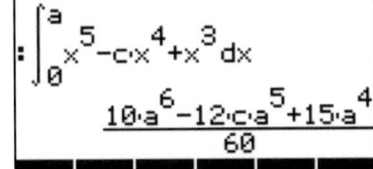

### 3.3.4 *ALG-Modus*

Im ALG-Modus erscheint nach ∫ = [🢁][TAN] in der Befehlszeile das Integralzeichen ∫ mit einer Klammer, in die man die Argumente (*untere Grenze, obere Grenze, Integrand, Variablenname*) in dieser Reihenfolge, mit Komma dazwischen, eintragen muss.

Das obige Beispiel ergibt im ALG-Modus nach Betätigung der [ENTER]-Taste ein zum RPN-Modus identisches Ergebnis, wobei die ursprüngliche Formel in Integraldarstellung und auch das Ergebnis gleichzeitig auf dem Bildschirm (Bild 88) angezeigt werden. Das Ergebnis muss, wie im RPN-Modus, auch hier noch vereinfacht werden.

Um die vollständige Anzeige in Bild 88 zu ermöglichen, wurde der Header der Anzeige auf 0 gesetzt: Taste [MODE], Menüfeld [DISP], Zeile Header: 0.

### 3.3.5 *Die Ableitung einer Funktion*

Der HP besitzt selbstverständlich auch die Umkehrfunktion der Integralfunktion. Das ist die Ableitung einer mathematischen Funktion (derivative function). Die mathematischen Grundlagen werden beim Leser als bekannt vorausgesetzt: Bei der Berechnung der 1. Ableitung $f'(x)$ einer Funktion $f(x)$ wird der Differentialquotient berechnet.

Die Eingabe ist wesentlich einfacher als bei der Integralfunktion. Die Funktion $f(x)$ wird in die Stackebene 2 und die Variable $x$, nach der abgeleitet werden soll, wird in Stackebene 1 eingegeben.

Die Ableitung einer mathematischen Funktion wird mit ∂ = [🢁][COS] aufgerufen. Das Formelzeichen ∂ ist bei der Kosinustaste auf dem Gehäuse rot aufgedruckt.

**Beispiel für den RPN-Modus:**

Die Funktion $f(x) = x^5 - c \cdot x^4 + x^3$ wird nach $x$ abgeleitet. Es wird also $f'(x)$ berechnet. In Bild 89 sind die Eingaben im Stack und in Bild 90 ist das Ergebnis zu sehen.

**Bild 89: Abzuleitende Gleichung**   **Bild 90: Abgeleitete Gleichung**

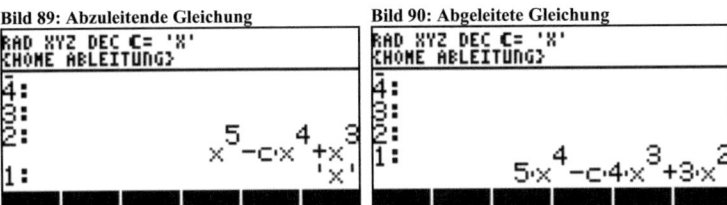

Aufgrund der einfachen Handhabung ist keine weitere Erläuterung notwendig. Details sind dem oben angegebenen Handbuch Lit. [10] auf Seite 213/214 zu entnehmen.

Hinweis:

Werden beide Funktionen ∫ und ∂ abwechselnd benutzt, indem man eine Funktion *f(x)* integriert und dann die Ableitung des Ergebnisses berechnet, kommt nicht immer die ursprüngliche Darstellung der Funktion *f(x)* heraus, sondern meist ein wesentlich komplizierterer Ausdruck. In diesem Fall kann man mit den Befehlen **EXPAN** und **SIMPLIFY** die Ergebnisse zu vereinfachen versuchen (was nicht immer gelingt). Notfalls muss man im Kopf nachrechnen, ob das (zurückgerechnete) Ergebnis der ursprünglichen Funktion entspricht.

## 3.4   Der DEFINE-Befehl

Mit dem DEFINE-Befehl kann man eine Funktionsgleichung definieren, die wie eine eingebaute Funktion verwendet werden kann.

### 3.4.1 *Notation*

Auf dem HP-Taschenrechner ist links über der Zifferntaste [2] die Bezeichnung DEF aufgedruckt. Dies ist kein Menü, sondern dahinter verbirgt sich der Befehl **DEFINE** (= **DEF** = [¶][2]). Dieser Befehl steht auch im Katalog [CAT] zur Verfügung.

Über [CAT] ist noch ein weiterer Befehl DEF verfügbar, der zu DEFINE identisch ist. Wenn im folgenden Text nur DEFINE genannt wird, ist damit immer auch DEF eingeschlossen.

### 3.4.2 *Beschreibung des Befehls*

Wenn im Stack der algebraische Ausdruck '*name=ausdruck*' steht (wobei *name* für den Variablennamen oder Funktionsnamen und *ausdruck* für den Funktionsausdruck steht), dann bewirkt der Befehl **DEFINE** zweierlei:

1. Steht im Stack '*name=ausdruck*' allein, dann wird '*ausdruck*' in die Variable mit dem Namen '*name*' gespeichert. *ausdruck* darf dann aber nicht von Variablen abhängig sein, sondern nur Konstanten enthalten.

   **Beispiel 1:** Bei '**A=3*ln(2)+5^ln(3)**' speichert **DEFINE** den ausgerechneten Wert in die Variable A.

   **Beispiel 2:** Bei 'A=2*x' führt **DEFINE** zu einer Fehlermeldung "Undefined Name", weil *x* nicht bekannt ist.

2. Steht dort '*name(name1, name2,...)=ausdruck*' mit weiteren Namen als Parameter von *name*, dann darf *ausdruck* die genannten Variablen enthalten. **DEFINE** erzeugt ein Programm, das die in der Klammer stehenden Namen als symbolische Parameter verwendet. Das Programm wird in der Variablen '*name*' gespeichert wird. Dieses Programm wird als **benutzerdefinierte Funktion** bezeichnet.

### 3.4.3 *Flags*

Zur Flagumschaltung bedienen wir uns der kleinen Programme aus 2.4.5 auf Seite 82. Der Aufruf von SYMB oder ZAHL schaltet die Flags -1, -2, -3, -79 und -105 entsprechend der erforderlichen Berechnungsart um und zeigt dann durch den geänderten Namen (ZAHL oder SYMB) an, welche Berechnungsart gerade aktuell ist:

- SYMB für symbolische Berechnungen
- ZAHL für Zahlenwertberechnungen

Die Flags -103 (komplexe Zahlen) und -17 (Winkel im Bogenmaß) müssen vom Benutzer manuell gesetzt werden oder werden vom Programm automatisch umgestellt (mit oder ohne Bestätigung, je nach Flag -120 (silent modus).

### 3.4.4 Beispiel Pythagoras

**DEFINE** soll am Beispiel des bekannten Pythagoreischen Satzes verdeutlicht werden. Die Funktion soll lauten:

**Formel 8: Funktion PYTH**

$$PYTH(a,b) = \sqrt{a^2 + b^2}$$

Diese benutzerdefinierte Funktion wird hier im Beispiel mit **PYTH(a,b)** bezeichnet. Die **symbolischen Parameter** *a* und *b* in der Klammer werden beim Aufruf durch die **aktuellen Parameter** ersetzt: Zum Beispiel lautet mit *a* = 3 und *b* = 4 der Aufruf **PYTH(3,4)**. Das Ergebnis wird durch die rechte Seite der Gleichung bestimmt.

**Bild 91: PYTH-Definition**

Zum Erstellen der Funktion wird die Formel als algebraischer Ausdruck in den Stack eingegeben (Bild 91). Vorsichtshalber speichert man diesen Ausdruck in die Variable PY. Dies wäre nicht nötig, wenn nur die durch den Befehl **DEFINE** erzeugte benutzerdefinierte Funktion verwendet werden soll. Der DEFINE-Befehl braucht den Ausdruck auf dem Stack, deshalb muss er durch [']][PY] auf den Stack zurückkopiert werden.

**Bild 92: DEFINE legt ein Programm an**

Nach Aufruf von **DEFINE** legt das Programm die Variable PYTH an und speichert das Programm dort. **DEFINE** verwendet den Namen, der auf der linken Seite der Gleichung angegeben ist. Durch [']][PYTH] haben wir den Inhalt wieder in den Stack geholt (siehe Bild 92).

PYTH ist dadurch zu einer aufrufbaren mathematischen Funktion (wie SIN oder COS) geworden. Man darf aber nicht vergessen, dass PYTH zwei aktuelle Argumente erfordert.

**Bild 93: Symbolische Anzeige der Definition**

Wenn die Flags so gesetzt sind, dass alle Inhalte symbolisch angezeigt werden, dann erhält man die entsprechende Bildschirmanzeige.

Bild 93 zeigt den Inhalt der Variablen PY in der Stackebene 2 und das in PYTH enthaltene Programm in Stackebene 1.

## 3.4.5 Anwendung der benutzerdefinierten Funktionen

### 3.4.5.1 ALG-Modus (Flag -95 = 1):

Der Programmaufruf im algebraischen Modus ist etwas anders als bei RPN. Er ist in Bild 94 zu sehen.

**Bild 94: DEFINE-Funktion PYTH**

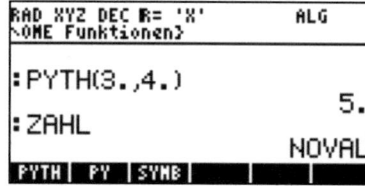

Durch Drücken von [PYTH] wird die Buchstabenfolge PYTH in die Befehlszeile gestellt. Dieser Aufruf muss durch die aktuellen Parameter in runden Klammern ergänzt werden. Das Trennzeichen zwischen den Argumenten **muss** eingetippt werden, sonst erfolgt die Fehlermeldung. "Too Few Arguments". Wird für Dezimalzahlen der Punkt verwendet (Flag -51 = 0), dann ist das Trennzeichen das Komma. Beim Dezimalkomma (Flag -51 =1) ist das Trennzeichen ein Semikolon (";").

Für $a = 3$ und $b = 4$ lautet der vollständige Aufruf also: **PYTH(3,4)** (siehe Bild 94). Die erforderlichen aktuellen Parameter sind in runde Klammern gesetzt. Mit [ENTER] wird die Berechnung gestartet.

Programme ohne erforderliche Parameter werden im ALG-Modus einfach mit [ENTER] gestartet. Zum Beispiel wird das in 3.4.3 genannte Programm ZAHL mit [ZAHL][ENTER] aufgerufen. Als Anzeige erscheint das Ergebnis NOVAL (= **no Val**ue = kein Ergebnis vorgesehen), weil nur die Flags geändert werden, aber keine Ausgabe erfolgt. Der Menüname des Programms ändert sich gegenüber Bild 92 Von ZAHL auf SYMB in Bild 94.

### 3.4.5.2 RPN-Modus (Flag -95 = 0):

Beim RPN-Modus kann die Ausführung der benutzerdefinierten Funktionen auf zwei Arten erfolgen:

1. Der Funktionsaufruf kann in Apostrophe ' ' eingeschlossen und mit **EVAL** gestartet werden. Z.B.: **'PYTH(3,4)' EVAL**.

2. Wenn die Parameterwerte in der richtigen Reihenfolge im Stack stehen, kann die Funktion auch über die zugeordnete F-Taste gestartet werden. Die Reihenfolge der Parameter wird durch die Anordnung in der DEFINE-Klammer bestimmt: Bei den Parametern steht der erste in der obersten Stackebene und die anderen stehen in den Ebenen darunter.

Für das Beispiel wird $a = 3$ und $b = 4$ gewählt, also wird **3** zuerst in den Stack eingegeben und dann **4**. Nun wird [PYTH] gedrückt. Das Ergebnis steht im Stack: Die Zahl **5**.

Bei anderen Eingabewerten im Stack, z. B. $a = 5$ und $b = 6$, gibt der Rechner im exakten Modus nach [PYTH] nicht eine reelle Zahl, sondern einen Wurzelausdruck (Wurzel aus 61) aus. Nach →**NUM** =[┌'][ENTER] wird dann der reelle Wert **7,81024967591** angezeigt.

## 3.5 Lösen von Gleichungen mit ISOL und SOLVE

Hier soll speziell der Befehl ISOL (SOLVE) zum Umstellen von Gleichungen näher betrachtet werden, der eine Gleichung nach einer der Variablen „auflöst". Das heißt, diese Variable steht dann als Ergebnis <u>isol</u>iert auf der linken Seite der Gleichung.

### 3.5.1 *Einleitung*

In Lit. [5] in Kapitel 6 (Lösen von Gleichungen) ist beschrieben, wie man Polynom-Gleichungen, Gleichungssysteme mit mehreren Unbekannten und Differentialgleichungen mit dem HP49 löst.

Matrizen zur Lösung von Gleichungssystemen werden hier nicht behandelt. Die Eingabe und Darstellung von Matrizen wird unter 3.10 ab Seite 214 gezeigt.

Hier soll speziell der Befehl **ISOL (SOLVE)** zum **Umstellen von Gleichungen** näher betrachtet werden, der eine Gleichung nach einer der Variablen „auflöst". Das heißt, diese Variable steht dann als Ergebnis allein auf der linken Seite der Gleichung. Wenn nur eine Variable vorhanden ist, ist die Umstellung zugleich auch die Lösung der Gleichung.

Kurz erwähnt und an einem Beispiel vorgeführt wird auch die Funktion **FACTOR**.
Diese zerlegt ein Polynom *n*-ten Grades in die Faktoren
$(x - x_1) \cdot (x - x_2) \cdot (x - x_3) \cdot \ldots \cdot (x - x_n) = 0$,
welche die Lösungen $x_1, x_2, x_3 \ldots x_n$ enthalten.

Zum Lösen von Gleichungen gibt es noch weitere Befehle :
- **PROOT** gibt die Wurzeln eines Polynoms aus.
- **FROOTS** gibt die Wurzeln einer Funktion aus.
- **ROOT** findet Wurzeln näherungsweise.
- **ZEROS** gibt die Nullstellen eines Polynoms aus.

Hier werden nur der Befehl **ISOL** und die Funktion **FACTOR** näher erläutert. Die Informationen über die anderen Befehle können den HP-Handbüchern entnommen werden.

### 3.5.2 *Einstellung der Flags*

**Flag -1:** Bei Gleichungen höheren Grades existieren **mehrere Lösungen**. Der HP gibt alle Lösungen an, wenn das Flag -1 gesetzt ist. Ist das Flag -1 nicht gesetzt, wird nur die **Hauptlösung** angegeben.

**Die Flags -2 und -3** bestimmen, ob das Ergebnis **als Zahl oder symbolisch** ausgegeben wird, ob also z. B. die Zahl 1,41421356237 oder das symbolische Ergebnis $\sqrt{2}$ ausgegeben wird.

**Flag -103:** Bei manchen Berechnungen ergeben sich die Lösungen im Bereich der **komplexen Zahlen**, sodass das Flag -103 gesetzt (komplexe Zahlen **C**) werden muss. Wenn es nicht gesetzt ist, werden nur reelle Zahlen (**R**) ausgewertet und komplexe Lösungen führen dann zu einer Fehlermeldung oder der Rechner schaltet nach Rückfrage in den Complex-Modus. Deshalb sollte man vorwiegend den Complex-Modus **C** eingestellt haben.

**Das Flag -105** legt fest, ob der Wert sofort als reelle Zahl mit einer endlichen Zahl von Nachkommastellen (**Näherungsmodus**) ausgegeben wird, oder ob die genauen Wert symbolisch (**exakter Modus**) ausgegeben werden.

Der fünfte Indikator auf dem LCD-Bildschirmchen zeigt dann (neben dem **R** oder **C** des Zahlenmodus) ein Gleichheitszeichen "=" für den exakten Modus oder ein Näherungszeichen[23] "~" für den Näherungsmodus.

**Die Flags -1, -2, -3 und -105** wirken zusammen, wobei das Flag -105 die Genauigkeit der Berechnung bestimmt, während die Flags -1, -2 und -3 die Anzeige bzw. Ausgabe des Ergebnisses beeinflussen.

**Flags -20, -21 und -22:** Bei Zahlenrechnungen können manchmal **Zahlen-Unterläufe (Underflows)** oder **Zahlen-Überläufe (Overflows)** stattfinden. Deshalb sollten die Flags -20, -21 und -22 nicht auf "error" geschaltet sein, sondern müssen die jeweiligen Grenzwerte (0 oder ±9E499) anstelle der Bereichsüberschreitungen zulassen.

### 3.5.3 Der Befehl ISOL (SOLVE)

Laut Beschreibung des Befehls ISOL in Lit. [10], Seite 3-88, muss die umzustellende Gleichung in der Form $f(x,y,z,...) = 0$ vorliegen. Die linke Seite der Gleichung enthält die Variablen und muss den Wert null haben. Sie muss die Variable, nach der aufgelöst wird, in einem Ausdruck oder einer Funktion enthalten, die vom Rechner aufgelöst werden kann, d.h. für die verwendete Funktion muss im Rechner auch die Umkehrfunktion vorhanden sein. Sofern nur eine Variable vorhanden ist, liefert die Umstellung die Lösung dieser Gleichung.

**Ab ROM-Version 1.19** kann die Gleichung auch die Form $f(x,y,z,...) = c$ haben, wobei $c$ eine Konstante ist. Siehe Online-Hilfe bei SOLVE, denn ISOL ist identisch zu SOLVE.

#### 3.5.3.1 Aufruf im RPN-Modus

1. In Stackebene 2 eingeben: Die linke Seite der Gleichung (Ausdruck muss den Wert null haben).
2. In Stackebene 1 eingeben: Die Variable, nach der aufgelöst werden soll.
3. Befehl **ISOL** aufrufen.

**Beispiel 1:**

Die Gleichung $-4 \cdot x^3 + 2 \cdot y^2 + 3 \cdot z - 1 = 0$ soll nach $x$ umgestellt werden.

Die linke Seite der Gleichung wird eingetippt (siehe Bild 95) und in die Variable GL1 gespeichert, um sie nicht jedes Mal neu eintippen zu müssen. Dann wird der Name der Variablen $x$ eingegeben. Nach der Eingabe der Gleichung wird ISOL aufgerufen.

Die Einstellung R= in der obersten Indexzeile (Flag -103 = 0) sagt aus, dass die reelle Lösung angegeben wird. Flag -1 =0 bewirkt, dass nur die Hauptlösung angegeben wird, die weiteren 2 komplexen Lösungen wollen wir hier nicht angegeben haben.

**Einschränkung von ISOL**

Beispielsweise kann der HP die Gleichung $e^x - 3 \cdot x - 2 = 0$ nicht nach $x$ umstellen (lösen). Der Rechner meldet: "ISOL Error: Not reducible to a rational expression".

Dies hängt damit zusammen, dass ISOL nur nach dem ersten $x$ der Gleichung auflösen kann. ISOL funktioniert immer, wenn die Variable $x$ nur einmal vorkommt und eine (echte) Umkehrfunktion natürlich existiert.

Wenn eine Variable als gesuchte Unbekannte mehr als einmal in einer Gleichung vorkommt sollte man neben ISOL auch die Befehle ZEROS, SOLVE, SOLVEVX verwenden, wenn es mit ISOL nicht funktioniert (siehe auch unten unter 3.5.3.2 auf Seite 191).

---

[23] auch „Ungefährzeichen" genannt.

Bild 95: Eingabe der Gleichung (HP 50g)

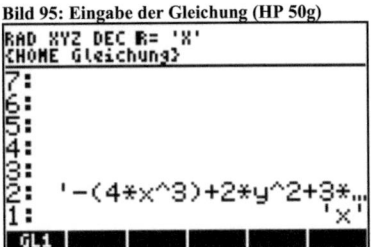

Bild 96: Ergebnis x nach Aufruf von ISOL

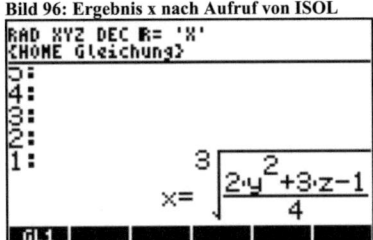

Nun soll die Gleichung aus Beispiel 1 nach *y* umgestellt werden (Bild 97):

Bild 97: Gleichung nach y auflösen

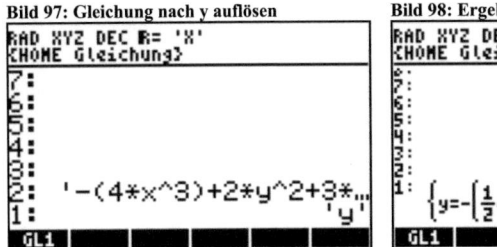

Bild 98: Ergebnisse für y

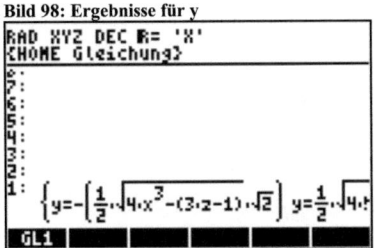

Hier findet der Rechner zwei Lösungen (siehe Bild 98), die in einer Liste ausgegeben werden. Ein kleinerer Schriftfont (Flag -72 = 1, Minifont für Stack) ermöglicht eine umfangreichere Anzeige.

**Anzeige einer überlangen Stackzeile:**

In dieser symbolischen Darstellung des rechten Bildes passt das Ergebnis der Länge nach trotz Umschaltung auf einen kleineren Font nicht auf den Bildschirm. Um das Ergebnis dieser überlangen Zeile in algebraischer Darstellung zu sehen, drückt man die Cursortaste (▲), dann ruft man [VIEW] auf. Nun kann man die überlange Zeile mit den Cursortasten hin und her schieben (scrollen), mit [¶](◄) an den Beginn der Zeile und mit [¶](►) an das Ende der Zeile springen. Mit [OK] und anschließend [ON] schaltet man wieder zurück zum Stack.

Oder man verwendet den Befehl **OBJ→** um die beiden Lösungen der Liste zu trennen und in zwei Stackebenen anzuzeigen. Für eine bessere Lesbarkeit wurde vorher auf den FONT6 umgeschaltet (siehe Bild 99):

Bild 99: Die beiden Lösungen für y

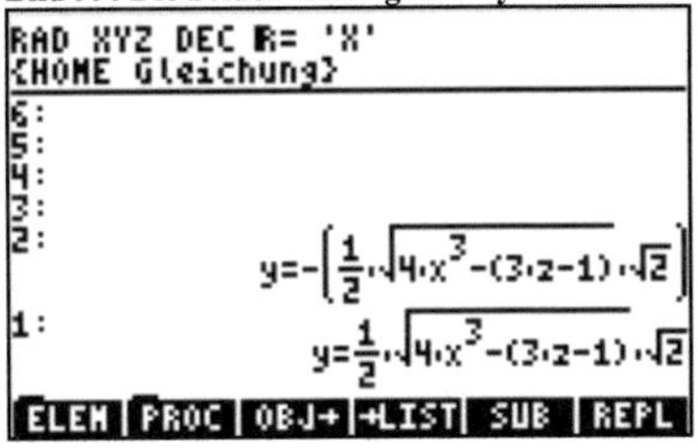

Nun noch die Umstellung nach $z$ (siehe Bild 100):

**Bild 100: Einstellung für die Berechnung von s**

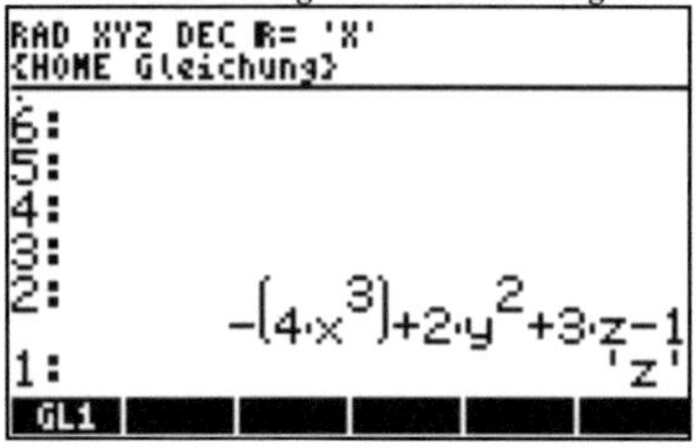

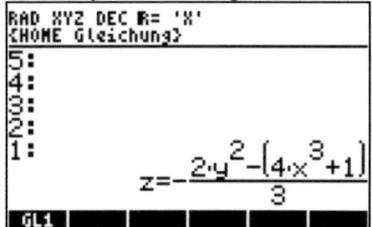

**Bild 101: Symbolische Lösung für Variable z**

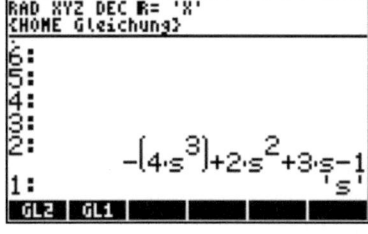

Der Rechner findet eine Lösung (siehe Bild 101), die bequem angezeigt werden kann.

**Beispiel 2:**

Nun werden alle Variablen der Gleichung von Beispiel 1 mit $s$ bezeichnet, sodass sich folgende Gleichung ergibt: **-4·$s^3$+2·$s^2$+3·$s$-1 = 0**. Die linke Seite dieser Gleichung legen wir in der Variablen GL2 ab.

Nun folgt der Aufruf von **ISOL** zur Berechnung der Variablen $s$:

**Bild 102: Einstellung für die Berechnung von s**  **Bild 103: Symbolische Lösungen für Variable s**

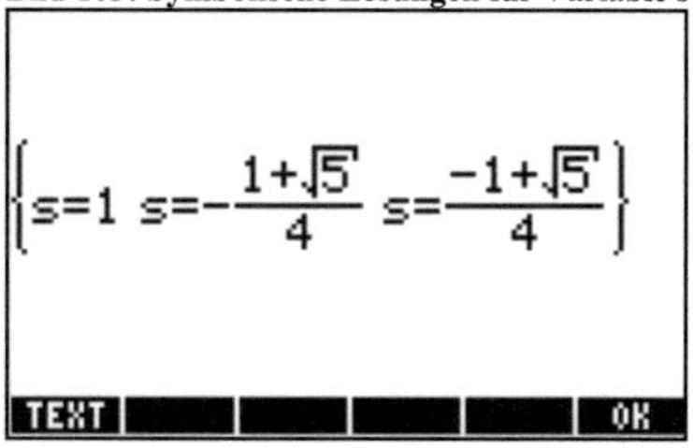

Hier findet der Rechner 3 Lösungen, obwohl die Struktur der Gleichung gegenüber Beispiel 1 nicht geändert wurde.

Die Lösungen sind im **exakten Modus** dargestellt. Wenn man das Ergebnis in Zahlen (numerisch) haben will, schaltet man vor der Berechnung (Bild 102) auf den Näherungsmodus um. Nun steht in Bild 104 C~ in der Indikatorzeile und Bild 105 zeigt die numerischen Lösungen:

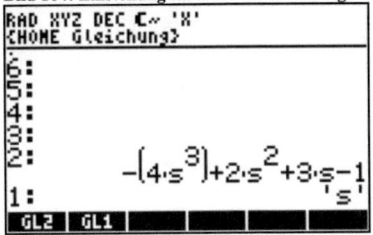

Bild 104: Einstellung für Zahlenberechnung     Bild 105: Die numerischen Lösungen

### 3.5.3.2 ALG-Modus

Im algebraischen Modus erfolgt der Aufruf auch durch **ISOL**. Dieser stellt die Anzeige **ISOL( )** in die Befehlszeile. Die Angaben über die **linke Seite der Gleichung** und **die Variable**, nach der aufgelöst werden soll, werden in die vorgegebene Klammer eingetragen, das Komma zwischen den beiden Eingabeparametern darf nicht vergessen werden:

**ISOL(-4*s^3+2*s^2+3*s-1,s)**

Die Ausführung des Befehls wird mit **[ENTER]** gestartet. Ergebnisdarstellung wie beim RPN-Modus.

---

**Bemerkungen zum Befehl ISOL**

Wenn **ISOL** Fehlermeldungen bringt, dass keine Lösung gefunden wurde oder dass die Gleichung nicht auf einen rationalen Ausdruck reduzierbar ist, sollte man nicht aufgeben. Wie oben schon erwähnt, kommt es auch darauf an, wie oft eine Variable in der zu lösenden Gleichung vorkommt.

Manchmal findet der HP keine Lösung im exakten Modus, bringt aber dann im Näherungsmodus die richtigen Zahlenwerte (weil es keine exakte Lösung gibt) oder er bringt umgekehrt im Näherungsmodus kein Ergebnis, weil sich symbolische Ausdrücke nicht auflösen lassen.

In vielen Fällen ist auch der Zahlenbereich entscheidend, ob es Lösungen gibt. Meldet der Rechner im reellen Zahlenbereich einen Fehler, kann es durchaus im komplexen Zahlenbereich Lösungen geben.

**Also:** Alle Möglichkeiten probieren.

---

### 3.5.4 Die Funktion FACTOR

Die Funktion FACTOR wird auch bei den Primzahlenzerlegungen einer Integerzahl unter 3.1.4 ab Seite 176 angesprochen. Sie ist aber auch für Polynome gültig.

Da die Gleichung aus Beispiel 2 ein Polynom $-4 \cdot s^3 + 2 \cdot s^2 + 3 \cdot s - 1 = 0$ ist, lässt es sich auch mit der Funktion **FACTOR** lösen. Der Ausdruck der linken Seite dieser Gleichung wird in den Stack gestellt und dann die Funktion **FACTOR** aufgerufen. Das Ergebnis ist (im exakten Modus) nichts anderes, als das umgestellte Polynom in der Form:

**Formel 9: Lösung der Gleichung Beispiel 2**

$$-\frac{1}{4} \cdot (s-1) \cdot \left(4 \cdot s + 1 + \sqrt{5}\right) \cdot \left(4 \cdot s - \left(-1 + \sqrt{5}\right)\right) = 0$$

Im Näherungsmodus mit den entsprechenden Einstellungen der Flags -2 und -3 für numerische Ausgabe ergibt sich:

(s - 0.309016994375) · (s + 0.809016994375) · (s - 1) · (-4) = 0

Um die Gleichung zu erfüllen, muss mindestens ein Klammerausdruck in Formel 9 (oder alle) gleich null sein. Wenn man die Klammerausdrücke jeweils null setzt, ergeben sich daraus im exakten Modus die symbolischen Ergebnisse oder im Näherungsmodus die Zahlenwerte:

$s = 0.309016994375 = \sin 18°$,
$s = -0.809016994375 = \sin -54°$,
$s = 1 = \sin 90°$.

### 3.5.5 Besonderheiten der Gleichung aus Beispiel 2

Für die Interessierten an speziellen mathematischen Zusammenhängen seien hier die Hintergründe der Gleichung aus Beispiel 2 erläutert:

Unter 3.2.3 ab Seite 179 wird als Beispiel für die Berechnung des Sinus die Summe einer Potenzreihe verwendet. Diese Sinuswerte werden mit dem Winkel im Bogenmaß berechnet.

Bestimmte Winkel in Altgrad haben eine Sonderstellung, dazu gehören 45°, 90°, 180° und 360°. Aber auch 30° und 60° haben eine Sonderstellung, da die Werte für die Winkelfunktionen aus einem gleichseitigen Dreieck über den „Pythagoras" ermittelt werden können.

Die Werte der Winkelfunktionen für andere Winkel kann man über die trigonometrischen Additionstheoreme und die Funktionen für doppelte und halbe Winkel aus diesen „Sonderwinkeln" berechnen.

Aber auch die Berechnung regulärer Vielecke (Polygone) liefert Ansätze für die Berechnung von Sinus-Werten bestimmter besonderer Winkel.

**Der Sinus von 18°**

Das reguläre Fünfeck und das dort einbeschriebene Pentagramm (fünfzackiger Stern, „Drudenfuß", siehe Bild 106) beruhen auf den Zentriwinkeln von 72°, den Peripheriewinkeln von 36° sowie den Vielfachen von 18°.

Die Zeichnung zeigt diese Zusammenhänge:

**Bild 106: Pentagramm und der sin(18°)**

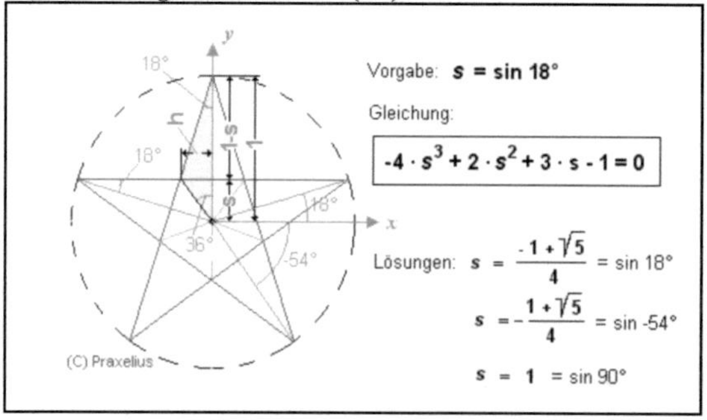

Vorgabe: $s = \sin 18°$

Gleichung:

$$-4 \cdot s^3 + 2 \cdot s^2 + 3 \cdot s - 1 = 0$$

Lösungen: $s = \dfrac{-1 + \sqrt{5}}{4} = \sin 18°$

$s = -\dfrac{1 + \sqrt{5}}{4} = \sin -54°$

$s = 1 = \sin 90°$

Die für obiges Beispiel 2 verwendete **Gleichung für den Sinus von 18°** wurde aus dem Pentagramm hergeleitet: Für die Höhe $h$ des gelb markierten Dreiecks gilt die Beziehung die

$s \cdot \tan 36° = h = (1-s) \cdot \tan 18°$

Für **sin 18°** wird $s$ gesetzt, $h$ fällt heraus. Über trigonometrische Umrechnungen werden die Tangenswerte auf **sin 18°** bezogen.
Daraus ergibt sich dann die Gleichung $-4 \cdot s^3 + 2 \cdot s^2 + 3 \cdot s - 1 = 0$.

Die aus obigem Beispiel 2 bekannten 3 Lösungswerte der Variablen *s* sind die **Sinuswerte der Winkel** der Zacken-Mittellinien des Pentagramms bezogen auf die *x*-Achse des eingezeichneten Koordinatensystems. Deshalb lassen sich die Lösungswerte auch auf folgende Weise schreiben: *s* = **sin 18°**, *s* = **sin -54°** und *s* = **sin 90°**.

---

Mit dem **sin 18°** hat es noch eine andere Bewandtnis:

Das **reguläre Fünfeck** wird aus dem **regulären Zehneck** konstruiert, dessen Seitenlänge der größere Abschnitt des nach dem **Goldenen Schnitt** geteilten Umkreisradius *r* ist.

*Zur Erinnerung:*

*Die Teilung einer Strecke der Länge 1 in zwei ungleich lange Teile **g** und **(1-g)** ist dann nach dem Goldenen Schnitt durchgeführt, wenn das Verhältnis der Länge des kleineren Teiles **(1-g)** zur Länge des größeren **g** identisch ist mit dem Verhältnis des größeren Teils zur gesamten Strecke: Also **(1-g)/g = g/1**. Daraus ergibt sich für **g** der doppelte Wert der oben für sin(18°) ermittelten genauen Lösung in symbolischer Schreibweise.*

Aus dieser Formel und aus der oben ermittelten symbolischen Lösung für **sin(18°)** ergibt sich dann:

Beim **Goldenen Schnitt** ist das Verhältnis des größeren Abschnitts zur ganzen Länge

$x = 2 \cdot \sin 18° = 0{,}61803398875$, $\dfrac{1}{x} = 1 + x = 1{,}61803398875$.

Dies kann als Beweis für die Richtigkeit der Konstruktion eines Zehnecks angesehen werden, dessen Seitenlänge aus einem rechtwinkeligen Dreieck mit dem Kathetenverhältnis 1:2 konstruiert wird.

Der Wert der Seitenlänge eines Zehnecks wird mit **2 · *r* · sin 18°** berechnet (*r* = Umkreisradius).

---

**Bild 107: Graph der Funktion**

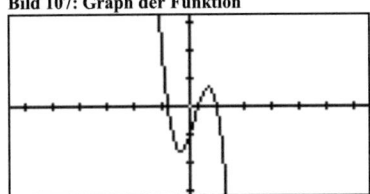

Zum Schluss wird noch der Graph der Funktion:
*f*(**s**)= -4·*s*³+2·*s*²+3·*s*-1 gezeigt (Bild 107). Die Abszissenwerte der drei Nullstellen sind die oben berechneten Lösungen.

## 3.6 Lösen von Gleichungen durch Iteration.

Manchmal gibt es keine geschlossene Lösung für ein Problem oder die Lösung ist so kompliziert, dass man sich den mathematischen Aufwand spart und die Gleichung durch Iteration löst. Die HP-Taschenrechner sind für Iterationen sehr gut geeignet.

### 3.6.1 *Aufgabe*

**Bild 108: Latten im Schacht**

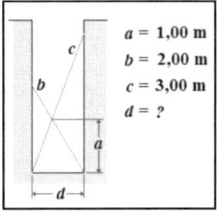

$a = 1,00$ m
$b = 2,00$ m
$c = 3,00$ m
$d = ?$

In einem kreisrunden Schacht mit unbekanntem Durchmesser $d$ lehnt eine Latte mit einer Länge $b = 2,00$ m. Genau gegenüber lehnt eine zweite Latte mit einer Länge von $c = 3,00$ m (siehe Bild 108, Latten sind rot gekennzeichnet). Die Latten sind an den beiden Enden wie ein Bleistift angespitzt, damit sie genau in die Ecken passen. Die Mittellinien der beiden Latten kreuzen sich genau bei $a = 1,00$ m über dem Boden.

Man berechne den Durchmesser $d$.

### 3.6.2 *Lösung*

Der Ansatz für die Lösung führt zur Gleichung

**Formel 10: Lösungsansatz zu Bild 108**

$$\frac{1}{a} = \frac{1}{\sqrt{b^2 - d^2}} + \frac{1}{\sqrt{c^2 - d^2}}$$

Diese Gleichung ist rechnerisch mit Papier und Bleistift sehr schwierig zu lösen. Der übliche Lösungsweg ist, $d$ aus dieser Gleichung als Funktionswert $d = f(a,b,c)$ zu isolieren. Mit den Befehlen ISOL und SOLVE des Taschenrechners kommt man nicht zum Ziel, denn der HP meldet: „Not reducible to a rational expression". Da die Lösung dieser Gleichung durch Umformungen und Isolierung der Unbekannten $d$ ohne großen Aufwand kaum möglich sein wird, löst man das Problem durch Iteration auf dem Taschenrechner.

Die in Formel 10 gezeigte Gleichung stellt man zu diesem Zweck so um, dass eine Gleichung der Form

**Formel 11: Iterationsform**

$$d_{n+1} = f(a,b,c,d_n)$$

entsteht, woraus dann der Zahlenwert für $d$ durch Iteration ermittelt werden muss. Charakteristisch für die Iteration ist, dass sowohl auf der linken wie auch auf der rechten Seite der Formel 11 die Variable $d$ vorkommt, wobei mit dem Wert $d_n$ ein neuer Wert $d_{n+1}$ berechnet wird. $d_n$ ist der Startwert, $d_{n+1}$ ist der Wert nach einem Iterationsschritt, der für den nächsten Iterationsschritt wieder als Startwert dient: $d_{n+2} = f(a,b,c,d_{n+1})$. Daraus ergibt sich dann $d_{n+2}$, usw. Man beendet den Berechnungsvorgang, wenn sich der Wert für $d$ nicht mehr ändert. Im Falle der exakten Lösung gilt: $d = d_n$.

Formel 10 umgestellt in die Iterationsform lautet:

**Formel 12: Iterationsform für Formel 10**

$$d_{n+1} = \sqrt{b^2 - \left(\frac{a \cdot \sqrt{c^2 - d_n^2}}{\sqrt{c^2 - d_n^2} - a}\right)^2}$$

Man beginnt mit dem Startwert $d_0 = 0$. Startwerte, die zwischen $b$ und $c$ oder höher liegen, führen zu einer imaginären Lösung, die aber den richtigen reellen Wert für $d$ enthält.

Das Taschenrechner-Programm im RPN-Modus nach Formel 12 ist in Bild 109 zu sehen, es ist in der Variablen IT gespeichert. Die Variablen $a$, $b$ und $c$ sind durch Bild 108 vorgegeben und werden mit entsprechenden Werten angelegt, für $d$ wird der Startwert 0 genommen (siehe Bild 110).

**Bild 109: Iterationsprogramm IT**

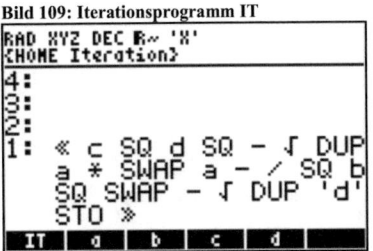

**Bild 110: Variablen a, b, c und d**

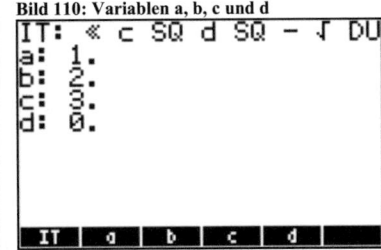

Das Programm IT wird durch Tastendruck auf [IT] gestartet. Nach jedem Tastendruck auf [IT] wird ein neuer Wert für $d$ in den Stack geschrieben und zugleich in der Variablen $d$ für den nächsten Schritt gespeichert. Bild 111 zeigt den Bildschirm nach dem 17. Tastendruck.

**Bild 111: Ergebnisse der Iteration**

```
RAD XYZ DEC R~ 'X'
{HOME Iteration}
7:            1.2311857302
6:            1.2311857255
5:            1.2311857402
4:            1.2311857374
3:            1.2311857379
2:            1.2311857377
1:            1.2311857377
 IT  | a | b | c | d
```

Der gesuchte Zahlenwert $d = 1{,}231$ m (Genauigkeit auf 1 mm genügt) ergibt sich nach wenigen (etwa 5) Iterationen.

Wer den Wert „ganz genau" ausrechnen will, muss mindestens 16 Iterationen durchführen, um auf den Wert $d = 1{,}23118572377$ m zu kommen. Man kann aber auch die Iteration automatisieren und entsprechend mehr Aufwand in das Programm stecken.

### 3.6.3 *Kontrollberechnung*

Für den Schachtdurchmesser wird $d = 1$ gesetzt, die Lattenlängen $b = 2{,}00$ m und $c = 3{,}00$ m bleiben, daraus wird nach Formel 10 der Wert $a$ berechnet:

$$a = \frac{1}{\frac{1}{\sqrt{3}} + \frac{1}{\sqrt{8}}} = 1{,}07422501726 \text{ m}.$$

Es muss nur die Variable $a$ auf diesen Wert geändert werden. Nun wird wieder $d$ durch Iteration berechnet. Es muss sich, wenn man alles richtig programmiert hat, $d = 1$ ergeben.

Nach 17 Iterationsschritten ergibt sich $d = \mathbf{1{,}00000000001}$ **m**.

Dass das Ergebnis nicht genau $d = 1$ beträgt, liegt an der Rundung des Eingabewertes für $a$ und an der internen Begrenzung der reellen Zahlen auf 12 signifikante Stellen.

## 3.7 Gleichungsbibliothek und Gleichungslöser

### 3.7.1 *Einleitung*

Die Gleichungsbibliothek, ursprünglich im HP 48GX implementiert, ist eine Sammlung von Gleichungen und Befehlen zum Lösen allgemeiner wissenschaftlicher und technischer Probleme. Diese Standard-Bibliothek besteht aus über 300 Gleichungen, die in 15 technische Themenbereiche mit über 100 Problemtiteln gegliedert sind. Jeder Problemtitel enthält eine oder mehrere Gleichungen, mit denen Problemstellungen des betreffenden Typs gelöst werden können. Sie steht für den HP 49G als externes Tool und für die Nachfolgemodelle wieder als fest implementierte Gleichungsbibliothek zur Verfügung.

Ausführliche Informationen zu den Gleichungen enthält Lit. [5] im Kapitel 6 „Lösen von Gleichungen".

Der HP 49g+ und der HP 50g sind ab ROM-Version 2.00 wieder mit der Gleichungsbibliothek ausgerüstet. Auf dem HP 50g ist sie über **[APPS] 12 [OK][EQLIB][EQNLIB]** aufrufbar.

Die Beschreibung ist in Lit. [10], Kapitel 5 „Equation Reference", enthalten.

### 3.7.2 *Gleichungsbibliothek EQL+ als Tool für den HP 49G*

Diese vom HP 48GX bekannte Gleichungsbibliothek fehlt beim HP 49G. Das Tool **EQL+** (**E**quation **L**ibrary, LIB-ID 310) von *Prof. Dr. Wolfgang Rautenberg* beseitigt diesen Mangel.

Das Tool läuft auf dem HP 49G und bietet auch eine Erweiterung um benutzerdefinierte Themenbereiche, die jeder Anwender selber anlegen und in die Gleichungsbibliothek einbinden kann (UsrBox). Bisher konnte man benutzerdefinierte Gleichungssysteme nur mit den eingebauten Solvern (Gleichungslöser) lösen, die über die Menüs 116, 30 und 75 aufgerufen werden können. Für alle Solver muss das Gleichungssystem als Liste algebraischer Objekte in der reservierten Variablen **EQ** im aktuellen Verzeichnis existieren.

Wenn man aus dem Solver-Menü von EQL+ über Tastatur oder MENU-Befehl einen eingebauten Solver aufruft, so werden die bereits initialisierten bzw. berechneten Variablen aus dem aktuellen Verzeichnis übernommen. Zum Menü des EQL-Solvers kommt man zurück, wenn man im Menü des eingebauten Solvers F5 (CANCL) oder F6 (OK) wählt. Aus dem SOLVR des Menüs 75 funktioniert das nicht, weil es dort kein CANCL gibt. Man muss EQL neu aufrufen. Die bereits initialisierten bzw. berechneten Variablen aus dem aktuellen Verzeichnis werden von EQL+ übernommen.

Die Gleichungsbibliothek des HP 49g+ und die neue Version **EQL+** für den HP 49G sind nicht nur eine Formelsammlung auf Text-Grundlage, sondern bieten auch die Möglichkeit, die Gleichungen zu lösen und Werte von unbekannten Variablen zu berechnen. Alle Anwender, insbesondere Studenten und in der Praxis tätige Ingenieure, werden diese Erweiterung des HP 49G dankbar begrüßen.

Die Handhabung des Tools EQL+ ist in der zugehörigen Dokumentation *EQLplus.htm* (in englischer Sprache) und in *EQLplus_D.htm* (in deutscher Sprache) ausreichend beschrieben, so dass der Anwender leicht damit zurechtkommt. Hier folgt eine kurz gefasste deutsche Beschreibung mit ausführlichem Berechnungsbeispiel, die aber möglicherweise nicht mehr die neueste Version abdeckt.

Die Tools von *Prof. Dr. Wolfgang Rautenberg* sind unter www.praxelius.de/raut/index.htm zu finden.

## 3.7.3 Die Auswahlmenüs

Nach Aufruf von **EQL+** (z.B. über **310 MENU**) erscheint ein Auswahlmenü, in dem die Standard-Box (**SBox**) und die Benutzer-Box (**UBox**) angeboten werden. **SBox** enthält die vom System des HP 48GX übernommenen Gleichungssysteme. **UBox** sucht die vom Benutzer definierten Gleichungssysteme in der Variablen **UsrBox**, wo sie in besonderem Format enthalten sein müssen, das in der Dokumentation von EQL+ beschrieben ist.

Bild 112: Standard-Box    Bild 113: Auswahl Oscillations

Nach Auswahl einer der beiden Möglichkeiten befindet man sich in einem weiteren Auswahlmenü, wo man die Haupt-Themenbereiche (siehe 3.7.1), die Unterthemenbereiche (siehe oben, Bild 112) und dort die Problemtitel mit der Taste F5 (←**go** = vorheriger Themenbereich) oder F6 (**go**→ = Unterthemenbereich oder Problemtitel, siehe oben, Bild 113) auswählen kann. Nach Aufruf des gewünschten Problemtitels, z.B. Masse-Feder-System, (engl.: mass-spring-system, siehe oben, Bild 113) kommt man mit F6 (**go**→) in den Gleichungs-Selektor.

## 3.7.4 Der Gleichungs-Selektor

Der Bildschirm des Gleichungs-Selektors zeigt zunächst die erste Gleichung des gewählten Gleichungssystems (siehe Bild 114, hier die erste Gleichung des Masse-Feder-Systems als Beispiel). Mit den Tasten (▼) und (▲) kann man zu den gewünschten Gleichungen blättern. Die Menüfelder sind bei allen Gleichungen identisch.

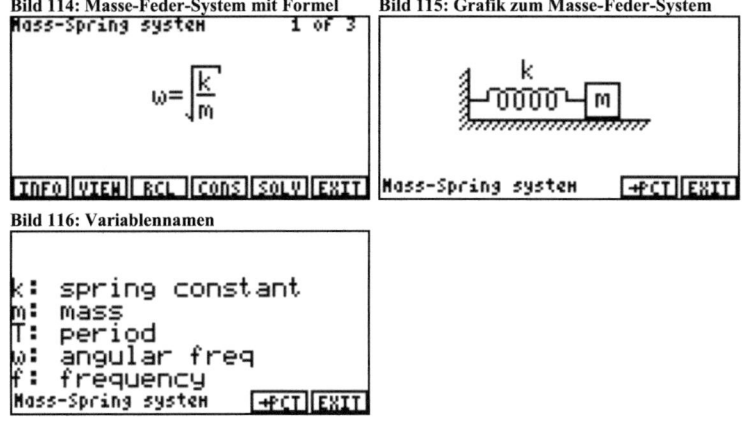

Bild 114: Masse-Feder-System mit Formel    Bild 115: Grafik zum Masse-Feder-System

Bild 116: Variablennamen

- **INFO** zeigt eine Systemskizze (siehe Bild 115) an, auf der die Lage der Variablen zu sehen ist, und, wenn man nach unten scrollt, sieht man auch den beschreibenden Text über die Bedeutung der Variablensymbole (siehe Bild 116). Ist keine Skizze vorhanden, zeigt INFO nur den Text.

- Mit →**PCT** kann nur das gezeigte Bild (nicht den Text) in die reservierte Variable PICT gespeichert werden (wegen PICT siehe Kapitel 7 auf Seite 273).

- **VIEW** ist nur bei Gleichungen von Bedeutung, die länger als die Breite des Bildschirms sind.

- Mit **RCL** wird die aktuelle Gleichung in den Stack kopiert.

- Mit **CONS** kann man ins Konstanten-Menü schalten und die gewünschte Einheitenkonstellation in der Konstanten-Bibliothek einstellen.

### 3.7.4.1 Das Konstanten-Menü

Es ist immer eines der beiden Einheitensysteme [SI] oder [ENGL] ausgewählt. Die aktuelle Einstellung wird durch ein ■ im betreffenden Menüfeld angezeigt. Mit [F1] oder [F2] kann man umschalten. Um sich die Einstellung zu merken, verwendet (besser: missbraucht) das Betriebssystem des Rechners das Benutzer-Flag 60, es wird durch [F2] gesetzt und durch [F1] gelöscht.

Bild 117: Namen der Konstanten

Bild 118: Wert der Konstanten

Mit der Taste [F3] wird festgelegt, ob mit Einheitenobjekten [UNIT■] oder nur mit reinen Zahlenwerten ohne Einheiten [UNITS] gerechnet werden soll. Intern wird dazu das Benutzer-Flag 61 verwendet, es beeinflusst auch die Anzeige der Konstanten entsprechend. Wenn [UNITS] (ohne ■) ausgewählt ist, dann werden die Gleichungen in der Variablen EQ in einer vor-ausgewerteten Form gespeichert, d. h. alle Konstanten, die in den Gleichungen vorkommen, werden durch ihren numerischen Wert der gewählten Einheitenbasis ersetzt.

Mit Taste [F4] kann zwischen Beschreibung und Anzeige der zugehörigen Zahlenwerte und Einheiten für die Konstanten umgeschaltet werden. Bei [VALUE] wird der Name aller Konstanten auf dem Bildschirm angezeigt, bei [VALU■] erscheinen die Zahlenwerte mit den Einheiten für die jeweiligen Konstanten (vgl. die beiden Bilder oben). [F4] hat keinen Einfluss auf die spätere Berechnung im Solver (kein Flag beteiligt).

Mit [F5] (= [→STK]) kann die invers markierte Konstante in den Stack kopiert werden. Mit [F6] (=[QUIT]) verlässt man das Konstantenmenü und kehrt in den Gleichungs-Selektor zurück.

## 3.7.4.2  Das Solver-Menü

Mit **SOLV** ruft man aus dem Gleichungs-Selektor das Solver-Menü auf. Es zeigt, je nach Auswahl des Themenbereichs und der Gleichung, verschiedene Variablen in einem jeweils weißen Feld mit schwarzem Rand und schwarzer Beschriftung an (siehe Bilder beim nachfolgenden Beispiel). Der Name der Variablen im weißen Menüfeld wird im folgenden Text allgemein mit ⌶ bezeichnet, wobei *x* für die Beschriftung des Menüfelds (Variablenname) steht. Die anderen Variablenfelder sind schwarz mit weißer Schrift, die nachfolgend im Text allgemein mit ■ bezeichnet werden. Die Bedeutung der schwarzen und weißen Felder wird in der folgenden Tabelle und beim Berechnungsbeispiel erläutert.

Außer den Menüfeldern mit Variablen zeigt das Solver-Menü noch folgende Befehlsfelder: **ALL** auf Menüseite 1 und **MUSER** und **MCALC** auf Menüseite 2 in normaler Variablendarstellung (schwarzes Feld).

Folgende Tabelle zeigt die Belegung und Bedeutung der Menütasten für die Lösungsroutine **SOLV** bei EQL+ und bei den eingebauten Solver-Routinen.

**Tabelle 40: Menütasten des Solver-Menüs**

| Operation | Single-Equation-Solver | Multiple-Equation-Solver in EQL+ |
|---|---|---|
| Wert aus Stackebene 1 in Variable speichern | [x] | ■oder [x], Feld wird schwarz ■ |
| Wert wieder abrufen (im Stack anzeigen) | [◄] [x] | [◄] ■oder [◄] [x] |
| Einzelne Variable numerisch berechnen | [¶] [x] | [¶] ■oder [¶][x], Feld wird markiert [x]■ |
| Wert der Gleichung bestimmen | [EXPR=] | entfällt |
| Nächste Gleichung anzeigen | [NXEQ] | entfällt |
| Alle Variablen als nicht benutzerdefiniert deklarieren | entfällt | [ALL] |
| Gleichungssystem nach allen (unbekannten) Variablen auflösen. | entfällt | [¶] [ALL], berechnete Felder werden weiß und durch ■ markiert. Momentan nicht lösbare Variablen werden nicht markiert. |
| Erfolgskatalog: Zuvor berechnete Werte im Stack anzeigen | entfällt | [[◄] [ALL] |
| alle Werte eines Menüs im Stack zeigen | [◄](▼) | [◄](▼) |
| Status setzen für die Eingabevariablen | entfällt | {varlist} [MUSER] |
| Status setzen für zu berechnende Variablen | entfällt | {varlist} [MCALC] |

## 3.7.5 Ausführliches Berechnungsbeispiel

### 3.7.5.1 Gleichungen auswählen

Die Vorgehensweise bei der Lösung von Gleichungen ist im Single-Equation-Solver und Multiple-Equation-Solver ähnlich, nur dass im Single-Equation-Solver die Felder nicht die Farbe wechseln und nicht markiert werden (siehe obige Tabelle).
Als **Beispiel für die Lösung im Multiple-Equation-Solver** wird das Masse-Feder-System (engl.: Mass-Spring system) aus dem Themenbereich "Oscillations" herangezogen und erläutert. Es enthält drei Gleichungen, die getrennt auf jeweils einem Bildschirm angezeigt werden (siehe Bild 119 bis Bild 121). Bild 122 zeigt die aktuellen Einstellungen im Konstantenmenü.

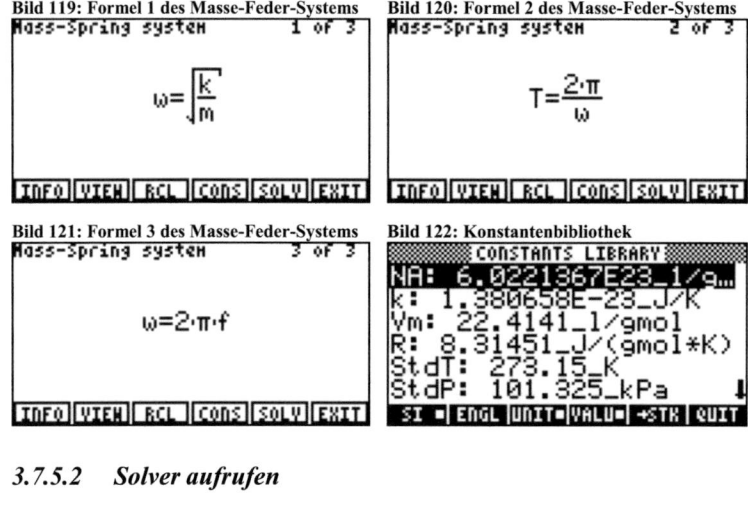

Bild 119: Formel 1 des Masse-Feder-Systems
Bild 120: Formel 2 des Masse-Feder-Systems
Bild 121: Formel 3 des Masse-Feder-Systems
Bild 122: Konstantenbibliothek

### 3.7.5.2 Solver aufrufen

Bild 123: Menüseite 1 (ohne Header) 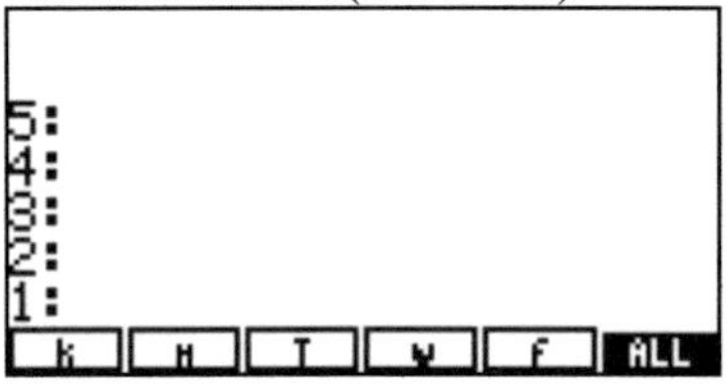
Bild 124: Menüseite 2

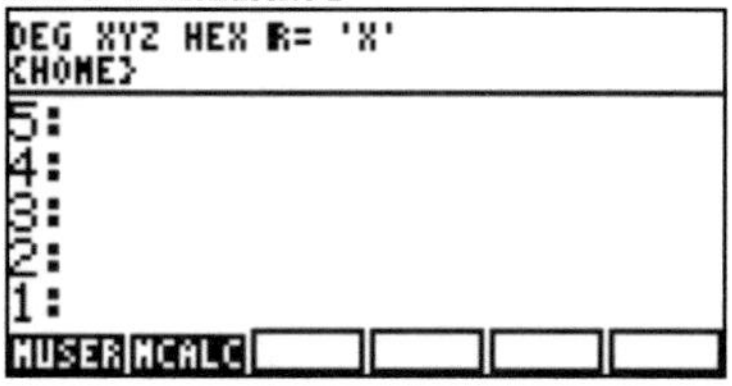

Nach Aufruf von **SOLV** werden die aktuellen Gleichungen im Stack als algebraische Objekte angezeigt, die man mit **[ENTER]** bestätigen muss (man hat keine andere Wahl), dann werden sie in die globale Variable EQ eingespeichert und dann erscheint das Solver-Menü des Masse-Feder-Systems, das zwei Menü-Seiten benötigt, die Bild 123 und Bild 124 gezeigt werden. Man beachte, dass beim HP 49G (nicht beim HP 49g+ !) auf der ersten Menüseite der Header fehlt, der nach Drücken von zweimal **[NXT]** wieder erscheint.

### 3.7.5.3 *Einheiten initialisieren*

Alle Variablen des Solver-Menüs sind nach Aufruf mit dem Zahlenwert 1 (ohne Einheit) initialisiert. Nun müssen sie vom Anwender mit den richtigen Zahlenwerten und Einheiten gefüllt werden.

Wir müssen uns vor der Eingabe der Größen überlegen, welche Einheiten für die Gleichungen gelten.

Werte aus der Konstantenbibliothek werden im Masse-Feder-System nicht benötigt, aber es werden abgeleitete Einheiten benutzt, die das Einheiten-System in Basiseinheiten umrechnen muss, um damit rechnen zu können. Dies geschieht intern mit der Funktion **UBASE**. Nach der Berechnung rechnet das Einheiten-System wieder in die gewünschten Einheiten zurück und zeigt sie an.

Die Variablen haben folgende Einheiten:

**Tabelle 41: Einheiten der Variablen**

| Variable | Gewünschte Einheit | entsprechende SI-Basiseinheit |
|---|---|---|
| Federkonstante $k$ | N/m (Newton/Meter) | $kg/s^2$ |
| Schwingende Masse $m$ | kg oder g | kg |
| Winkelgeschwindigkeit $\omega$ | mathematisch: rad/s, auf dem HP49: r/s | mathematisch: rad/s, auf dem HP49: 1/s |
| Schwingungszeit $T$ | s | s |
| Schwingungsfrequenz $f$ | Hz | 1/s |
| Bitte die Einheit m (Meter) **nicht** mit $m$ (Formelzeichen für die Masse) **verwechseln**. | | |

Wir müssen nun die Größen mit den richtigen Einheiten eingeben, für die gegebenen Größen nehmen wir den Wert und die Einheit, für die gesuchten Größen nehmen wir einen Schätzwert, vorzugsweise 1, und die Einheit.

**Hinweis:**
Für die Eingabe der Zahlen mit Einheiten kann man vorher ins UNIT-Menü (auf der Tastatur: **UNITS = [P][6]**) schalten. Dann genügt die Eingabe der Zahl mit anschließender Betätigung der F-Taste, die der Einheit zugeordnet ist. Die Eingabe von zusammengesetzten Einheiten kann durch Eingabe von zwei Einheitenobjekten erfolgen. Z.B. erzeugt man 10_N/m durch 10_N und 1_m mit anschließender Division. Dies geht schneller, als die zusammengesetzte Einheit im ASCII-Modus einzugeben.

**Gegebene Größen** (Eingabewerte):

$k$ = 10_N/m
$m$ = 1_kg

**Gesuchte Größen** (Unbekannte)
müssen mit den gewünschten Einheiten initialisiert werden:
Schätzwerte:

$\omega$ = 1_r/s
$T$ = 1_s
$f$ = 1_Hz
$\pi$ ist eine Konstante im System.

## 3.7.6 Lösen der Gleichungen und Anzeigen der Ergebnisse

### 3.7.6.1 Neue Berechnung (mit neuen Werten)

Beim Aufruf des Solvers aus dem Gleichungs-Selektor sind alle Variablenfelder weiß und die Variablen mit dem Wert 1 ohne Einheiten belegt. Nach einer vorangegangenen Berechnung sind die Menüfelder teils schwarz und teils weiß. Mit **[ALL]** können alle Felder wieder in weiße Felder umgewandelt werden, so dass man neue Werte eingeben und mit **[MUSER]** und **[MCALC]** neu deklarieren kann. Die Werte mit Einheiten in den Variablen aus vorangegangenen Berechnungen bleiben erhalten, stellen aber für die neue Berechnung nur Schätzwerte dar. Wurde die vorangegangene Berechnung mit Einheiten durchgeführt, so genügt für die Eingabe der neuen Werte für die Variablen jetzt der Zahlenwert allein, denn die Einheiten kennt der Rechner schon und fügt sie den eingegebenen Zahlenwerten automatisch hinzu. Konstantennamen sind mit Schätzwerten belegt.

### 3.7.6.2 Erster Durchlauf

Nach der Eingabe der Initialisierungswerte zeigt das Solver-Menü alle Variablen in schwarzen Feldern. Dem Rechner muss nun bekannt gegeben werden, welche der eingegebenen Werte gegeben und welche nur Schätzwerte für die Unbekannten sind. Dazu kann man zwei Wege wählen, um zum Ergebnis zu kommen:

1. Man definiert, welche Variablen bekannte Eingabewerte enthalten, die durch den Anwender vorgegeben wurden. Man stellt die Variable in Stackebene 1, bei mehreren Variablen stellt man eine Liste in den Stack, hier z.B. *{k m}*. Durch Aufruf von **[MUSER]** deklariert man, dass dies vom Anwender vorgegebene Größen, sind. Die durch [MUSER] deklarierten Felder bleiben schwarz. Ebenso verfährt man mit den Unbekannten, deren Namen ebenfalls als Liste (z.B. *{T ωf}*) in den Stack gestellt werden und mit Aufruf vom **[MCALC]** deklariert werden. Nach Ausführung von [MCALC] werden diese Felder weiß. Das gilt nur für den ersten Durchlauf der Berechnung. Für wiederholte Berechnungen sind keine Deklarationen nötig.

2. Man berechnet die Werte der Variablen, indem man mit [¶]■ die Unbekannten einzeln ermittelt. Jede berechnete Größe wird dann in einem weißen Menüfeld durch ■ markiert.

Bild 125 zeigt das Solver-Menü nach Eingabe aller Werte und nach den erfolgten Aufrufen von **MUSER** und **MCALC**.

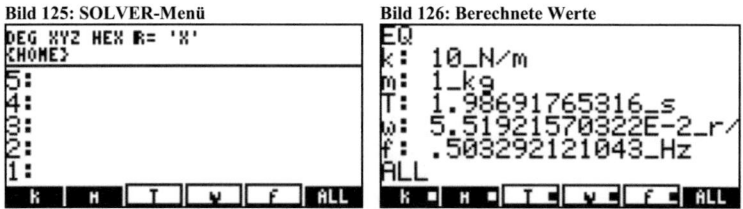

**Bild 125: SOLVER-Menü**    **Bild 126: Berechnete Werte**

Nun ruft man [¶][ALL] auf, um alle Unbekannten in den weißen Feldern zu berechnen. Während der Berechnung kann man im Stack beobachten, was der Rechner gerade „tut". Nach der ersten Durchrechnung des Gleichungssystems sind alle Variablenfelder durch ■ markiert. Bild 126 zeigt das Menü mit allen Werten im Stack. Wie man sieht, wird auch die Variable **EQ** angezeigt, die im Menü nicht vorkommt. Sind mehr als 5 Variablen im Gleichungssystem beteiligt, dann muss man die einzelnen Menüseiten mit den Variablen einzeln anzeigen lassen.

Für die gewünschte Anzeige der Werte im Stack gilt:
- Man erhält die Stackanzeige **aller Werte eines Menüs** nach Aufruf von [t̂](▼).
- Nach Aufruf von [t̂][ALL] werden nur die berechneten Werte (weiße Felder mit Markierung) im Stack angezeigt. Sind keine weißen Felder markiert, so ertönt nach [t̂][ALL] ein akustisches Signal.

### 3.7.6.3 Zweiter Durchlauf zur Berechnung von Varianten

Nun kann man Varianten berechnen und dabei beliebige Variablen ändern. Mit [¶][ALL] werden die restlichen Variablen berechnet. Wir wollen z. B. wissen, welche Masse $m$ zur Frequenz $f = 1\_Hz$ führt. Wir stellen die Zahl 1 in den Stack und drücken [F5] für die Variable $f$. Das Feld wird nach Übernahme des Wertes schwarz und die Markierung verschwindet. Die Einheit Hz muss nicht angegeben werden, weil die Variable $f$ bereits am Anfang bei der ersten Berechnung mit der Einheit Hz initialisiert wurde und dem Rechner dies noch bekannt ist. In $f$ ist jetzt tatsächlich 1_Hz gespeichert. Nach [¶]$\boxed{m}$ ergibt sich der neue Wert für $m$, siehe Bild 127.

**Bild 127: Berechnung zweiter Durchlauf**

```
EQ
k: 10_N/m
m: .253302959108_kg
T: 1.98691765316_s
ω: .109662271123_r/s
f: 1_Hz
ALL
 k ■ m ■ T ■ ω ■ f ■ ALL
```

**Bild 128: Endgültige Größen**

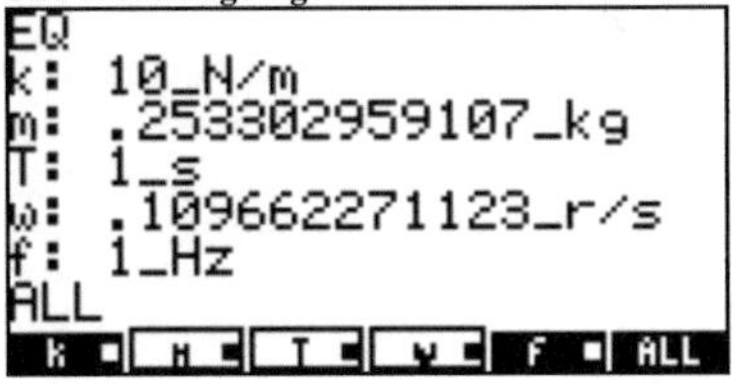

```
EQ
k: 10_N/m
m: .253302959107_kg
T: 1_s
ω: .109662271123_r/s
f: 1_Hz
ALL
 k ■ m ■ T ■ ω ■ f ■ ALL
```

Die gesuchte Masse beträgt: $m = 0.253302959108\_kg$. An der Markierung in den schwarzen und weißen Feldern ist genau zu erkennen, welche Variablen gegeben waren und welche berechnet wurden. Die Variable $T$ wurde bei diesem Durchlauf nicht neu berechnet; das sieht man daran, dass die Markierung ■ fehlt (Bild 127). Der neue Wert für $T$ ist also noch unbekannt. Der Stack zeigt noch den vorherigen Wert.

Ein zweiter Durchlauf nach Aufruf von [¶][ALL] berechnet nun auch $T$ neu. Damit sind alle Größen berechnet. Bild 128 zeigt die endgültigen Größen im Stack. $T$ war für die Lösung zur Suche nach der Masse $m$ nicht beteiligt, weil $T$, $f$ und $\omega$ redundante Werte sind, die über eine Konstante $2\pi$ zusammenhängen.

> Man achte also darauf, dass alle Variablenfelder markiert sind. Die mit ■ in den Menüfeldern gekennzeichneten Variablen stehen mit der letzten Lösung in Zusammenhang und bilden einen kompatiblen Satz von Werten, welche die Gleichungen erfüllen. Die Werte der Variablen **ohne** ■ waren nicht am Lösungsvorgang beteiligt.

### 3.7.7 Verlassen des Solvers

Den Solver verlässt man mit der Taste [VAR]. Es erscheint das aktuelle Verzeichnis mit allen Variablen des Gleichungssystems, deren Werte man nun direkt ansehen kann. Die Variable **EQ** enthält das Gleichungssystem als Liste von algebraischen Objekten. Die Variable **Mpar** enthält eine Kopie des Gleichungssystems aus **EQ** und eine Variablenliste mit zusätzlichen Systeminformationen.

**Mpar** wird beim Aufruf des Solvers im Bibliotheksformat angelegt. Der Inhalt von **Mpar** kann nicht direkt eingesehen werden, nach [t̂][Mpar] erscheint nur "Library Data" im Stack. Fachleute können mit dem Befehl **Sys~** aus OT49 das Geheimnis lüften.

## 3.7.8 Ergebnisse interpretieren und Lösungen überprüfen

Der Multiple-Equation-Solver löst das System nach Variablen auf, indem er das System wiederholt nach einer Gleichung durchsucht, die nur eine Unbekannte enthält (die nicht benutzerdefiniert ist und vom Solver während des laufenden Lösungsvorganges nicht gefunden wurde); anschließend wird der betreffende Wert ermittelt. Der Solver eliminiert die weiteren Unbekannten des Systems, bis das System gelöst ist. Jedes Mal, wenn der Solver beginnt, das System nach einer Variablen aufzulösen, sind nur die Variablen in den schwarzen Menü-Feldern bekannt. Während der Lösung zeigt der Solver den Verlauf im Stack an.

Zu bemerken ist noch, dass nur Gleichungen gelöst werden können, für deren aufgerufene Funktionen im HP 49G(+) **auch die Umkehrfunktionen existieren**. Integrale, Differentiale und andere Funktionen in einem Gleichungssystem können evtl. nicht gelöst werden, wenn die Variablen nicht in linearer Form vorliegen (z.b. Polynome höheren Grades).

Der Anwender sollte die Ergebnisse auf Plausibilität prüfen. Nicht plausible Werte können folgende Ursachen haben:

- Falsche Einheiten,
- keine Einheiten,
- falsches Einheitensystem (SI oder ENGL),
- mehrere Lösungen, von denen nur eine angezeigt wird,
- falscher Variablenstatus (Schätzwert wird als Eingabewert interpretiert),
- inkompatible Bedingungen: Die Werte erfüllen nur einen Teil des Gleichungssystems. Ursache dafür kann eine Überspezifizierung sein (mehr Eingaben vorhanden als nötig), die zur Überbestimmtheit des Systems führt.
- Kein Bezug (Markierung ■ fehlt), Variable nicht an der Lösung beteiligt, Schätzwert der Variablen wurde bei Berechnung nicht geändert.
- Falsche Richtung: Der Anfangswert (Schätzwert) leitet die Lösungsroutine in die falsche Richtung, der Wert konvergiert bei der Iteration nicht. Wenn negative Werte zulässig sind, sollte man mit einem negativen Schätzwert die Berechnung wiederholen.

## 3.8 Lineare Gleichungssysteme

Das Lösen von linearen Gleichungssystemen war im Mathematikunterricht eine mühevolle Aufgabe. Die lineare Algebra brachte die Matrizen, wodurch der Lösungsansatz schematisiert wurde. Das Ermitteln von numerischen Lösungen, also der Zahlenwerte der Variablen (Unbekannten), ließ sich damit ganz gut durchführen. Wollte man jedoch eine allgemeine (symbolische) Lösung für jede Unbekannte, z.B. $x = <Formelausdruck>$, dann artete es in viel Schreibarbeit aus.

Hier wird die Anwendung des Befehls LINSOLVE gezeigt.

Es gibt 3 Arten von linearen Systemen:

- **Exakt bestimmte Systeme**,
- **überbestimmte Systeme** und
- **unterbestimmte Systeme**.

Das mit dem HP-Taschenrechner mitgelieferte Benutzerhandbuch gibt an, auf welche Weise der HP die Lösungen dieser Gleichungen bestimmt.

---

Das Lösen solcher Systeme mittels Matrizen wird hier nicht behandelt. Es wird empfohlen, in Lit. [4] Kapitel 5 „Matrizen und lineare Algebra" nachzulesen.
Siehe auch hier in diesem Buch unter 3.10 ab Seite 214.

Für symbolische Lösungen steht der Befehl **LINSOLVE** zur Verfügung, mit dem sich unkompliziert und schnell symbolische Lösungen solcher Systeme ermitteln lassen, allerdings nur, **wenn man weiß, wie es geht.**

Hier soll durch ausführliche Beispiele der Lösungsvorgang mit **LINSOLVE** so beschrieben werden, dass die mechanischen Handgriffe (Tastendrücke) geübt werden können, um später bei der Anwendung des Befehls (z.B. bei Prüfungen) nicht mehr lange darüber nachdenken zu müssen

Für die nachfolgenden Ausführungen gilt: Die Kenntnisse über die mathematischen Grundlagen der linearen Gleichungssysteme werden beim Leser als bekannt vorausgesetzt.

### 3.8.1 Der Befehl LINSOVE

#### 3.8.1.1 Wie ging das mit LINSOLVE gleich wieder?

Die Handbücher beschreiben den Befehl **LINSOLVE** wie folgt:

Tabelle 42: Beschreibung des Befehls LINSOLVE

| LINSOLVE | | |
|---|---|---|
| **Typ:** | Befehl | |
| **Beschreibung:** | Löst ein lineares Gleichungssystem. | |
| **Zugriff** | Tastenfolge: [S.SLV]= [¶][7] | |
| **Eingabe:** | Ebene 2 / Argument 1: | Ein Feld mit Gleichungen (an array of equations). |
| | Ebene 1 / Argument 2: | Ein Vektor aus den Variablen, nach denen gelöst werden soll. |
| **Ausgabe:** | Ebene 3 / Element 1: | Das Gleichungssystem. |
| | Ebene 2 / Element 2: | Die Liste der Pivotpunkte[24]. |
| | Ebene 1 / Element 3: | Die Lösung. |
| **Flags:** | Der exakte Modus muss eingestellt sein (Flag -105 zurückgesetzt). | |
| | Der numerische Modus darf nicht eingestellt sein (Flag -03 zurückgesetzt). | |

#### 3.8.1.2 Erläuterung der Tabelle

**Zugriff:**
Der Zugriff ist über die angegebene Tastenfolge, über die Katalogtaste **[CAT]** oder durch Eintippen des Befehls möglich.

**Eingabe:**
Die linke Angabe **"Ebene"** betrifft den Stack im **RPN-Modus**, die rechte Angabe gilt für das **"Argument"** im **ALG-Modus**.

Ebene 2 / Argument 1: Die Angabe „Ein Feld mit Gleichungen" kann in der deutschen Übersetzung des Handbuchs zu Missverständnissen führen, wenn der weniger mathematisch bewanderte Anwender das Wort „Feld" missdeutet. In der englischen Originalausgabe steht dort „An array of equations". Das Argument verlangt eine Aufreihung von **echten Gleichungen**[25] in einer ARRAY-Klammer [ ].

---

[24] Pivotisieren ist eine Methode, die zu einer gegebenen Matrix die inverse Matrix durch Umkehrung des linearen Gleichungssystems liefert. Der Taschenrechner verwendet diese Methode, um die Gleichungssysteme zu lösen.
[25] **Echte** Gleichungen enthalten eine linke und eine rechte Seite, mit einem Gleichheitszeichen dazwischen.

Ebene 1 / Argument 2: „Ein Vektor aus den Variablen, nach denen gelöst werden soll." Hier sind die Variablen**namen** in eckigen Klammern anzugeben. Bei der Eingabe über Tastatur sind diese in gerade Apostrophe ' ' zu setzen. Der Rechner unterscheidet bei eckigen Klammern [ ] zwischen Vektoren, Matrizen und Arrays (Feldern). Das sind verschiedene Zahlentypen:

- Typ-Nr. 3 (array),
- Typ-Nr. 4 (complex array),
- Typ-Nr. 29 (Vektoren und Matrizen).

Man darf also bei Objekten in eckigen Klammern den Zahlentyp nicht vernachlässigen, sonst meckert **LINSOLVE**. Im Beispiel unten wird dies deutlich gezeigt.

**Ausgabe:**
Die Berechnungsergebnisse werden im Stack angezeigt.

- Ebene 3 zeigt das eingegebene **Gleichungssystem in einer Liste** an.
- Ebene 2 enthält eine **Liste der Pivotpunkte**.
- Ebene 1 gibt die **eigentliche Lösung** des linearen Gleichungssystems (als Feld mit Gleichungen) an.

Mit **LINSOLVE** können **symbolische Lösungen** und auch **numerische Lösungen** berechnet werden. Dabei ist zu berücksichtigen, dass die angezeigte Lösung keine Zahlenobjekte, sondern **Gleichungen im ARRAY** enthält, die vor Weiterverarbeitung per Tastaturbefehl oder Programmbefehl erst in Zahlenobjekte umgewandelt werden müssen (Separieren von Zahlen aus den Gleichungen).

### 3.8.2 *Was ist eine symbolische Lösung?*

Die Lösung wird vom HP49 mit Symbolen, also Variablenbezeichnungen, angezeigt. Dies kommt einer Umstellung der ursprünglichen Gleichungen nach den angegebenen Variablen gleich.

### 3.8.3 *Was ist eine numerische Lösung?*

Wenn die ursprünglichen Gleichungen außer den Variablennamen nur Zahlen enthalten, ergibt sich bei der Berechnung automatisch die numerische Lösung (als Sonderfall der symbolischen Lösung).

### 3.8.4 *Beispiele*

Die unten gezeigten Beispiele sind Gleichungssysteme vom TYP „**Exakt bestimmte Systeme**", weil sich dort eine vernünftige Lösung zeigen lässt. Unter- und überbestimmte Gleichungssysteme beherrscht der HP49 auch, aber in diesen Fällen muss jeder Anwender wegen der Vielfalt der Aufgabenstellungen und Lösungen seine Aufgaben selbst ausprobieren und zu lösen versuchen. Hier wird nur der Weg zur Lösung beschrieben.

**Voraussetzungen:**

- **RPN-Modus,**
- Flags -2, -3, -79 und -105 gelöscht.

**1. Beispiel:**

Das Gleichungssystem (2 Gleichungen)

**Formel 13: Gleichungssystem mit 2 Unbekannten**

$$\begin{array}{|l|} \hline 3x+2y=4 \\ 5x-8y=3 \\ \hline \end{array}$$

**Ausführliche Anleitung für den RPN-Modus:**

Zuerst muss das „Feld mit Gleichungen" (= array of equations) erzeugt werden. Dazu werden die Gleichungen zuerst in den Stack eingegeben.

Bevor diese beiden Gleichungen in einen Array (Feld) umgewandelt werden können, muss in den Stack die Zahl 2 eingegeben werden, weil der Array zwei Elemente (Gleichungen) enthalten soll.

Danach sieht der Stack so aus:

| '3*x+2*y=4' | (= Stackebene 3) |
|---|---|
| '5*x-8*y=3' | (= Stackebene 2) |
| 2 | (= Stackebene 1 |

Jetzt wird der Array durch Aufruf des Befehls →**ARRY** erzeugt.

Der Befehl →**ARRY** kann per Tastatur eingetippt werden, wobei der Pfeil → durch die Tastenfolge **[ALPHA][ᴾ][0]** erzeugt wird.

Man kann auch zum Aufruf des Befehls die Tastenfolge **[PRG][TYPE][→ARRY]** aus dem Menü 33.01 wählen oder →**ARRY** aus dem Katalog **[CAT]** wählen.

Nach Aufruf von →**ARRY** enthält der Stack den Array in Ebene 1:

**['3*x+2*y=4' '5*x-8*y=3']**

Das ist ein Array-Feld mit 2 Gleichungen.

Jetzt werden noch die Variablen, nach denen aufgelöst werden soll, als Vektor **[x  y]** in den Stack eingegeben:

Wenn **alle** in den Gleichungen vorhandenen Variablen im Array enthalten sein sollen, genügt es, den Befehl **LVAR** aufzurufen, dieser erzeugt in Stackebene 1 (hier in diesem Fall) ebenfalls den Array **[x,y]**.

Nun müssen noch die Flags berichtigt werden (auf 0 setzen) mit **{-2 -3 -79 -105} CF**.

Der Aufruf erfolgt durch Eintippen von **LINSOLVE** oder mit **[¶][7][LINSO]**. Die letzten 3 Buchstaben von LINSOLVE fehlen im angezeigten Menüfeld 4 (siehe Bild 129). Der Aufruf wird aber trotzdem vollständig durchgeführt.

**Bild 129: LINSOLVE, Beispiel 1**

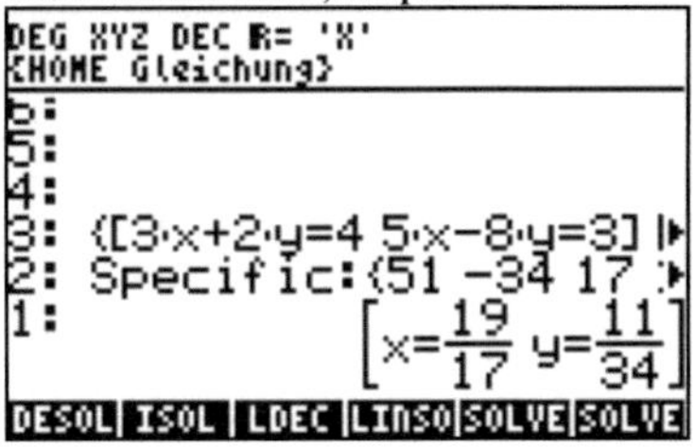

Das Berechnungsergebnis ist im Bild 129 zu sehen. Die Zeilen in den Stackebenen 2 und 3 sind abgeschnitten, können aber durch Scrollen angezeigt werden: (▲), Stackebene auswählen und dann den Befehl [VIEW] mit Taste [F2] aktivieren, anschließend mit den Pfeiltasten den Inhalt horizontal verschieben.

**Ergebnisse:**

In Stackebene 3 steht das **ursprüngliche Gleichungssystem** im Array und der Vektor mit den Variablen (was vorher in Stackebene 3 und 2 stand), beide in einer Liste verpackt.

In Stackebene 2 unter "Specific:" stehen die **Pivotpunkte** {51 -34 17 1, 3 1,} in einer Liste.

In Stackebene 1 steht das eigentliche Ergebnis, wieder als **Feld mit Gleichungen**. Hier besteht das Ergebnis nur aus rationalen Zahlen (Brüchen), weil außer den Variablen (Unbekannten) keine symbolischen Koeffizienten vorhanden sind.

Die Lösung wird als Feld mit Gleichungen ausgegeben, damit das Ergebnis wieder als Eingabe für die nächste Berechnungsstufe (falls mehrere erforderlich sein sollten) verwendet werden kann.

Das numerische Ergebnis von linearen Gleichungssystemen mit ganzzahligen oder rationalen Koeffizienten besteht immer aus rationalen Zahlen, so dass mit dem exakten Modus gerechnet werden kann. Wenn die Koeffizienten aber in reellen Dezimalzahlen eingegeben werden, dann verlangt der Rechner nach Aufruf von **LINSOLVE** den Näherungsmodus, den man ihm gewähren muss.

**2. Beispiel:**

Zu diesem Beispiel wird keine ausführliche Anleitung mehr gegeben, sondern nur noch die Eingabe dargestellt:

Das Gleichungssystem (3 Gleichungen) wird in den Stack eingegeben und ein Array erzeugt.

```
'5*x + 1*y + 3*z = 16'
'4*x + 2*y + 6*z = 26'
'3*x + 3*y + 2*z = 15'
3
→ARRY
```

Dann wird ein Array der Variablen [$x$ $y$ $z$] im Stack erzeugt.

```
x
y
z
3
→ARRY
```

An Schluss wird LINSOLVE aufgerufen.

Berechnungsergebnis :

**Bild 130: LINSOLVE, Beispiel 2**

Um beim Ergebnis aus dem Array in Stackebene 1 die einzelnen Zahlenwerte herauszulösen, verwendet man mehrmals den Befehl **OBJ→**, wobei man dazwischen mit dem Befehl **DEL** die überzähligen Stackinhalte löschen muss.

## 3.8.5 Ein Beispiel für eine rein symbolische Lösung

Das Gleichungssystem (2 Gleichungen):

**Formel 14: Gleichungssystem mit 2 Unbekannten**

$$\begin{vmatrix} a_1 x + a_2 y = A \\ b_1 x + b_2 y = B \end{vmatrix}$$

| Eingabe in den Stack: | Berechnungsergebnis: |
|---|---|
| '$a_1$*x+$a_2$*y=A' <br> '$b_1$*x+$b_2$*y=B' <br> 2 <br> →ARRY <br> x <br> y <br> 2 <br> →ARRY <br> LINSOLVE | Bild 131: LINSOLVE, Beispiel 3 <br> (display showing: <br> 3: {[a1·x+a2·y=A b1·x+b2·y...]} <br> 2: Specific:[b2·a1² −b1...] <br> 1: [x = −(B·a2−A·b2)/(b2·a1−b1·a2)  y = B·a.../b2·a...] ) |

Der Mathematiker erkennt im Nenner von $x$ und $y$ in Bild 131 die Determinante dieses Gleichungssystems.

## 3.8.6 Berechnungsdauer für symbolischen Lösungen

Für die Berechnung von symbolischen Lösungen braucht der Rechner etwas Zeit. Wenn das Gleichungssystem 3 oder mehr Gleichungen enthält, kann die Berechnung mehrere Minuten, im Extremfall bis zu einer Stunde benötigen.

# 3.9 Koordinatensysteme

Der HP-Taschenrechner unterstützt Koordinatensysteme im zweidimensionalen (2D) und dreidimensionalen (3D) Raum. Man kann mit dem HP-Taschenrechner in rechtwinkeligen Koordinaten, Polarkoordinaten, Zylinderkoordinaten und Kugelkoordinaten rechnen.

Die Umwandlung (Umrechnung) von Vektorkomponenten in verschiedene Koordinatensysteme und die Zusammenhänge werden hier gezeigt. Die Kenntnis, wie man mit Vektoren (siehe Abschnitt 3.10 ab Seite 214) auf dem HP-Taschenrechner umgeht, wird beim Leser vorausgesetzt.

## 3.9.1 Bezeichnungen und Begriffe

Damit der HP-Taschenrechner Werte als Koordinaten erkennt, müssen sie als **Vektorkomponenten** vorliegen.

Die Koordinaten gelten in einem orthogonalen (rechtwinkligen) Rechtssystem (kartesisches Koordinatensystem) und in den daraus abgeleiteten Polarkoordinatensystemen (Polarkoordinaten in der 2D-Ebene, Zylinder- und Kugelkoordinaten im 3D-Raum).

## 3.9.1.1 Definition eines orthogonalen Rechtssystems:

**Bild 132: Koordinaten bei HP-Taschenrechner**

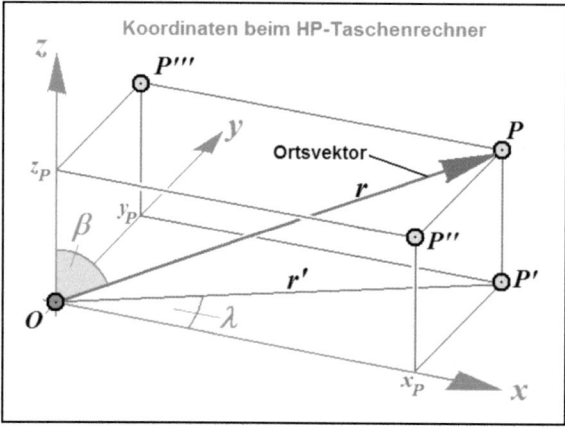

**Schraubenregel:**

Wenn man eine Schraube mit Rechtsgewinde in die z-Achse legt und damit eine Drehung mit der pos. x-Achse in Richtung pos. y-Achse durchführt, dann schraubt sie sich bei einem Rechtssystem in Richtung der positiven z-Achse.

**Dreifinger-Regel:**

Spreizt man Daumen, Zeigefinger und Mittelfinger der rechten Hand rechtwinkelig auseinander, dann ist
der Daumen die positive x-Achse,
der Zeigefinger die positive y-Achse und
der Mittelfinger die positive z-Achse
eines Rechtssystems.
In einem Linkssystem funktioniert es auch, man muss nur alle Zusammenhänge und Voreinstellungen umdefinieren.

## 3.9.1.2 Formelzeichen

**Tabelle 43: Formelzeichen für Koordinaten**

| | |
|---|---|
| $x$ | x-Komponente der kartesischen Koordinaten |
| $y$ | y-Komponente der kartesischen Koordinaten |
| $z$ | z-Komponente der kartesischen Koordinaten |
| $\lambda$ | Horizontalwinkel in $x,y$-Ebene um die pos. $z$-Achse |
| $\beta$ | Vertikalwinkel (ab der positiven $z$-Achse in Richtung der neg. $z$-Achse) |
| $r_Z$, $r_K$ | Radius des Zylinders (rechtwinkelig zur Achse) bzw. Radius der Kugel |
| $c$ | Höhen-Komponente in Richtung Zylinderachse bei Zylinderkoordinaten |
| $\measuredangle$ | Winkelsymbol in der Vektoranzeige auf dem HP |

## 3.9.2 *Koordinatenmodus*

Unabhängig von der Art der Anzeige werden **Vektoren immer in kartesischer Form gespeichert**.

> **Koordinatenumwandlung (Transformation):**
> Wenn die Vektoren in einem bestimmten Koordinatentyp eingegeben worden sind, braucht man nur den anderen Modus zu wählen, um die Vektoren in den neuen Koordinatenmodus „umzurechnen" und anzuzeigen.

Der Koordinatenmodus kann mit den Befehlen **RECT, CYLIN** und **SPHERE** aus dem Vektor-Menü **[MTH][VECTR][NXT]** (= Menü Nr. 4.02) eingestellt werden. Ein Indikator im Header zeigt den eingestellten Modus. Diese Befehle verändern die Systemflags -15 und -16:

Tabelle 44: Systemflags -15 und -16 für Koordinatenmodus

| Befehl | Koordinaten | Indikator | Flag -16 | Flag -15 |
|---|---|---|---|---|
| RECT | Kartesische Koordinaten | XYZ | 0 | X |
| CYLIN | Zylinderkoordinaten | R∡Z | 1 | 0 |
| SPHERE | Kugelkoordinaten | R∡∡ | 1 | 1 |

X kann 1 oder 0 sein (= Don't care-Zustand)

## 3.9.3 *Winkelmodus*

Der Winkelmodus kann mit den Befehlen **DEG, GRAD** und **RAD** eingestellt werden. Ein Indikator am oberen Bildschirmrand zeigt den eingestellten Modus. Diese Befehle verändern die Systemflags -17 und -18:

Tabelle 45: Systemflags -17 und -18 für Winkelmodus

| Befehl | Winkelmodus | Indikator | Flag -18 | Flag -17 |
|---|---|---|---|---|
| DEG | Degrees = Grad (°); früher: Altgrad | DEG | 0 | 0 |
| GRAD | Gon ($^g$); früher: Neugrad | GRD | 1 | 0 |
| RAD | Radiant (rad) = Bogenmaß (reine Maßzahl) | RAD | X | 1 |

X kann 1 oder 0 sein (= Don't care-Zustand)

## 3.9.4 *2D-Koordinaten*

Vektoren können auf dem HP 49G (und auch auf dem HP 48GX) im kartesischen Koordinatensystem (mit $x,y[,z]$-Komponenten) oder als Polarkoordinaten mit polaren Komponenten (Radius und Winkel) angezeigt werden. Im Header ist der entsprechende Indikator **XYZ**, **R∡Z** oder **R∡∡** für den eingestellten Koordinatenmodus sichtbar, wobei die beiden Systeme

- **R∡Z** (Zylinderkoordinaten) und
- **R∡∡** (Kugelkoordinaten)

in der Ebene (2D) identische Polarkoordinaten sind, wobei Kugel und Zylinder in 2D zu einem Kreis reduziert werden, weil die z-Komponente wegfällt.

Da die Komponenten auch vom eingestellten Winkelmodus abhängig sind, werden Winkelkomponenten in der Vektordarstellung auf dem Bildschirm als <u>Zahlen mit vorangestelltem Winkelsymbol ∡</u> angezeigt. Der aktuelle Winkelmodus wird durch den Winkelindikator **DEG, GRD** oder **RAD** im Header gemeldet.

**Beispiel:**

$x = 2{,}50$ und $y = 4{,}33$ sind die Vektorkomponenten eines 2D-Vektors. Die Zahlen werden in den Stack gestellt und mit dem Befehl →V2 aus dem Vektormenü ([MTH][VECTR]) in einen zweidimensionalen Vektor umgewandelt.

Bild 133 zeigt den **XYZ**-Indikator und auch das Menüfeld RECT■ mit kennzeichnendem Quadrat. Dies bedeutet, dass der Koordinatenmodus „kartesisch" eingestellt ist. In der Stackebene 1 wird der Vektor des Beispiels angezeigt.

Die „Umrechnung" in 2D-Polarkoordinaten geschieht durch einfaches Drücken der dem Menüfeld **CYLIN** zugeordneten Menütaste. Bild 134 zeigt das Ergebnis der „Umrechnung". Der Indikator R∡Z signalisiert Polarkoordinaten (2D-Zylinderkoordinaten).

Das aktivierte Menüfeld ist durch ■ markiert.

**Tabelle 46: 2D-Koordinatensysteme**

| 2D-Koordinatensysteme | Vektor auf dem Bildschirm | Vektor-Anzeige (Beispiel) (Dezimalpunkt eingestellt) |
|---|---|---|
| Kartesische Koordinaten: Modus: RECT | $[x\ y]$ | Bild 133: Kartesische Koordinaten für 2D <br> DEG XYZ DEC C~ 'X' <br> {HOME} <br> 5: <br> 4: <br> 3: <br> 2: <br> 1:          [2.50 4.33] <br> RECT■\|CYLIN\|SPHER\|   \|   \|MTH |
| Polarkoordinaten: Modus: CYLIN | $[r\ ∡λ]$ | Bild 134: Polarkoordinaten für 2D <br> DEG R∡Z DEC C~ 'X' <br> {HOME} <br> 5: <br> 4: <br> 3: <br> 2: <br> 1:          [5.00 ∡60.00] <br> RECT\|CYLI■\|SPHER\|   \|   \|MTH |

### 3.9.5 *3D-Koordinaten*

Jeder 3D-Vektor auf dem HP kann mit seinen 3 Komponenten in folgenden Koordinatensystemen dargestellt werden. Dabei gelten die Komponenten für den Ortsvektor, der vom Koordinatenursprung ausgeht.

- **Kartesisches Koordinatensystem**
    - $x$ = x-Komponente,
    - $y$ = y-Komponente,
    - $z$ = z-Komponente.
- **Zylinderkoordinatensystem** mit den Komponenten
    - $r_Z$ = Radius des Zylinders (rechtwinkelig zur Zylinderachse),
    - $λ$ = Horizontalwinkel (Längengrad),
    - $c$ = Höhe in Richtung Zylinderachse.
- **Kugelkoordinatensystem** mit den Komponenten
    - $r_K$ = Radius der Kugel (Länge des Vektorstrahls),

- $\lambda$ = Horizontalwinkel (z.B. Längengrad) und
- $\beta$ = Vertikalwinkel, zur Senkrechten gemessen (z.B. Nordpolabstand).

Im Header sind der entsprechende Indikator **XYZ**, **R∡Z** oder **R∡∡** für den eingestellten Koordinatenmodus und auch der aktuelle Winkelmodus sichtbar.

**Beispiel:**

$x = 3{,}00$, $y = 4{,}00$ und $z = 15{,}00$ sind die Vektorkomponenten für einen 3D-Vektor. Die drei Zahlen werden in den Stack gestellt und mit dem Befehl →V3 aus dem Vektormenü ([MTH][VECTR]) in einen dreidimensionalen Vektor umgewandelt.

Bild 135 zeigt den **XYZ**-Indikator und auch die Markierung mit ■ im Menüfeld RECT. Dies bedeutet, dass der Koordinatenmodus „kartesisch" eingestellt ist. In der Stackebene 1 wird der Vektor des Beispiels angezeigt.

Die „Umrechnung" in die anderen 3D-Koordinatensysteme geschieht durch einfaches Drücken der dem Menüfeld **CYLIN** oder **SPHERE** zugeordneten Menütaste. Bild 136 zeigt das Ergebnis der „Umrechnung" in Zylinderkoordinaten und Bild 137 denselben Vektor in Kugelkoordinaten.

**Tabelle 47: 3D-Koordinatensysteme**

| 3D-Koordinatensysteme | Vektor auf dem Bildschirm | Vektor-Anzeige (Beispiel) (Dezimalpunkt eingestellt) |
|---|---|---|
| **Kartesische Koordinaten** Modus: RECT | [x y z] | Bild 135: Kartesische Koordinaten für 3D<br>DEG XYZ DEC C~ 'X'<br>{HOME}<br>5:<br>4:<br>3:<br>2:<br>1:      [3.00 4.00 15.00]<br>RECT■|CYLIN|SPHER|   |MTH |
| **Zylinderkoordinaten** Modus: CYLIN<br><br>Merkregel für die Reihenfolge der Komponenten:<br>**RLH =**<br>Radius, Längengrad, Höhe | [$r_Z$ ∡$\lambda$ c] | Bild 136: Zylinderkoordinaten für 3D<br>DEG R∡Z DEC C~ 'X'<br>{HOME}<br>5:<br>4:<br>3:<br>2:<br>1:      [5.00 ∡53.13 15.00]<br>RECT|CYLI■|SPHER|   |MTH |
| **Kugelkoordinaten** Modus: SPHERE<br><br>Merkregel für die Reihenfolge der Komponenten:<br>**RLN=**<br>Radius, Längengrad, Nordpolabstand | [$r_K$ ∡$\lambda$ ∡$\beta$] | Bild 137: Kugelkoordinaten für 3D<br>DEG R∡∡ DEC C~ 'X'<br>{HOME}<br>5:<br>4:<br>3:<br>2:<br>1:   [15.81 ∡53.13 ∡18.43▶<br>RECT|CYLIN|SPHE■|   |MTH |

## 3.10 Vektoren und Matrizen

Vektoren und Matrizen sind Gebilde, die sich die Mathematiker einfallen ließen, um Funktionen und Berechnungsmethoden auf Gruppen von Objekten anwenden zu können. Kenntnisse in der Linearen Algebra über Vektoren und Matrizen werden beim Leser vorausgesetzt.

### 3.10.1 *Einleitung*

#### *3.10.1.1 Vektoren*

Vektoren werden im praktischen Einsatz dazu verwendet, rechtwinklige Koordinaten in der Ebene und im Raum darzustellen und zu berechnen. Dabei werden orthogonale kartesische Koordinatensysteme verwendet, wie in 3.9 auf Seite 209 gezeigt.

Vektoranalysis für Vektoren in einem $n$-dimensionalen euklidschen Raum oder $n$-dimensionale Vektorräume, wie sie in der Linearen Algebra definiert sind, wollen wir hier nicht behandeln.

Eine Erweiterung der Vektorrechnung stellt die Tensorrechnung mit ihrer besonderen Notation dar, die hauptsächlich von Ingenieuren in der Elastizitätstheorie (Schalentheorie) und in der Hydrodynamik (Bewegungsgleichungen) verwendet wird. Der HP ist dafür nicht eingerichtet.

Hier in diesem Abschnitt werden Vektoren gezeigt, die der HP-Taschenrechner darstellen und berechnen kann. Das sind Vektoren der Ebene, die wir mit V2 (zweidimensional = 2D) und des Raumes, die wir mit V3 (dreidimensional = 3D) bezeichnen.

Eine ausführliche Einführung in die Anwendung und Berechnung von Vektoren ist in den PDF-Dokumenten „*Digitale geometrische Modelle (DGM)*" und „*Querschnittswerte*" auf der Praxelius-Homepage gegeben. Deshalb wird hier nur der Unterschied zwischen Matrizen und Vektoren in der Eingabe und der Darstellung auf dem HP behandelt.

#### *3.10.1.2 Matrizen*

Matrizen werden hauptsächlich dazu verwendet, die Koeffizienten von Gleichungssystemen „tabellarisch" darzustellen (Koeffizientenmatrix) und die Gleichungssysteme durch Matrizenrechnung zu lösen.

Wer mit Matrizen auf dem HP arbeiten will, der kennt sie aus Schule oder Studium und kann damit umgehen. Deshalb werden die Grundlagen der Matrizenrechnung hier nicht behandelt, sondern nur die Darstellung von Matrizen auf dem HP gezeigt.

#### *3.10.1.3 n-Tupel*

Der Mathematiker bezeichnet auch ein sogenanntes $n$-Tupel, also eine Gruppe von $n$ Zahlen oder Objekten, als Vektor. Diese $n$-Tupel sind in der Informatik bei der Programmierung wichtig, um Gruppen von Zahlen (arrays) programmtechnisch in den Griff zu bekommen.

Beim HP werden diese $n$-Tupel in eckige Klammern [ ] gesetzt und als *Matrizen, Vektoren* oder *Arrays* bezeichnet oder in geschweifte Klammern { } gesetzt und als *Listen* bezeichnet. Listenverarbeitung siehe unter 3.11 ab Seite 218.

#### *3.10.1.4 Lehrbücher über Matrizen und Vektoren*

Wer noch Defizit an Kenntnissen über Vektoren und Matrizen hat, findet genügend mathematische Literatur im Buchhandel oder im Internet.

Die Verwendung und der Umgang mit Matrizen auf dem Taschenrechner ist in der offiziellen Dokumentation zu den HP-Taschenrechner-Modellen ausführlich dargestellt (z. B. in Lit. [4], Kapitel 5). Entsprechende Vorkenntnisse werden beim Leser vorausgesetzt.

### 3.10.2 *Darstellung von Vektoren*

Viele Beziehungen der analytischen Geometrie werden wesentlich übersichtlicher, wenn man sich der Vektorrechnung bedient.

Vektoren sind durch ein Skalar (Größe bzw. Länge) und eine Richtung bestimmt. Definitionsgemäß sind also zwei Vektoren gleich, wenn sie gleiche Länge und gleiche Richtung haben. Wo im Raum sich ein Vektor befindet ist dabei unwesentlich. Auf ihren Anfangspunkt kommt es nicht an. Man nennt sie auch **freie Vektoren.**

Will man die Koordinaten eines Punktes **P** im Raum vektoriell darstellen, nimmt man sogenannte Ortsvektoren, die ihren Anfangspunkt im Koordinatenursprung und ihren Endpunkt am Punkt **P** haben. **Ortsvektoren** sind also keine freien Vektoren, sondern sind an den Koordinatenursprung gebunden.

#### *3.10.2.1 Mathematische Darstellung*

Ein Vektor wird mathematisch dargestellt, indem man die Komponenten senkrecht übereinander anordnet und in große runde Klammern setzt, wobei *x, y* und *z* die Komponenten sind. Im Ausnahmefall, rein aus schreibtechnischen Gründen, kann ein Vektor in einer Zeile mit nebeneinander angeordneten Komponenten geschrieben werden:

**Formel 15: Vektorschreibweise**

$$\underline{\boldsymbol{A}} = \begin{pmatrix} x \\ y \\ z \end{pmatrix} = \begin{pmatrix} x & y & z \end{pmatrix}$$

$\underline{\boldsymbol{A}}$ ist der Name des Vektors als Variable. Meist werden für Vektornamen (Variablennamen) Großbuchstaben mit Überstrich, Unterstrich oder aus anderen Schriftarten (z. B. deutsche Frakturschrift) verwendet. Hier werden für Vektornamen unterstrichene fettgedruckte kursive Großbuchstaben verwendet.

#### *3.10.2.2 Darstellung auf dem HP*

Auf dem HP werden Vektoren als Zeilenvektoren V2 oder V3 in eckigen Klammern dargestellt:

**A** = [ *x y*] und **B** = [ *x y z* ]

wobei wegen des begrenzten Zeichensatzes des HP als Variablennamen nur Buchstaben ohne Attribute (fett, unterstrichen) verwendet werden können.

Einen Spaltenvektor in eckigen Klammern, also

**Formel 16: Vektorschreibweise beim HP**

$$\mathbf{A} = \begin{bmatrix} x \\ y \\ z \end{bmatrix}$$

wertet der HP als einspaltige Matrix.

Es gibt aber auch **einzeilige Matrizen**, die bei der Anzeige auf dem Bildschirm des HP 49G mit einem Vektor verwechselt werden können.

Deshalb gilt für die Unterscheidung:

**Eingabezeile:**

Vektoren haben in der Eingabezeile **einfache** eckige Klammern [ ]. Matrizen haben in der Eingabezeile **doppelte** eckige Klammern [ [ ] [ ] ], wobei für jede waagrechte Matrixreihe eine eigene innere Klammer gesetzt wird.

**Matrixwriter:**

Der „Matrixwriter" (Aufruf: **MTRW** = [¶]['] ) erleichtert die Eingabe einer Matrix. Bei Eingabe einer Matrix im Matrixwriter muss man die Markierung des Vektor-Menüfeldes VEC **deaktivieren** (■ bei VEC muss verschwinden). Dann kann man die Matrix eingeben. Die erzeugte Matrix in [[ ]] steht nach Verlassen des Matrixwriters im Stack. Steht eine Matrix in Stackebene 1, dann kann man mit der Taste (▼) den Matrixwriter aufrufen. Mit **[ENTER]** sichert man das Ergebnis der Eingabe und beendet das Programm.

**Direkteingabe in den Stack:**

Man kann eine Matrix aber auch direkt in den Stack eingeben (hier ohne Dezimalzeichen). (**Zeilenmodus:** Flag -79 = 1):

Beispiel :

| Stackebene 2: | [ [1 2 3] ] |
|---|---|
| Eingabe in den Stack: | [ [1] [2] [3] ] |
| nach [ENTER] erscheint in Stackebene 1: | [ [1]<br>[2]<br>[3] ] |

**Im Formelmodus** (Flag -79 = 0) werden Vektoren und Matrizen im Stack „mathematisch" (mit großen eckigen Klammern) angezeigt.

Die Eingabe muss auch bei eingestelltem Formelmodus, wie oben beschrieben, im Zeilenmodus (mit Doppelklammern) erfolgen.

**Unterschied zwischen Vektoren und Matrizen beim HP:**

- Im **Zeilenmodus** (Flag -79 = 1) haben Vektoren einfache eckige Klammern [ a b c ] und Matrizen eingeklammerte eckige Klammern [ [a b c ] [d e f ] [g h i ] ]
    - Beispiel:
      Vektor = [ 1 2 3 ]
      Einzeilige Matrix  = [[ 1 2 3 ]]
      Einspaltige Matrix =   [[1] [2] [3]]
- Im **Formelmodus** (Flag -79 = 0) haben in der Stackanzeige diese Vektoren normale eckige Klammern [ ]
  und die Matrizen fette einfache Klammern [ ].

Die Unterschiede in der Darstellung zeigen folgende zwei Bilder:

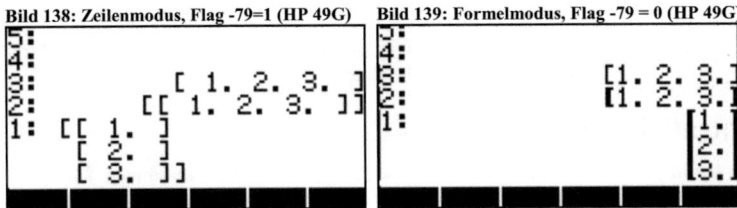

**Bild 138: Zeilenmodus, Flag -79=1 (HP 49G)**    **Bild 139: Formelmodus, Flag -79 = 0 (HP 49G)**

In Stackebene 3 steht ein Vektor, in Stackebene 2 eine einzeilige Matrix und in Stackebene 1 eine einspaltige Matrix. Die Matrizen sind im Unterschied zum Vektor im rechten Bild nur an den fettgedruckten eckigen Klammern zu erkennen.

**Hinweis:**
Damit der Bildschirm in voller Höhe zur Verfügung steht, wurde für die Bilder HEADER = 0 gesetzt.

**Kuriosum:**
Obwohl, wie aus obigen Ausführungen zu vermuten, Vektoren und Matrizen auf dem HP unterschiedliche Objekttypen sein müssten, haben beide komischerweise dieselbe Objektnummer 29. Man kann sie also programmtechnisch nicht unterscheiden, z.B. durch TYPE-Abfrage.

### 3.10.3 *Matrizenrechnung auf dem HP*

Die mathematischen Matrizenmanipulationen können auf dem HP in der üblichen Weise durchgeführt werden. Da die Matrixelemente meist reelle oder komplexe Zahlen sind, sollte mit dem HP im Näherungsmodus (Flag -105 = 1) und im Komplexmodus (Flag -103 = 1) gearbeitet werden.

Es gibt Funktionen für
- Erzeugen einer Matrix
- Erzeugen einer Einheitsmatrix
- Verändern einer Matrix
- Auflösen einer Matrix in ihre Elemente
- Auflösen einer Matrix in Zeilenvektoren
- Auflösen einer Matrix in Spaltenvektoren
- Extrahieren des Diagonalvektors einer Matrix
- Rang einer Matrix
- Multiplikation einer Matrix mit einem Skalar
- Multiplikation einer Matrix mit einem Vektor
- Multiplikation einer Matrix mit einer zweiten Matrix
- Dividieren eines Feldes durch eine quadratische Matrix
- Berechnung der Determinante einer Matrix
- Diagonale einer Matrix
- Spur einer Matrix
- Transponieren einer Matrix
- Invertieren einer Matrix (zur Lösung von Gleichungssystemen)
- Ändern der Dimension einer Matrix
- Erstellen und Transformieren von komplexen Matrizen (komplexe Zahlen!)
- Eigenwerte und Eigenvektoren
- Singulärwerte einer Matrix
- Zerlegen einer Matrix

- Faktorisieren einer Matrix

Die Handhabung dieser Funktionen ist in den oben genannten Handbüchern genau beschrieben, deshalb wird hier auf eine Beschreibung verzichtet.

## 3.11 Parallelverarbeitung mit Listen

Objekte werden in Listen zusammengefasst, um sie parallel verarbeiten zu können. Dies trifft für Zahlen, Vektoren, Matrizen und auch für Strings zu.

Listen sind vom Objekttyp 5 und werden in geschweifte Klammern { } eingeschlossen.

Das Arbeiten mit Listen ist in den Handbüchern genau beschrieben:

- Lit. [4] HP 49G-Handbuch für Fortgeschrittene, in Kapitel 9.
- Lit. [12] Bedienungsanleitung HP 50g, in Kapitel 8.
- In Lit. [10], dort im Anhang F, ist die Parallelverarbeitung mit Listen (Listenverarbeitung) beschrieben.

Zu finden sind die Listenbefehle in verschiedenen Menüs:

**Tabelle 48: Listenbefehle und ihre Aufrufe**

| Befehle | Menü | Aufruf |
|---|---|---|
| ΔLIST, ΣLIST, ΠLIST, SORT, REVLIST, ADD | 11.01 | [MTH][LIST] |
| DOLIST, DOSUBS, NSUB, ENDSUB, STREAM, REVLIST | 36.01 | [PRG][LIST][PROC] |
| →LIST, OBJ→ | 34.01 | [PRG][LIST] |
| →LIST, OBJ→ | 33.01 | [PRG][TYPE] |
| LIST→ (arbeitet wie OBJ→) | CAT | [CAT][LIST→] |

Diese Listenbefehle sind in Lit. [10] im Kapitel 3 beschrieben, sie werden hier nicht wiederholt.

Außerdem können Listen mit gleicher Anzahl der Objekte mit den arithmetischen Operatoren „+", „-", „×" und „/" bearbeitet werden. Listen können also addiert, subtrahiert, multipliziert und dividiert werden.

Beispiele:

{1 2 3}×{4 5 6}={4 10 18}, wobei jedes Element der einen Liste mit dem Element gleicher Position der anderen Liste multipliziert wird.
In gleicher Weise werden {1 2 3}/{4 5 6}={0,25 0,40 0,50} und
{1 2 3}+{4 5 6}={5 7 9} berechnet.

Wird eine Liste mit einer Zahl multipliziert, dann wird jedes Listenelement mit dieser Zahl multipliziert: {2,85 6,44 0,44}×8,45 = {24,0825 54,418 3,718}.

Ein einzelner Befehl kann auf die gesamte Liste angewandt werden.

**REVLIST** kehrt die Reihenfolge innerhalb der Liste um:

Beispiel: {1 2 3 4 5 6 7 8 9} REVLIST
Ergebnis: {9 8 7 6 5 4 3 2 1}.

Flags können in einer Liste gesetzt oder gelöscht werden (Beispiele):

Benutzerflags 1 bis 9 sollen gesetzt werden: {1 2 3 4 5 6 7 8 9} SF.
Systemflags sollen gelöscht werden: {-1 -2 -3 -67 -74} CF.

Die Funktionen und Befehle für Listenverarbeitung wurden in meinen Anwendungsbeispielen ausgiebig verwendet. Diese Beispiele konnten wegen ihres Umfangs nicht in das Buch aufgenommen werden. Sie sind als separate PDF-Dokumente mit dem Quelltext der entsprechenden Programme auf der Praxelius-Homepage zu finden:

„*Querschnittswerte*" (Datei *QSW.pdf*)

„*Digitale geometrische Modelle*" (Datei *DGM.pdf*).

### 3.12  Mathematische Grenzen des HP-Taschenrechners

Wissenschaftliche HP-Taschenrechner sind sehr leistungsfähig. Man kann fast alles mit ihnen berechnen. Grenzen sind meist nur durch begrenzten Speicher oder durch Zahlenbereiche gesetzt, die sich nicht mehr darstellen lassen. In diesem Beitrag sollen die bereits bekannten Grenzen des HP-Taschenrechners für Zahlenbereiche und Genauigkeit gezeigt werden.

Hier wird ein Beispiel für „zu große Zahlen" gezeigt. Die Betrachtungen gelten mit Einschränkungen auch für „zu kleine Zahlen", wenn man die Funktion [1/x] auf die großen Zahlen anwendet.

#### 3.12.1  *Einleitung*

Reelle und entsprechend auch komplexe Zahlen sind begrenzt durch die Darstellbarkeit der Zahlenwerte $\pm 9{,}99999999999 \cdot 10^{\pm 499} = \pm 10^{\pm 500}$. Größere bzw. kleinere Zahlen sind nicht mehr auf der Anzeige darstellbar oder werden als null oder „unendlich" ausgewiesen. Berechnungen kann man natürlich auch noch in darüber hinausgehenden Zahlenbereichen mit dem HP durchführen, wenn man entsprechend mitdenkt.

Mitdenken war früher beim Rechnen mit Rechenschieber und bei den Logarithmen ganz selbstverständlich. Leider ist die Bereitschaft mitzudenken in dem Maße gesunken, wie die Erwartungen an die Rechner und das Vertrauen in die Richtigkeit der ausgegebenen Ergebnisse gestiegen sind (Computergläubigkeit!).

Reelle Zahlen mit vielen Kommastellen können nicht direkt vom HP berechnet werden. Mit einer Zusatz-Bibliothek ist es jedoch möglich, mit „langen" Dezimalzahlen (**longfloat**) zu rechnen.

Ganze Zahlen (Integerzahlen) mit mehreren tausend Stellen können auf dem HP im exakten Modus berechnet und dargestellt werden. Bei den großen Integerzahlen soll es nach Angaben von HP-Experten nur von der Größe des zur Verfügung stehenden Benutzerspeichers abhängen, bei welcher Stellenzahl der Rechner nicht mehr „mitmacht".

#### 3.12.2  *Zu große Zahlen*

Sehr große **reelle** Zahlen mit vielen Stellen kann der HP in seinem ursprünglichen Zustand nicht handhaben. Wenn man die spezielle Longfloat-Bibliothek **LIB 902** von *Gjermund Skailand* (zu finden bei www.hpcalc.org) lädt (siehe Seite 161), dann kann man reelle Zahlen mit mehr als 5000 Stellen[26] beherrschen.

Wie unter 3.1.3 ab Seite 173 dargestellt, ist es jedoch möglich, mit dem HP ohne Hilfsprogramme ganze Zahlen (große Integerzahlen) mit mehreren tausend Stellen zu erzeugen und damit zu rechnen.

---

[26] Eine Zahl mit 5000 Ziffern, das Komma steht irgendwo dazwischen.

## 3.12.3 Beispiel: Berechnung einer zu großen Zahl

Es soll jetzt versucht werden, die größte durch drei dezimale Ziffern darstellbare Zahl $\boxed{9^{9^9}}$ zu berechnen. Diese Zahl wird als $9^{(9^9)}$ berechnet. Falsch wäre $(9^9)^9$, was mit $9^{81}$ (Zahl mit 78 Stellen) gleichgesetzt werden kann.

### 3.12.3.1 Berechnung mit Potenzfunktion im exakten Modus

**Als Integerzahl:**
1. Exakten Modus einstellen (Flag -105 = 0).
2. Die Zahl 9 (im RPN-Modus) dreimal in den Stack stellen (in Stackebenen 1 bis 3)
3. Zweimal die Taste [$y^x$] drücken.

Wir erhalten die Fehlermeldung: "Integer too large". Diese Zahl überschreitet die Grenzen des HP. Ein Ergebnis ist aber theoretisch möglich.

### 3.12.3.2 Berechnung mit Potenzfunktion im Näherungsmodus

1. Näherungsmodus einstellen (Flag -105 = 1).
2. Die Zahl 9 (im RPN-Modus) dreimal in den Stack stellen (je in Stackebene 1 bis 3)
3. Zweimal die Taste [$y^x$] drücken.

Als Ergebnis kommt die Anzeige **9,99999999999E499** (bzw. die Fehlermeldung "Overflow", wenn das Flag -21 gesetzt ist). Das ist die Zahl $10^{500}$, die größte im HP darstellbare reelle Zahl. Diese Zahl wird im Rechner dem Wert „unendlich" gleichgesetzt. Die Zahl $9^{9^9} = 9^{387420489‘}$ übersteigt $10^{500}$.

Dieses Ergebnis ist nicht brauchbar.

### 3.12.3.3 Berechnung als reelle Zahl über Logarithmen (mit Bordmitteln[27])

Trotzdem kann man $9^{9^9}$ (im Näherungsmodus) grob genähert berechnen.

Es sei an die Logarithmen erinnert.

Da der Taschenrechner 12-stellige Logarithmen bietet, benötigt man keine Logarithmentafeln, sondern kann alle Berechnungen mit dem Taschenrechner erledigen.

**Aufgabenstellung:**

Für die gesuchte Zahl $Z = 9^{9^9}$ gilt:
- $Z = a \cdot 10^x$
- $\log Z = x + \log a$

Zu berechnen sind $x$ und $a$.

**Lösungsweg:**

1. Zuerst ist $9^9$ mit dem Taschenrechner im exakten Modus zu berechnen: $9^9 = 387420489$ (= genauer Wert).
2. Dann muss $Z = 9^{9^9} = 9^{387420489}$ über Logarithmen berechnet werden.

---

[27] „Bordmittel" sind die Funktionen und Möglichkeiten, die im Taschenrechner serienmäßig eingebaut sind.

Hier werden dekadische Logarithmen (Basis 10) verwendet:
$\log Z = \log 9^{9^9} = 387420489 \cdot \log 9 = 387420489 \cdot 0{,}954242509439$
$= 369693099{,}631 = x + \log a$.

3. Die Multiplikation wurde mit dem Taschenrechner durchgeführt. Die Stellen vor dem Komma geben für $Z$ den Exponenten $x$ der Basis 10 und die Stellen nach dem Komma die Mantisse (= $\log a$) an. Die Ziffern der Zahl $a$ werden durch die Mantisse 0,**631** bestimmt. Die Mantisse ist aufgrund der Taschenrechnerbeschränkung auf 12 signifikante Stellen nicht 12-stellig, sondern wird hier auf drei Stellen gerundet angezeigt, weil die restlichen Stellen vom 9-stelligen Exponenten „aufgefressen" wurden.

Jetzt ist also bekannt, dass nach der ersten Ziffer noch 369693099 andere Ziffern folgen.

4. Man könnte die Multiplikation
**387420489 · log(9) = 387420489 · 0,954242509439**
mit Bleistift und Papier manuell durchführen (eine wüste Rechnerei!), um die Mantisse genauer zu berechnen.

Man käme dann auf 369693099,631444495671.

5. Die Mantisse 0,631444495671 könnte man wieder in den Taschenrechner eingeben und $10^{0{,}631444495671}$ berechnen. Dann erhielte man 4,28000716127.

6. Bei dieser Zahl sind nur die ersten drei Stellen genau, weil sich der Rundungsfehler bei der auf 12 signifikante Stellen begrenzten Berechnung des log(9) bei der Multiplikation entsprechend vervielfacht hat.

Nur mit den eingebauten Funktionen (Bordmittel) kommt man also auch nicht weiter.

### 3.12.3.4 Berechnung mit Potenzfunktion( mit Longfloat-Tool)

1. Longfloat-Bibliothek 902 aufrufen.
2. Die Zahl 9. (im RPN-Modus) eingeben und mit **R↔F** in eine Longfloat-Zahl umwandeln. Dann diese Zahl dreimal in den Stack stellen (je in Stackebene 1 bis 3)
3. Zweimal die Funktion **FY^X** aufrufen.

Als Ergebnis kommt die Fehlermeldung „Overflow" (Bild 140). Der Speicherbereich ist überschritten.

**Bild 140: Overflow bei der Longfloat-Berechnung**

Dieser Weg führt nicht zum Ziel.

### 3.12.3.5 Berechnung als reelle Zahl über Logarithmen (mit Longfloat-Tool)

Mit Logarithmen der Longfloat-Bibliothek kann genauer gerechnet werden, weil man den Exponenten $x$ = 369693099 abtrennen und nur mit der Mantisse weiterrechnen kann:
Es ergibt sich eine Mantisse von 0,631570358743543095..., die wir hier nicht voll ausschreiben.

Daraus folgt: $a = 10^{0,631570358743543095...} = 4,28124773175747048036987111593...$

Also liegt $Z = 9^{9^9} = a \cdot 10^x$ bei $\boxed{4,28124773175747048036987111593... \cdot 10^{369693099}}$.

Hätten wir hier $x + \log a$ = 369693099,631570358743543095 als Exponenten zur Basis 10 benutzt, wäre wieder ein Overflow entstanden, weil die Zahl $10^{x+\log(a)}$ nicht in den Benutzerspeicher passt.

### 3.12.3.6 Ergebnisbeurteilung

Der Taschenrechner ohne Longfloat-Bibliotheksfunktionen kann unter Zuhilfenahme der manuellen Multiplikation höchstens die ersten drei Stellen 428... der gesuchten Zahl berechnen.

Mit Longfloat kann man beliebig genau rechnen, allerdings haben viele Ziffern keinen Sinn, weil man die 369693100 Stellen doch nie im Rechner als Zahl darstellen oder speichern kann. Das zeigt schon die direkte Berechnung in 3.12.3.4 mit der Potenzfunktion FY^X der Longfloat-Bibliothek, bei der wegen innerer Speicherprobleme ein Overflow ausgelöst wird. Erst der Umweg über die Logarithmen löst das Problem, weil man hier Zahlen bekommt, die in den Speicher passen.

Wenn man für jede Ziffer dieser Zahl 1 Byte Speicherplatz benötigt, dann sind 369693100 Byte oder rund 353 MB Speicherplatz erforderlich. Der Benutzerspeicher des HP beträgt aber maximal 256 kB. Die Zahl müsste aber als Ganzes im Benutzerspeicher Platz haben, um sie weiterverarbeiten (z. B. auf Port :3: speichern) zu können.

Am Beispiel der Zahl $9^{9^9}$ wurde gezeigt, dass der HP mit seinen Funktionen allein überfordert ist, aber durch Hinzunehmen einer externen Bibliothek (Longfloat) unter Berücksichtigung der Speichermöglichkeiten des HP-Taschenrechners doch eine Lösung möglich wird.

Man sieht an diesem Beispiel, dass der HP mit seinen eingebauten Möglichkeiten mit der exakten Berechnung einer Zahl überfordert werden kann. Man sieht aber auch, dass durch Nachdenken (Zerlegung der Zahl in Exponent und Mantisse, Speichergröße nicht überschreiten) und Nutzen zusätzlicher Möglichkeiten (Tools) die Berechnung doch möglich wird. Allerdings stößt man dann irgendwann durch die begrenzte Stellenanzahl in der Darstellbarkeit an die Grenzen des Taschenrechners.

Wo diese Grenzen liegen, wollen wir hier nicht ergründen.

# 4 Zusatzfunktionen

## 4.1 Batterieschoner

Jedem Computer-Anwender ist der Begriff „Bildschirmschoner" geläufig. Eine ähnliche Funktion, ebenfalls auf eine bestimmte Zeitdauer einstellbar, weisen die HP-Taschenrechner auf.

Der Rechner schaltet sich automatisch aus, wenn kein Programm läuft und 5 Minuten lang keine Eingabe erfolgt. Der Fachausdruck für diese Funktion heißt „time-out". Nach dem Ausschalten bleiben die Inhalte von Stack und LCD-Bildschirm erhalten und stehen nach dem erneuten Einschalten sofort zur Verfügung.

Die voreingestellte „time-out"-Zeit von exakt 5 Minuten kann vom Benutzer beliebig geändert werden. Dafür steht die reservierte Variable TOFF (siehe Tabelle 31 Seite 136) zur Verfügung.

> Speichert man die gewünschte Zeit in Ticks (1 Sekunde = 8192 Ticks), nach welcher sich der Rechner selbst ausschalten soll, binär in die Variable *TOFF* im HOME-Verzeichnis, so nimmt die „time-out"-Funktion nicht den voreingestellten Wert von 5 Minuten, sondern den in *TOFF* gespeicherten Wert.
>
> Das Minimum der möglichen „time-out"-Zeit ist **5 Sekunden** = 5×8192 = 40960 Ticks. Das Maximum ist nicht bekannt, müsste aber mit „dauernd eingeschaltet" identisch sein.

Kürzere Einstellungen als #40960d werden ignoriert, dann gilt die Einstellung **5 Sekunden**. Diese Zeit ist eine Schutzfrist, um sich nicht selbst vom Rechner auszusperren. Dieser würde sich sonst so schnell ausschalten, dass man nicht die Chance hätte, vorher eine Taste zu drücken.

Bevor man das nachfolgende Beispiel ausprobiert, ist zu empfehlen, die Begriffe nachzulesen:

- Ticks im Kapitel 5 auf Seite 237
- TOFF in Tabelle 31 auf Seite 136.

**Beispiel:**

Nun soll 1 Minute „time-out"-Zeit eingestellt werden:

1. Berechnung des einzuspeichernden Wertes:
   **1 Minute = 60 Sekunden = 60 · 8192 Ticks = 491520 Ticks.**
2. Diese Zahl wird mit der Funktion **R→B** in eine Binärzahl umgewandelt.
   Das Ergebnis steht im Stack:
   **#491520d** bei Einstellung DEC (oder **#78000h** bei Einstellung HEX oder **#1700000o** bei Einstellung OCT oder **#1110000000000000000b** bei Einstellung BIN).
3. Nun wird der Objektnamen 'TOFF' in den Stack gestellt und
4. mit **[STO]** die Binärzahl **#491520d** in die Variable 'TOFF' gespeichert.
5. Die Zeit vom letzten Tastendruck bis zum automatischen Ausschalten des Rechners muss jetzt genau 60 Sekunden sein.

Wenn die Variable 'TOFF' gelöscht wird, gilt wieder die Voreinstellung für „time out" von 5 Minuten. Man kann die „time-out"-Funktion auch mit dem Start eines Programms verbinden, siehe STARTOFF in Tabelle 31 auf Seite 136.

## 4.2 System-Notdienst

Gelegentlich gerät der HP-Taschenrechner in Ausnahmesituationen und reagiert dann nicht mehr auf Tastendrücke. Dieser Abschnitt beschreibt Notfallmaßnahmen, wie man in solchen Situationen den Rechner wieder „flottmachen" kann.

### 4.2.1 *Der HP reagiert nicht mehr*

Zwei Extremsituationen treten am häufigsten auf:

1. Der HP scheint zu streiken. In diesem Zustand setzt er die Verarbeitung nicht fort, sondern er hat sich „aufgehängt". Er reagiert nicht mehr auf Tastendrücke. Die Anzeige ist blockiert und zeigt irgendwelche früheren Ergebnisse. Ursache dafür sind Semantikfehler im ausgeführten Programm oder Eingabefehler.

2. Der HP läuft und läuft und ist nicht mehr aufzuhalten. Er „hängt" in einer endlosen Schleife. Die Indikatoranzeige *Sanduhr* ⌛ sagt aus, dass der Rechner beschäftigt ist. Er reagiert nicht mehr auf Tastendrücke. Auch hier liegt ein Semantikfehler vor, weil möglicherweise im ausgeführten Programm ein korrekter Schleifenabschluss vergessen wurde.

Um diese Situationen zu beenden, gibt es sogenannte **System-Operationen** (siehe unten), die auch im Handbuch Lit. [5] ab Seite D-1 beschrieben sind.

Für den HP 48GX sind die System-Operationen im Handbuch Lit. [2] ab Seite 5-17 beschrieben.

### 4.2.2 *Der HP braucht zu lange*

Die oben beschriebenen Extremsituationen darf man nicht mit **normalen Zuständen** verwechseln, in denen der Rechner auf Eingaben wartet oder nach dem Befehl WAIT eine bestimmte Zeit die Arbeit unterbrechen muss. Auch sehr zeitintensive Berechnungen können den Rechner ungewöhnlich lange beschäftigen.

Diese normalen Situationen kann man mit Tastendruck **[ON]** = **CANCEL** beenden. Der Rechner reagiert dann sofort mit einer entsprechenden Fehlermeldung.

### 4.2.3 *System-Operationen*

Zum Beenden von Extremsituationen und für sogenannte Systemtests gibt es spezielle Speicheroperationen und Systembefehle. Diese Befehle werden mit bestimmten Tastenkombinationen eingeleitet.

#### 4.2.3.1 *Warmstart mit Tastenkombination [ON]&[F3]*

Warmstart (auch Systemhalt genannt) nennt man die Aktion des Benutzers, das System in einen definierten Zustand zurückzusetzen (**System-Reset**) bzw. das System anzuhalten. Der Warmstart setzt den Rechner in einen definierten Zustand zurück, **löscht aber keine Speicherinhalte** (siehe Handbuch Seite D-4).

Wenn sich der Rechner „aufhängt" und auf den Tastendruck **CANCEL** nicht reagiert, ist sein Speicherinhalt möglicherweise zerstört. Man muss dann immer zuerst versuchen, einen Warmstart mit **[ON]&[F3]** durchzuführen.

## 4.2.3.2 *Warmstart ohne Tastatur*

In manchen Fällen muss man einen Warmstart ohne Tastatur durchführen, weil die Tastatur nicht mehr reagiert. Diesen Vorgang nennt man RESET. Dazu wird beim (eingeschalteten) HP das Ende einer Büroklammer (glatt, ohne Köpfchen, keine Nadel!) in das Loch auf der Rückseite gesteckt und leicht gegen die Federkraft gedrückt, bis ein Widerstand spürbar ist. Das Loch befindet sich auf der Rückseite des Rechners, je nach Modell, in der rechten oberen oder linken unteren Ecke des Schriftfeldes. Das System des Rechners wird dadurch zurückgesetzt und der Rechner ausgeschaltet. Die Speicherinhalte bleiben dabei erhalten, der Stack wird jedoch gelöscht.

Der Kontrast der Anzeige muss anschließend durch [ON]&[+] oder [ON]&[-] nachreguliert werden.

## 4.2.3.3 *Kaltstart mit Tastenkombination [ON]&[F1]&[F6]*

Bevor man einen Kaltstart durchführt, sollte man wiederholt einen Warmstart versuchen. Nur wenn der Warmstart nicht gelingt, muss man einen **Speicher-Reset** (Kaltstart) durchführen. Weil dieser **alle Speicherinhalte des Benutzerspeichers löscht** (außer Port :2:) und den Rechner in den Ausgangszustand (Lieferzustand) zurückversetzt, nennt man diese Aktion „Kaltstart".

Über Tastatur wird der Kaltstart mit drei gleichzeitig zu drückenden Tasten **[ON]&[F1]&[F6]** gestartet. Während man die Taste **[ON]** drückt und festhält, drückt man die beiden Tasten **[F1]** und **[F6]** gleichzeitig (siehe auch Lit. [5], Seite D-5).

**System-Reset** = **Warmstart** (Speicherinhalte bleiben erhalten).
**Speicher-Reset** = **Kaltstart** (Speicherinhalte werden gelöscht).

## 4.2.3.4 *Systemtests*

Um prüfen zu können, ob das Betriebssystem und die Speicher noch ordnungsgemäß funktionieren, gibt es sogenannte Selbst-Tests.

Der **interaktive Selbst-Test** wird mit **[ON]&[F4]** gestartet. Man bekommt ein Menü angezeigt, aus dem die Aktionen ausgewählt werden können. Die zur Verfügung stehenden Test sind je nach Modell verschieden. Eine Beschreibung dieser Funktionen ist in den Kurzanleitungen zum entsprechenden Modell zu finden.

Die Taste mit dem Aufdruck **Q** (= REBOOT) aktiviert einen Warmstart.

Der **Dauer-Selbst-Test** wird durch **[ON]&[F5]** gestartet und wiederholt alle Einzeltests immer wieder, bis er durch einen Warmstart **[ON]&[F3]** abgebrochen wird.

Der **Werks-Test** (*Factory test*) wird mit **[ON]&[F6]** gestartet und hält beim Kbd2-Test an. Nun müsste man wissen, was man bei diesem Keyboard-Test tun muss.

- **Am besten ausprobieren:**
  Alle Tasten, angefangen von [F1] bis zum [ENTER], der Reihe nach drücken, Tastenreihe für Tastenreihe, ohne eine Taste auszulassen. Wenn alle Tasten funktionieren, ist der Taschenrechner wieder startbereit!
- Wenn man's nicht weiß: Abbruch durch Warmstart **[ON]&[F3]**.

## 4.2.4 *Zu wenig Speicherplatz*

Speicherprobleme meldet der HP durch Fehlermeldungen wie

- *No room for last stack*
- *Insufficient memory*
- *Out of memory*

Man sollte dann im entsprechenden Handbuch nachsehen.

## 4.2.5 *Invalid Card Data*

Wenn die Meldung „Invalid Card Data" nach einem Warm- oder Kaltstart kommt, dann sind die Ports nicht initialisiert.

Mit dem Befehl **PINIT** kann man alle Ports initialisieren, so dass die Meldung unterbleibt. Die Ports werden dabei nicht gelöscht.

## 4.2.6 *Notbremsen*

### *4.2.6.1 Befehl für Systemoperation abbrechen vor Loslassen der [ON]-Taste*

Wenn man sich bei der Eingabe vertan hat und z.b. einen Kaltstart eingetippt hat, obwohl nur ein Warmstart beabsichtigt war, dann ist noch nichts verloren, wenn die [ON]-Taste noch nicht losgelassen wurde. Hier gibt es eine Notbremse, diese Eingabe abzubrechen:

Wenn man eine der oben beschriebenen Systemoperationen durch Drücken und Festhalten der [ON]-Taste und durch Drücken der zweiten Taste schon eingeleitet hat, aber die Operation durch Auslassen der festgehaltenen [ON]-Taste doch nicht starten will, dann muss man bei (weiterhin) festgehaltener [ON]-Taste die [F2]-Taste drücken und dann erst die [ON]-Taste loslassen.

### *4.2.6.2 Abbruch einer Systemoperation durch [Longhold-Backspace]*

Auch bei Systemoperationen kann sich der Rechner „aufhängen". Die **[ON]&[...]**-Tastenkombinationen funktionieren dann nicht. Was dann?

Zum Beispiel kann der Rechner beim Warmstart in eine unendliche Schleife laufen, wenn fehlerhafte Funktionen beim Warmstart mit gestartet werden (z. B. Anbinden von defekten Bibliotheken, falscher Befehl in $EXTPRG) und nicht ordnungsgemäß ablaufen.

Ein Befehl dafür ist nicht dokumentiert. Trotzdem kann man die „Notbremse ziehen". Dafür ist die Taste **[◄]** brauchbar. Das ist die Rücktaste, die auch für CLEAR und DEL verwendet wird.

Der Trick ist einfach und sehr wirksam:

> Man drückt die Rücktaste **[◄]** nach dem Einschalten und hält sie so lange gedrückt, bis der Rechner wieder mit der normalen Anzeige darauf reagiert. Dann erst lässt man sie los. Diese Tastenfunktion wird als **[Longhold-Backspace]** bezeichnet.

Dieser Befehl ist in den Handbüchern nicht dokumentiert:

Herr *Dr. Ralf Fritzsch* aus Hamburg teilte am 10.07.2000 dazu mit (Zitat):
*HP schrieb auf einer Internetseite:*

*„What's New from Release 1.16", da steht:*

*>Holding BackSpace during Boot Sequence will put the calculator in safe mode. User library will be completely ignored unlike previous version.*
*>STARTUP will also be ignored if BackSpace is hold after the MetaKernel logo appearance.*

*Das ist dokumentiert ab 1.17 Beta. Leider hat man bei HP versäumt, diese History auch bei den „offiziellen" Versionen abzudrucken; man findet dies NUR bei den Beta-Versionen (wobei dort auf die offiziellen Versionen eingegangen wird).* (Zitatende)

Vielen Dank an Herrn *Dr. Ralf Fritzsch*.

**Hinweis:** Die oben genannte Variable STARTUP ist eine reservierte Variable für einen automatischen Start eines Programms beim Warmstart. Siehe 2.14 auf Seite 136.

## 4.3 Tools

### 4.3.1 *Einleitung*

Im Lieferzustand ist der HP-Taschenrechner nur mit dem Nötigsten ausgestattet, wie jedes andere Industrieprodukt auch.

Er hat eine bestimmte Grundausstattung, die auf die Bedürfnisse einer Anwendergruppe (Zielgruppe) ausgerichtet ist. Jeder Anwender hat aber seine individuellen Erwartungen und Wünsche. Solche Erwartungen können von keinem Produkt erfüllt werden, sei es ein Auto, ein Computer, ein Kinderwagen oder eben ein wissenschaftlicher Taschenrechner.

Bei den Personal Computern (PC) gibt es einerseits den Betriebssystem-Hersteller und andererseits den Anwender. Nach Einführung der IBM-kompatiblen Rechner dauerte es ziemlich lange, bis brauchbare Anwenderprogramme (Standardprogramme) lieferbar waren. Trotzdem fehlten Hilfsprogramme, die bei der Reorganisation, bei der Datensicherung, nach einem Systemabsturz und bei vielen anderen System-Problemen nötig gewesen wären, die aber der Betriebssystemhersteller nicht lieferte. Hier sprangen sogenannte Dritt-Anbieter mit ihren ausgetüftelten Hilfsprogrammen (Werkzeuge, engl.: **tools**) ein. Ein Dritt-Anbieter ist der Dritte im Bunde (engl.: **third-party**) neben dem Hersteller und dem Anwender.

Manche nennen ihre Tools auch **Utilities**. Wir verwenden nachfolgend für alle diese Programme den Begriff „Tools".

### 4.3.2 *„Third-Party Tools" für den HP*

Auch bei den HP-Taschenrechnern ließ und lässt der Hersteller viele Wünsche offen. Aufgrund der vielfältigen Einsatzgebiete und Interessen der Anwender sind hier spezielle Tools erforderlich. Weil die Firma HP solche Wünsche auch bei den regelmäßigen Flash-ROM-Updates nicht erfüllen kann, haben Experten aus dem Anwenderkreis ihre eigenen Tools kostenlos zur Verfügung gestellt und keine Zeit und Mühe gescheut, diese „Third-Party Tools" zu optimieren.

Diese Tools haben den Vorteil, dass sie

1. kostenlos sind (nur die Downloadgebühren fallen an),
2. immer auf dem neuesten Stand sind,

3. viel Zeit und Mühe einsparen und
4. den echten Bedürfnissen der jeweiligen Anwendergruppe angepasst sind.

Eine der wichtigsten und aktuellsten Quellen für solche Tools ist die Datenbank von *Eric Rechlin* unter www.hpcalc.org. Dort bieten Experten von Rang und Namen ihre Programme für die HP-Taschenrechner an.

### 4.3.3 *Warnung*

Die meisten Tools sind in Systemsprache (SysRPL) oder Maschinensprache (Assembler) geschrieben und sind deshalb von der Hardware oder dem Betriebssystem abhängig. Sie laufen auf einer bestimmten Version des Betriebssystems (FLASH-ROM-Version). Da HP diese Programmiersprachen nicht unterstützt (siehe Abschnitt 2.1 auf Seite 64), d.h. keinen Support leistet, können beim Update des Betriebssystems interne Aufrufadressen, so genannte „entry points", geändert oder verschoben werden. Dann laufen diese Tools in der neuen Version nicht mehr korrekt.

Deshalb sollte der Benutzer die Dokumentation dieser Tools sorgfältig lesen, denn dort ist angegeben, auf welcher ROM-Version die Tools entwickelt und getestet wurden.

### 4.3.4 *Dank an alle Autoren*

Bevor nachfolgend einige dieser Tools besprochen werden, sei an dieser Stelle zuerst auf das selbstlose Engagement der Autoren dieser Tools hingewiesen. Die Programmierung solcher Tools erfordert profunde Kenntnis des Rechnersystems, hohes mathematisches Können und einen immensen Aufwand an Zeit und Geduld. Dies kommt allen HP-Benutzern zugute.

Jeder Nutznießer dieser Tools sollte dankbar sein, dass es noch solche Idealisten gibt, denen für ihre Leistung der Dank und die Anerkennung der ganzen HP-Anwendergemeinde gebührt.

Danke!

### 4.3.5 *Professor Rautenberg's HP 49G/49g+ Tools*

*Prof. Dr. Wolfgang Rautenberg* hat die meisten Tools für den HP 48GX, HP 49G und HP 49g+ geschrieben.

Direkter Link zu seinen HP 49G/49g+-Tools: http://www.praxelius.de/raut/index.htm.

Dort ist für jedes Tool ein HTML-Dokument mit der genauen Beschreibung in **englischer Sprache** vorhanden, dieses kann online im Internet gelesen werden. Manche davon sind auch in anderen Sprachen verfügbar. Für den Download eines Tools sind alle Dateien einschließlich der HTML-Dokumente und der Bibliothek (LIB) in einem komprimierten ZIP-Archiv zusammengefasst.

Auf www.hpcalc.org sind hauptsächlich die Tools für den HP 48GX und ältere Versionen der HP49G/49g+-Tools zu finden, dort suche man unter dem Stichwort „Rautenberg".

Neben den Bibliotheken hat er noch eine Menge Einzelprogramme geschrieben, die die Arbeit mit den HP-Taschenrechnern wesentlich erleichtern.

Besonders hervorzuheben sind die Tools:

Tabelle 49: Professor Rautenberg's wichtigste HP-Bibliotheken für HP 49G/49g+

| Name | LIB-ID | Version | Funktion |
|---|---|---|---|
| ALARM | 305 | 7.2003 | Alarm-Manager |
| APPSMAN | 1791 | 2.2003 | APPS-Manager |
| BZMAN | 309 | 4.2004 | Komprimieren von Objekten |

| Name | LIB-ID | Version | Funktion |
|---|---|---|---|
| EQL+ | 310 | 1.2005 | Gleichungsbibliothek für HP 49g+ |
| FONTMAN | 308 | 9.2003 | Font-Manager |
| HEADMAN | 337 | 1.2006 | Header-Manager für den HP 49g+ |
| HIDE | 273 | 2.2004 | Verstecken von Objekten |
| IOMAN | 306 | 3.2003 | Input-/Output-Manager |
| KEYMAN | 1200 | 5.2004 | Tastenmanger |
| LIBMAN | 291 | 2.2003 | Library-Manager |
| MSGMAN | 307 | 1.2005 | Message-Manager |
| OT49+ | 360 | 2.2004 | Operating Tools |
| TIMEMAN | 400 | 1.2005 | Zeit-Manager. |
| UNITMAN | 359 | 4.2004 | Einheiten-Manager |

### 4.3.5.1 Packen und Entpacken mit BZT

Speicherplatz war und ist immer noch knapp, insbesondere auf den Taschenrechnern.

Beim PC ist jedem der Begriff „Packerprogramm" geläufig, mit dem Dateien auf einen Bruchteil ihrer Größe komprimiert (gepackt) werden können. Die Programme PKZIP, UNZIP, WINZIP, LHA u.a. sind jedem Computernutzer bekannt.

Solche Packerprogramme (**Komprimierer**) gibt es auch für die HP-Taschenrechner.

Hier soll nur das Kompression-Tool BZT vorgestellt werden. Dieses Tool ist in mehreren Variationen vorhanden.

1. Als eigenständiges Tool BZT.
2. als BZDIR und ~ in den OT49.

**BZT** wird als Programm auf den HP ins HOME-Verzeichnis geladen und ist sofort einsatzfähig. Einzelheiten sind der dem Programm beigefügten ausführlichen englischen Beschreibung **BZT.txt** zu entnehmen.

### 4.3.5.2 Packen - Entpacken: Vorgang

1. **BZT erwartet ein Objekt in Stackebene 1.**
   Dieses Objekt kann entweder ein einfaches oder ein zusammengesetztes Objekt (z. B. eine komplette Directory) sein. Wenn man nur den **Verzeichnisnamen** in den Stack stellt, läuft es etwas anders, siehe dazu Verzeichnisse packen und entpacken weiter unten.

2. **Packen:**
   Nach Aufruf von **BZT** wird das im Stack befindliche Objekt komprimiert (**"BZ-compressed"**) und in einen **BZ-String** gepackt. Der erzeugte String beginnt mit "BZ......" und enthält das vollständige Objekt in komprimierter Form. Der Komprimierungsgrad hängt davon ab, ob das Objekt viele gleichartige oder verschiedene Bytes enthält.

3. **Speichern:**
   Der BZ-String steht im Stack und kann dann unter einem geeigneten Namen abgespeichert werden.

4. **Entpacken:**
   Ein erneuter Aufruf von **BZT** verwandelt den im Stack befindlichen BZ-String wieder in das ursprüngliche Objekt zurück.

**Beispiel:**
Als Beispiel soll das in 7.4 angebotene Kalenderprogramm KALND dienen. Bild 141 zeigt daraus das Originalprogramm KAL als Stackinhalt, in Bild 142 ist der BZ-String zu sehen. Die restlichen Objekte des Verzeichnisses KALND sind versteckt.

Am oberen Rand des LCD-Bildschirms wird nach Abschluss des Vorgangs die Größe des Objekts vor (2254 Bytes) und nach dem Komprimieren (867 Bytes) und der Komprimierungsgrad (-61.54 %) angegeben.

Wie man in Bild 142 auch sieht, wird mit Erscheinen des BZ-Strings ein Menü angeboten, mit dem außer dem Menüaufruf von **BZT** zusätzliche Optionen möglich sind, die nachfolgend beschrieben werden.

Bild 141: Programmquelltext     Bild 142: BZ-String der Komprimierung

### 4.3.5.3 Selbstentpackende Archive

Die Funktion **UBZi** hängt an den BZ-string den **BZT-Aufruf** zum Entpacken an. Diese Option eignet sich nur für den **internen Gebrauch** auf dem eigenen HP (deshalb das „i" im Namen), auf dem das BZT-Programm vorhanden und global bekannt ist. Andere HP-Taschenrechner könnten das komprimierte Objekt nur entpacken, wenn sie ebenfalls **BZT** geladen hätten.

Die Funktion **UBZe** hängt ein kleines, aber komplettes Entpackungsprogramm an das komprimierte Objekt an. Dies eignet sich für den **externen Gebrauch** (deshalb das „e" im Namen), wenn der Zielrechner nicht **BZT** geladen hat. Man kann auf diese Weise ein komprimiertes Objekt an einen anderen HP-Anwender schicken. Dieser muss nicht im Besitz von BZT sein, sondern kann dank dieses Anhängsels das Objekt sofort entpacken. Jeder HP akzeptiert diesen angehängten Entpacker.

### 4.3.5.4 Selbststartende Programme

Das Menüfeld **+EVL** hängt an ein komprimiertes und mit dem internen oder externen Entpacker versehenes Objekt einen **EVAL**-Befehl an. Dieser Befehl darf nur einmal angehängt werden, sonst gibt es später nach dem Entpacken Fehler bei der Programmausführung.

**„Verschlüsselung" von HP-Programmen**

Wer sich bisher schon geärgert hatte, dass er ein HP-Programm nur im Quellcode, für jeden offen einsehbar, weitergeben konnte, der hat jetzt die Möglichkeit, sein Programm mit **BZT** zu komprimieren, **UBZe** und **+EVL** anzuhängen und es so „**verschlüsselt" zu veröffentlichen**.

Der Empfänger des Programms kann es in einer Variablen speichern. Ohne es zu entpacken zu müssen, kann er es dank der eingebauten Funktionen **UBZe** und **+EVL** sofort aufrufen.

Den Quelltext kann man nicht sichtbar machen, es ist nur der BZ-String sichtbar. Ein Entpacken mit **BZT** funktioniert nicht, weil die angehängten Funktionen stören.

Der Kenner der **OT49 Operating Tools** (Quelle und Autor wie oben) jedoch kann das auf diese Weise „verschlüsselte" Programm aber trotzdem „entschlüsseln", indem er über [3]**tog** die Zusätze entfernt, dann →**XU** aufruft und dann mit **BZT** den Quellcode hervorzaubert.

**Beispiel:**

An das oben komprimierte Programm **KAL** wurde noch **UBZe** und **+EVL** angehängt. Das Ergebnis ist in Bild 143 zu sehen. Man sieht den Beginn des oben gezeigten BZ-Strings und anschließend die SYS-RPL-Codes, die dazu gebunden worden sind.

Im Menü sieht man das Menüfeld **KAL** (weist auf das Originalprogramm hin) und **KKK** (die Variable mit dem „verschlüsselten" Programm). Nun geben wir **3 2001** (für Monat und Jahr) in den Stack und rufen **KKK** auf. Das Ergebnis des Programmlaufs ist in Bild 144 zu sehen.

Bild 143: BZ-String

Bild 144: Ausgabe des BZ-String per Programm

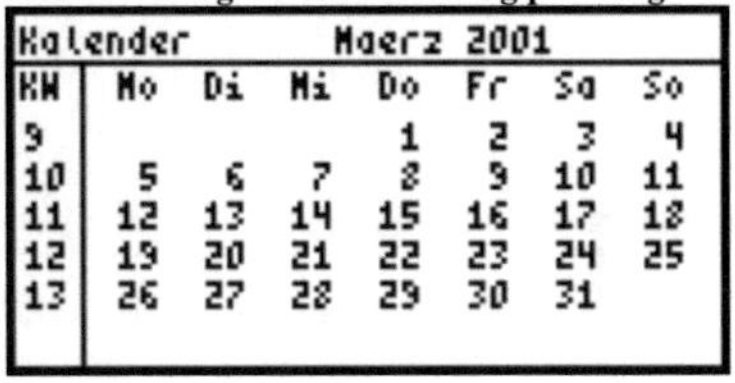

### 4.3.5.5 Verzeichnisse packen und entpacken

**BZT** komprimiert auch ganze Verzeichnisse mit allen Unterverzeichnissen und allen versteckten Objekten.

**Vorgang:**

1. **Packen:**
   Dazu wird der **Name des Verzeichnisses**, der im übergeordneten Menü angezeigt wird, in geraden Apostrophen ' ' in den Stack gestellt (z. B. 'KALND'). Nach dem Aufruf von **BZT** steht nur ein einzelnes Objekt '*' im betreffenden Verzeichnis, der vorherige Inhalt ist verschwunden, er ist in '*' enthalten.

2. **Entpacken:**
   Führt man das Objekt '*' aus (zugeordnete F-Taste drücken), dann sind alle vorherigen Inhalte des Verzeichnisses wieder vorhanden.

### 4.3.5.6 Einheiten erzeugen und verwalten mit UNITMAN

Der Begriff „Einheit" ist vielfältig. Hier sind Einheiten für Maße, Gewichte und andere Anwendungen gemeint.

Im Abschnitt 2.21 „Einheiten" auf Seite 162 ist beschrieben, wie man Einheiten auf dem HP-Taschenrechner erzeugt, verwendet und verwaltet. Das kann man mit „Bordmitteln" des Rechners machen oder einfacher, schneller und wirkungsvoller erledigen mit dem Tool UNITMAN.

### 4.3.5.7 Tastatur maßschneidern mit KEYMAN

Die Belegung der Rechnertastatur nach Belieben des Anwenders kann ebenfalls mit „Bordmitteln" des HP erfolgen. Dies ist im Abschnitt 2.11 „Tastatur und Tastenbelegungen" auf Seite 125 beschrieben.

Einfacher, schneller und wirkungsvoller kann man die Tastaturbelegung mit dem Tool KEYMAN (LIB 1200, Quelle siehe oben) verändern und verwalten.
Auf die ausführliche englisch-sprachige Anleitung, die dem Programm beigefügt ist, wird verwiesen.

### 4.3.5.8 Bibliotheken erzeugen und zerlegen mit D↔L

**D↔L** („Directory to Library" und umgekehrt) ist ein Tool aus den **Operating Tools OT49** (LIB 360). OT49 enthält viele wertvolle Tools für den Normal-Anwender und für den Experten.
Hier soll nur das Tool **D↔L** herausgegriffen und näher besprochen werden. Es wird empfohlen, die restlichen Tools gemäß der Beschreibung (Datei „OT49.htm" in Englisch) anzuwenden.

> **Hinweis:** Objekte, die sich nicht als Library oder anderes gültiges Objekt dem HP zu erkennen geben, sondern als corrupted string "HPHP ... " erscheinen, können mit dem neuen Tool **ObFx** aus OT49 zur Vernunft gebracht werden, wenn nur die „Transportverpackung", aber nicht das Objekt selbst beschädigt ist.

**D↔L** ermöglicht die Erzeugung von HP-Bibliotheken aus einem Programmverzeichnis mit dem geringsten Aufwand. Außerdem kann eine bestehende Bibliothek damit in ihre Bestandteile (Programme, Befehle) zerlegt (gesplittet) und das ursprüngliche Verzeichnis wieder hergestellt werden, was mit „Bordmitteln" des HP nicht möglich ist.

### 4.3.5.9 Verstecken und wieder anzeigen mit Hide

Mit **Hide** kann man alle Menüobjekte, die in einem Verzeichnis nicht unbedingt sichtbar sein sollen, verstecken. Zum Beispiel alle Variablen, die irgendwelche Daten enthalten und die nur per Programm aufgerufen werden. Sichtbar bleibt dann nur das Programm und die von Programm erzeugten Ergebnisvariablen. Auf die versteckten Menüobjekte kann voll zugegriffen werden. Man kann sie per Tastatur (sofern man die Namen auswendig weiß) aufrufen und per Programm voll damit arbeiten.

### 4.3.5.10 Verstecken (hide)

1. **Hide** aufrufen. Es erscheint eine Eingabemaske, in die man alle zu versteckenden Objekte eingeben kann. Das Menü des aktuellen Verzeichnisses ist in der Maske sichtbar.
2. Die **Namen der zu versteckenden Objekte** werden eingegeben oder aus dem angezeigten Menü per F-Tasten ausgewählt.
3. Anschließend wird **[ENTER]** gedrückt.

Als Beispiel soll wieder das oben schon erwähnte Verzeichnis KALND dienen. In nachfolgendem Bild 145 sind alle Menüobjekte, die Hide-Maske und die eingegebenen Werte (vor dem Verstecken) zu sehen. Hier im Beispiel ist **KAL** das Hauptprogramm, das sichtbar bleiben muss, **WOT**, **KW** und **MON** sind Unterprogramme, die von **KAL** aufgerufen werden und deshalb versteckt werden sollen.

Es dürfen **nicht alle Objekte** eines Menüs (das mehrere Seiten haben kann) versteckt werden, **mindestens eines muss sichtbar bleiben.**
Sollten alle Objekte eingegeben worden sein, dann wird **Hide** nicht ausgeführt.

**Bild 145: Hide-Maske**

```
DEG XYZ HEX R= 'X'        PRG
{HE PRXL KALND}
Hide
ENTER=unhide

{ WOT KW MON ♦
| KAL | WOT | KW | MON |
```

**Bild 146: Nicht verstecktes Menüobjekt**

```
DEG XYZ HEX R= 'X'
{HE PRXL KALND}
5:
4:
3:
2:
1:
| KAL |    |    |    |    |
```

### 4.3.5.11 Verstecktes wieder anzeigen (unhide)

Das Verzeichnis (nach dem Verstecken) enthält (hier in diesem Beispiel) nur noch ein Menüobjekt (siehe Bild 146).

1. Um die versteckten Objekte wieder anzuzeigen, wird ebenfalls **Hide** aufgerufen und die Taste **[ENTER]** gedrückt. Die Bildschirmanzeige Hide ENTER = unhide sagt aus: Wenn keine Objekte eingegeben werden, sondern nur die Taste [ENTER] gedrückt wird, dann wird der Vorgang umgekehrt (unhide).

   Achtung: In einer anderen Version von Hide wird anstelle von [ENTER] ein Menüfeld [UnCov] angeboten, das dieselbe Funktion hat.

2. Nun werden wieder alle Objekte als Menüfelder angezeigt.

Im File-Manager ist trotzdem alles sichtbar:

**Bild 147: Versteckte Objekte im Filemanager sichtbar**

Die Objekte sind nach dem Verstecken immer noch im File-Manager **FILES = [¶][APPS]** sichtbar. Dort ist (wie in Bild 147 zu sehen) auch ein Stringobjekt "..."" vorhanden, das vorher nicht existierte. Alle Objekte, die unterhalb dieses Strings stehen, sind versteckt. Wenn dieser String (im File-Manager) gelöscht wird, wird auch alles wieder sichtbar (unhide).

### 4.3.6 Vor dem Experimentieren mit Tools

#### 4.3.6.1 Sichern des Benutzerspeichers mit ARCH2 und ARCH3

Wenn man viel mit fremden Tools herumprobiert und deren Handhabung anfangs noch nicht voll beherrscht, kann es schon vorkommen, dass man sich den ganzen Benutzerspeicher zerschießt (mir ist dies öfter passiert!).

"**Try To Recover Memory?**" fragt der Rechner. **[YES]** im Menü zu aktivieren, bringt meist nichts; man müsste dann alle Variablen, die nur Nummern als Namen haben, neu zuordnen. Bei **[NO]** meldet er "**Memory Clear!**". Das heißt: „Gesamter Speicher gelöscht".

Zum Sichern des gesamten Benutzerspeichers (Backup) gibt es zwei kleine Tools. Bevor man zu experimentieren beginnt (und auch zwischendurch), sollte man den Benutzerspeicher in einen Portspeicher sichern.

Dazu gibt es den Befehl **ARCHIVE**, der in die Programme **ARCH2** und **ARCH3** eingekleidet ist:

1. **ARCH2** sichert nach Port :2: und
2. **ARCH3** sichert nach Port :3: (SD-Speicherkarte).

Die beiden Programme **ARCH2** und **ARCH3** sind identisch aufgebaut.

Anstelle der Verwendung dieser Programme kann auch mit dem Befehl **ARCHIVE** allein gesichert werden. Dieser sichert das HOME-Verzeichnis und alle Unterverzeichnisse. Alle Variablen, die Tastenzuordnungen (user-key assignments) und der Alarmkatalog werden in das erzeugte Backup-Objekt in Port :2: oder Port :3: oder auf dem PC gesichert. Nicht gesichert werden bei ARCHIVE die Flageinstellungen.

In den Port :1: sollte man nicht sichern, da der Port :1: mit 256 KB nicht besonders groß ist. Außerdem verliert er bei Stromausfall alle Daten. Deshalb sollte man vorwiegend nach Port :2: oder :3: sichern. Sichern in Port :0: wäre Unsinn, weil dieser mit dem Benutzerspeicher gekoppelt ist und mit abstürzen könnte.

### 4.3.6.2  Beschreibung von ARCH2 und ARCH3

Die Programme **ARCH2** und **ARCH3** sind auf der Praxelius-Homepage zu finden und sollten in Port :2: gespeichert werden. Autor: *Otto Praxl*

Zu Beginn führt das Programm den Befehl **RCLF** zur Sicherung der Flags aus, die dann in eine im HOME-Verzeichnis angelegte Variable **'Flagsave'** gespeichert werden. Das Programm erzeugt einen Archivnamen der Art **":n:BYYMMDDhhmm"**, wobei **:n:** die Portnummer ist und **B** „Backup" bedeutet, und führt dann den Befehl **ARCHIVE** aus. YY ist die Jahreszahl, **MM** und **DD** sind Monat und Tag, **hh** und **mm** sind Stunde und Minute (jeweils zweistellig, gegebenenfalls mit führenden Nullen) des Speicherungszeitpunktes.

Für das Programm muss Flag -42 = 1 sein, damit die deutsche Schreibweise DD.MMYYY als Systemdatum angezeigt wird.

**Bild 148: Backup-Meldung**

Wurde, wie in dem in Bild 148 gezeigten Beispiel, am 02.09.2011 um 17:34 Uhr mit **ARCH2** ein Backup erzeugt, dann hat das Archiv den Namen **":2:B1109021734"** und ist in Port :2: gespeichert. Nach dem Backup ertönt ein Signal und eine Message-Box erscheint, die mit OK quittiert werden muss (Bild 148).

---

**Portspeicher nicht überschreibbar!**

Ein Speichername in einem Portspeicher kann nicht überschrieben werden. Ist der vorgesehene Name des Speicherobjekts schon vorhanden, dann meldet der HP "STO Error: Object In Use". Man muss das alte Objekt zuerst löschen, bevor man unter dem gleichen Namen etwas speichern kann.

---

Mit **ARCH3** wird entsprechend nach Port :3: gespeichert.

### 4.3.6.3  Rückspeichern der Inhalte des Benutzerspeichers

Vor dem Zurückspeichern vergewissere man sich, dass der RPN-Modus eingestellt ist, dann tut man sich bei den Aufrufen leichter. Das Zurückspeichern des Sicherungsarchivs erfolgt mit **RESTORE**.

Man stellt den Namen des Sicherungsobjekts in den Stack und ruft **RESTORE** auf.

Anschließend fällt im HOME-Verzeichnis die Variable **'Flagsave'** ins Auge, mit deren Inhalt man anschließend per Befehl **STOF** die ursprünglichen Flageinstellungen wiederherstellt. Nun hat man seinen um **hh:mm** Uhr gespeicherten Zustand wieder und kann dort aufsetzen oder wieder von vorne anfangen.

## 4.4 Kleine Helferlein

Hier werden themenunabhängige kurze Hilfsprogramme gezeigt, die bei der Arbeit mit dem HP-Taschenrechner sehr praktisch sind. Der Quellcode dieser Programme wird im Text gezeigt und kurz erläutert. Die Programme laufen im RPN-Modus.

### 4.4.1 *Zeitanzeige ein- und ausschalten*

Um die Zeitanzeige (Stunde, Minute, Tag, Monat) oben am Bildschirm im Header zu aktivieren, muss das Systemflag -40 gesetzt sein. Wird es zurückgesetzt, dann verschwindet die Anzeige wieder. Damit man das Flag bequem umschalten kann, wird ein kleines Umschaltprogramm hergestellt:

```
« -40 FS? IF 1 == THEN -40 CF ELSE -40 SF END »
```

Das Programm wird in die Variable **UHR** gespeichert.

### 4.4.2 *Speicher aufräumen (defragmentieren)*

Manche HP-Anwender haben Schwierigkeiten, weil der Taschenrechner bei der Eingabe verzögert reagiert. „Mein HP ist zu langsam" steht dann als Betreff in E-Mails an die News-Group.

Das hat seine Ursache im temporären Benutzerspeicher, der nach längerem Arbeiten nicht mehr zusammenhängend zur Verfügung steht. Bei früheren HP-Taschenrechnern war dies auch schon so, da hat der Rechner automatisch „Packing" durchgeführt, wenn der Speicher reorganisiert (defragmentiert) werden musste oder man musste es mit dem Befehl PACK selber starten.

Beim HP 49G und seinen Nachfolgern muss der Speicher auch reorganisiert werden. Dies wird als ein Nebeneffekt des Befehls **MEM** durchgeführt. Bevor die Anzeige des frei verfügbaren Benutzerspeichers erfolgen kann, führt der Rechner eine „Garbage collection" durch. Dieser „Lumpensammler" kratzt alle verstreuten Speicherreste zusammen und reorganisiert den Benutzerspeicher. Dazu dient der Befehl **MEM**. Es gibt den freien Speicher im Stack aus.

Wenn man nur den Nebeneffekt des Reorganisierens ohne die Anzeige haben will, dann erzeugt man ein Programm: « **MEM DROP** » .

Für das Programm sollte man als Variablenname nicht **MEM** wählen, denn der Name ist reserviert für den Befehl selbst. **GARB** ist z. B. ein Variablenname, der auf „Garbage collection" oder **PACK**, der auf „Packen", oder DEFRAG, der auf „Defragmentieren" hinweist.

### 4.4.3 *Stackinhalt speichern und zurückholen*

Manchmal möchte man den gesamten Stackinhalt sichern, um schnell etwas anderes rechnen zu können. Für die Sicherung des Stacks gibt es keine internen Speicherbefehle.

Das Programm `« DEPTH →LIST 'Stack' STO »` speichert den gesamten Stackinhalt in die Variable **Stack** und leert den Stack. Das Programm speichern wir in die Variable **STOST** (*store stack*).

Durch das Programm `« Stack OBJ→ DROP »` wird der gespeicherte Stackinhalt zurückgeholt. Dieses Programm speichern wir in die Variable **RCLST** (*recall stack*).
Siehe auch unter 2.6 auf Seite 86.

### 4.4.4 *Tastenkennung ermitteln*

Was eine „Tastenkennung" ist, steht unter 2.11 auf Seite 125. Das Programm `« 0 WAIT »` zeigt die Tastenkennung einer Taste oder Tastenkombination an. Es wird in die Variable **KEY?** gespeichert. Nach Aufruf dieses Programms muss eine Taste oder eine Tastenfolge für eine umgeschaltete Taste gedrückt werden. Die Tastenkennung wird im Stack angezeigt.

Beispiele:

Das Programm liefert für die Taste **[ENTER]** die Anzeige **105.1** und bei Tastenfolge **[¶][9]** die Anzeige **74.2**.

### 4.4.5 *Tastennummer ermitteln*

Will man lediglich die Tastenposition auf der Tastatur, also Zeile und Spalte, dann muss man das Programm `« DO UNTIL KEY END »` aufrufen. Nach Aufruf dieses Programms muss **nur eine Taste** gedrückt werden. Die Tastenposition wird im Stack angezeigt. Wir speichern das Programm in die Variable **KEYNR** (siehe auch Abschnitt 2.11 auf Seite 125).

Beispiele:
Das Programm liefert bei
Taste **[ENTER]** die Anzeige **105** und bei
Taste **[¶]** die Anzeige **81**.

### 4.4.6 *Anzeige des aktuellen Bildes in PICT*

In der reservierten internen Variablen PICT ist das aktuelle Bild abgespeichert, das der HP zuletzt angezeigt hatte. Mit dem Programm `« {} PVIEW »` kann man es sichtbar machen. Mit der Taste **[ON]** ( = **CANCEL**) kann diese Anzeige verlassen werden, ohne das Bild zu löschen. Wir speichern das Programm in die Variable **BILD** (siehe auch Kapitel 7).

# 5 Zeitfunktionen

## 5.1 HP-Systemuhr

### 5.1.1 *Der interne Takt*

Der HP-Taschenrechner hat eine eingebaute Uhr. Diese besteht aus einem **Taktgenerator**, der mit 8192 Hz „tickt", der Name der internen Zeiteinheit ist „Ticks".

**1 Sekunde = 8192 Ticks.**

Die **Frequenz** des Taktgenerators ist durch die Hardware bestimmt und kann durch den Benutzer nicht verändert werden. Der Taktgenerator zählt einen Zeitzähler hoch, aus dessen momentanem Wert sich **Datum und Uhrzeit (die Systemzeit)** berechnen lassen. Dieser Zeitzähler ist eine Speicherzelle, deren Inhalt (Wert) von außen durch Befehle gesetzt und verändert werden kann. Dabei achtet eine im Betriebssystem des Rechners eingebaute Plausibilitätskontrolle darauf, dass keine unsinnigen Werte eingegeben werden.

### 5.1.2 *Zeitfunktionen im mitgelieferten Handbuch*

Das mitgelieferte HP-Handbuch behandelt kurz die Zeitfunktionen. Dort sind folgende Themen zu finden:

- Einstellen des Datums und der Uhrzeit
- Verändern des Datums- und Uhrzeitformats
- Alarmfunktionen
    - Terminalarme, Einstellen des Terminalarms, Überprüfen, Ändern und Löschen eines Alarms,
    - Schaltuhr-Alarm, Einstellen des Schaltuhr-Alarms.

### 5.1.3 *Menü TIME*

Die Erläuterung der Darstellung von Tastenfolgen ist unter 1.2.5 auf Seite 27 zu finden.

Es gibt insgesamt 13 eingebaute Zeitfunktionen, die in einem 3-seitigen Menü zusammengefasst sind.

Aufruf dieses Menüs mit [ʼ]&[TIME]:

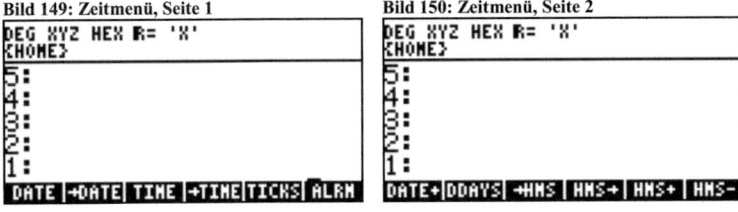

Bild 149: Zeitmenü, Seite 1   Bild 150: Zeitmenü, Seite 2

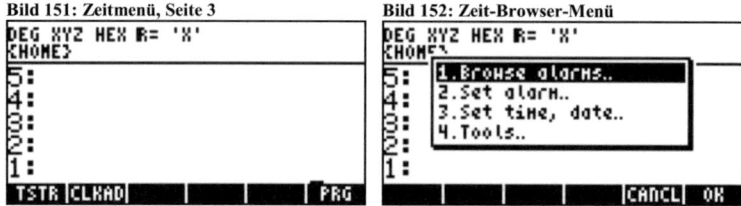

Bild 151: Zeitmenü, Seite 3     Bild 152: Zeit-Browser-Menü

Obige Bilder zeigen die typischen Zeitfunktionen:

Bild 149: [DATE], [→DATE], [TIME], [→TIME], [TICKS], [ALRM] (Untermenü),

Bild 150: [DATE+], [DDAYS], [→HMS], [HMS→], [HMS+], [HMS-],

Bild 151: [TSTR], [CLKADJ].

Das Zeit-Auswahlmenü (siehe Bild 152) ruft man über [TIME] = [ľ][9] oder auch über [APPS][5][OK] auf:

Wählt man im Menü aus Bild 152 die Nr. 4 ("Tools.."), so kommt man wieder auf das oben genannte 3-seitige Menü.

**Warnung**

Bitte **nicht** Nr. 3 aus Bild 152 (= Eingabemaske für "Set time, date..") aufrufen, wenn die Systemzeit justiert und korrigiert worden ist und die Justierung automatisch ungestört weiterlaufen soll.

Wenn man Nr. 3 dennoch aufgerufen hat und ...

- die Uhr ungestört weiterlaufen soll, dann verlässt man diese Eingabemaske mit der Menüfunktion **[CANCL]**,

- **alle** dort angezeigten Felder mit den angezeigten Inhalten überschrieben werden sollen, dann verlässt man die Eingabemaske mit **[OK]**.

## 5.2 Datumsfunktionen

### 5.2.1 *Datum als Dezimalzahl*

Der Taschenrechner verarbeitet das **Datum als Dezimalzahl**.

Der HP bietet zwei Schreibweisen, wobei hier der laufende Tag des Monats mit TT, der laufende Monat im Jahr mit MM und die Jahreszahl mit JJJJ bezeichnet werden:

- TT.MM.JJJJ = deutsche Schreibweise des Datums (Systemflag -42 gesetzt = 1), Dezimalzahl **TT.MMJJJJ**

- MM/TT/JJJJ = amerikanische Schreibweise des Datums (Systemflag -42 gelöscht = 0), Dezimalzahl **MM.TTJJJJ**

Hier wird die deutsche Schreibweise gewählt, indem man das Systemflag **-42** auf **1** setzt. Der interne Zeitzähler, also die Systemzeit, wird durch diese Einstellung nicht berührt. Der Rechner zeigt manchmal beim Datum nur die letzten beiden Stellen der Jahreszahl an (z.B. in den Eingabemasken). **Die Jahreszahl muss immer vierstellig eingegeben werden,** denn der HP rechnet intern immer mit der vierstelligen echten Jahreszahl, auch wenn er manchmal nur die letzten beiden Stellen anzeigt.

Zum Beispiel wird der 31. Dezember 2011 in deutscher Schreibweise als Dezimalzahl **31.122011** in den Stack eingegeben. Die Funktion [→DATE] übernimmt das im Stack eingestellte Datum als Systemdatum. Die Dezimalzahl verschwindet aus dem Stack.

Die Funktion **[DATE]** gibt das Systemdatum im eingestellten Anzeigeformat auf den Stack aus.

Falls, wie im Jahr 2000, in der Jahreszahl nachstehende Nullen vorkommen, werden diese bei bestimmten Formateinstellungen nicht angezeigt werden. Z.B. für den 15. Januar 2000 wird die Dezimalzahl **15.012** angezeigt. In so einem Fall stellt man das Zahlenformat auf 6 Nachkommastellen mit (**6 FIX**) ein und erhält die richtige Anzeige: 15.012000.

### 5.2.2 *Historisch bedingte Grenzen*

Der gültige Datumsbereich des HP läuft vom **15.10.1582** bis **31.12.9999** (9999 ist das letzte Jahr mit vierstelliger Schreibweise!). Innerhalb dieser Grenzen können alle **Datumsberechnungen** durchgeführt werden.

Der **15.10.1582** ist der erste Tag des neuen Gregorianischen Kalenders. Beim davor gültigen Julianischen Kalender hatte sich der echte (astronomische) Frühlingsanfang (Tag-und-Nacht-Gleiche) im Laufe der Jahrhunderte immer weiter vom kalendermäßigen Frühlingsanfang wegbewegt. Im Jahre 1582 machte dieser Kalenderfehler bereits 10 Tage aus. Der astronomische Frühlingsanfang war 1582 schon am 11. März und nicht am 21. März.

Deshalb wurden diese 10 Tage auf Anordnung des Papstes Gregor XIII. einfach herausgeschnitten. Auf Donnerstag, den 4.10.1582, ließ man einfach Freitag, den 15.10.1582, folgen.

### 5.2.3 *Astronomische Zeitberechnungen*

Für astronomische Zeitberechnungen sind die **Zeitfunktionen des HP nicht geeignet**. Der Bereich vom Jahr 1582 bis zum Jahr 9999 ist dafür viel zu klein. Hier muss man die von den Astronomen verwendete Julianische Tageszählung ( „Julianisches Datum" = JD) heranziehen. Dies ist eine durchgehende Zeitachse, die am 1. Januar 4713 vor Chr. beginnt (JD = 0). Hier werden auch Kommastellen verwendet, weil nur dezimale Tagesbruchteile, aber keine Uhrzeiten verwendet werden.

Der 1. Januar 2000, 12.00 Uhr hat das Julianische Datum JD = 2451545,00.

Ohne die Algorithmen zur Berechnung des Julianischen Datums kennen zu müssen, kann man mit dieser Zahl relativ zum 1.1.2000 das Julianische Datum eines anderen Kalenderdatums nach dem Jahre 1582 mit dem HP-Taschenrechner und seinen Zeitfunktionen **DDAYS, DATE+** (siehe 5.2.5) berechnen.

Beispiele:

Für den 1. Januar 2013 berechnet man die Differenz der Tage zwischen dem 1.1.2000 und 1.1.2013) mit « **1.012013 1.012000 DDAYS** » und zählt diese Zahl zum JD vom 1.1.2000 hinzu: Ergebnis: 2451545 + 4749 = 2456294 für 1.1.2013.

Für den 1.1.6666 berechnet man auf diese Weise JD = 4155767.

Für den 31.12.9999 (das letzte gültige Datum auf dem HP) ergibt sich: JD = 5373484.

Für Berechnungen vor dem Jahr 1582 muss man allerdings die Algorithmen zur Berechnung des Julianischen Datums verwenden. Die Formeln zur Umrechnung des JD in Datum und Uhrzeit und umgekehrt sind seit Jahrhunderten bekannt und in jedem guten Astronomie-Lehrbuch zu finden (siehe auch unter 8.1 auf Seite 279). Außerdem gibt es bei www.hpcalc.org Taschenrechner-Programme für Probleme der Astronomie.

## 5.2.4 Gültiger Eingabebereich für das Systemdatum

Obwohl der HP 49G innerhalb seiner oben genannten Grenzen zwischen 1582 und 9999 mit dem Datum rechnen kann, nimmt er zur **Einstellung des aktuellen Systemdatums** nur Werte innerhalb der hundert Jahre zwischen 1.01.1991 und 31.12.2090 (beide Werte eingeschlossen) an. Bei den Nachfolgemodellen verschieben sich diese Grenzen auf 1.01.2000 und 31.12.2090.

## 5.2.5 Rechnen mit Datum und Tagen

Der HP bietet zwei Möglichkeiten, mit dem Datum zu rechnen.
Dazu stellt man die Anzeige am besten auf 6 Nachkommastellen (**6 FIX**) ein.

1. Von einem Datum $x$ Tage in die Zukunft (**+**) oder in die Vergangenheit (**-**) rechnen: Funktion [DATE+]
2. Die Differenz (vorzeichenrichtig) in Tagen zwischen zwei Datumsangaben berechnen: Funktion [DDAYS].

Beispiele zu [DATE+], als Dezimalzeichen ist der Punkt eingestellt:

**10.012000** in Stackebene 2 (= 10.01.2000)
**100** in Stackebene 1 (= 100 Tage in die Zukunft, weil Wert positiv)
**[DATE+]** liefert das Ergebnis **19.042000**, also den 19.04.2000

**19.042000** in Stackebene 2 (= 19.04.2000)
**-100** in Stackebene 1 (= 100 Tage in die Vergangenheit, weil Wert negativ)
**[DATE+]** liefert das Ergebnis **10.012000**, also den 10.01.2000

Beispiele zu [DDAYS]:

**10.012000** in Stackebene 2 (= **vom** 10.01.2000)
**19.042000** in Stackebene 1 (= **bis** 19.04.2000)
**[DDAYS]** liefert die Zahl **100.000000** als Differenz

**19.042000** in Stackebene 2 (= **vom** 19.04.2000)
**10.012000** in Stackebene 1 (= **bis** 10.01.2000)
**[DDAYS]** liefert die Zahl **-100.000000** als Differenz

## 5.3 Uhrzeitfunktionen

Der Taschenrechner verarbeitet die **Uhrzeit als Dezimalzahl**. Dabei wird das auf dem Rechner eingestellte Dezimalzeichen angezeigt.

Wenn HH die laufende Stunde des Tages, MM die laufende Minute der aktuellen Stunde, SS die laufende Sekunde der aktuellen Minute und ss die Hundertstel der laufenden Sekunde angeben, dann wird die Uhrzeit als Dezimalzahl mit Dezimalpunkt so dargestellt: **HH.MMSSss**.

Bei eingestelltem Dezimalkomma wird angezeigt: **HH,MMSSss**.

Diese **Darstellung in Stunden, Minuten und Sekunden (HMS-Format)** verarbeitet der Rechner bei der Eingabe [→TIME] und bei der Ausgabe [TIME] der Uhrzeit direkt, wobei nur Uhrzeiten innerhalb des gültigen Zeitbereichs von 0.000000 Uhr bis 23.595999 Uhr akzeptiert werden.

Die beiden Bilder Bild 153 und Bild 154 zeigen jeweils die Anzeige des Datums und der Uhrzeit mit Dezimalkomma und Dezimalpunkt. In beiden Bildern wird das Datum 26.08.2011 und die Uhrzeit 15:39:25,16 Uhr angezeigt.

**Bild 153: Datum und Uhrzeit mit Dezimalkomma**

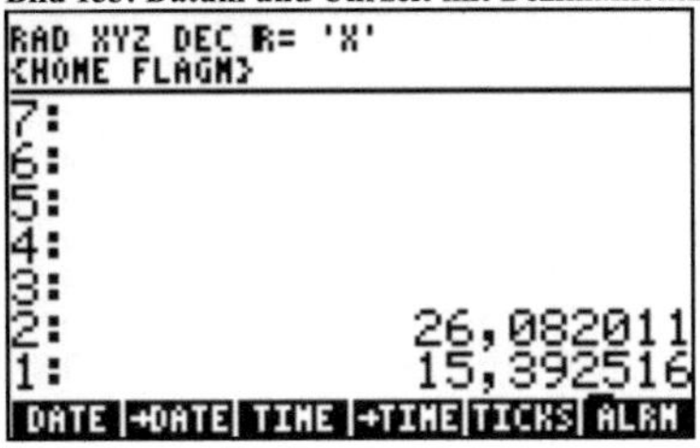

**Bild 154: Datum und Uhrzeit mit Dezimalpunkt**

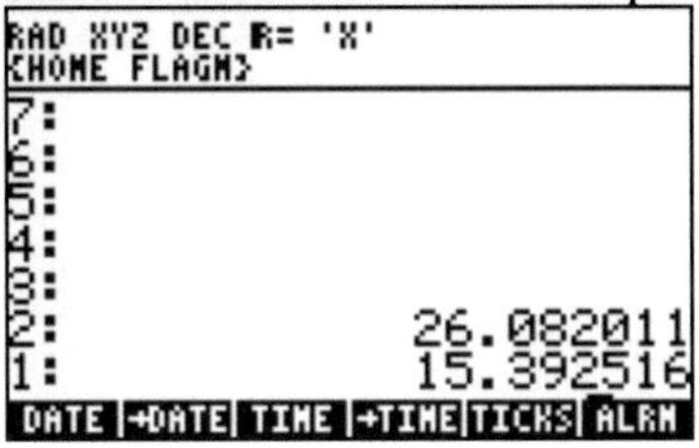

## 5.3.1 *Eingabe und Ausgabe der Uhrzeit*

Eingabe der Uhrzeit:

Die Uhrzeit wird als Dezimalzahl im HMS-Format in den Stack eingegeben. Z.B. wird für 14:20:25 Uhr die Dezimalzahl 14.2025 in den Stack eingegeben (hier mit Dezimalpunkt).

Diese Zahl sollte eine gültige Uhrzeit darstellen, die man einstellen will. Mit Hilfe einer genauen Vergleichsuhr (DCF77-Funkuhr) wird dieser Zeitpunkt abgewartet und dann mit Erreichen dieser Sekunde synchron die Funktion [→TIME] ausgelöst, so dass ab diesem Tastendruck die Uhr mit der Vergleichsuhr synchron laufen sollte. Oder man verwendet Tools (siehe unten JUST, AdjustCk, ClckAdjst) zum genauen Einstellen und Korrigieren der Uhrzeit.

Kontrolle der Uhrzeit:

Ob der HP genaue Uhrzeit anzeigt, kann man mit der Funktion [TIME] überprüfen. Drückt man zu einen bestimmten Zeitpunkt gemäß der Vergleichsuhr auf die Sekunde genau die Taste für die Menüfunktion [TIME], dann sollte der ausgegebene Wert der Uhrzeit mit der Vergleichsuhr zum Zeitpunkt des Tastendruckes übereinstimmen. Die Uhrzeit kann auch sehr bequem mit dem Tool ACC beobachtet und kontrolliert werden (siehe unten).

## 5.3.2 *Laufende Anzeige von Datum und Uhrzeit*

Beim HP kann man sich die Systemzeit laufend anzeigen lassen, wenn man das Systemflag -40 auf 1 setzt. Wenn das Systemflag -67 gelöscht ist (Voreinstellung!), dann wird die Uhrzeit und das Datum digital angezeigt (Bild 155).

Bild 155: Uhrzeit und Datum digital

Bild 156: Uhrzeit analog

In der rechten oberen Ecke des LCD-Bildschirms wird die Uhrzeit (Stunde:Minute) und Datum (Tag:Monatsname), aber nicht das Jahr, angezeigt. Setzt man das Systemflag -67 auf 1, dann wird die Uhrzeit analog (mit Zeigern) angezeigt (Bild 156). Der Doppelpunkt bei der Uhrzeit im Bild 155 fehlt, weil dieser **im Sekundentakt blinkt** und das Bild 155 gerade in dem Moment gemacht wurde, als er „weg" war.

**Die Analog-Anzeige ist ungenau**

Zwischen den beiden Bildern ist ein Zeitunterschied festzustellen: Digital zeigt die Uhr hier 21:43 Uhr, aber die Analog-Anzeige steht auf 21:40 Uhr, obwohl das zweite Bild um 21:44 Uhr gemacht worden ist.

Des Rätsels Lösung ist, dass der Minutenzeiger der Analog-Uhr des HP nur volle 5-Minuten anzeigen kann. Er springt dann von 21:40 auf 21:45 Uhr. Der kleine Zeiger ist so ungenau positioniert, dass man auch 20:40 ablesen könnte. Bei 20:45 stehen beide Zeiger auf der „9", also waagrecht nach links. Bei 21:50 steht der kleine Zeiger auf „9" und der große auf „10", bei 21:55 auf „9" und „11". Erst um 22:00 Uhr stimmt's wieder. Die Analog-Uhr kann man getrost vergessen. Es gibt ja ACC (siehe unten).

### 5.3.3 Umschaltung der Uhrzeitanzeige

Für die Umschaltung auf Uhrzeitanzeige und Digital/Analog kann man sich zwei Programme machen:

1. Für die Ein-/Ausschaltung der Anzeige erhält das Programm folgenden Text `« -40 FS? IF 1 == THEN -40 CF ELSE -40 SF END »` (siehe auch Bild 155), den man in die Variable 'UHR' abspeichert:. Dann kann man mit [UHR] die Anzeige einschalten und mit einem zweiten Tastendruck auf [UHR] die Anzeige wieder abschalten.

2. Die Umschaltung von digitaler Anzeige mit Uhrzeit und Datum auf analoge Anzeige erhält das Programm folgenden Text

`« -67 FS? IF 1 == THEN -67 CF ELSE -67 SF END »`

(siehe auch Bild 156), der in die Variable 'ANALOG' abgespeichert wird. Die Umschaltung in den einen oder anderen Zustand erfolgt durch Tastendruck auf [ANALOG].

**Achtung:** Bei manchen Datenübertragungen schreibt das Handbuch vor, dass die laufende Anzeige der Uhr **ausgeschaltet sein muss**, d.h. das Systemflag **-40** muss gelöscht sein.

**Empfehlung: Laufende Anzeige der Uhrzeit bei Datenübertragungen immer ausschalten**, dann gibt es keine Schwierigkeiten.

### 5.3.3.1 Tool: ACC = (analog clock + calendar)

**Bild 157: Anzeige mit ACCde auf dem HP 50g**

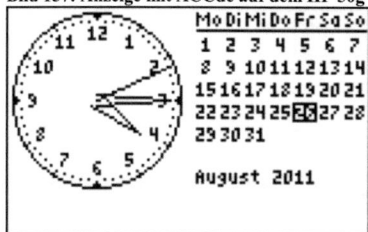

Da der HP selbst keine genaue Analoganzeige bietet, sei in diesem Zusammenhang auf das **Tool ACC** von *Prof. Dr. Wolfgang Rautenberg* hingewiesen. Es bietet eine Analog-Uhr und einen Kalender für den HP.

**Beschreibung:**

Man lädt sich die Dateien **ACCde.txt** und **ACCde** für die deutsche Version herunter oder extrahiert sie aus der Datei **ACCeuro.zip**.

**ACCde.txt** ist die deutsche Beschreibung, **ACCde** ist das deutsche Programm. Nun überträgt man es auf den HP. Nach dem Aufruf läuft das Programm sofort los (siehe Bild 157) und läuft so lange, bis es mit [ON] = CANCEL beendet wird.

Mit nur 4 Tasten kann das Programm bedient werden:

- [↓] blättert den angezeigten Kalender um 28 Tage vorwärts.
- [↑] blättert den angezeigten Kalender um 28 Tage rückwärts.
- [ALPHA] aktualisiert den Kalender beim Blättern, das heißt: Es wird dann wieder das aktuelle Datum angezeigt.
- Mit [ON] = CANCEL kann das Programm beendet werden.

Die restlichen Tasten schalten den HP aus: Beim nächsten Einschalten läuft das Programm sofort weiter (Autostart) bis es mit [ON] beendet wird.

### 5.3.4 *Rechnen mit Uhrzeiten und Zeiträumen*

#### *5.3.4.1 Summen und Differenzen von Uhrzeiten oder Zeiträumen*

Summen und Differenzen von Uhrzeiten ergeben wieder Stunden, Minuten und Sekunden im HMS-Format. Dieses Format wird für die Uhrzeit und für die Länge eines Zeitraumes (Dauer) gleichermaßen verwendet.

Hier soll **nicht mit negativen Zeiten** gerechnet werden, deshalb wird für die Bildung der Summe die Funktion [HMS+] und für die Bildung der Differenz die Funktion [HMS-] verwendet. Bei der Bildung der Differenz muss die größere Zahl in Stackebene 2 stehen.

Es müssen jeweils zwei Dezimalzahlen im **HMS-Format im Stack** stehen, die eine gültige Uhrzeit darstellen. Eine gültige Uhrzeit ist die Dezimalzahl HH.MMSSss dann, wenn MM <60 und SSss < 60 sind. Dabei werden jeweils die seit 0:00 Uhr des älteren Tages vergangenen Stunden der beiden Zeitangaben voneinander abgezogen.

**Beispiel:**
Es soll der Zeitraum vom **21. Januar 20:53:46 Uhr** bis **25. Januar 8:22:02 Uhr** berechnet werden.

1. Dazu wird die Dezimalzahl **4*24 + 8.2202 = 104.2202** (= seit 21. Januar 0:00 Uhr bis 25. Januar 8:22:02 Uhr vergangene Stunden) in Stackebene 2 gestellt.
2. Davon müssen noch die Stunden des 21. Januar abgezogen werden. Für 20:53:46 Uhr wird der Wert **20.5346** in Stackebene 1 gestellt.
3. Nun wird die Funktion [**HMS-**] aufgerufen, die zwei Uhrzeiten im HMS-Format voneinander subtrahiert.
4. Als Ergebnis nach Aufruf der Funktion [**HMS-**] steht **83.2816** im Stack. Das sind **83 Stunden, 28 Minuten, 16 Sekunden**.

#### *5.3.4.2 Umrechnung in dezimale Stundenbruchteile*

Mit der HMS-Funktion [HMS→] kann man die Uhrzeit oder einen in HMS-Format angegebenen Zeitraum so umrechnen, damit nach dem Komma **dezimale Stundenbruchteile** entstehen:
Z.B. werden dann **3 Stunden, 15 Minuten und 36 Sekunden** als **3.2600 (dezimale) Stunden** ausgegeben.

Diese „dezimalen Zeiten" sind Dezimalzahlen, mit denen ganz normal gerechnet wird.

Am Schluss der Berechnungen werden mit der Funktion [→HMS] aus Stunden mit Dezimalbruchteilen wieder Stunden, Minuten und Sekunden als Uhrzeit oder als Zeitspanne.

## 5.3.4.3 Umrechnung von Altgrad, Minuten und Sekunden in dezimale Altgrad und umgekehrt

Die HMS-Funktionen gelten nicht nur für Zeitangaben, sondern sie können auch für die Winkel, die in Altgrad angegeben sind, verwendet werden. Altgrad haben 60 Minuten und die Minuten haben 60 Sekunden. Summen und Differenzen sowie dezimale Altgrad lassen sich ähnlich berechnen und umrechnen wie die Zeitangaben.

Beispiel:

5°18'24" wird als 5.1824 in den Stack eingegeben (HMS-Format). Nun rechnen wir mit der Funktion [HMS→] in dezimale Grad um:

Ergebnis: 5.306667°.

Zu diesem Ergebnis kommt man auch bei der manuellen Berechnung:

$$5° + \frac{18}{60}° + \frac{24}{3600}° = 5.306667°$$

Diese dezimalen Grad können mit [→HMS] wieder in das HMS-Format umgerechnet werden:

Ergebnis 5.182400 (= 5°18'24").

Manuelle Berechnung: 5.306667° = 5° + 0.306667·3600"= 5°+1104"= 5°+18'+24"

## 5.3.5 Tricks mit den Ticks

Oben wurde gezeigt, dass die Systemuhr mit einem Takt von 8192 Ticks pro Sekunde läuft. Sie zählt dabei einen Zeitzähler hoch.

Im Wert dieses Zeitzählers **sind Datum und Uhrzeit versteckt**. Initialisieren (Eingeben) kann man die Systemzeit durch **[→DATE]** und **[→TIME]**, die der Zeitzähler dann übernimmt und von da aus weiterzählt.

### 5.3.5.1 Ausgabe der Ticks

Der Wert dieses Zeitzählers kann in binärer Schreibweise als Hexa-, Oktal-, Binär- oder dezimale Integerzahl über die Funktion **[TICKS]** ausgegeben werden und stellt einen **binären Zeitpunkt mit Datum und Uhrzeit** dar, der vielfach benutzt werden kann. Diese Zahl hat eine Basis von 64 Bit.

So lautet das Ergebnis in Ticks z.B. für den 1.01.2000 und die Uhrzeit 12:00 Uhr :

- # 1D63C4D080000h ("h" für HEX)
- **# 517029455462400d** ("d" für DEC = dezimale Integerzahl = Ganzzahl)
- # 16543611502000000o (die letzte Stelle ist ein kleines "o" und steht für OCT)
- # 0001110101100011110001001101000010000000000000000000b ("b" für BIN)

Die Angabe HEX, DEC, OCT, BIN sind die Anzeige-Modi, die als Statusanzeige (Indikator) verwendet werden (siehe 1.5.6 auf Seite 40). Der jeweils gültige Modus steht in der Anzeige links oben auf dem LCD-Bildschirmchen als dritte Dreiergruppe.

**Ticks können nicht eingegeben werden**, es sei denn man gibt Datum und Uhrzeit als Systemzeit ein (man verstellt die Systemzeit!). Dann kann man die gewünschten Ticks zum vorbestimmten Zeitpunkt ausgeben.

Einfacher ist es aber mit einer Umrechnung per nachstehender Formel von der Systemzeit in Ticks und umgekehrt. Entsprechende benutzerdefinierte Zeitfunktionen werden als Programme am Ende des Beitrags zur Verfügung gestellt.

### 5.3.5.2 Formel für die Umrechnung von Datum und Uhrzeit in Ticks

*Die nachfolgende Formel zur Umrechnung von Datum und Uhrzeit in Ticks, ist in den Handbüchern nicht zu finden. Diese Formel musste ich selbst herausfinden.*

Der Inhalt des Zeitzählers wird durch den Befehl TICKS ausgegeben und steht dann im Stack. Darin sind Datum und Uhrzeit enthalten.

Die geheimnisvolle Formel für die TICKS lautet:

**Formel 17: Berechnung von Ticks aus Datum und Uhrzeit**

$$t = [(\{[\text{int}((JJJJ \cdot a) + 0.5) + D] \cdot 24 + HH\} \cdot 60 + MM) \cdot 60 + SS.ss] \cdot 8192$$

oder nur mit runden Klammern

$$t = ( ( ( ( \text{int}( (JJJJ \cdot a) + 0.5 ) + D ) \cdot 24 + HH ) \cdot 60 + MM ) \cdot 60 + SS.ss ) \cdot 8192$$

**Erläuterung:**
- Hier wird der Dezimalpunkt verwendet.
- *t* ist der Wert des Zeitzählers in Ticks für die in die Formel eingesetzten Werte für Uhrzeit und Datum.
- **int** ist die Integerfunktion, die den Nachkommateil wegschneidet (beim HP wird für **int** die Funktion **IP** (engl.: *integer part*) verwendet,
- *JJJJ* ist die vierstellige Jahreszahl des laufenden Jahres,
- *a* ist die genaue Länge eines Jahres in Tagen = **365.242198781**;
- **0.5** ist ein Summand, der bewirkt, dass ab Nachkommateil ".50" aufgerundet wird auf die nächste ganze Zahl
- *D* ist der laufende Tag des Jahres, den man so ermittelt: Man bildet die Differenz mit **DDAYS** vom 31.12. des Vorjahres bis zum laufenden Datum (ergibt positive Zahl).
- *HH* ist die laufende Stunde des Tages,
- *MM* ist die laufende Minute der Stunde,
- *SS.ss* ist die laufende Sekunde der Uhrzeit einschließlich der Hundertstel.

Das Ergebnis ist eine sehr große ganze Zahl *t*, die mathematisch genau ist.

Das obige Beispiel für den **1. Januar 2000 12:00 Uhr** wird mit dieser nachgerechnet und ausführlich dargestellt:

1. **2000 * 365.242198781 = 730484.397562**
2. aufrunden: **730484.397562 + 0.5 = 730484.897562,**
3. die Integerfunktion **IP** macht daraus **730484.0** .
4. Umwandlung in dezimale Binärdarstellung, indem zuerst der Befehl **DEC** und dann der Befehl **R→B** zur Ausführung kommt, ergibt: **#730484d**.
5. Dazu wird **D = #1d** addiert, weil der 1. Januar der erste Tag des Jahres ist: **#730785d**.
6. **#730785d * #24d = #17531640d** (umgerechnet in Stunden).
7. **#17531640d + #12d = #17531652d** (laufende Stunde wurde addiert).

8. #17531652d * #60d = #1051899120d (in Minuten umgerechnet). Da keine laufenden Minuten und Sekunden vorkommen, kann anschließend gleich mit 60 (für Sekundenanzahl) und mit 8192 (für die Ticks) multipliziert werden:
9. #1051899120d * #60d * #8192d = #517029455462400d.

Die Umwandlung von Datum und Uhrzeit in Ticks als Binärzahl in DEC-Darstellung ergibt also:
# 517029455462400d (q.e.d = was zu beweisen war), wie oben angegeben.

Rechnete man das Ganze in normalen reellen Zahlen (Kommazahlen), dann könnten sich durch die interne Umrechnung von binären in reelle Zahlen Ungenauigkeiten einschleichen. Das Ergebnis läge aber nur einige „Ticks" daneben.

### 5.3.5.3 Datum und Uhrzeit in Ticks umrechnen mit Programm DUT

Bei der **Rückrechnung**, also der Umrechnung von Ticks in Datum und Uhrzeit, ist es wichtig, dass die **Jahreslänge 365,242198781 mit der vollen Genauigkeit** eingesetzt wird, wenn sie als Divisor verwendet wird. Sonst wird das Datum um 1 Tag falsch oder die Uhrzeit wird um einige Sekunden falsch berechnet.

Aus der hergeleiteten Formel 17 wird ein Programm DUT (heißt: "**D**atum/**U**hrzeit in **T**icks") erstellt:

1. Das Datum im Systemformat steht als Dezimalzahl in Stackebene 2
2. Die Uhrzeit im Systemformat steht als Dezimalzahl in Stackebene 1
3. Das Programm DUT nimmt diese beiden Zahlen vom Stack und
4. stellt die Binärzahl mit den entsprechenden Ticks in den Stack.

**Bild 158: DUT-Programm**

```
« HMS→ 3600 * 8192 *
R→B SWAP DUP 100 * FP
10000 * 365.242198781
* .5 + IP SWAP DUP
.000001 - FP 100 * FP
100 / 31.12 + SWAP
DDAYS + 24 * R→B
# 3600d * # 8192d * +
»
+SKIP|SKIP+|+DEL|DEL+|DEL L|INS ■
```

In Bild 158 ist das Programm DUT zu sehen. Es steht auch auf der Praxelius-Homepage zum Herunterladen zur Verfügung und kann dann per Conn4x-Verbindungs-Software zum HP übertragen werden.

### 5.3.5.4 Ticks in Datum und Uhrzeit umrechnen mit Programm TDU

Das Programm **TDU** ist die Umkehrung der Formel 17, um aus den Ticks Datum und Uhrzeit rückzurechnen. Diese Umkehrrechnung ergibt nicht sekundengenau die Uhrzeit. Das hängt damit zusammen, dass reelle Zahlen verwendet werden müssen, wobei bei den Divisionen kleine Fehler auftreten.

(TDU heißt: "**T**icks in **D**atum/**U**hrzeit")

1. Die Binärzahl mit den Ticks wird in den Stack gestellt
2. Das Programm nimmt diese Zahl vom Stack und
3. stellt das Datum im Systemformat als Dezimalzahl in Stackebene 2 und
4. stellt die Uhrzeit im Systemformat als Dezimalzahl in Stackebene 1.

**Bild 159: TDU-Programm**

```
« # 8192d / B→R 3600
 / 24 / DUP FP 24 *
 →HMS SWAP IP
 365.242198781 / DUP
 IP 1 - 1000000 /
 31.12 + SWAP FP
 365.242198781 * .5 +
 IP DATE+ SWAP 6 FIX
 »
```

### 5.3.5.5 Ticks in Datum und Uhrzeit umrechnen mit Programm TIDU

TDU zu optimieren lohnt sich nicht, da wir den Systembefehl SYSEVAL verwenden können.

> **Achtung:**
> Für Usr-RPL wird mit SYSEVAL hier ausnahmsweise der Zugriff über Pointer ermöglicht. Der Systembefehl SYSEVAL darf nur dann verwendet werden, wenn der Benutzer genau weiß, was damit bewirkt wird, sonst kann er sich den ganzen Benutzerspeicher und das Betriebssystem „zerschießen".

Um als Ergebnis die genaue Umkehrung der Formel 17 zu erhalten, genügt es, innerhalb eines Programms den Systembefehl SYSEVAL zu verwenden, der auf interne Systemroutinen (entry-points, Pointer) zugreift und die Rückrechnung genau durchführt. Dort kommen keine Divisionen vor.

SYSEVAL ab Pointer #192515d   erzeugt Datum aus Ticks.
SYSEVAL ab Pointer #192514d   erzeugt Uhrzeit aus Ticks.

Das Programm **TIDU** (**T**icks **I**ntern in **D**atum und **U**hrzeit umrechnen) lautet:

`«DUP #192515d SYSEVAL SWAP #192514d SYSEVAL»` (siehe auch Bild 160).

**Bild 160: TIDU: Rückrechnung von Ticks in Datum und Uhrzeit**

Die Zahl der Ticks muss im Stack stehen. Wir nehmen hier die oben manuell berechneten Ticks für den 1.01.2000 12:00 Uhr:

**#517029455462400d** und stellen sie in den Stack (siehe Bild 161), dann wird **TIDU** aufgerufen: Das Ergebnis zeigt Bild 162.

Bild 161: Ticks in den Stack stellen

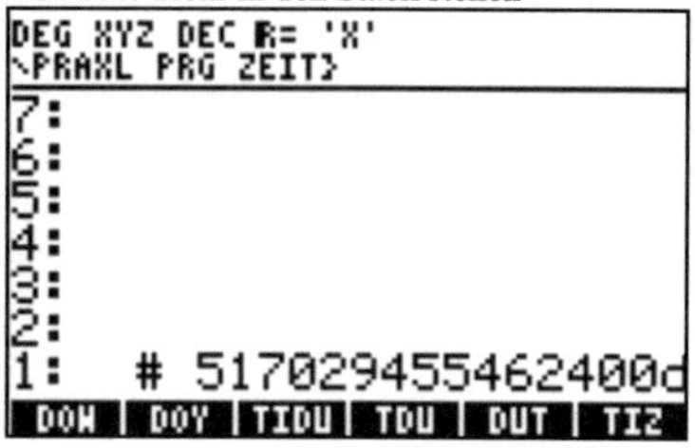

```
DEG XYZ DEC R= 'X'
{ PRAXL PRG ZEIT }
7:
6:
5:
4:
3:
2:
1:    # 517029455462400d
 DOW  DOY  TIDU  TDU  DUT  TIZ
```

Bild 162: Aufruf von TIDU ergibt Datum und Uhrzeit

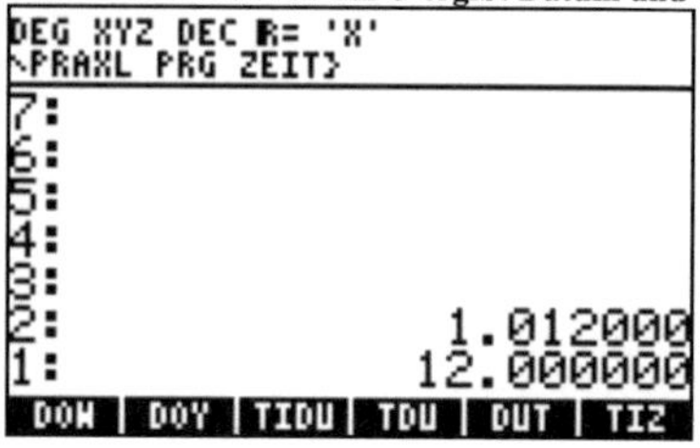

```
DEG XYZ DEC R= 'X'
{ PRAXL PRG ZEIT }
7:
6:
5:
4:
3:
2:              1.012000
1:             12.000000
 DOW  DOY  TIDU  TDU  DUT  TIZ
```

### 5.3.5.6 Rechnen mit Ticks

Die Funktion TICKS kann man innerhalb von Programmen zur Messung der Laufzeiten bestimmter programmierter Abläufe anwenden.

Beispiel:

Als ersten Befehl im zu messenden Programm ruft man **TICKS** auf. Dieser **Startzeitpunkt** steht nun während des gesamten Ablaufs im Stack. Dann folgen die eigentlichen Programmbefehle.

Wenn man innerhalb des Programms den Stack ordentlich verwaltet hat, dann steht nach Ablauf des eigentlichen Programms dieser Startzeitpunkt als Binärganzzahl in Stackebene 1. Hat man am Ende des Programms die Befehlsfolge `TICKS SWAP - B→R 8192 /` eingefügt, dann ruft diese erneut **TICKS** auf (den Endzeitpunkt).

Nun stehen zwei Binärganzzahlen im Stack. **SWAP** vertauscht sie, damit die kleinere (der Startzeitpunkt) unten steht und von der größeren (dem Endzeitpunkt) abgezogen werden kann. Durch Subtraktion wird die Differenz der Ticks gebildet und mit **B→R** in eine reelle Zahl umgewandelt, die dann durch **8192** geteilt werden muss, damit das Ergebnis in Sekunden herauskommt. Das ist die Zeitspanne, die interessiert. Das eigentliche Berechnungsergebnis steht entweder in globalen Variablen oder in den höheren Stackebenen.

---

Hinweis:

Wenn man **SWAP** einzufügen vergisst, wird die größere Binärganzzahl von der kleineren abgezogen und als Ergebnis erhält man eine negative Binärzahl (= Zweierkomplement des Ergebnisses), die als normale Binärganzzahl dargestellt wird, weil sie kein Minuszeichen hat. Dieses **Ergebnis ist falsch**, der Rechner erkennt das nicht und macht deshalb auch **nicht** darauf aufmerksam.

---

### 5.3.6 Korrigieren der Uhrzeit

Der Befehl **[CLKADJ]** (= clock adjust) aus dem Zeitmenü dient zur **Korrektur der Uhrzeit**.

Stellt man fest, dass die Uhrzeit um *n* Sekunden abweicht, so berechnet man mit *n* · **8192** die Anzahl der Ticks, **gerundet zu einer Ganzzahl**, die bei zu langsamer Uhr zum Zeitzähler hinzugezählt oder bei zu schneller Uhr abgezogen werden müssen. Der Befehl **[CLKADJ]** erwartet die Anzahl der Ticks als positive oder negative Zahl im Stack. Er nimmt diese Zahl vom Stack und korrigiert damit die Uhrzeit um diese *n* Sekunden.

Beispiel:

2.3 Sekunden Abweichung: Korrektur in Ticks = **2.3** · **8192** = **18841.60**, gerundet **18842**. Geht die Uhr um 2.3 Sekunden zu langsam (= Uhr geht nach): **18842** in den Stack stellen

Geht die Uhr um 2.3 Sekunden zu schnell (= Uhr geht vor): **-18842** in den Stack stellen, dann **[CLKADJ]** aufrufen.

## 5.3.7 *Ausgabe von Datum, Uhrzeit und Wochentag*

Die Funktion **[TSTR]** (eng.: *time string*) erwartet

- das Datum im Systemformat als Dezimalzahl in Stackebene 2 und
- die Uhrzeit im Systemformat als Dezimalzahl in Stackebene 1.

Der Rechner nimmt nach Aufruf von **[TSTR]** diese Zahlen vom Stack und gibt eine ASCII-Zeichenkette (engl.: *string*) mit Wochentag, Datum und Uhrzeit auf den Stack zurück.

Den aktuellen Zeitpunkt gibt man mit **[DATE][TIME][TSTR]** als String aus.

Soll für einen anderen Zeitpunkt dieser Zeit-String ausgegeben werden, so muss dieses Datum und diese Uhrzeit jeweils als Dezimalzahl in den Stack gestellt werden. Dann kann erst **[TSTR]** aufgerufen werden.

**Beispiel:**

Für den **20.09.2011, 13:15 Uhr** soll der Zeit-String ausgegeben werden.

Eingabe in Stackebene 2: **20.092011**
Eingabe in Stackebene 1: **13.150000**

**[TSTR]** ergibt dann **"TUE 20.09.11   13:15:00"**

Die Abkürzung für den Wochentag gibt der HP in Englisch und die Jahreszahl nur mit den letzten zwei Ziffern aus. Das Jahrhundert wird nicht ausgegeben.

## 5.3.8 *Alarmfunktionen*

In Lit. [5] ab Seite 2-25 ist die Handhabung und Einstellung der Alarmfunktionen beschrieben. Die Hauptfunktionen sind **Termin-Alarm** und **Schaltuhr-Alarm**, die dort ausreichend beschrieben sind.

**Bild 163: Alarm-Menü mit den 6 Funktionen**

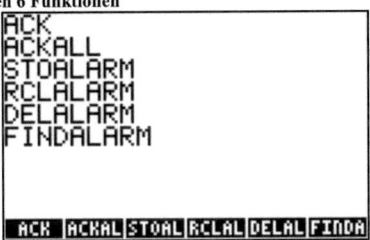

Leider fehlen dort die Informationen zu den im Zeit-Menü **[Þ]&[TIME]** im Unterverzeichnis **[ALRM]** und im Auswahlmenü **[Þ][TIME]** vorhandenen Alarmfunktionen.

Nr. 1 des Auswahlmenüs ruft den Alarmbrowser auf, der alle aktiven Alarme zeigt. Über die Menüfunktion **[EDIT]** wird die Eingabemaske "Set alarm" (= Nr. 2 des Auswahlmenüs) aufgerufen, wo die Werte für die Alarmdefinition editiert werden können.

Die Alarmdefinition besteht aus den in der Eingabemaske gemachten Angaben, die in die Alarmdefinition umgesetzt und nach Drücken von **[OK]** unter einer Alarmnummer aktiviert werden.

Im Alarmmenü sind 6 Menüfelder vorhanden:

1. **[ACK]** (engl.: *acknowledge*): Hiermit kann man einen abgelaufenen Einmal-Alarm (engl.: *past-due alarm*) bestätigen. Der durch den Alarm ausgelöste Indikator ((o)) bleibt so lange stehen, bis man ihn mit **[ACK]** löscht (bestätigt).
2. **[ACKALL]** (eng.: *acknowledge all*): Hiermit kann man alle abgelaufenen Einmal-Alarme bestätigen. Der durch mindestens einen Alarm ausgelöste Indikator ((o)) bleibt so lange stehen, bis man ihn mit **[ACKALL]** löscht (bestätigt).
3. **[STOALARM]** (eng.: *store alarm*) aktiviert die im Stack befindliche Alarmdefinition. Diese Funktion dient zur Reaktivierung einer in einer Variablen gespeicherten Alarmdefinition. Der Inhalt der Variablen wird in den Stack gestellt. Der Aufruf **[STOALARM]** setzt die Alarmfunktion, aktiviert sie und gibt eine Zeilennummer zurück, unter der im Alarm-Browser der Alarm sichtbar ist.
4. **[RCLALARM]** (eng.: *recall alarm*) kopiert eine aktive Alarmdefinition in den Stack. Vorher muss die Nummer des Alarms (= Zeilennummer im Alarmbrowser) in den Stack gestellt werden.
5. **[DELALARM]** (eng.: *delete alarm*) löscht eine aktive Alarmdefinition. Vorher muss die Nummer des Alarms (=Zeilennummer im Alarmbrowser) in den Stack gestellt werden.
6. **[FINDALARM]** (eng.: *find alarm*) Alarmdefinition suchen. Vorher muss eine Uhrzeit, ein Datum oder {Datum Uhrzeit}als Liste in den Stack gestellt werden. Diese Funktion liefert eine Alarmnummer (= Zeilennummer im Alarmbrowser) für den Alarm, der als nächstes nach dem angegebenen Termin „fällig" (engl.: *due*) ist.

Ausführlichere Angaben über diese Alarmfunktionen findet man in Lit. [10] und [4] und in den anderen Handbüchern.

## 5.4 Justieren der Systemuhr

Die im HP-Taschenrechner eingebaute Systemuhr läuft ziemlich genau. Die Genauigkeit der Uhrzeit hängt von der Quarzgenauigkeit des Taktgenerators ab, der den Prozessor und die Uhr „antreibt". Im Laufe von Tagen und Wochen weicht sie jedoch von der genauen Uhrzeit ab, die Uhr „bleibt hinten" oder „läuft vor".

Wenn man aber auch im Taschenrechner genaue Uhrzeit haben will, muss man die Uhr justieren, so dass sie immer (bei geringer Toleranz) genaue Uhrzeit zeigt. Man müsste sie also regelmäßig um ein paar Ticks vor- oder zurückstellen.

Hier folgt eine ausführliche Beschreibung der Justiermethode, die ich selbst entwickelt habe.

### 5.4.1 *Methode der Justierung*

Die HP-Uhr (eingebaute Systemuhr, Zeitzähler) weicht im Laufe von Tagen und Wochen von der genauen (wahren) Uhrzeit ab. Will man aber auch im Taschenrechner genaue Uhrzeit haben, muss man die HP-Uhr so justieren, dass sie immer (bei geringer Toleranz) die genaue Uhrzeit zeigt.

Die Frequenz des internen Taktgenerators (Zeitzählers) kann man nicht ändern, weil dazu ein Eingriff in die Hardware des Taschenrechners erforderlich wäre. Ein echtes Justieren der Systemuhr durch Verändern des internen Zeittakts ist also nicht möglich, weil kein Eingriff in die Hardware des Rechners erfolgen soll.

Deshalb beruht die hier gezeigte Methode der Justierung darauf, dass (durch Vergleich mit einer Funkuhr) die genaue Abweichung festgestellt wird. Nachjustieren erfolgt im Abstand von einigen Tagen oder Wochen. Die festgestellte Abweichung wird auf die Zeiteinheit umgerechnet und dann wird die Systemzeit in bestimmten regelmäßigen Abständen automatisch korrigiert.

Diese Korrektur der HP-Uhrzeit erfolgt zu den Korrekturzeitpunkten mit dem HP-Befehl **CLKADJ**, sodass zu diesem Zeitpunkten die HP-Uhr wieder mit der amtlichen Uhrzeit übereinstimmt. Eine Grafik (Bild 165 auf Seite 255) zeigt das Prinzip, Beschreibung siehe 5.4.2.3 auf Seite 255.

**Was sind Ticks?**

TICKS sind unter 5.1.1 auf Seite 237 beschrieben.

Im Text wird die Bezeichnung **Ticks** sowohl für die Position eines Zeitpunkts auf der Zeitskala (Stand des Zeitzählers) wie auch für die Maßeinheit der Skaleneinteilung verwendet.

**1 Sekunde = 8192 Ticks(-Einheiten)** bzw. **1 Tick = 1/8192 Sekunden**.

Welche Bedeutung (Zählerstand oder Zeitraum) im Einzelfall gemeint ist, geht aus dem Zusammenhang hervor.

### 5.4.1.1 Korrektur der Uhrzeit und Justierung der Ganggenauigkeit

Folgende Schritte sind durchzuführen:

**Tabelle 50: Schritte bei der Justierung**

| | |
|---|---|
| 1. Uhrzeit korrigieren | **Bereitzulegen ist eine Uhr**, die exakt die amtliche Uhrzeit anzeigt (z. B. Funkuhr, Chronometer). Diese wird als genaue Vergleichsuhr verwendet. **Zu Beginn** stellt man die HP-Uhr exakt auf die amtliche Uhrzeit ein. Man nennt diesen Vorgang der Uhrzeitkorrektur auch „Synchronisieren". |
| 2. Zeitpunkt speichern | **Der Zeitpunkt** dieser Korrektur wird mit dem Befehl **TICKS** abgerufen. Dieser Wert wird in der Variablen **TJUST** (= Termin der Justierung) gespeichert. Zur Vorbereitung der nächsten Schritte wird eine Variable **AF** (= Automatische Fehlerkorrektur) angelegt und die Zahl **0** dort gespeichert. Dieser Wert wird später für die automatische Synchronisierung verwendet. |
| 3. Abweichung feststellen, Uhrzeit korrigieren | Nach einigen Tagen oder Wochen wird festgestellt, um wieviele **Sekunden** die HP-Uhr dann gegenüber der amtlichen Uhrzeit abweicht. Diese Abweichung wird notiert. Anschließend wird die **HP-Uhr wieder exakt auf die amtliche Uhrzeit eingestellt (synchronisiert).** |
| 4. Zeitraum feststellen | Der vergangene Zeitraum **in Stunden** seit der vorhergehenden Korrektur aus Schritt 2 (bzw. Schritt 7) wird berechnet. Dazu wird **TICKS** aufgerufen und aus dem ausgegebenen Wert und dem Wert aus TJUST dieser Zeitraum ermittelt. |

| | |
|---|---|
| 5.<br>Ticks pro *x* Stunden<br>berechnen | Aus der bei Schritt 3 festgestellten Abweichung **in Sekunden** und dem Zeitraum aus Schritt 4 **in Stunden** wird die **Abweichung in Sekunden pro Stunde (s/h)** berechnet. Diese Abweichung in Sekunden pro Stunde wird dann in **Ticks pro Stunde** umgerechnet. Daraus wird der Korrekturwert für das Justierintervall berechnet. Bei einem Schaltuhr-Alarm nach Schritt 8 ergibt sich für ein Schaltuhr-Intervall von *x* Stunden: ***x* · (Ticks/Stunde) = (Ticks pro *x* Stunden)** |
| 6.<br>Wert aus 5 in<br>AF speichern | Der daraus resultierende **Wert (Ticks pro *x* Stunden) wird (mit STO+) in die Variable AF gespeichert**. Damit wird die dort schon festgelegte bisherige Justierung verbessert (kumulative Verbesserung). |
| 7.<br>Zeitpunkt speichern | Der **Zeitpunkt** dieser (erneuten) Änderung des AF wird mit **TICKS** festgestellt und wieder in TJUST gespeichert (alter Wert in TJUST wird damit überschrieben).<br>*TJUST enthält immer den Zeitpunkt der letzten (neuesten) manuellen Synchronisierung, denn ab diesem Zeitpunkt bauen sich die neuen, später zu korrigierenden Abweichungen auf.* |
| 8.<br>Schaltuhr-Alarm<br>alle *x* Stunden | Nach dem ersten Durchlauf der Schritte 1 bis 5 wird ein Schaltuhr-Alarm eingerichtet, der mit dem Korrekturwert aus AF per Befehl **CLKADJ** die Uhrzeit korrigiert.<br>Der Schaltuhr-Alarm (repeat alarm) schaltet **alle *x* Stunden** zum gegebenen Zeitpunkt den Rechner ein, führt die Korrektur durch und schaltet den Rechner wieder aus.<br>*Hinweis: Nachteil dieser Methode ist, dass man zu diesem Zeitpunkt in der Arbeit mit dem Rechner durch plötzliches automatisches Ausschalten gestört wird.* |
| 9.<br>Nachjustierung<br>(Schritte 3 bis 7) | Nach einigen Wochen werden die Schritte 3 bis 7 manuell (oder per manuell gestartetem Programm) wiederholt. Der Wert für die Ticks-Anzahl in AF wird verbessert. Nun dient der verbesserte Wert in AF dem Schaltuhr-Programm zur automatischen Korrektur (Justierung). |

### *5.4.1.2 Bemerkungen zum Vorgang*

Wer nur gelegentlich mal die Uhrzeit manuell korrigieren will, führt nach Bedarf die Schritte 1 bis 3 durch.

Soll der Rechner seine Uhrzeit selbst automatisch korrigieren und justieren, dann sollte man zwischen den Schritten 2 und 3 mindestens einen Tag verstreichen lassen, weil die HP-Uhr diese Zeit braucht, um ab dem Zeitpunkt der letzten Einstellung (Schritte 1 bis 7) die Abweichung langsam aufzubauen, so dass sie messbar wird.

Der Schaltuhr-Alarm wird durch die Schritte 3 bis 7 nicht berührt. Er kann dabei aktiv bleiben. Das Programm holt sich nur alle paar Stunden (hier im Beispiel alle 6 Stunden) zum gegebenen Zeitpunkt den aktuellen Justierwert aus AF und korrigiert damit die Uhrzeit.

### *5.4.1.3 Bemerkungen zur Ganggenauigkeit*

Bei Schritt 7 ist zu beachten, dass der **Wert in AF ein akkumulierter Wert** ist. Die erste Einspeicherung (Grobjustierung) wird einen relativ großen Wert ergeben, weil vorher die Uhr nicht justiert war.

Die weiteren manuellen Nachprüfungen der Ganggenauigkeit gemäß den Schritten 3 bis 7 ergeben dann für die vorher schon grob-justiert laufende HP-Uhr entsprechend kleinere Abweichungen von der wahren Uhrzeit.

Bei einer im unjustiertem Zustand exakt gleichförmig laufenden HP-Uhr (bei der die HP-Sekunde immer exakt (1 + $\Delta t$) Funkuhr-Sekunden lang wäre), ergäbe sich bereits bei erstmaliger Durchführung der Schritte 3 bis 7 der genaue Justierwert (-$\Delta t$), wobei genaues Feststellen der Abweichung $\Delta t$ der Uhr vorausgesetzt wird. $\Delta t$ kann positiv oder negativ sein.

Leider läuft die HP-Uhr aber nicht konstant, sondern ist Einflüssen aus der Umwelt (z.B.: Temperatur, abnehmende Batteriespannung, Batteriewechsel, Belastung des Rechners) ausgesetzt, die einen konstanten Lauf der Uhr verhindern. Deshalb muss durch Wiederholung der Schritte 3 bis 7 eine Annäherung des Justierwertes in AF an einen bestimmten akkumulierten Justiergrenzwert erreicht werden. Der Justierwert in AF wird also bei wiederholter Durchführung der Schritte 3 bis 7 um einen Mittelwert pendeln.

### 5.4.1.4 Praktisches Beispiel für die erstmalige Justierung (Grobjustierung)

(Hier im Beispiel und im Programm: Schaltuhr-Alarm zur automatischen Justierung **alle 6 Stunden**)

Tabelle 51: Justierungsbeispiel

| | |
|---|---|
| 1. | Einstellung der Uhr auf genaue Uhrzeit am **10.01.2002 um 10:20 Uhr** |
| 2. | Im TIME-Menü gibt es eine Menüfunktion **TICKS**, diese wird aktiviert und liefert die Systemzeit für den Anfangszeitpunkt. Für den Zeitpunkt von Schritt 1 ergibt sich der Wert **#517553170022400d**.<br>Dieser Wert wird in der Variablen TJUST (= Termin der Justierung) gespeichert.<br>Die Variable AF wird angelegt und erhält den Wert **0**. |
| 3. | Nach einer Woche etwa, am **17.01.2002 um 20:04 Uhr,** wird die **Abweichung der Uhrzeit** festgestellt. Die Abweichung sei **-2,6 Sekunden** (Uhr geht nach).<br>Also muss eine Korrektur der Uhrzeit um **+2,6 Sekunden** vorgenommen werden.<br>Dazu wird der Korrekturwert (Sekunden) in Ticks umgerechnet: **2,6 · 8192 = 21299** (auf ganze Zahl gerundet).<br>Mit **21299 CLKADJ** (RPN-Modus) wird die Uhrzeit korrigiert.<br>Die HP-Uhrzeit läuft nun mit der amtlichen Uhrzeit wieder synchron.<br>Jetzt **TICKS** aufrufen und diesen Wert für Schritt 7 bereithalten: **#517558411591680d**. |
| 4. | Zwischen den Zeitpunkten von Schritt 1 und Schritt 3 ergibt sich ein Zeitraum von **7 · 24 + 9 + 44/60 = 177.73333 Stunden.**<br>Die Berechnung wird sehr einfach, wenn man den bei Schritt 3 ermittelten Tickswert und den Wert aus TJUST zur Berechnung verwendet:<br>Ticks aus Schritt 3:         17.01.2002, 20:04 Uhr: **#517558411591680d**<br>Wert aus TJUST:          10.01.2002, 10:20 Uhr: **#517553170022400d**<br>Differenz in Ticks-Einheiten:                **#5241569280d**<br>Der Differenzwert **#5241569280d** wird durch den Befehl **B→R** in eine reelle Zahl umgewandelt und durch **(8192 · 3600)** geteilt:<br>**5241569280 / 8192 = 639840 Sekunden,**<br>**639840 / 3600 = 173,73333 Stunden** (Ergebnis wie oben). |
| 5. | Der Wert pro Stunde ergibt sich aus den Werten gemäß Schritt 3 und dem Zeitraum aus Schritt 4:<br>**21299 Ticks / 173,73333 Stunden = 122,6 Ticks/Stunde = 736 Ticks pro 6 Stunden** und 2942 Ticks pro Tag (entspricht 0.359 s/d). |

| | |
|---|---|
| 6. | In AF wird der Wert **736** mit **STO+** eingespeichert. |
| 7. | Mit der Systemzeit **#517558411591680d** aus Schritt 3 wird der bisherige Wert der Variablen TJUST überschrieben. Dies ist die neue Anfangszeit des Zeitraums für die nächste manuelle Uhrzeitkontrolle. |
| 8. | Der Schaltuhr-Alarm alle 6 Stunden wird nicht berührt. |

(Hier ist das Beispiel zu Ende.)

### 5.4.2 Schaltuhr-Programm zu Schritt 8

**Bild 164: Schaltuhr-Programm**

```
░░░░░░░░░░SET ALARM░░░░░░░░░░
Enter "Message" or « action »

« PATH { HOME JUST AF
} EVAL CLKADJ EVAL
DROP OFF
»
            |CANCL| OK
```

Das Schaltuhr-Programm ist in Bild 164 zu sehen.

#### 5.4.2.1 Erläuterung des Schaltuhr-Programms

- Mit **PATH** merkt sich der Rechner, welches Verzeichnis beim Einschalten das aktuelle ist.

- In der geschweiften Klammer steht ein Pfad, der auf das ausgewählte Unterverzeichnis JUST (=Justierung) und dort auf die Variable AF weisen muss. Im Beispiel ist das der Pfad **{HOME JUST AF}**, weil JUST auf meinem HP ein Unterverzeichnis von HOME ist. Der Benutzer muss hier den Pfad eintragen, der auf seinem Rechner auf die Variable AF weist.

- Mit **EVAL** springt das Programm dorthin und stellt den Inhalt der Variablen **AF** in den Stack.

- Der Befehl **CLKADJ** korrigiert die interne Uhrzeit um diese Anzahl Ticks.

- Mit dem zweiten **EVAL** aktiviert der Rechner wieder das gemerkte aktuelle Verzeichnis.

- Mit **DROP** nimmt er die Zahl vom Stack, die dieser Alarm normalerweise dort hinterlässt.

- Mit **OFF** schaltet sich der Rechner aus (auch wenn man gerade damit arbeitet).

#### 5.4.2.2 Aufgabe des Schaltuhr-Alarms

Die interne Frequenz des Zeitzählers wird bei der Justierung nicht geändert. Durch die Justierung wird lediglich der Stand des Zeitzählers verändert.

Dieser Schaltuhr-Alarm korrigiert bei jedem Aufruf die interne Uhrzeit (Systemzeit, Zeitzählerstand) des HP mit einem möglichst genauen Justierwert AF, damit die Uhrzeiten von HP-Uhr und Vergleichsuhr (amtliche Uhrzeit) zu diesem Zeitpunkt wieder übereinstimmen.

Wenn der Justierwert AF nicht der akkumulierte Mittelwert der Differenz zwischen typischem konstanten Gangverhalten der HP-Uhr und der amtlichen Uhrzeit ist, dann erreicht man keine dauerhafte Ganggenauigkeit der angezeigten Uhr.

### 5.4.2.3 Prinzip der Justierung

Bild 165 zeigt das Prinzip der Justierung der HP-Uhr durch den Schaltuhr-Alarm.

Zur Verdeutlichung der Zusammenhänge ist in der grafischen Darstellung das Verhältnis der Korrekturgröße AF zum Abstand der Ausführungszeitpunkte (Justier-Intervall) des Schaltuhr-Alarms und damit das Verhältnis der Ganggenauigkeit der HP-Uhr zur wahren Zeit absichtlich viel zu groß gewählt worden.

Der Wert in AF bewegt sich in Wirklichkeit im Bereich von Sekundenbruchteilen, während die Zeitpunkte des Schaltuhr-Alarms mehrere Stunden auseinanderliegen. Dies ist das Justier-Intervall, das 6 Stunden betragen sollte.

**Bild 165: Prinzip der Justierung der Systemuhr**

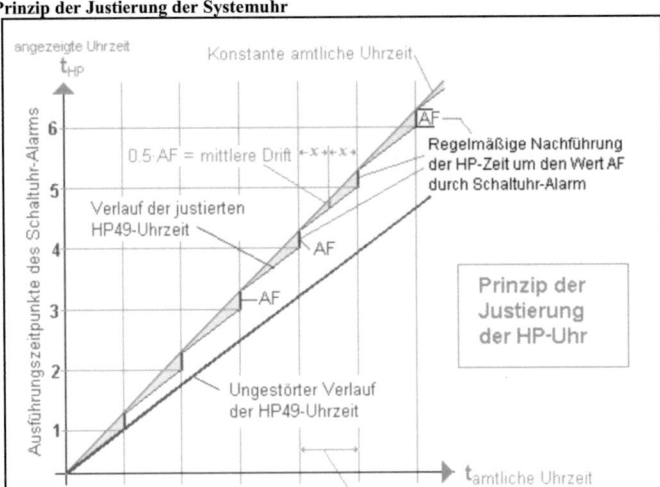

Die untere Gerade stellt das Gangverhalten der HP-Uhr ohne Justierung dar. Die obere Gerade stellt die amtliche Uhrzeit dar. Die HP-Uhr läuft also langsamer als die amtliche Uhrzeit. Die beiden Geraden können auch vertauscht sein, wenn die HP-Uhr ohne Justierung schneller läuft.

Zu jedem Korrekturzeitpunkt wird die HP-Uhrzeit um den in AF gespeicherten Korrekturwert nachgestellt. Die gezahnte Linie stellt den korrigierten Verlauf dar. Legte man das Justier-Intervall enger, dann ergäbe sich eine geringere Höhe der Zähne dieser Linie. Die HP-Uhrzeit wiche dann vor dem nächsten Ausführungszeitpunkt des Schaltuhr-Alarms nur noch wenig von der amtlichen Uhrzeit ab.

**Noch ein Hinweis**

Da die Uhrzeit automatisch per Schaltuhr jeweils um 0, 6, 12 und 18 Uhr korrigiert wird, ist nach Bild 165 zu diesen Zeitpunkten die Uhrzeit genau gestellt. Die Abweichung (**Drift** = hellblaue Dreiecke) ist **vor** der automatischen Korrektur am größten.

**Falls man möchte, dass die mittlere Drift minimal (im Idealfall = 0) sein soll**, müsste man die manuelle Uhrzeitkorrektur nach obigen Schritten 3 bis 7 immer genau zwischen zwei Schaltuhr-Alarmen (also um 3, 9, 15 oder 21 Uhr), also in der Mitte des Justier-Intervalls, vornehmen.

Dadurch würde die in Bild 165 sichtbare sägezahnförmige Linie um **0,5 · AF** angehoben, so dass die Linie der amtlichen Uhrzeit in der Mitte des tatsächlichen (justierten) HP-Uhrzeitverlaufs zu liegen käme und die HP-Uhrzeit vor bzw. nach der automatischen Korrektur nur um maximal **±AF/2** davon abwiche.

### 5.4.3 *Kontrollieren und Korrigieren der Ganggenauigkeit*

Die Variable AF enthält bei Beginn die Voreinstellung **null** (Schritt 2). Das heißt, der Schaltuhr-Alarm, auch wenn man ihn sofort einrichtet, verstellt anfangs noch nichts. Die Variable TJUST enthält den Zeitpunkt, zu dem erstmals die Zeit genau eingestellt wurde.

Wenn zwischen dem erstmaligen Einstellen der HP-Uhrzeit (nach obigem Schritt 1) auf die amtliche Uhrzeit einige Zeit vergangen ist, kann man die erste Nachjustierung vornehmen, wie oben im Text für die Schritte 3 bis 7 angegeben.

**Nachjustierung**
In größeren Abständen (ca. 2 bis 4 Wochen) sollte man die Uhrzeit des HP mit einer Vergleichsuhr kontrollieren und korrigieren. Bei Abweichungen kann der Wert in AF mit den in den Schritten 3 bis 7 beschriebenen Aktionen „nachjustiert" und damit verbessert werden .

### 5.4.4 *Zeitumstellung*

Eine Zeitumstellung von Sommerzeit (MESZ) auf Winterzeit (MEZ) und umgekehrt oder auf eine andere Zeitzone geschieht durch einfaches Verstellen der Uhrzeit um eine (oder mehrere) Stunden.

Eine Zeitumstellung, also das Vorstellen oder Zurückstellen der Uhr um genau eine Stunde oder um ein anderes Zeitmaß ist **unabhängig von der Justierung**. Dafür ist keine Vergleichsuhr notwendig. Die Uhrzeit wird einfach um einen festen Wert (eine oder mehrere ganze Stunden) verstellt:

**1 Stunde = 3600 · 8192 = 29491200 Ticks.**

Dagegen wird bei der Justierung eine Vergleichsuhr benötigt, um die Gangabweichungen festzustellen. Diese werden dann durch geringfügiges Verstellen der Uhrzeit korrigiert. Eine Justierung mit Hilfe einer Vergleichsuhr nach der oben beschriebenen Methode muss im laufenden Zeitmodus (MEZ oder MESZ) (kurz vor oder nach einer Zeitumstellung) erfolgen.

---

**Achtung:**
**Korrektur und Zeitumstellung sind zwei getrennte Vorgänge.**

Wenn man schon unbedingt am Tag der Zeitumstellung justieren will, dann sollte dies vor 2.00 Uhr MEZ (= 3.00 MESZ) geschehen. Liegt die Zeitumstellung im Justierungsintervall (also zwischen den nach den Schritten 2 und 7 gegebenen Zeitpunkten), dann sollte die Berechnung der Intervall-Länge nach Schritt 4 so berechnet werden, als hätte die Zeitumstellung nicht stattgefunden.

---

**Anweisung für die Zeitumstellung (englisch: DST = daylight saving time):**
Der Zeitpunkt der Zeitumstellung jeweils am letzten Sonntag im Monat März und Oktober jeden Jahres kann zu beliebiger Uhrzeit erfolgen.

Die Zeitumstellung (MEZ auf MESZ oder umgekehrt) erfolgt unabhängig von der genauen Uhrzeit durch Vorstellen oder Zurückstellen der HP-Uhr
**um genau eine Stunde = 3600 s · 8192 Ticks/s = 29491200 Ticks.**

Befehl in **RPN** zum Vorstellen der Uhr: **29491200 CLKADJ**
Befehl in **RPN** zum Zurückstellen der Uhr: **-29491200 CLKADJ**

Diese Befehle kann man jeweils als einmaligen Schaltuhr-Alarm (keinen Repeat-Alarm!) für die Umstellungstermine vorgeben, dann erfolgt die Umstellung automatisch. Dabei sollte beachtet werden, dass dies nicht gerade zum Zeitpunkt des Schaltuhr-Alarms der Justierung erfolgt.

**Umstellung der Zeitzone**

Hier wird die Uhrzeit um $n$ Stunden verstellt, indem man die Uhr mit **CLKADJ** um $n \cdot 3600 \cdot 8192$ **Ticks** verstellt, wobei das Vorzeichen von $n$ berücksichtigt werden muss.

### 5.4.5 *Justierprogamm JUST*

Auf der Praxelius-Homepage wird das aktuelle Programmverzeichnis **JUST.txt** einschließlich aller Variablen und Programme zur Verfügung gestellt. Damit ist eine Justierung der Ganggenauigkeit der HP-Uhr nach der oben beschriebenen Methode möglich.
Die Beispiele hier im Buch stammen aus dem Jahr 2002.

#### *5.4.5.1 Installation*

- Durch Übertragen von JUST über die Conn4x-Verbindungs-Software vom Computer in das aktuelle Verzeichnis des HP wird dort ein Unterverzeichnis JUST angelegt.
- Damit ist die Installation abgeschlossen.

#### *5.4.5.2 Vorbereitungen des HP für die Justierung:*

- Das genaue Einstellen der Systemzeit erfolgt mit [→**TIME**] möglichst genau nach einer Vergleichsuhr (Funkuhr, Zeitzeichen o.ä.).
- Wechseln in das neue Unterverzeichnis JUST (siehe Bild 166) macht dieses zum aktuellen Verzeichnis (Arbeitsverzeichnis).

**Bild 166: Unterverzeichnis JUST**

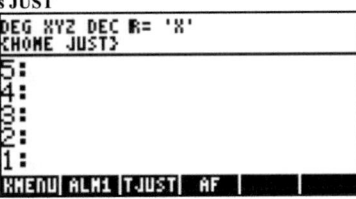

Dort werden folgende Menüfelder angezeigt:
- o [KMENU] (= Korrekturmenü),
- o [ALM1] (= Schaltuhr-Alarm, noch anzupassen!)
- o [TJUST] (= Variable für Zeitpunkt der letzten Justierung)
- o [AF] (= accuracy factor = Justierwert).

- Ein Aufruf von **[TICKS]** im Zeitmenü erzeugt einen aktuellen binären Zeitpunkt. Mit dem angezeigten Stackinhalt (Binärzahl) wird die Variable TJUST (= Termin der Justierung) überschrieben. Dies ist der Termin der letzten (neuesten) Korrektur. Dieser wird bei der nächsten Kontrolle und Justierung zur Berechnung des vergangenen Zeitraums gebraucht.
- In AF steht noch die Zahl null.

- Damit ist die Uhrzeit genau eingestellt und der Zeitpunkt dieser Einstellung genau festgehalten.

### 5.4.5.3   Automatische Justierung einrichten

Bis zur Aktivierung der automatischen Justierung sollte man sich einige Tage Zeit lassen, weil die HP-Uhr Zeit braucht, ab dem Zeitpunkt der genauen Einstellung die Abweichung langsam aufzubauen, so dass sie messbar wird.

1. In der Variablen [ALM1] (= Alarm 1) ist der vorbereitete Schaltuhr-Alarm einschließlich dem Schaltuhr-Programm enthalten. Allerdings ist dort die falsche Uhrzeit und das falsche Datum vorhanden, weil bei der Erstellung des Programms im Voraus nicht bekannt war, wann der Schaltuhr-Alarm auf dem Taschenrechner des Lesers eingerichtet wird. Datum und Uhrzeit des Schaltuhr-Alarms und den Pfad zum JUST-Verzeichnis (siehe Bild 166) muss der Anwender nun an seine aktuelle Situation anpassen.

### 5.4.5.4   Anpassen des Schaltuhr-Alarms

1. Programm und Schaltuhr sind auf automatische Uhrzeitkorrektur **alle 6 Stunden** eingestellt.
2. Den Inhalt der Variablen [ALM1] in den Stack stellen.
3. Über die Taste **[CAT]** den Befehl **STOALARM** aufrufen. Der Stackinhalt wird dadurch als Alarm gespeichert.
4. Der Rechner gibt eine Nummer in den Stack zurück. Das ist die Nummer des damit aktivierten Schaltuhr-Alarms. Diese Nummer notieren.
5. Über [↑][TIME] das Zeit-Auswahlmenü aufrufen und 1 (= "Browse alarm") auswählen. Bestätigung mit **[OK]**.
6. Nun wird der Alarm-Browser "ALARMS" angezeigt. Wenn mehrere Alarme dort aufgezeigt werden, ist der Alarm der richtige, dessen Zeilennummer mit der zuvor notierten Nummer übereinstimmt. Ist nur ein Alarm vorhanden, dann ist das schon der richtige.
7. Das Menüfeld **[EDIT]** aktivieren, es erscheint das Eingabemenü "SET ALARM". Die erste Zeile "Message" zeigt das Schaltuhr-Programm an.

   Der Anwender muss den Pfad zu AF im Unterverzeichnis JUST in die geschweifte Klammer schreiben. Wenn JUST ein Unterverzeichnis von HOME ist, dann lautet das geänderte Programm, wie in Bild 164 (Seite 254) zu sehen:

   «PATH {HOME JUST AF} EVAL CLKADJ  EVAL DROP OFF»

8. Nun die Markierung mit der Cursortaste (▼) auf die Stundenzahl der Zeile **"Time:"** setzen. Hier den nächst gelegenen Zeitpunkt der vollen 6. Stunde (also 0, 6,12 oder 18) eingeben, der demnächst erreicht wird. Minute und Sekunde bleiben auf 00.

   Achtung: Justierprogramm und Schaltuhralarm sind auf eine Justierung alle 6 Stunden eingestellt. Wenn hier bei der Einstellung der Schaltuhrzeit davon abgewichen wird, muss auch das Programm und "repeat" (siehe unten bei 10.) angepasst werden!

9. In der Zeile **"Date:"** muss das aktuelle Datum in die drei Felder eingegeben werden, wobei die Jahreszahl mit vier Stellen haben muss, obwohl nur die letzten beiden Ziffern angezeigt werden.

Achtung: Wenn man oben als Stunde 0 Uhr gewählt hat, muss als Datum der kommende Tag eingegeben werden.

10. In der Zeile **"Repeat:"** steht "6." und "HOURS", d. h. die Uhr wird **alle 6 Stunden** um einige Ticks korrigiert. Diese Angaben bleiben so[28].

Achtung: Justierprogramm und Schaltuhr-Alarm sind auf eine Justierung alle 6 Stunden eingestellt. Wenn hier bei der Einstellung von "repeat" davon abgewichen wird, muss auch die intervallbezogene Berechnung im Programm geändert werden!

11. Bestätigung mit **[OK]**, damit erscheint wieder das Browserfenster "ALARMS" und dort

12. nochmals **[OK]** drücken, dann ist die Alarmdefinition abgeschlossen. Der Stack wird angezeigt.

13. Diese aktuelle Alarmdefinition muss noch gesichert werden. Wenn die vorhin notierte Nummer die „1" ist, dann diese Zahl in den Stack stellen und über die Taste **[CAT]** den Befehl **RCLALARM** aufrufen. Die Alarmdefinition erscheint dann im Stack. Mit dieser den Inhalt der vorhandenen Variablen ALM1 überschreiben. ALM1 enthält nun die Sicherung des aktuellen Alarms.

## *5.4.5.5 Korrigieren und Justieren der Uhrzeit*

Die Variable AF enthält am Anfang die Voreinstellung **null**. Das heißt, der Schaltuhr-Alarm verstellt noch nichts. Die Variable TJUST enthält den Zeitpunkt, zu dem die Zeit genau eingestellt wurde.

Wenn zwischen dem erstmaligen Einstellen der Systemzeit nach Vergleichsuhr einige Zeit vergangen ist (das Programm verlangt mindestens 24 Stunden), kann man die erste Korrektur vornehmen. Dafür ist das temporäre Menü KMENU vorbereitet, das wie ein Programm aufgerufen werden kann. Das geschieht durch **[F1]**.

**Bild 167: Justiermenü**

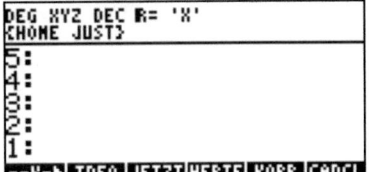

Jetzt erscheint das Justiermenü (siehe Bild 167):

Links oben in der Anzeige sieht man {HOME JUST}. Das ist der Pfad zum Verzeichnis JUST, wie der Autor es bei seinem Rechner eingerichtet hat. Die Anzeige beim Benutzer kann davon abweichen, wenn er das Verzeichnis JUST woanders angeordnet hat. Die Variablen AF und TJUST sieht man nicht, weil dieses temporäre Menü über dem Menü des aktuellen Verzeichnisses JUST liegt. Das Programm kann aber auf diese Variablen zugreifen.

## *5.4.5.6 Beschreibung des Vorgangs*

(Kurz-Anleitung siehe unter 5.4.5.7)

1. **[--K-►]** kennzeichnet das aktive KMENU. Dieses Menüfeld durch **[F1]** aktivieren. Es erscheint ein Copyright-Hinweis.

2. Nach Aktivierung von **[INFO]** erscheint ein kurzer Text-Hinweis auf eine notwendige Zeiteingabe.

---

[28] In ALM1 werden bei *repeat* nicht 6 Stunden abgespeichert, sondern dort steht der Wert in Ticks:
6 × 3600 × 8192 = 176947200

3. Bevor das Menüfeld [JETZT] aktiviert wird, muss eine Uhrzeit, die in der Zukunft liegt und demnächst erreicht wird, in den Stack gestellt werden.

   Achtung: Diese Uhrzeit darf nicht schon dem nächsten Tag angehören. Das heißt: Man sollte nicht gerade kurz vor Mitternacht zu justieren beginnen, denn dann wäre die „zukünftige" Uhrzeit niedriger und würde einen Fehler verursachen.

4. Den unter Schritt 3. in den Stack gestellten Zeitpunkt abwarten und **exakt dann**, wenn dieser Zeitpunkt auf der Vergleichsuhr erreicht wird, **[JETZT]** aktivieren. Es erscheint ein Hinweis, dass alle Werte berechnet sind.

   **Bild 168: Korrekturwerte**

5. Durch **[WERTE]** wird die Anzeige der vorher der nach Schritt 4. berechneten Werte aktiviert. Bild 168 zeigt ein Beispiel. Die Abweichung war **-3,68 Sekunden** (Uhr geht „nach"). Die Korrektur beträgt somit +3.68 Sekunden. Dieser Wert steht in der Variablen **UHRKO** (= Uhr-Korrekturwert). Seit der letzten Justierung sind **499,25 Stunden** vergangen. Dieser Wert steht in der Variablen **STUND**. Die automatische Korrektur erfolgt nun alle 6 Stunden um **362 Ticks** (= 3,68 · 8192 · 6 / 499,25). Dieser berechnete Wert steht in der Variablen **AFKO**.

6. Die Schritte Nr. 3 bis 5 können öfters wiederholt werden. Die Uhrzeit wird dabei noch nicht korrigiert und justiert.

7. Wenn die angezeigten Werte in Ordnung sind, **[KORR]** aktivieren. Jetzt ist die Uhrzeit korrigiert und die Ganggenauigkeit justiert. Es erscheint die Anzeige, wie in Bild 169 dargestellt. Die Uhrzeit wurde hier um **3,68 Sekunden (= 30174 Ticks) vorgestellt** und wird alle 6 Stunden nochmals um 362 Ticks automatisch korrigiert. Die Variable TJUST wurde automatisch mit dem TICKS-Wert für diesen Justierzeitpunkt überschrieben. Der Wert der Variablen AFKO wurde per Programm mit **STO+** in der Variablen AF gespeichert (akkumuliert), dort stand vorher der Wert 0.

   **Bild 169: Justiermeldung**

8. Bei sofortiger erneuter Aktivierung durch **[KORR]** weigert sich der Rechner, weil die Abweichung noch null ist und mindestens 24 Stunden vergehen müssen, bevor er eine erneute Korrektur zulässt. Dies ist so programmiert.

9. Das Menü kann mit dem Tastendruck **[CANCL]** verlassen werden. Man ist dann wieder im Arbeitsverzeichnis JUST.

## 5.4.5.7 Kurz-Anleitung für Justierung per Programm

(die letzte Spalte weist auf die entsprechenden Schritte der obigen Beschreibung hin)

Tabelle 52: Kurzanleitung für Justierung per Programm

| | | |
|---|---|---|
| (a) | Im Verzeichnis JUST Justiermenü mit **[KMENU]** aufrufen. | |
| (b) | Eine Uhrzeit in den Stack stellen, die demnächst erreicht wird. | Schritt 3 |
| (c) | Erreicht die Vergleichsuhr diesen Zeitpunkt, **[JETZT]** drücken. | Schritt 4 |
| (d) | **[WERTE]** drücken und angezeigte Werte prüfen, | Schritt 5 |
| | wenn wiederholt werden soll, dann **(b)** bis **(d)** wiederholen, | Schritt 6 |
| | sonst mit **(e)** weiterfahren. | |
| (e) | **[KORR]** drücken. Justierung ist abgeschlossen. Korrekturergebnisse werden angezeigt. | Schritt 7 |
| (f) | Menü mit **[CANCL]** verlassen. | |
| (g) | In einigen Wochen wieder mit **(a)** beginnen. | |

**Bild 170: Menü JUST mit neuen Variablen**

Im aktuellen Verzeichnis JUST sind durch die Justierung die neuen Variablen LOE, AFKO, STUND, UHRKO und WERTE (siehe Bild 170) hinzugekommen. Vier davon wurden im Text oben beschrieben. Mit der Menüfunktion **[LOE]** kann man diese fünf neuen Variablen (einschließlich LOE selbst) löschen.

## 5.4.6 Andere Tools zur Justierung

Diese Hinweise auf die weiteren Tools werden **ohne jede Gewähr** für die Aktualität und für den Funktionsumfang gegeben, weil die Autoren inzwischen Änderungen vorgenommen haben können. Maßgebend sind die aktuellen Versionen, die bei den angegebenen Quellen zu finden sind. Siehe auch im Internet unter www.hpcalc.org.

### 5.4.6.1 TIMEMAN

(**LIB 400**, Autor: *Prof. Dr. Wolfgang Rautenberg*).
Dieses Time-Manager-Tool bietet auf einfachste Weise Kalender und Uhrzeit, Nummer der Kalenderwoche, Wochentag, Sommerzeitmarkierung, Uhrzeitkorrektur, Justierung, Zeitumstellung und Zeitzonenkarte mit aktuellem Meridian in einem Programm. Man kann den Kalender für jeden Monat zwischen den Jahren 1583 und 9998 anzeigen lassen.
Die Beschreibung in englischer Sprache und das TIMEMAN-Tool stehen unter http://www.praxelius.de/raut/index.htm zur Verfügung.

### 5.4.6.2 ClckAdjst v3.0

(**LIB 1333**, Autor: *Heiko Arnemann*) http://users.belgacom.net/EAA/Heiko/HP49/index.htm
Dieses Tool bietet Uhrzeiteinstellung, Synchronisieren durch einmaligen Tastendruck, Organisation von Zeitzonen und Zeitumstellung Winterzeit/Sommerzeit, und eine automatische Korrektur der HP-Uhr. Beschreibung in deutscher und englischer Sprache.

# 6 Musik auf dem HP-Taschenrechner

Das Kapitel beschreibt die Grundlagen der Musiktheorie, den im HP-Taschenrechner vorhandenen Tongenerator und das Programmieren von Tonfolgen und Melodien auf den HP-Taschenrechnern.

## 6.1 Einige Grundlagen der Musiktheorie

### 6.1.1 *Das Tonsystem der Zwölftonmusik*

Das Tonsystem der Musikinstrumente lässt sich auf 7 Stammtöne zurückführen, die sich in gleicher Aufeinanderfolge von den tiefen bis zu den hohen Tonlagen wiederholen. Der Abstand von einem Ton bis zum nächstfolgenden gleichnamigen Ton heißt Oktave (= 8 Töne).

Die sieben Stammtöne (weiße Tasten auf dem Klavier) heißen nach deutscher Benennung: **c, d, e, f, g, a, h**.

Dazu kommen noch 5 Halbtöne (schwarze Tasten auf dem Klavier): **cis, dis, fis, gis, ais**. In der Musiktheorie nennt man diese Halbtöne je nach Tonart auch noch **des, es, ges, as, b**.

Wir verwenden in unserem Musikprogramm auf dem HP-Taschenrechner für alle Töne Großbuchstaben und bezeichnen zusätzlich die entsprechende Oktave mit einer Ziffer.

**Bild 171: Tonumfang in Oktaven**

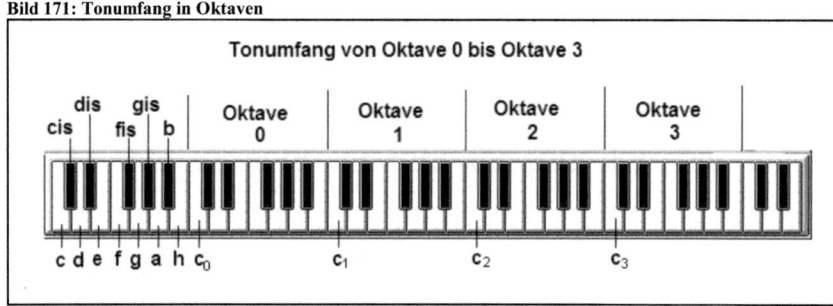

Die Frequenzen der gleichnamigen Töne von benachbarten Oktaven stehen im Verhältnis 1:2. Zum Beispiel hat der Ton $c_1$ die doppelte Frequenz des Tones $c_0$.

Die Musiker unterscheiden zwischen „reiner Stimmung", in der bestimmte Töne in einem ganzzahligen Frequenzverhältnis zueinander stehen, und sogenannter „temperierter Stimmung" oder „gleichschwebender Temperatur", in der die Frequenzen aller benachbarten Töne exakt das gleiche Verhältnis zueinander haben. Die Frequenzen der 12 aufeinanderfolgenden Töne [**c, cis, d, dis, e, f, fis, g, gis, a, b, h**] haben in der „temperierten Stimmung" gleichen "Abstand".

Diese Zwölfteilung („Zwölftonmusik") bringt in der klassischen Musik insofern die beste Lösung, dass jetzt zwar keine Tonart mehr ganz „rein" ist, diese kleine Verstimmung aber für die meisten Ohren unterhalb der Bewusstseinsschwelle bleibt. Das klingt dann zwar nicht mehr so „sauber", aber man kann dann alle 24 Dur- und Moll-Tonarten mit demselben Instrument spielen, ohne dass das Instrument zwischendurch für eine andere Tonart „rein" gestimmt werden muss. *Johann Sebastian Bach* hat dies in seiner Komposition „Das Wohltemperierte Klavier" (1720 und 1735) erstmals voll ausgenutzt.

## 6.1.2 Theorie der temperierten Stimmung

Der Tonverhältnis zwischen zwei Halbtönen beträgt also ein Zwölftel einer Oktave" (= „temperierter Halbton"). Nachdem das Frequenzverhältnis der Oktaven **1:2** ist, kann man die einzelnen Töne mathematisch berechnen, indem man den „temperierten Halbton" als Faktor *t* benutzt.

**Formel 18: Temperierter Halbton**

$$t = 2^{\frac{1}{12}} = \sqrt[12]{2} = 1{,}05946309435$$

Vom Grundton **GT** = *a* = 440 Hz ausgehend werden nacheinander die höheren Töne ausgerechnet, indem man mit *t* multipliziert, und die tieferen, indem man durch *t* dividiert. Daraus ergibt sich die nachfolgende Tabelle.

Da dieses Tonsystem kein absolutes, sondern ein „System von Tonhöhenrelationen" ist, kann die Tonlage aller Töne variabel in Abhängigkeit von der Veränderung des Grundtons gestaltet werden.

Nachstehende Tabelle 53 enthält die Spalte mit der Verhältniszahl *v* (Tonfrequenz zu Grundtonfrequenz). Damit kann man die „Gesamtstimmung" aller Töne durch Verändern des Grundtons an die Stimmung anderer Instrumente anpassen. Mit dem halben Grundton (220 Hz) spielt man eine Oktave tiefer und mit **GT** = 466,16 Hz spielt man einen halben Ton höher.

**Tabelle 53: Frequenztabelle für Musiknoten**

| Frequenztabelle und Verhältniszahlen der Töne/Noten C0 bis H3 | | | | | | | | | | | |
|---|---|---|---|---|---|---|---|---|---|---|---|
| Oktave 0 | | | Oktave 1 | | | Oktave 2 | | | Oktave 3 | | |
| Ton | Hz | *v* | Ton | Hz | *v* | Ton | Hz | *v* | Ton | Hz | *v* |
| C0 | 261,63 | 0,595 | C1 | 523,25 | 1,189 | C2 | 1046,50 | 2,378 | C3 | 2093,00 | 4,757 |
| CS0 | 277,18 | 0,630 | CS1 | 554,37 | 1,260 | CS2 | 1108,73 | 2,520 | CS3 | 2217,46 | 5,040 |
| D0 | 293,66 | 0,667 | D1 | 587,33 | 1,335 | D2 | 1174,66 | 2,670 | D3 | 2349,32 | 5,339 |
| DS0 | 311,13 | 0,707 | DS1 | 622,25 | 1,414 | DS2 | 1244,51 | 2,828 | DS3 | 2489,02 | 5,657 |
| E0 | 329,63 | 0,749 | E1 | 659,26 | 1,498 | E2 | 1318,51 | 2,997 | E3 | 2637,02 | 5,993 |
| F0 | 349,23 | 0,794 | F1 | 698,46 | 1,587 | F2 | 1396,91 | 3,175 | F3 | 2793,83 | 6,350 |
| FS0 | 369,99 | 0,841 | FS1 | 739,99 | 1,682 | FS2 | 1479,98 | 3,364 | FS3 | 2959,96 | 6,727 |
| G0 | 392,00 | 0,891 | G1 | 783,99 | 1,782 | G2 | 1567,98 | 3,564 | G3 | 3135,96 | 7,127 |
| GS0 | 415,30 | 0,944 | GS1 | 830,61 | 1,888 | GS2 | 1661,22 | 3,775 | GS3 | 3322,44 | 7,551 |
| A0 | 440,00 | 1,000 | A1 | 880,00 | 2,000 | A2 | 1760,00 | 4,000 | A3 | 3520,00 | 8,000 |
| B0 | 466,16 | 1,059 | B1 | 932,33 | 2,119 | B2 | 1864,66 | 4,238 | B3 | 3729,31 | 8,476 |
| H0 | 493,88 | 1,122 | H1 | 987,77 | 2,245 | H2 | 1975,53 | 4,490 | H3 | 3951,07 | 8,980 |

Das sind die 48 Töne und deren Verhältniszahlen.

Manche Töne der Oktave 3 klingen auf dem HP-Taschenrechner aus technischen Gründen identisch. Deshalb sollte Oktave 3 für Melodien auf dem Taschenrechner nicht verwendet werden.

## 6.1.3 Einstellen der temperierten Stimmung am Instrument

Diese Töne der temperierten Stimmung werden auf dem Musikinstrument eingestellt, indem das Instrument „gestimmt wird". Der Klavierstimmer benutzte dazu früher als Hilfsmittel den Quintenzirkel. Die reine Quinte hat ein Frequenzverhältnis von 3:2 (= 1,50). Bei der temperierten Stimmung ist das Verhältnis 1,498 (siehe das Verhältnis E1:A0 in Tabelle 53).

Als Vorbereitung für das Stimmen des Instruments wird die Frequenzdifferenz, die zwischen zwei Tönen einer Quinte besteht, als Differenz der Schwingungen mathematisch berechnet. Die Ergebnisse der Berechnung werden in einer Tabelle (Schwebungstabelle) festgehalten. Beim Stimmen des Instruments versucht man, diese Frequenzdifferenz bzw. Differenz zwischen den Oberwellen als Schwebung zu hören. Innerhalb von 5 bzw. 10 Sekunden ergibt sich für jede Quinte innerhalb des Quintenzirkels eine bestimmte Anzahl von Schwebungen, die man einfach mit der Stoppuhr in der Hand zählen muss.

Man fängt mit einem bestimmten Ton (z. B. A1) einer Oktave an und stellt den Ton der Quinte auf die berechnete Zahl der Schwebungen ein. Dann geht man vom korrigierten Ton aus und stellt die nächste Quinte „auf die berechnete Schwebung" ein. Nach der 12. Quinte ist man wieder beim Ausgangston, dessen berechnete Schwebung sich nun ergeben muss. Weicht diese vom berechneten Wert ab, muss ein erneuter Durchgang des Quintenzirkels erfolgen, so lange, bis der letzte Ton die berechnete Schwebung ergibt.

Es ist für den Anfänger sehr schwierig, die Schwebungen zu hören. Das Gehör muss längere Zeit darauf trainiert werden, bis man die Schwebungen wirklich hört. Heute werden Tongeneratoren zur Erzeugung der Referenztöne verwendet, die zum Stimmen von Musikinstrumenten nötig sind. Der einzustellende Ton wird einfach auf Schwebungsnull zu dem vom Tongenerator erzeugten Ton gebracht und die Sache ist erledigt. Ein Musiker allerdings erkennt am gestimmten Instrument, ob da ein Klavierstimmer mit feinem Gehör oder ein Tongenerator am Werke war.

1973 noch musste ich meine selbstgebaute elektronische Orgel nach dem Quintenzirkel selbst stimmen. Die Orgel hatte 12 analoge Schwingungsgeneratoren, die intoniert und gestimmt werden mussten. Mit „Stimmen" wurde der Grundton der 12 Schwingungsgeneratoren nach dem Quintenzirkel festgelegt und mit „Intonieren" wurden die Oktaven innerhalb eines Generators eingestellt.

Heutige Selbstbauorgeln müssen nicht mehr mühsam gestimmt und intoniert werden, da sie einen digitalen Frequenzgenerator besitzen, der die 12 Töne und die Oktaven dazu in einem Chip quarzgenau digital erzeugt.

Auch unser HP-Taschenrechner muss nicht gestimmt werden, denn die in der Tabelle 53 angegebenen Frequenzen der Töne werden per Programm berechnet und bei Ablauf des Programms zu Gehör gebracht. Man kann allerdings die „Gesamtstimmung" verändern, indem man den Grundton ändert. Für Tabelle 53 gilt der Grundton A0 = 440 Hz.

## 6.2 HP-Tongenerator

Der HP hat einen eingebauten Tongenerator, mit dem akustische Signale erzeugt werden können. Für die Programmierung in Benutzer-RPL steht der Befehl BEEP zur Verfügung. Für die Erzeugung von Tönen ist der **RPN-Modus** zu wählen.

### 6.2.1 *Befehlssyntax für Tonerzeugung durch BEEP*

Vor Aktivierung des BEEP-Tones muss das Flag -56 = 0 = gelöscht sein. Dies wird erreicht durch **-56 CF** oder **[MODE]** durch Häkchen bei BEEP im Menü "Calculator Modes".

Zur Erzeugung eines Tones einer bestimmten Frequenz mit einer bestimmten Zeitdauer ist folgende Syntax im RPN-Modus zu verwenden: ***F Z* BEEP,** darin bedeuten:

- $F$ = **Frequenz** (in Hertz = Hz) des zu erzeugenden Tones in **Stackebene 2** eingeben.
  Die maximale Frequenz beträgt beim **HP 48GX** und beim **HP 49G**: 4400 Hz; beim **HP 49g+** und beim **HP 50g** 15000 Hz. Reelle Zahlenwerte von $F$ mit Kommastellen setzt der Befehl intern in Ganzzahlen (Integer) um.
- **Z** = Zeitdauer (in Sekunden) des Tones in Stackebene 1 eingeben. Die maximale Dauer des Tones beträgt beim HP 49G: 1048,575 Sekunden; beim HP 49g+ und beim HP 50g : 1200 Sekunden.
- **BEEP** = Funktion zum Starten des Tones.

Eingegebene größere Werte für Frequenz und Dauer werden auf die maximal möglichen reduziert.

## 6.2.2 *Stufenweise Tonerzeugung mit BEEP*

Man beachte, dass der Tongenerator des Taschenrechners kein präziser Frequenzgenerator in Industriequalität ist, sondern mit bescheidener Hardware nur einzelne Töne in bestimmten Abständen (Intervallen), aber nicht alle möglichen Töne erzeugen kann.

Die Frequenz des auszugebenden Tones kann zwar als Eingabewert für den Befehl BEEP verwendet werden, es wird aber nicht ein Ton mit exakt dieser Frequenz erzeugt und ausgegeben, sondern ein Ton, der einem bestimmten Frequenzintervall angehört.

Der Tongenerator kann nur eine begrenzte Anzahl von Tönen erzeugen, wobei jeweils für ein mehr oder minder großes Intervall der Eingabewerte derselbe Ton erzeugt wird.

**Beispiel:**

Das Programm `«1000 0.4 BEEP»` soll einen Ton von 1000 Hz mit der Dauer von 0,4 Sekunden erzeugen. Wie wir aus Tabelle 54 entnehmen, wird durch dieses Programm ein Ton von 983 Hz erzeugt, weil der Eingabewert 1000 im Intervall {983 bis 1021} liegt.

Durch nachstehende Testprogramme kann jeder HP-Benutzer die ausgegebenen Töne seines Taschenrechners selbst feststellen.

## 6.2.3 *Testprogramm für den Tongenerator*

Mit dem Programm **FREQU** kann man die Töne in 1-Hz-Schritten erzeugen und ausgeben. Der jeweilige Eingabewert für den Befehl **BEEP** wird auf dem Bildschirm angezeigt. Das Programm **FREQU.txt** ist im Translationsmode 3 auf der Praxelius-Homepage zu finden.

**Programmablauf**

Vor dem Ablauf muss in Stackebene 2 der Startwert und in Stackebene 1 der Endwert eingegeben werden. Es werden nur ganzzahlige Werte verarbeitet, eingegebene Kommastellen werden beim Programmlauf eliminiert. Mit **[FREQU]** wird das Programm gestartet.

Wenn etwas Falsches im Stack steht, wird eine Fehlermeldung „FOR-Error: Bad Argument Type" angezeigt. Wenn der Stack weniger als die nötigen 2 Werte enthält, macht FREQU darauf aufmerksam (siehe Bild 172).

Das Programm nimmt die beiden Eingabewerte vom Stack, der übrige vorher vorhandene Stack bleibt erhalten und erscheint nach Beendigung des Programms wieder.

Bild 173 zeigt einen Bildschirmschnappschuss für die Überprüfung der Töne von 500 Hz bis 600 Hz. Die Eingabewerte werden vom Startwert bis zum Endwert in Sekundenschritten hochgezählt. Der für den laufenden Eingabewert ausgegebene Ton ist aktuell zu hören. Die Zeitdauer des Tones beträgt ½ Sekunde und die Pause zwischen den Tönen ebenfalls ½ Sekunde.

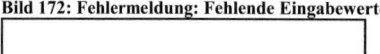

**Bild 172: Fehlermeldung: Fehlende Eingabewerte**

**Bild 173: Programm FREQU (Ausgabe)**

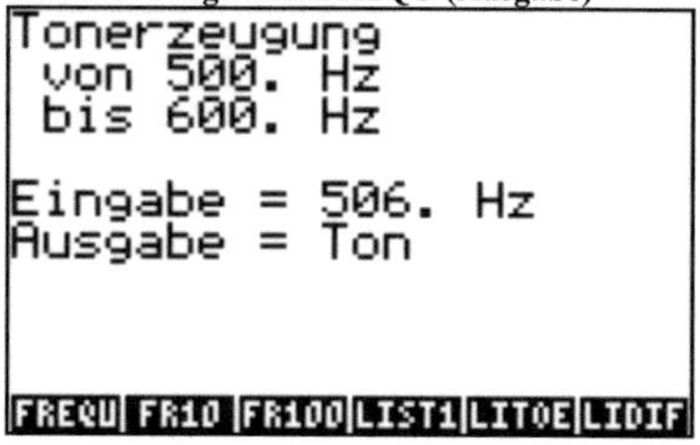

Für alle Eingabewerte zwischen $F_u$ und $F_o$ eines Intervalls nach Tabelle 54 sind die erzeugten Töne identisch. Die Tonsprünge an den Intervallgrenzen sind deutlich zu hören, wobei der dabei angezeigte Eingabewert dem aktuell zu hörenden Ton entspricht. Das Programm kann mit **CANCEL** (Taste [ON] drücken!) unterbrochen werden, bringt aber dann die Fehlermeldung „Interrupted".

**Größere Intervalle testen**

Zum Überprüfen größerer Intervalle wird die Schrittweite im Programm verändert von 1 Hz auf 10 Hz bzw. auf 100 Hz. Diese geänderten Programme sind unter dem Namen **FR10.txt** bzw. **FR100.txt** ebenfalls auf der Praxelius-Homepage zu finden.

Beim Ablauf von **FR100** werden die Eingabewerte in 100er-Schritten verändert, wobei der Sprung zum nächsten Ton innerhalb eines 100er-Intervalls liegt.

Anschließend lässt man FR10 im gewünschten 100er-Intervall ablaufen, wobei der Sprung zum nächsten Ton innerhalb eines 10er-Intervalls liegt.

Um den genauen Einstellwert zu erhalten, prüft man das betreffende 10er-Intervall mit dem Programm **FREQU**, wobei die Frequenz jeweils nur um 1 Hz verändert wird. Dadurch erhält man die genaue Frequenz der unteren Intervallgrenze.

### 6.2.4 *Frequenztabelle für den HP 49g+/50g*

Der HP-Taschenrechner kann Töne ab 1 Hz als Knack- oder Schnarrtöne erzeugen. Nebeneinanderliegende Tonsprünge < 5 Hz kann das ungeübte Ohr kaum unterscheiden. Etwa ab 380 Hz kann man diese Tonsprünge gut unterscheiden.

Die ausgegebenen Töne springen um Stufen, die bei Frequenzen < 500 Hz im einstelligen Hertz-Bereich liegen. Bei höheren Frequenzen sind die Sprünge zwischen zwei Tönen größer als 10 Hz.

10417 Hz ist der höchste Ton, den der HP 49g+/50g erzeugen kann und der auch bei Eingabewerten bis 15000 zu hören ist. Ab 15000 Hz wird kein Ton mehr erzeugt, weil damit die vorgegebene Grenze der Eingabewerte überschritten ist.

Die Frequenzen der erzeugbaren Töne meines HP 49g+/50g von 381 Hz bis 10417 Hz sind in Tabelle 54 zusammengestellt.

Für den Tabellenkopf gilt:
$F_u$ = Erster Eingabewert für den im Intervall erzeugten Ton.
$F_o$ = letzter Eingabewert für den im Intervall erzeugten Ton.
$\Delta$ = Differenz zum vorherigen Ton (Tonsprung).
$v$ = Verhältnis zum vorherigen Ton (Tonabstand).

**Tabelle 54: Alle Töne ab 381 Hz des HP50g-Tongenerators**

| $F_u$ Hz | $F_o$ Hz | $\Delta$ Hz | $v$ | $F_u$ Hz | $F_o$ Hz | $\Delta$ Hz | $v$ | $F_u$ Hz | $F_o$ Hz | $\Delta$ Hz | $v$ | $F_u$ Hz | $F_o$ Hz | $\Delta$ Hz | $v$ |
|---|---|---|---|---|---|---|---|---|---|---|---|---|---|---|---|
| 381 | 385 | - | - | 506 | 515 | 9 | 1,0181 | 755 | 777 | 21 | 1,0286 | 1489 | 1578 | 81 | 1,0575 |
| 386 | 391 | 5 | 1,0131 | 516 | 526 | 10 | 1,0198 | 778 | 801 | 23 | 1,0305 | 1579 | 1680 | 90 | 1,0604 |
| 392 | 397 | 6 | 1,0155 | 527 | 536 | 10 | 1,0213 | 802 | 826 | 24 | 1,0308 | 1681 | 1795 | 102 | 1,0646 |
| 398 | 403 | 6 | 1,0153 | 537 | 548 | 10 | 1,0190 | 827 | 853 | 25 | 1,0312 | 1796 | 1929 | 115 | 1,0684 |
| 404 | 410 | 6 | 1,0151 | 549 | 560 | 12 | 1,0223 | 854 | 882 | 27 | 1,0326 | 1930 | 2083 | 134 | 1,0746 |
| 411 | 416 | 7 | 1,0173 | 561 | 572 | 12 | 1,0219 | 883 | 913 | 29 | 1,0340 | 2084 | 2264 | 154 | 1,0798 |
| 417 | 423 | 6 | 1,0146 | 573 | 585 | 12 | 1,0214 | 914 | 946 | 31 | 1,0351 | 2265 | 2480 | 181 | 1,0869 |
| 424 | 430 | 7 | 1,0168 | 586 | 598 | 13 | 1,0227 | 947 | 982 | 33 | 1,0361 | 2481 | 2741 | 216 | 1,0954 |
| 431 | 437 | 7 | 1,0165 | 599 | 612 | 13 | 1,0222 | 983 | 1021 | 36 | 1,0380 | 2742 | 3063 | 261 | 1,1052 |
| 438 | 445 | 7 | 1,0162 | 613 | 627 | 14 | 1,0234 | 1022 | 1062 | 39 | 1,0397 | 3064 | 3472 | 322 | 1,1174 |
| 446 | 452 | 8 | 1,0183 | 628 | 643 | 15 | 1,0245 | 1063 | 1108 | 41 | 1,0401 | 3473 | 4006 | 409 | 1,1335 |
| 453 | 460 | 7 | 1,0157 | 644 | 659 | 16 | 1,0255 | 1109 | 1157 | 46 | 1,0433 | 4007 | 4734 | 534 | 1,1538 |
| 461 | 469 | 8 | 1,0177 | 660 | 676 | 16 | 1,0248 | 1158 | 1211 | 49 | 1,0442 | 4735 | 5787 | 728 | 1,1817 |
| 470 | 477 | 9 | 1,0195 | 677 | 694 | 17 | 1,0258 | 1212 | 1270 | 54 | 1,0466 | 5788 | 7440 | 1053 | 1,2224 |
| 478 | 486 | 8 | 1,0170 | 695 | 713 | 18 | 1,0266 | 1271 | 1335 | 59 | 1,0487 | 7441 | 10416 | 1653 | 1,2856 |
| 487 | 496 | 9 | 1,0188 | 714 | 733 | 19 | 1,0273 | 1336 | 1407 | 65 | 1,0511 | 10417 | 15000 | 2976 | 1,3999 |
| 497 | 505 | 10 | 1,0205 | 734 | 754 | 20 | 1,0280 | 1408 | 1488 | 72 | 1,0539 | > 15000 keine Tonerzeugung | | | |

Innerhalb eines Intervalls wird der Ton mit der Frequenz der unteren Grenze erzeugt.

Diese Tonsprünge haben zur Folge, dass zwei benachbarte Töne der Tabelle 53 (Seite 263) auf dem HP 49g+/50G identisch klingen, wenn sie in dasselbe Intervall fallen. Dies trifft zu für die Töne C3 (2093,0 Hz) und CS3 (2217,46 Hz), die beide in das Intervall {2084 bis 2264} fallen[29], dem der Ton mit 2084 Hz zugeordnet ist.

**Bild 174: Tonsprünge**

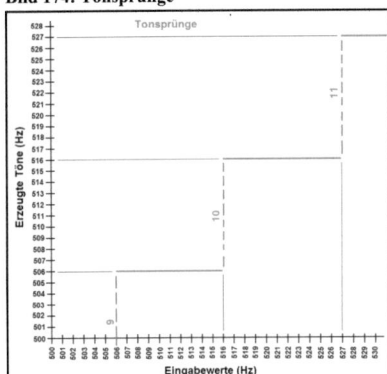

Beispiel:
Für die Eingabewerte von 506 bis 515 wird ein Ton mit 506 Hz und für 516 bis 526 wird ein Ton mit 516 Hz erzeugt (siehe Bild 174).

Das Tonverhältnis $v$ zweier benachbarter Töne liegt bis etwa 1500 Hz (bis zum Ton G2 nach Tabelle 53 auf Seite 263) jeweils unter dem temperierten Halbton (siehe Formel 18, Seite 263). Bis etwa 3000 Hz (bis zum Ton G3) liegt der Tonabstand zwischen einem halben und einem ganzen Ton. Über 5500 Hz ist das Tonverhältnis größer als ein ganzer Ton, dessen Tonverhältnis bei 1,1224620 liegt.

Für ein Tonsystem mit einer temperierten Stimmung müssten die Frequenzverhältnisse $v$ zwischen zwei benachbarten Halbtönen gleich sein.

---

[29] Man gebe im genannten Verzeichnis MUSIK die Tonlänge (z. B: 0,5 Sekunden) in den Stack und drücke dann die Menütasten **[C3]** und **[CS3]**.

Für den HP 48GX und den HP 49G habe ich die erzeugbaren Töne nicht ermittelt.

Die technischen Zusammenhänge, wie die Töne intern digital erzeugt werden, habe ich noch nicht herausgefunden.

### 6.2.5 Liste der Frequenzen auf dem HP

**Bild 175: Frequenzliste des HP (ab 381 Hz)**

Eine Liste **LIST1** (siehe Bild 175) mit den 67 Frequenzen der Spalte $F_u$ der Tabelle 54 steht als **LIST1.txt** auf der Praxelius-Homepage zur Verfügung. Sie kann für Beispiele zur Listenverarbeitung verwendet werden.

Das Programm «LIST1 2 «SWAP -» DOSUBS» erzeugt daraus eine Liste mit den Differenzen der Frequenzen, die in der Tabelle 54 in der Δ-Spalte stehen.

Das Programm «LIST1 2 «SWAP /» DOSUBS» erzeugt daraus eine Liste mit den Quotienten der Frequenzen, die in der Tabelle 54 in der v-Spalte stehen.

Das Programm «LIST1 1 «0.5 BEEP 0.1 WAIT» DOSUBS» spielt alle Töne der Liste.

### 6.2.6 Einsatz des Tongenerators für Musikerzeugung

Vorgesehen war dieser Tongenerator ursprünglich hauptsächlich für die Ausgabe verschiedener akustischer Signale. Die Benutzer haben jedoch schon beim HP 48GX diesen Tongenerator dazu „missbraucht", monophone (einstimmige) Melodien zu erzeugen. Die Tonqualität ist nicht umwerfend, aber man kann Melodien damit spielen. Die Spielereien gingen sogar so weit, dass mehrere HP 48GX parallel benutzt wurden, um polyphone (mehrstimmige) Lieder im HP-Taschenrechner-Orchester erklingen zu lassen.

Trotz der oben genannten Einschränkungen wollen wir nachstehend zeigen, wie man mit dem HP-Taschenrechner Melodien spielen kann, obwohl nicht jeder beliebige Ton erzeugt werden kann.

Die verschiedenen Möglichkeiten werden an drei Beispielen ausprobiert:

1. Das Lied „Für Elise" von Ludwig van Beethoven,
2. „Hänschen klein" als C-Dur-Tonfolge,
3. Handy-Klingeltöne.

**Betriebshinweise:**

Zu beachten ist, dass der Taschenrechner beim Abspielen der Lieder wesentlich mehr Energie verbraucht als beim normalen Rechnen.

Die Batterien müssen für die Schallerzeugung eine bestimmte Leistung aufbringen, um über den eingebauten Lautsprecher den Schall abgeben zu können. Es ist zweckmäßig, bei den Musikspielereien ausnahmsweise frisch geladene Akkus zu verwenden, die nach den musikalischen Spielereien wieder gegen normale Alkaline-Batterien ausgetauscht werden können.

## 6.3 Programme zur Erzeugung der Einzeltöne

Am Anfang wird die Zeitdauer des zu spielenden Tones in Sekunden auf dem Stack abgelegt. Z. B. 0,15 Sekunden für eine Achtelnote. Die gespielte Note reicht diesen Wert weiter für die nächste Note.

Die Töne werden „spielbar" abgespeichert, d. h. es wird nicht die Frequenz, sondern jeweils ein kleines Programm für jeden Ton als Variable angelegt in der Form

`« DUP GT v * SWAP BEEP »`,

wobei als *v* die jeweilige Zahl aus der Tabelle für den betreffenden Ton eingesetzt wird und das kleine Programm dann den Namen der Note aus der Tabelle 53 erhält. Der Wert der Zeitdauer des Tones steht im Stack und wird dupliziert, dann wird der Grundton aus der Variablen **GT** geholt, die Zeitdauer des Tones bleibt im Stack. Nun fehlt noch die „Pause" (hier z. B. Achtelpause).

Für die Pause **P** wird die WAIT-Funktion des Rechners verwendet. Die Zeitdauer der Pause steht im Stack, z. B. 0.6 (Sekunden). Die Variable **P** bekommt den Inhalt `«DUP WAIT»`.

**Beispiel für den Ton C0:**

In der Variablen *C0* ist das Programm `« DUP GT 0,595 * SWAP BEEP »` gespeichert.

Steht im Stack die Zahl 0.6 als Wert für die Dauer von 0,6 Sekunden, und wird **C0** durch die zugeordnete Menütaste oder durch den Aufruf dieser Variablen ausgelöst, so ertönt ein Ton der Frequenz 0,595 × 440 = 261,8 Hz mit der Dauer von 0,6 Sekunden. Die Einspeicherung des aufgerundeten Wertes 0,595 anstelle des theoretischen Wertes 0,5946035575 reicht hier vollkommen aus, weil die Rundung nur Bruchteile eines Hertz' ausmacht und der Tongenerator nur Töne in bestimmten Abständen bietet.

**Urheber-Hinweis:** Dieses kleine Programm hat sich schon beim HP 48GX bei vielen Musikstücken bestens bewährt. Der Urheber ist mir nicht bekannt.

Nun kann der HP alle Tonarten spielen.

## 6.4 Programmieren einer monophonen Melodie

Die ersten Töne der Melodie „Für Elise" von Ludwig van Beethoven sollen als Beispiel dienen.
Jetzt ist die Rede von **Noten** anstatt von Tönen. Der Liedanfang sieht so aus:

**Als Notenbild:**

Bild 176: Notenbild "Für Elise"

**Als Programm:**

Nachstehend ist die oberste Notenzeile bis zur 2. Pause als Programm-Beispiel angegeben:

`« 0.15 E2 DS2 E2 DS2 E2 H1 D2 C2 2 * A1 2 / P C1 E1 A1 2 * H1 2 / P DROP »`.

Die Zeitdauer der Achtelnote wird auf 0,15 Sekunden eingestellt. Das Lied beginnt mit der Achtelnote **E2**. Wenn eine Viertelnote folgt, muss die Zeitdauer verdoppelt werden, wie z. B. für die Note **A1**. Entsprechend muss wieder halbiert werden, wenn auf die Viertelnote eine Achtelpause folgt. Am Ende des Programms entfernt DROP die von Note zu Note mit DUP weitergereichte Zeitdauer wieder vom Stack.

Die vollständige Melodie steht im bereitgestellten Programmverzeichnis **MUSIK.txt** zur Verfügung. Allerdings ist nur die Notenzeile der Hauptmelodie ohne die Bässe programmiert, weil dieses Programm nur monophone Töne erzeugen kann.

## 6.5 Musikverzeichnis auf dem HP

In der Datei **MUSIK.txt** auf der Praxelius-Homepage ist das gesamte Lied „Für Elise" mit allen Variablen und noch einige zusätzliche Beispiele und Informationen enthalten. MUSIK wird vom PC mittels *Conn4x-Verbindungs-Software* auf den HP übertragen.

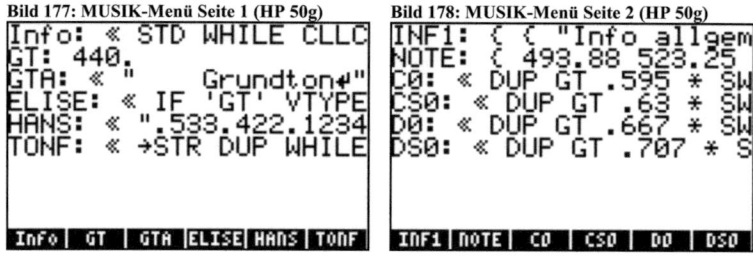

Bild 177: MUSIK-Menü Seite 1 (HP 50g)   Bild 178: MUSIK-Menü Seite 2 (HP 50g)

Bild 177 und Bild 178 zeigen die ersten beiden Seiten des Menüs im Verzeichnis **MUSIK**. Die Menüinhalte wurden vor dem Bildschirmschnappschuss mit [❯](▼) auf den Bildschirm geholt.

Das MUSIK-Menü enthält insgesamt 10 Seiten, weiterblättern kann man mit **[NXT]**, zurückblättern kann man durch **PREV = [❮][NXT]**. In diesem Menü sind außer den Variablen **Info, GT, GTA, ELISE, HANS, TONF, INF1** und **NOTE** auch die 48 Töne der Tabelle 53 und die „Pause" **P** gespeichert. Die Lieder und die zugehörigen Töne müssen in demselben Verzeichnis sein, damit die Aufrufe der Töne in den Liedern durch die Namen der Töne erfolgen können.

### 6.5.1 *Erläuterung der einzelnen Felder der Menüseiten*

Tabelle 55: Menü für MUSIK

| Menüfeld | Inhalt |
|---|---|
| [Info] | Auswahlmenü mit kurzen Erläuterungen und den Frequenzen aller 48 Variablen |
| [GT] | Variable für den Grundton. Er ist mit **440 Hz** vorgegeben, kann aber jederzeit beliebig geändert werden. |
| [GTA] | Ein kleines Programm „Grundton anlegen", wenn die Variable GT fehlt. |

| Menüfeld | Inhalt |
|---|---|
| [ELISE] | Programm für das vollständige Lied „Für Elise". Es hat 2 Wiederholungsteile und ein „da capo al fine", die als Schleife programmiert werden könnten. Dieses Lied-Beispiel zeigt bei den schnellen Tonfolgen, dass durchaus auch Sechzehntelnoten gespielt werden können. Dieses Lied dauert auf meinem HP 49G <u>2 Minuten 13 Sekunden</u>. Auf meinem HP 50G dauert es <u>2 Minuten 39 Sekunden</u>. |
| [TONF] | Das Programm TONF („Tonfolge") spielt aus Texten oder Zahlen, die sich in Stackebene 1 befinden, eine Tonfolge in C-Dur, wobei die Töne H0 bis D2 der C-Dur-Tonleiter durch die Ziffern 0 bis 9 dargestellt werden. Das Programm sucht sich aus dem Stackinhalt die Ziffern heraus und spielt sie mit dem entsprechenden Ton. Alle anderen Zeichen werden als „Pause" interpretiert. Beispiel: Die Zahl π wird in den Stack gestellt und mit [TONF] zum Klingen gebracht. [TONF] erzeugt jede beliebige akustische Zahlenkombination, die berührungslos per Mikrofon aufgenommen und von einem Programm ausgewertet werden kann. Passwörter könnten dadurch ersetzt werden. |
| [HANS] | Beispiel: Lied „Hänschen klein" als Zahlenfolge. Der Inhalt der Variablen HANS muss im Stack stehen, wenn das Programm TONF den Inhalt spielen soll. Ich habe dieses Lied schon besser klingen gehört, aber hier soll ja nur das Prinzip dargestellt werden. |
| [INF1] | Diese Variable enthält als „Liste von Listen" die Daten für das Auswahlmenü **Info**. Es dient nicht zum direkten Aufruf, kann aber nach Wunsch editiert werden. |
| [NOTE] | Hier sind die Noten für die C-Dur-Tonleiter hinterlegt, die das Programm TONF verwendet. |
| C0 bis H3 | Variablen für die einzelnen Noten, die auch einzeln gespielt werden können, wenn die Zeitdauer des Tones im Stack abgelegt ist. Man beachte die unter 6.2.2 auf Seite 265 beschriebenen Einschränkungen durch die Tonintervalle, die dazu führen, dass zwei Noten identische Töne erzeugen können. |
| P | Variable für die „Pause". |

## 6.5.2 *Eingeben von beliebigen Liedern*

Vom HP kann jedes beliebige Lied monophon gespielt werden.

Dazu hat man mindestens zwei Möglichkeiten:

1. Man verwendet das MUSIK-Verzeichnis. Dann kann man die Notennamen und die Notenlänge nach dem bei dem Lied „Für Elise" gezeigten Schema zu einem Programm zusammenstellen:
« *<Notenlänge der ersten Note> <Notenname(n) nach Tabelle 53> <evtl. Änderung der Notenlänge> <Notenname(n) nach Tabelle 53>* ..... **DROP** ».

2. Wer sich nicht an das beschriebene Tonsystem halten will, kann auch die Frequenzen und Längen der Töne direkt eingeben:
« *<Frequenz> <Länge>* **BEEP** *<Frequenz> <Länge>* **BEEP** ...» Dieses Programm wird unabhängig vom MUSIK-Verzeichnis des HP-Taschenrechners ausgeführt. Diese Art der Töne ist insbesondere bei Signaltönen innerhalb von Programmen üblich.

## 6.5.3 Handy-Klingeltöne

Die hier gezeigten Handy-Klingeltöne sind unabhängig vom obigen Tonsystem als eigenständige Anwendung programmiert. Dieses monophone Klingeln kann natürlich nicht mithalten mit den polyphonen Klingeltönen der modernen Handys.

Die Tonfolge für den ersten Dreiklang in der Tabelle ist **T5 T3 T2 T3, T5 T3 T2 T3**, also ein „Ab und Auf" der Töne. Wenn dieses schnell genug abläuft, hört es sich wie Handy-Klingeln an.

**Tabelle 56: Dreiklang-Töne**

| Dreiklang | Töne |
|---|---|
| **5:3:2** | T5, T3 und T2 |
| **5:4:3** | T5, T4 und T3 |
| **6:5:4** | T6, T5 und T4 |

Vier verschiedene Klingeltonfolgen reichen aus. Die maximale Frequenz von 4400 Hz soll nicht überschritten werden, sonst klingt's nicht gut. Für die Töne werden folgende Frequenzen frei gewählt (es werden die Intervalltöne dafür ausgegeben):

1. **Klingeltöne W1:** T5 = 1250 Hz, T3 = 750 Hz, T2 = 500 Hz
   Programmvariable W1:
   `«1250 0.2 BEEP 750 0.2 BEEP 500 0.2 BEEP 750 0.2 BEEP»`
2. **Klingeltöne W2:** T5 = 2500 Hz, T3 = 1500 Hz, T2 = 1000 Hz
   Programmvariable W2:
   `«2500 0.2 BEEP 1500 0.2 BEEP 1000 0.2 BEEP 1500 0.2 BEEP»`
3. **Klingeltöne W3:** T5 = 4000 Hz, T3 = 2400 Hz, T2 = 1600 Hz
   Programmvariable W3:
   `«4000 0.2 BEEP 2400 0.2 BEEP 1600 0.2 BEEP 2400 0.2 BEEP»`
4. **Klingeltöne W4** (mit Frequenzverhältnis 6:5:4): T6 = 3000 Hz, T5 = 2500 Hz, T4 = 2000 Hz
   Programmvariable W4:
   `«3000 0.2 BEEP 2500 0.2 BEEP 2000 0.2 BEEP 2500 0.2 BEEP»`

Jede Programmvariable für sich ist schon funktionsfähig. Nun fehlt noch das Hauptprogramm **KLING**, das auf diese Variablen zurückgreift. Diese Wiederholungsschleife führt die Variable **W0** 10-mal aus. Die Variable **W0** enthält den Inhalt einer der Variablen **W1, W2, W3** oder **W4**. Dazu muss man den Inhalt der gewünschten Variablen in **W0** speichern, z. B. W4 mit `'W4' RCL 'W0' STO`.

**KLING** enthält das Programm `«1 10 START W0 NEXT»`.

Diese 5 kleinen Programme **W1, W2, W3, W4** und **KLING** und die Variable **W0** müssen sich in demselben Verzeichnis befinden.

Hier werden keine fertigen Programme in Dateiform geboten, die oben gezeigten Programme für die Klingeltöne muss der Leser selbst in den Taschenrechner eintippen.

## 6.6 Erzeugung polyphoner Melodien

Der Taschenrechner kann aber noch mehr als nur monophone Töne über BEEP in schlechter Qualität zu erzeugen. Über die Systemprogrammierung in Sys-RPL und über Assembler (ASM) kann der Fachmann die Erzeugung der Frequenzen direkt programmieren. Dabei ist auch die Erzeugung polyphoner Melodien möglich.

*Prof. Dr. Wolfgang Rautenberg* hat in seinen Tools **PlayBach.zip**, **Mplay.zip** und **Jsbach.zip** gezeigt, was möglich ist. Diese Beispiele sind zu finden unter

http://www.praxelius.de/raut/Playbach.zip,
http://www.praxelius.de/raut/MPlay.zip,
http://www.praxelius.de/raut/Jsbach.zip.

# 7 Grafikfunktionen

Das Kapitel beschreibt die Darstellung von Grafiken auf dem HP-Bildschirm.

## 7.1 Einleitung

„The HP 49G is a Scientific Programmable Graphing Calculator for math, science and engineering students and professionals."

Mit diesem Text beginnt HP die Produktbeschreibung des HP 49G. Dieser Taschenrechner ist speziell für wissenschaftliche Grafikanwendungen entwickelt worden.

Die Plot-Anwendungen ermöglichen

1. Gleichungen als Graph auszugeben,
2. eine Datenmatrix darzustellen,
3. Graphen zu plotten,
4. beliebige Grafiken (Bilder) auszugeben.

Die ersten drei Bereiche werden Lit. [5] in Kapitel 4 beschrieben. Wie beliebige Grafiken bequem mit einigen einfachen selbstgestrickten Programmen gehandhabt werden können, wird in diesem Kapitel behandelt.

**Fehlerhinweis**:
Es ist zu beachten, dass die in Lit. [5] ab Seite 4-3 angegebenen Tastenfolgen für die obere Tastenreihe nicht so funktionieren, wie sie dort beschrieben sind. Ausführliche Beschreibung siehe *Reihe-1-Befehle* unter 2.12.3 auf Seite 132.

## 7.2 Grundlagen der Taschenrechnergrafik

### 7.2.1 *Grafikobjekte*

Grafikobjekte enthalten die kodierten Daten von HP-Bildern, z.B. Plots mathematischer Daten, Grafiken und Darstellungen des Stacks. Wie alle Objekte des HP können auch Grafikobjekte im Stack abgelegt und in Variablen gespeichert werden. Im Stack werden Grafikobjekte als

```
Graphic n × m
```

dargestellt, wobei *n* der Breite und *m* der Höhe des Bildes in Pixeln entspricht. Ein Pixel ist ein Bildpunkt in der Anzeige. Der HP verwendet zwei Arten der Erzeugung von Grafikobjekten:

1. **Plots:** Grafische Darstellungen von Funktionen, Gleichungen und Datengruppen, die mit Plot-Anwendungen erstellt wurden (Beschreibung im Handbuch, Kapitel 4).
2. **Bilder:** Hierbei handelt es sich um Grafikobjekte freier Form, die Pixel-für-Pixel mit dem Grafikeditor, mit Schnappschuss-Befehlen aus Bildschirminhalten oder durch Programm erzeugt werden können.

### 7.2.2 *Integrierte Grafik-„Wandtafel" PICT*

Es kann immer nur ein Grafikobjekt gleichzeitig auf dem Bildschirm angezeigt werden. Bildschirm-Splitten (wie beim TI-89) ist hier nicht möglich. Das aktuelle Grafikobjekt ist immer in der reservierten Variablen **PICT** gespeichert. Man kann sich PICT als integrierte Grafik-„Wandtafel" vorstellen, auf der die Funktionen geplottet und die Grafiken gezeichnet werden.

Grafikobjekte (Plots, Bilder) können unter einem beliebigen gültigen Namen als Variable gespeichert werden; zum Anzeigen muss der Inhalt dieser Variablen jedoch in PICT kopiert werden. Dies ist die Grundlage der Programme, die weiter unten gezeigt werden.

### 7.2.3 *Bildschirmanzeige*

Der Anzeigebildschirm besteht aus einer Flüssigkristall-Anzeige (LCD-Display) mit 131 × 64 Pixel beim HP 48GX und beim HP 49G und 131 × 80 Pixel beim HP 49g+ und beim HP 50g. Jedes einzelne Pixel kann man sich als Lämpchen vorstellen, das entweder hell- oder dunkelgeschaltet ist. Diese Aktivierung erfolgt normalerweise durch das Betriebssystem des Taschenrechners. Mit dem Befehl PVIEW wird eine Verbindung von PICT zum LCD-Display hergestellt, dann wird die Grafik angezeigt.

PICT kann auch Bilder enthalten, die größer als die LCD-Anzeige sind. Sie werden dann über die Cursortasten gescrollt, also unter dem Anzeigefenster auf- und ab-, hin und hergeschoben, wie vom PC bekannt.

Für Schnappschüsse der LCD-Anzeige steht der Befehl **LCD→** zur Verfügung. Damit der Befehl selbst nicht auf der Anzeige erscheint, wird er aus dem Katalog **[CAT]** heraus aufgerufen. Das auf dem Stack erscheinende Grafikobjekt **Graphic 131 × 64** bzw. **Graphic 131 × 80** wird dann in eine Variable oder direkt in PICT gespeichert.

Es gibt noch andere Grafikbefehle. Damit können sehr anspruchsvolle Grafikanzeigen in Gestaltung und Verlauf erzeugt werden. Die (englische) Funktionsbeschreibung der Grafikbefehle ist allen Handbüchern zu finden.

Diese Grafikbefehle werden hier nicht wiederholt.

### 7.2.4 *Grafikeditor*

Auf PICT kann man auch mit Pixeln „malen". Dafür steht ein Grafikeditor zur Verfügung, der über (◄) aufgerufen wird. Ein vorhandenes Bild in PICT kann dadurch verändert werden. Es bleibt in PICT erhalten.

Auch Grafikobjekte auf dem Stack (Ebene 1) können editiert werden, der Aufruf erfolgt durch (▼).

## 7.3 Sichern und Anzeigen von Grafiken

### 7.3.1 *Sichern*

Grafikobjekte in PICT können in Variablen gesichert werden. Das funktioniert in zwei Schritten:

1. Man holt mit **PICT RCL** die Grafik in den Stack, dort erfolgt normalerweise die Anzeige `Graphic 131 × 64` bzw. `Graphic 131 × 80`. Der Inhalt wird normalerweise nicht angezeigt (abhängig vom Flag -83). PICT kann aber auch andere Pixel-Maße haben, dann werden diese angezeigt. Dieser Stackinhalt ist ein Grafikobjekt und ist rechnerintern mit `GROB 131 64 xx...` bzw. `GROB 131 80 xx...` gespeichert, wobei die Kennung GROB „Grafikobjekt" bedeutet, 131 und 64 bzw. 80 die Größe angibt. Die xx... sind binäre Daten (meist im HEXA-Format).
2. Nun wählt man den Variablennamen und speichert mit **STO** die Grafik in diese Variable.

### 7.3.2 *Anzeigen*

Umgekehrt bringt man eine gespeicherte Grafik wie folgt in PICT und zeigt sie an:

1. Variableninhalt in den Stack bringen mit **'*Variable*'** **RCL** oder mit **[']** *Variable* oder nur mit *Variable*, wobei für *Variable* der Name der Variablen gesetzt wird.
2. Mit **PICT STO** den Stackinhalt in PICT speichern.
3. Die Grafik auf der „Wandtafel" PICT sieht man noch nicht. Jetzt wird «{ } **PVIEW**» aufgerufen. Die Grafik erscheint vollflächig auf dem LCD-Display.
4. Mit **CANCEL** (= **[ON]**) wird diese Anzeige beendet.

### 7.3.3 *Grafikprogramme*

Die Grafik-Programme werden als Unterverzeichnis **GRAFIK.txt** auf der Praxelius-Homepage zur Verfügung gestellt. Sie laufen **nur im RPN-Modus**, denn der Stack steht nur im RPN-Modus zur Verfügung.

Die beiden folgenden Bildschirmschnappschüsse des HP 50g zeigen dasselbe Menü von GRAFIK mit dem Unterschied, dass das erste Menüfeld bei [F1] nach Aktivierung den Namen wechselt, das Flag -83 ändert und damit der Stack das dort gespeicherte Grafikobjekt einmal als Zeile und das andere Mal als Bild anzeigt.

Bild 179: Grafik-Objekt (HP 50g)  Bild 180: Grafik-Objekt mit Inhalt (HP 50g)

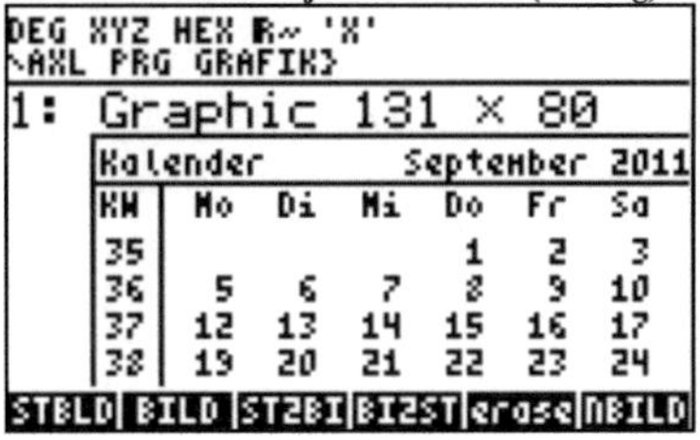

Die Menüfelder haben folgende Bedeutung:

**Tabelle 57: Menüfelder für Grafikmenü**

| Programm-Name | Inhalt | Funktion des Programms |
|---|---|---|
| STZEI/STBLD | Umschaltung des Systemflags -83 für Stackzeile/Stackbild | Umschaltprogramm mit Status-Anzeige |
| BILD | «{ } PVIEW» | Anzeigen des Inhalts von PICT |
| ST2BI | «PICT STO» | Stack als Bild in PICT speichern |
| BI2ST | «PICT RCL» | Bild von PICT in den Stack bringen |
| erase | «ERASE» | PICT löschen **Hinweis:** ERASE ist ein HP-Befehl und kann deshalb nicht als Variablenname verwendet werden, deshalb werden Kleinbuchstaben verwendet (Vorsicht beim Speichern zum PC und zurück!) |
| NBILD | «PICT NEG» | erzeugt ein Negativ des aktuellen PICT-Inhalts |

### 7.3.3.1 Anwendungsbeispiel

**Bild 181: Grafik-Objekt „Kalender September 2011"**

```
Kalender       September 2011
KW   Mo Di Mi Do Fr Sa So
35                1  2  3  4
36    5  6  7  8  9 10 11
37   12 13 14 15 16 17 18
38   19 20 21 22 23 24 25
39   26 27 28 29 30
```

Wenn das Unterverzeichnis GRAFIK das aktuelle Verzeichnis ist, dann können die Programme ausprobiert werden:

Der Monatskalender September 2011 wird mit **[SEPT]** (ist auf der zweiten Menüseite, vorher **[NXT]** drücken!) in den Stack gebracht. Im Stack wird das Grafikobjekt **GRAPHIC 131 × 64** angezeigt (siehe Bild 179). Mit der Menütaste **[STZEI]** / **[STBLD]** kann man das Flag -83 umschalten. Dies bewirkt, dass bei **[STZEI]** die Anzeige des Grafikobjekts als Zeile **GRAPHIC 131 × 64** erscheint, bei **[STBLD]** sieht man zusätzlich noch den oberen Teil des Bildes im Stack (siehe Bild 180). Man beachte bei beiden Bildern die unterschiedliche Bezeichnung des ersten Menüfeldes.

Nun wird **[ST2BI]** (Stack to Bild) aktiviert, damit wird der Stackinhalt in PICT gespeichert. Mit **[BILD]** wird der Inhalt von PICT angezeigt. Die Bildanzeige kann man mit **[ON]** beenden.

> **Hinweis:**
> Das Bild des (aktuellen) Monatskalenders wirkt auch als Hintergrundbild für den PC ganz gut, wenn man es als Vollbild schalten kann. Setzt man die Symbole (Icons) auf bestimmte Tage, erhält man einen einfachen grafischen Terminkalender. Das Programm für die Erzeugung des aktuellen Monatskalenders ist anschließend beschrieben.

## 7.4 Grafik-Programmierbeispiel „Monatskalender"

**Bild 182: Menü für Anwendung „Monatskalender"**

```
DEG XYZ HEX R= 'X'
{ME PRAXL KALND}
5:
4:
3:
2:
1:
| KAL | WOT | KW | MON |    |
```

Als ausführliches Programmierbeispiel für ein Bild in PICT steht ein Unterverzeichnis KALND.txt auf der Praxelius-Homepage zur Verfügung.

Das Hauptprogramm **KAL** erzeugt den Monatskalender für einen beliebigen Monat innerhalb der gültigen Datumsgrenzen des HP. Das Ergebnis dieses Programms wurde oben bereits verwendet.

KAL verwendet drei Unterprogramme **WOT**, **KW** und **MON** (siehe Bild 182).

### 7.4.1 *KAL = Monatskalender*

KAL berechnet den Monatskalender eines bestimmten Monats als Bild.

Das Programm nimmt zwei Werte vom Stack,
- die Monatsnummer (1 bis 12) und
- die Jahreszahl (vierstellig),

z. B. **9 2011** für September 2011 (siehe Bild 181 auf Seite 276).

Hier wird das deutsche Datumformat verwendet, deshalb ist das Systemflag -42 gesetzt. Die Flags -2 und -3 (für numerische Ausgabe) müssen ebenfalls gesetzt sein.

Wenn für die Monatsnummer eine ungültige Zahl eingegeben worden ist, so wählt das Programm als Monat automatisch 1 (= Januar).

Die Jahreszahl sollte vierstellig eingegeben werden. Das Programm nimmt aber auch Jahreszahlen ohne Jahrhundert (z.B. **9 11** für September 2011).

---

**Achtung:**
- Bei Eingabe einer Jahreszahl <50 wird automatisch 2000 zur Jahreszahl addiert,
- bei Jahreszahlen > 50 und < 1583 wird 1900 zur Jahreszahl addiert.

**Die Jahre < 1583** „verkraftet" der Rechner nicht, deshalb werden sie im Programm ausgesiebt und automatisch 1900 addiert Bei Eingabe von **3 1500** wird der Kalender für März **3400** (=1500+1900) berechnet (siehe auch unter 5.2.2 ab Seite 239).

---

Das Programm erzeugt folgende Variablen, die nach erfolgreichem Programmlauf automatisch wieder gelöscht werden. Wenn das Programm vor regulärer Beendigung abgebrochen wird, dann bleiben diese Variablen im Menü stehen (und müssen dann von Hand gelöscht werden).

| DAT1 | Datum des Monatsersten im Dezimalformat |
|------|------------------------------------------|
| WOT1 | Wochentag des Monatsersten als Zahl, wobei 1=Mo, 2=Di ...6=Sa, 0=So gelten |
| MONL | Monatslänge des gewählten Monats |
| mm   | eingegebene Monatszahl |
| jj   | eingegebene Jahreszahl |
| POS1 | Position des Monatsersten in PICT |

Das Programm KAL ist ein Beispiel für die automatische Erzeugung eines Bildes per Algorithmus. Die Positionen der Linien und Zahlen im Bild werden berechnet und dann per Grafikbefehl ins Bild gesetzt. Das Programm ist nicht optimiert. Man könnte es noch optimieren und „schneller" machen. Beim Bildaufbau kann man zusehen; dies wird dadurch bewirkt, dass ziemlich am Anfang des Programms der Befehl **PVIEW** die Verbindung von **PICT** zur LCD-Anzeige herstellt.

> **Achtung:** Für die Verwendung auf dem HP 48GX muss das Programm geändert werden: Es müssen die Befehle **R→I** entfernt werden, denn der HP 48GX kennt den Befehl **R→I** nicht.

### 7.4.2 *WOT* = *Wochentag*

WOT wird von KAL verwendet. WOT erwartet das Datum im Dezimalformat und gibt den Wochentag als Nummer (1=Mo, 2=Di ...6=Sa, 0=So) auf den Stack.

### 7.4.3 *KW* = *Kalenderwoche*

KW berechnet die Nummer der Kalenderwoche, erwartet auf dem Stack das Datum im Dezimalformat und gibt die Nummer der Kalenderwoche auf den Stack zurück.

Bei der Programmierung muss die ISO-Norm für die Nummer der Kalenderwoche berücksichtigt werden:

> Der 1. Januar eines Jahres gehört zur ersten Kalenderwoche, wenn dieser Tag auf einen **Montag, Dienstag, Mittwoch oder Donnerstag** fällt.
>
> Falls der 1. Januar ein **Freitag, Samstag oder Sonntag** ist, zählt er - und eventuell auch der 2. und 3. Januar der Woche - noch zur letzten Kalenderwoche des Vorjahres.

Beim Jahreswechsel gibt es meist eine **gemeinsame Woche** für die aufeinanderfolgenden Jahre. Nur wenn der 1. Januar auf einen Montag fällt, gibt es keine gemeinsame Woche.

Je nachdem, ob der Jahreswechsel in die 52. KW, 53. KW oder in die 1. KW fällt, gibt das Programm für diese gemeinsame Woche die Zahl **52**, **53** oder **1** aus. Der Monatskalender zeigt diese Zahl für die letzte Woche im Dezember und für die erste Woche im Januar des darauffolgenden Jahres an.

### 7.4.4 *MON* = *Ausgabe der Monatsnamen*

Das Programm erwartet die Nummer (1 bis 12) des Monats auf dem Stack und gibt den Namen als Zeichenkette (Text) in den Stack zurück.

## 7.5 Plotten von Graphen

Das Plotten von Graphen der mathematischen Funktionen ist in allen mitgelieferten Handbüchern für Fortgeschrittene sehr gut beschrieben. Plotfunktionen werden deshalb hier nicht behandelt, man studiere bei Bedarf die Handbücher.

# 8 Praktische Anwendungen

Die Beschreibungen der praktischen Anwendungen und die Programme dazu sind aus Platzgründen nicht in dieses Buch aufgenommen worden. Sie sind als separate Dokumente auf der Praxelius-Homepage zu finden. Dort sind sie auch leichter zu ändern und zu aktualisieren, ohne dass gleich das ganze Buch geändert werden muss.

Inzwischen ist die Praxelius-Formelsammlung als Buch im GRIN-Verlag erschienen ("Erläuterte Formeln der ebenen und räulichen Geometrie"). Dort sind die Dreiecks- und Kreisberechnungen ausführlich beschrieben.

## 8.1 Der HP-Taschenrechner in der Astronomie

Für astronomische Themen gab es, ähnlich wie für die HP-Taschenrechner, eine Beitragsreihe auf meiner Homepage. Diese Beiträge wurden zu einem Buch zusammengefasst.

Dieses Buch „**Berechnungsgrundlagen für Amateurastronomen**", Untertitel „Himmelsmechanik für Anfänger" ist ein sehr ausführliches Lehrbuch für den Anfänger. Es enthält viele Grundlagen, Berechnungsformeln, Erläuterungen von Sachverhalten und viele Berechnungsbeispiele.

Der HP-Taschenrechner wurde bei den astronomischen Berechnungen sehr ausgiebig eingesetzt, die Beispiele sind im Buch genau beschrieben. Ein Programm zur Berechnung der Sonnenkoordinaten, des Sonnenstands, der Auf- und Untergänge der Sonne und zur Berechnung einer Sonnenuhr wurde entwickelt und auf dem HP-Taschenrechner installiert. Beispiele dazu sind in dem Buch gezeigt.

Das Buch im PDF-Format kann von der Praxelius-Homepage heruntergeladen werden.

# 9 Anhang

## 9.1 Literaturangaben

**Tabelle 58: Original-HP-Handbücher**

| | |
|---|---|
| [1] | *Serie HP 48G, Kurzanleitung (deutsch), 1993*<br>Teilenummer 00048-90127, Ausgabe 3, (00048-90106) |
| [2] | *Serie HP 48G, Benutzerhandbuch (deutsch), 1993*<br>Teilenummer 00048-90127, Ausgabe 2, (00048-90107) |
| [3] | *HP 48G Series: Advanced User's Reference Manual (AUR), 1993*<br>(Part Number 00048-90136) |
| [4] | *HP 49G Benutzerhandbuch für Fortgeschrittene 1999*<br>(HP Teilnummer F1633-90408) (deutsch) |
| [5] | *HP 49G Benutzerhandbuch Grafischer Taschenrechner 1999*<br>(HP Teilnummer F1633-90008) (deutsch) |
| [6] | *Die HP 49G Kurzanleitung 1999*<br>(HP part number F1633-90108) (deutsch) |
| [7] | *HP 49G Benutzerhandbuch 2001*<br>(MORAVIA Part No. M-00049-9000D) (deutsch) |
| [8] | *HP 49G Benutzerhandbuch für Fortgeschrittene 2001*<br>(MORAVIA Part No. M-00049A-9000D) (deutsch) |
| [9] | *hp 49g+ Benutzerhandbuch 2003*<br>(HP Artikel Nr. F2228-90050) (deutsch) |
| [10] | *Advanced User's Reference Manual (AUR) des HP 49g+, 2005*<br>(HP part number F2228-90010) (englisch)<br>als PDF-Dokument. |
| [11] | *hp 50g Grafikfähiger Taschenrechner, Kurzübersicht 2009*<br>(HP Teilnummer: F2229-90202) (in verschiedenen Sprachen) |
| [12] | *HP 50g Bedienungsanleitung (deutsch) auf CD-ROM 2009*<br>Ausgabe 1, HP Artikel-Nr. F2229AA-90009 |
| [13] | *HP 50g / 49g+ / 48gII graphing calculator*<br>*Advanced User's Reference Manual*<br>HP part number F2228-90010, Edition 2, englisch<br><br>als PDF-Dokument *HP 50g AUR.pdf* auf der CD-ROM |
| [14] | **HP 50g_user's guide_German.pdf**,<br>Handbuch zum HP 50g in deutscher Sprache,<br>Ausgabe 1: HP Artikel-Nr. F2229AA-90009<br>zu finden auf der im Lieferumfang des HP 50g enthaltenen CD im Ordner "User's guides". |

## 9.2 Learning Modules

PDF-Dateien im Archiv 50g.zip auf der mit dem HP 50g mitgelieferten CD-ROM

```
50g   Base Conversions and arithmetic.pdf
50g   Business and Finance - Amortization Schedules.pdf
50g   Business and Finance - Bond Price.pdf
50g   Business and Finance - Bond Yield.pdf
50g   Business and Finance - Cost Estimation Linear Regression.pdf
50g   Business and Finance - Date calculations.pdf
50g   Business and Finance - Lease Payments.pdf
50g   Business and Finance - Return on investment.pdf
50g   Business and Finance - Sinking Fund.pdf
50g   Business and Finance - Trend Lines.pdf
50g   Calculations involving plots.pdf
50g   Calculator modes and customization.pdf
50g   Changing date and time.pdf
50g   Complex numbers.pdf
50g   Confidence Intervals.pdf
50g   Curve Fitting.pdf
50g   Finding Limits.pdf
50g   Hyperbolic functions.pdf
50g   Hypothesis tests.pdf
50g   Numeric Differentiation.pdf
50g   Numeric integration.pdf
50g   Operations on binary numbers.pdf
50g   Probability  Rearranging items.pdf
50g   Probability distributions.pdf
50g   Real Estate - Average Sales Prices.pdf
50g   Real Estate - Confidence Intervals.pdf
50g   Real Estate - House Amortization Schedules.pdf
50g   Real Estate - House Payment.pdf
50g   Real Estate - House Pmt Qualification.pdf
50g   Real Estate - Hypothesis tests.pdf
50g   Real Estate - Loan Down Payments.pdf
50g   Real Estate - Property Appreciation.pdf
50g   Real Estate - Remaining Loan Balance.pdf
50g   RPN and Algebraic mode.pdf
50g   Setting an alarm.pdf
50g   Solving differential equations.pdf
50g   Solving for roots of polynomials and quadratics.pdf
50g   Solving for zeroes of a function.pdf
50g   Solving linear systems using matrices.pdf
50g   Symbolic Differentiation.pdf
50g   Symbolic integration of polynomials.pdf
50g   Symbolic integration of trig functions.pdf
50g   The basics of plotting functions.pdf
50g   The USER keyboard.pdf
50g   Training aid introduction.pdf
50g   Using an SD Card.pdf
50g   Using Taylor Series.pdf
50g   Using the EquationWriter Part2.pdf
50g   Using the EquationWriter.pdf
50g   Using the Numeric Solver to solve a formula.pdf
50g   Working with Fast 3D Plots.pdf
50g   Working with fractions.pdf
50g   Working with matricies.pdf
50g   Working with Parametric Plots.pdf
50g   Working with Polar Plots.pdf
50g   Working with units.pdf
```

## 9.3 Ergänzungsbeiträge

Diese Beiträge befinden sich auf der Praxelius-Homepage.

Tabelle 59: Ergänzungsbeiträge

| |
|---|
| ***Berechnung von Querschnittswerten***<br>PDF-Dokument **QSW.pdf** + Taschenrechnerprogramme **QSWDIR.txt** |
| ***Digitale geometrische Modelle (DGM)***<br>PDF-Dokument **DGM.pdf** + Taschenrechnerprogramme **DGMDIR.txt** |
| ***Grundlagen der Finanzmathematik***<br>PDF-Dokument **Finanz.pdf** + Taschenrechnerprogramme **Finanz.txt** |
| ***Durchflussmengen***<br>PDF-Dokument **Strahl.pdf** |
| ***Berechnung von Ampelphasen***<br>PDF-Dokument **Ampel.pdf** + Taschenrechnerprogramme **Ampel.txt** |
| ***Rückwärtseinschneiden*** (wurde in die Praxelius-Formelsammlung übernommen). |
| ***Kreisberechnungen***<br>Beitrag **kreis.htm** + Taschenrechnerprogramme. |
| ***Dreiecksberechnungen*** (wurde in die Praxelius-Formelsammlung übernommen). |
| ***Programmierlogik***<br>Beitrag **prglogik.htm** |
| ***Zahlensysteme - einfach umgerechnet***<br>PDF-Dokument **Zahlen.pdf** |

## 9.4 HP-Taschenrechnerprogramme

Die Quelltexte der im Buch genannten Taschenrechnerprogramme befinden sich auf der Praxelius-Homepage. Die Dateinamen haben die in der Tabelle 60 aufgeführten Programmnamen mit der Endung „.txt".

**Tabelle 60: HP-Taschenrechnerprogramme**

| Programmname alphabetisch sortiert | Programmbeschreibung | im Buch auf Seite |
|---|---|---|
| ARCH2 | Sichern des Benutzerspeichers in den Port :2: | 234 |
| ARCH3 | Sichern des Benutzerspeichers in den Port :3: | 234 |
| BMENU | Beispiel für Menüerzeugung | 113 |
| DUT | Datum und Uhrzeit in Ticks umrechnen | 246 |
| EURO | Erzeugung eines Währungsmenüs | 166 |
| FORM | Eingabeformular mit INFORM | 118 |
| FR10 | Testprogramm für Tongenerator, 10-Hz-Schritte | 266 |
| FR100 | Testprogramm für Tongenerator, 100-Hz-Schritte | 266 |
| FREQU | Testprogramm für Tongenerator, 1-Hz-Schritte | 265 |
| GRAFIK | Grafikprogramme für den HP | 275 |
| JUST | Justierung der Systemuhr | 257 |
| KALND | Monatskalender als Grafik erzeugen | 277 |
| MUSIK | Monophone Melodien mit dem HP erzeugen | 270 |
| SYMB | Umschaltung von Zahl auf SYMB | 83 |
| SYS | Menü mit Flagmanagement-Programmen | 84 |
| SysFl | Anzeige der Systemflags als Bildschirmtabelle | 80 |
| TDU | Ticks in Datum und Uhrzeit umrechnen | 247 |
| TIDU | Ticks in Datum und Uhrzeit intern umrechnen | 247 |
| UsrFl | Anzeige der Benutzerflags als Bildschirmtabelle | 80 |

## 9.5 Das griechische Alphabet

| groß | klein | Name | Aussprache |
|---|---|---|---|
| A | α | Alfa | *a* |
| B | β | Beta | *b* |
| Γ | γ | Gamma | *g* |
| Δ | δ | Delta | *d* |
| E | ε | Epsilon | *e* |
| Z | ζ | Zeta | *z* |
| H | η | Eta | *ä* |
| Θ | θ, ϑ | Theta | *th* |
| I | ι | Iota | *i* |
| K | κ | Kappa | *k* |
| Λ | λ | Lambda | *l* |
| M | μ | My | *m* |
| N | ν | Ny | *n* |
| Ξ | ξ | Xi | *x* |
| O | ο | Omikron | *o (kurz)* |
| Π | π | Pi | *p* |
| P | ρ | Rho | *r* |
| Σ | σ, ς | Sigma | *s* |
| T | τ | Tau | *t* |
| Y | υ | Ypsilon | *ü* |
| Φ | φ, ϕ | Phi | *ph* |
| X | χ | Chi | *ch* |
| Ψ | ψ | Psi | *ps* |
| Ω | ω | Omega | *o (lang)* |

θ, ϑ stehen gleichwertig nebeneinander, σ kommt innerhalb des Wortes vor, ς steht am Ende eines Wortes.

## 9.6 Bilderverzeichnis

Bild 1: HP 48GX .................................................................................................. 20
Bild 2: HP 49G ................................................................................................... 20
Bild 3: HP 49g+ .................................................................................................. 21
Bild 4: HP 50g .................................................................................................... 21
Bild 5: Mitgeliefertes Zubehör ............................................................................ 23
Bild 6: HP 49G, Innenansicht ............................................................................. 24
Bild 7: Teilansicht: Prozessor und Rechnerbausteine ........................................ 25
Bild 8: Character-Tabelle ................................................................................... 27
Bild 9: MTH-Menü ............................................................................................. 29
Bild 10: VEKTR-Menü ....................................................................................... 29
Bild 11: Arbeitsverzeichnis ................................................................................. 29
Bild 12: Arbeitsverzeichnis, umgeordnet ............................................................ 29
Bild 13: Akkus mit verschiedenen Pluspolen ..................................................... 37
Bild 14: Aufteilung des Bildschirms ................................................................... 39
Bild 15: Hardware-Indikatoren ........................................................................... 41
Bild 16: Rechnen im ALG-Modus ...................................................................... 43
Bild 17: Algebraischer Ausdruck eingetippt ....................................................... 46
Bild 18: Formelausdruck .................................................................................... 46
Bild 19: Startmaske der Verbindungssoftware Conn4x ..................................... 49
Bild 20: Datenübertragung zwischen HP-Taschenrechner und PC ................... 51
Bild 21: Bildschirm-Schnappschuss, falsche Anweisung .................................. 52
Bild 22: Serielles Verbindungskabel mit Adapter .............................................. 54
Bild 23: USB-Stecker-Typen Mini-B und A ........................................................ 54
Bild 24: Druckeranschluss „on-the-go" .............................................................. 55
Bild 25: USB/RS232-Adapter ............................................................................. 55
Bild 26: Sicherung aller Systemflags ................................................................. 80
Bild 27: Anzeige aller Systemflags .................................................................... 80
Bild 28: Anzeige aller Userflags ......................................................................... 80
Bild 29: Programm SysFl auf dem HP-Bildschirm ............................................. 81
Bild 30: Programm UsrFl auf dem HP-Bildschirm ............................................. 81
Bild 31: Vorderseite des HP-35 ......................................................................... 87
Bild 32. Anleitung zur Benutzung des Stacks (auf der Rückseite des HP-35) ... 87
Bild 33: Stack mit verschiedenen Objekten ....................................................... 89
Bild 34: Stackzeiger in Ebene 1 (HP 49G) ......................................................... 94
Bild 35: Stackzeiger in Ebene 7 (HP 49G) ......................................................... 94
Bild 36: HP-Zeichen: Code 032 bis Code 127 ................................................... 97
Bild 37: HP-Zeichen: Code 128 bis Code 255 ................................................... 97
Bild 38: CHARS Code 32 bis 143 ...................................................................... 97
Bild 39: CHARS Code 144 bis 255 .................................................................... 97
Bild 40: Quelltext für Beispiel (HP 49G) ........................................................... 103
Bild 41: Anzeige des Beispiels (HP 49G) ........................................................ 103
Bild 42: Strings bei Negierung durch NOT ...................................................... 104
Bild 43: Wirkung des Operators OR ................................................................ 105
Bild 44: Wirkung des Operators AND .............................................................. 105
Bild 45: Wirkung des Operators XOR .............................................................. 105
Bild 46: SREPL, Suche mit Treffer (HP 50g) ................................................... 109
Bild 47: SREPL ändert String (HP 50g) ........................................................... 109

Bild 48: SREPL ohne Treffer ... 109
Bild 49: Keine Veränderung des urspr. Strings ... 109
Bild 50: Zeitmenü als Softmenü « -117 SF » ... 111
Bild 51: Zeitmenü als Auswahlbox « -117 CF » ... 111
Bild 52: MTH-Menü als Softmenü «-117 SF» ... 111
Bild 53: MTH-Menü als Auswahlbox «-117 CF» ... 111
Bild 54: BMENU-Menü auf dem HP 49G ... 114
Bild 55: Erstellung eines CHOOSE-Menüs ... 117
Bild 56: CHOOSE-Menü als Programm ... 117
Bild 57: Eingabe über INFORM-Bildschirm ... 118
Bild 58: Ergebnis der INFORM-Eingabe ... 118
Bild 59: Leeres Menü ... 122
Bild 60: Inaktives Menü ... 122
Bild 61: Reihe-1-Funktionen auf dem HP 49G ... 132
Bild 62: Globale Variable A ... 136
Bild 63: Zahlen im Stack für lokale Variablen ... 141
Bild 64: Beispielprogramm (HP 49G) ... 141
Bild 65: Ausgabe des Beispielprogramms (HP 49G) ... 141
Bild 66: Programm mit lokalen Variablen (HP 49G) ... 142
Bild 67: Hauptprogramm QA (HP 49G) ... 144
Bild 68: Unterprogramm Q (HP 49G) ... 144
Bild 69: HP 48GX-Speicherkarten, je 128 kB ... 145
Bild 70: Anzeige des belegten Speichers ... 148
Bild 71: Anzeige des bereinigten Speichers ... 148
Bild 72: RESTORE eines Backups ... 148
Bild 73: Periodensystem der Elemente ... 160
Bild 74: Alphabetische Liste der Elemente ... 160
Bild 75: Eigenschaften von Aluminium ... 161
Bild 76: Die 11 Menüs der LIB 902 ... 162
Bild 77: Longfloat-Beispiele auf dem HP 50g ... 162
Bild 78: 302 Stellen mit VIEW dargestellt ... 175
Bild 79: Eingabewerte im Stack (HP 49G) ... 178
Bild 80: Eingabe als alg. Ausdruck (HP 49G) ... 178
Bild 81: Symbolisches Ergebnis (HP 49G) ... 178
Bild 82: Eingabe im Modus ALG (HP 49G) ... 179
Bild 83: Ergebnis im Modus ALG (HP 49G) ... 179
Bild 84: Ausgabe der Sinusberechnung (HP 49G) ... 180
Bild 85: Eingaben im Stack (HP 49G) ... 182
Bild 86: Ergebnis des Integrals (HP 49G) ... 182
Bild 87: Vereinfachtes Integral (HP 49G) ... 183
Bild 88: Ergebnis im ALG-Modus ... 183
Bild 89: Abzuleitende Gleichung ... 183
Bild 90: Abgeleitete Gleichung ... 183
Bild 91: PYTH-Definition ... 185
Bild 92: DEFINE legt ein Programm an ... 185
Bild 93: Symbolische Anzeige der Definition ... 185
Bild 94: DEFINE-Funktion PYTH ... 186
Bild 95: Eingabe der Gleichung (HP 50g) ... 189
Bild 96: Ergebnis x nach Aufruf von ISOL ... 189
Bild 97: Gleichung nach y auflösen ... 189
Bild 98: Ergebnisse für y ... 189

Bild 99: Die beiden Lösungen für y .................................................................................... 189
Bild 100: Einstellung für die Berechnung von s ................................................................. 190
Bild 101: Symbolische Lösung für Variable z .................................................................... 190
Bild 102: Einstellung für die Berechnung von s ................................................................. 190
Bild 103: Symbolische Lösungen für Variable s ................................................................. 190
Bild 104: Einstellung für Zahlenberechnung ...................................................................... 191
Bild 105: Die numerischen Lösungen ................................................................................. 191
Bild 106: Pentagramm und der sin(18°) .............................................................................. 192
Bild 107: Graph der Funktion ............................................................................................. 193
Bild 108: Latten im Schacht ................................................................................................ 194
Bild 109: Iterationsprogramm IT ........................................................................................ 195
Bild 110: Variablen a, b, c und d ........................................................................................ 195
Bild 111: Ergebnisse der Iteration ....................................................................................... 195
Bild 112: Standard-Box ....................................................................................................... 197
Bild 113: Auswahl Oscillations .......................................................................................... 197
Bild 114: Masse-Feder-System mit Formel ........................................................................ 197
Bild 115: Grafik zum Masse-Feder-System ....................................................................... 197
Bild 116: Variablennamen .................................................................................................. 197
Bild 117: Namen der Konstanten ........................................................................................ 198
Bild 118: Wert der Konstanten ........................................................................................... 198
Bild 119: Formel 1 des Masse-Feder-Systems ................................................................... 200
Bild 120: Formel 2 des Masse-Feder-Systems ................................................................... 200
Bild 121: Formel 3 des Masse-Feder-Systems ................................................................... 200
Bild 122: Konstantenbibliothek .......................................................................................... 200
Bild 123: Menüseite 1 (ohne Header) ................................................................................. 200
Bild 124: Menüseite 2 ......................................................................................................... 200
Bild 125: SOLVER-Menü ................................................................................................... 202
Bild 126: Berechnete Werte ................................................................................................ 202
Bild 127: Berechnung zweiter Durchlauf ........................................................................... 203
Bild 128: Endgültige Größen .............................................................................................. 203
Bild 129: LINSOLVE, Beispiel 1 ....................................................................................... 207
Bild 130: LINSOLVE, Beispiel 2 ....................................................................................... 208
Bild 131: LINSOLVE, Beispiel 3 ....................................................................................... 209
Bild 132: Koordinaten bei HP-Taschenrechner .................................................................. 210
Bild 133: Kartesische Koordinaten für 2D ......................................................................... 212
Bild 134: Polarkoordinaten für 2D ..................................................................................... 212
Bild 135: Kartesische Koordinaten für 3D ......................................................................... 213
Bild 136: Zylinderkoordinaten für 3D ................................................................................ 213
Bild 137: Kugelkoordinaten für 3D .................................................................................... 213
Bild 138: Zeilenmodus, Flag -79=1 (HP 49G) ................................................................... 217
Bild 139: Formelmodus, Flag -79 = 0 (HP 49G) ................................................................ 217
Bild 140: Overflow bei der Longfloat-Berechnung ............................................................ 221
Bild 141: Programmquelltext .............................................................................................. 230
Bild 142: BZ-String der Komprimierung ........................................................................... 230
Bild 143: BZ-String ............................................................................................................ 231
Bild 144: Ausgabe des BZ-String per Programm ............................................................... 231
Bild 145: Hide-Maske ......................................................................................................... 233
Bild 146: Nicht verstecktes Menüobjekt ............................................................................. 233
Bild 147: Versteckte Objekte im Filemanager sichtbar ...................................................... 233
Bild 148: Backup-Meldung ................................................................................................. 234
Bild 149: Zeitmenü, Seite 1 ................................................................................................ 237

Bild 150: Zeitmenü, Seite 2 .................... 237
Bild 151: Zeitmenü, Seite 3 .................... 238
Bild 152: Zeit-Browser-Menü .................... 238
Bild 153: Datum und Uhrzeit mit Dezimalkomma .................... 241
Bild 154: Datum und Uhrzeit mit Dezimalpunkt .................... 241
Bild 155: Uhrzeit und Datum digital .................... 241
Bild 156: Uhrzeit analog .................... 241
Bild 157: Anzeige mit ACCde auf dem HP 50g .................... 242
Bild 158: DUT-Programm .................... 246
Bild 159: TDU-Programm .................... 247
Bild 160: TIDU: Rückrechnung von Ticks in Datum und Uhrzeit .................... 247
Bild 161: Ticks in den Stack stellen .................... 248
Bild 162: Aufruf von TIDU ergibt Datum und Uhrzeit .................... 248
Bild 163: Alarm-Menü mit den 6 Funktionen .................... 249
Bild 164: Schaltuhr-Programm .................... 254
Bild 165: Prinzip der Justierung der Systemuhr .................... 255
Bild 166: Unterverzeichnis JUST .................... 257
Bild 167: Justiermenü .................... 259
Bild 168: Korrekturwerte .................... 260
Bild 169: Justiermeldung .................... 260
Bild 170: Menü JUST mit neuen Variablen .................... 261
Bild 171: Tonumfang in Oktaven .................... 262
Bild 172: Fehlermeldung: Fehlende Eingabewerte .................... 266
Bild 173: Programm FREQU (Ausgabe) .................... 266
Bild 174: Tonsprünge .................... 267
Bild 175: Frequenzliste des HP (ab 381 Hz) .................... 268
Bild 176: Notenbild "Für Elise" .................... 269
Bild 177: MUSIK-Menü Seite 1 (HP 50g) .................... 270
Bild 178: MUSIK-Menü Seite 2 (HP 50g) .................... 270
Bild 179: Grafik-Objekt (HP 50g) .................... 275
Bild 180: Grafik-Objekt mit Inhalt (HP 50g) .................... 275
Bild 181: Grafik-Objekt „Kalender September 2011" .................... 276
Bild 182: Menü für Anwendung „Monatskalender" .................... 277

## 9.7 Tabellenverzeichnis

Tabelle 1: HP-Druckbefehle .................... 56
Tabelle 2: Remapping string .................... 61
Tabelle 3: Programmiersprachen des HP-Taschenrechners .................... 65
Tabelle 4: Tabelle aller Systemflags .................... 68
Tabelle 5: Nebentabelle für Flags -5 bis -10 (Wortlänge) .................... 77
Tabelle 6: Nebentabelle für Flags -10 und -11 (Zahlenmodus) .................... 77
Tabelle 7: Nebentabelle für Flags -15 und -16 (Koordinatensystem) .................... 77
Tabelle 8: Nebentabelle für Flags -17 und -18 (Winkelmodus) .................... 77
Tabelle 9: Nebentabelle für die Flags -45 bis -48 (Nachkommastellen) .................... 78
Tabelle 10: Nebentabelle für die Flags -49 und -50 (Darstellung reeller Zahlen) .................... 78
Tabelle 11: Flagbefehle .................... 79
Tabelle 12: Menüfelder für die Flagprogramme in SYS .................... 83
Tabelle 13: Objekttypen .................... 85
Tabelle 14: Stack-Befehle .................... 90

Tabelle 15: Zusätzliche Stack-Befehle .................................................................. 93
Tabelle 16: Menü-Befehle des Interaktiven Stacks ................................................ 94
Tabelle 17: HP-Zeichensatz .................................................................................. 98
Tabelle 18: Beispiele von Stringverkettungen .................................................... 103
Tabelle 19: Beispiel für SUB .............................................................................. 106
Tabelle 20: 1. Beispiel für REPL ........................................................................ 106
Tabelle 21: 2. Beispiel für REPL ........................................................................ 107
Tabelle 22: Beispiel für POS .............................................................................. 107
Tabelle 23: Programm für Beispielmenü mit Erläuterung .................................. 113
Tabelle 24: Menüfelder eines Beispielmenüs ..................................................... 114
Tabelle 25: Beispiele für Menünummern ........................................................... 119
Tabelle 26: Menüs ohne Nummern ..................................................................... 121
Tabelle 27: Nicht über Tastatur auswählbare Menüs ......................................... 122
Tabelle 28: Nummernlose Menüs ....................................................................... 123
Tabelle 29: Beispiele für Schnellzugriff auf Menüs ........................................... 123
Tabelle 30: Tabelle der (meist undokumentierten) Tastenfunktionen ................ 132
Tabelle 31: Reservierte Namen für Variablen .................................................... 136
Tabelle 32: Definitionsvariablen zur Erzeugung von Bibliotheken ................... 152
Tabelle 33: Liste der Befehle für die Bibliothek 256 ......................................... 156
Tabelle 34: Von Normalanwendern meist verwendete Befehle der Bibliothek 256 ... 158
Tabelle 35: Vorsatzzeichen für Einheiten .......................................................... 163
Tabelle 36: Währungseinheiten .......................................................................... 168
Tabelle 37: Erweitern eines benutzerdefinierten Menüs .................................... 170
Tabelle 38: Nummern von Einheitenmenüs ....................................................... 171
Tabelle 39: Systemflags für Summenfunktion ................................................... 177
Tabelle 40: Menütasten des Solver-Menüs ........................................................ 199
Tabelle 41: Einheiten der Variablen ................................................................... 201
Tabelle 42: Beschreibung des Befehls LINSOLVE ........................................... 205
Tabelle 43: Formelzeichen für Koordinaten ...................................................... 210
Tabelle 44: Systemflags -15 und -16 für Koordinatenmodus ............................ 211
Tabelle 45: Systemflags -17 und -18 für Winkelmodus .................................... 211
Tabelle 46: 2D-Koordinatensysteme .................................................................. 212
Tabelle 47: 3D-Koordinatensysteme .................................................................. 213
Tabelle 48: Listenbefehle und ihre Aufrufe ....................................................... 218
Tabelle 49: Professor Rautenberg's wichtigste HP-Bibliotheken für HP 49G/49g+ ... 228
Tabelle 50: Schritte bei der Justierung ............................................................... 251
Tabelle 51: Justierungsbeispiel ........................................................................... 253
Tabelle 52: Kurzanleitung für Justierung per Programm ................................... 261
Tabelle 53: Frequenztabelle für Musiknoten ..................................................... 263
Tabelle 54: Alle Töne ab 381 Hz des HP50g-Tongenerators ............................ 267
Tabelle 55: Menü für MUSIK ............................................................................ 270
Tabelle 56: Dreiklang-Töne ................................................................................ 272
Tabelle 57: Menüfelder für Grafikmenü ............................................................ 276
Tabelle 58: Original-HP-Handbücher ................................................................ 280
Tabelle 59: Ergänzungsbeiträge ......................................................................... 282
Tabelle 60: HP-Taschenrechnerprogramme ...................................................... 283

## 9.8 Formelverzeichnis

Formel 1: Formelausdruck .................................................................................. 45
Formel 2: Summenformel allgemein ................................................................ 177
Formel 3: Summenformel, ungerade Zahlen .................................................... 177
Formel 4: Quadratzahlen .................................................................................. 179
Formel 5: Sinus-Reihe ..................................................................................... 180
Formel 6: Bestimmtes Integral ......................................................................... 181
Formel 7: Unbestimmtes Integral ..................................................................... 181
Formel 8: Funktion PYTH ............................................................................... 185
Formel 9: Lösung der Gleichung Beispiel 2 .................................................... 191
Formel 10: Lösungsansatz zu Bild 108 ............................................................ 194
Formel 11: Iterationsform ................................................................................ 194
Formel 12: Iterationsform für Formel 10 ......................................................... 195
Formel 13: Gleichungssystem mit 2 Unbekannten .......................................... 207
Formel 14: Gleichungssystem mit 2 Unbekannten .......................................... 209
Formel 15: Vektorschreibweise ....................................................................... 215
Formel 16: Vektorschreibweise beim HP ........................................................ 215
Formel 17: Berechnung von Ticks aus Datum und Uhrzeit ............................. 245
Formel 18: Temperierter Halbton .................................................................... 263

## 9.9 Alphabetisches Sachverzeichnis (Index)

**#**

→DATE ..................................... 239
→HEADER ......................... 137, 138
→HMS ...................................... 243
→KEYTIME .............................. 130
→NUM ...................................... 107
→STR ........................................ 108
→TIME ...................................... 240

**(**

((·)) ............................................ 36

**@**

@ (Beginn der Kommentarzeile) .......... 101

**[**

[MODE] ..................................... 68
[NXT] ...................................... 120
[ON] .......................................... 30

**"**

„repeating key" Funktion ............. 131

**1**

131 × 64 Pixel ............................. 32
131 × 80 Pixel ............................. 32

**A**

ACK ......................................... 250
ACKALL .................................. 250
Akkus ........................................ 37
Alarm-Indikator ((·)) ..................... 36
Alkaline (Batterien) ..................... 36
ALPHA-Feststeller ...................... 89
ALPHA-Taste ............................. 26
Anführungszeichen, gerade .......... 102
Anführungszeichen, typografische ... 102
ANS ........................................... 44
Anschluss, seriell COM ................ 20
Anschluss, serieller ...................... 23
Anzeigebildschirm ....................... 32
Apostrophe, gerade .................... 135
APPS ......................................... 21
Arbeitsverzeichnis .......... 136, 145, 154
ARCHIVE ........................... 52, 146
ASCII-Belegung .......................... 97

ASCII-Codierung ........................ 97
ASCII-Ersatzzeichen ................... 99
ASCII-Steuerzeichen .............. 62, 96
ASCII-Zeichensatz ...................... 97
ASN ......................................... 127
Assembler ............................. 65, 67
Atomgewicht ............................ 160
ATTACH .................................. 154
Ausgabeformate .......................... 34
Ausschalten des Rechners ............ 39
Ausschaltung, automatische ....... 138
Aussperrschutz ......................... 223
Auswahlbox ...................... 110, 116

**B**

Backslash ................................. 102
Backslash (\) vorangestellt .......... 102
Backup (Sichern) ...................... 233
Backup (Wiederherstellen) ......... 148
Batteriealarm .............................. 36
Batteriesatz .......................... 35, 36
Batterieschoner ........................ 223
Batterietyp ................................. 35
Batteriewechsel .......................... 35
Baud .......................................... 57
Baudrate .................................... 57
BEEP ....................................... 265
Befehlszeile ............................... 89
Befehlszeileneditor ...................... 89
Benutzerflags ........................ 34, 78
Benutzer-Modus ....................... 129
Benutzer-RPL ............................ 65
Benutzerspeicher ........................ 33
Berechnungsablauf (Historie) ....... 43
Bereinigen des Speichers ........... 148
Beschädigungen ......................... 19
Beschriftungen der Tasten .......... 26
Betriebsmodi ............................. 34
Betriebssystem ..................... 23, 32
Bibliothek ................................ 151
Bibliothek splitten ..................... 120
Bibliothek, fremde .................... 120
Bilder ...................................... 274
Bildschirmhelligkeit .................... 40
BIN ........................... 41, 80, 244
Binärganzzahlen ....................... 172
Bitmuster ................................. 173
Bootsystem ................................ 24

Bordmittel..................220, 221, 231

## C

CANCEL..................................30, 89
CANCL...........................................31
CAS................................................42
CASCMD (Menü)........................123
CASDIR..................................34, 137
CD-ROM, mitgeliefert...................19
CF...................................................82
CHARS............................................97
Check-Modus.................................59
Checksumme..................................59
CHOOSE-Menü...................110, 116
CHR..............................................108
CLKADJ.......................................248
Computer Algebra System............42
COM-Schnittstelle.........................23
Conn4x.exe....................................48
CONST...........................................71
CONT.............................................30
CR 2032 (Haltebatterie)................35
CRDIR..........................................166
CRLIB...........................................153
CST (Custom-Variable)...............111
Cursortasten...........................31, 127
CUSTOM......................................111
Custom-Menü..............................111

## D

D↔L.......................................155, 232
DATE............................................239
DATE+..........................................240
Datenbits........................................60
Daten-Handshake (Pacing)...........58
Datenimport ohne Kabel..............52
Datensicherung..............................36
Datum, gültiger Bereich..............239
Datumsformat, amerikanisch....238
Datumsformat, deutsch..............238
DCF77..........................................162
DDAYS........................................240
DEC.................................41, 80, 244
DEF..............................................184
DEFINE........................................184
Defragmentieren..........................148
DEG...............................................41
DELALARM................................250
DELAY..........................................56
DELKEYS....................................128
DETACH......................................154

Dezimalpunkt................................43
DIGITS........................................161
Disassembler.................................65
DISP.............................................110
Doppelklick mit Tasten................28
DOSUBS......................................268
DROP....................................90, 254
D-SUB-Stecker.............................20
DUP................................................90

## E

Ebenen...........................................88
ECHO............................................97
ECHO1..........................................97
Eigenschaften der Elemente.....160
Eingabe von ASCII-Zeichen.......89
Eingabe von Zeichen..................103
Einheiten, benutzerdefinierte....162
Einheiten, gesetzliche.................162
Einheiten-Funktionen.................162
Einheitensystem, eingebautes...162
Einschalten des Rechners............39
Entprellen eines Kontaktes.......130
entry points...................................66
ENVSTACK..................................82
Equation Library........................161
Ersatzzeichen................................99
ETX/ACK-Protokoll....................62
EVAL.....................................46, 254
EVEN.............................................58

## F

FACTOR......................................191
Fehlermeldung............................100
File.................................................33
Filemanager..................................33
FINDALARM.............................250
Flags (Merker)..............................34
Flags sichern.................................81
Flags, Zustand anzeigen..............79
FLASH-ROM...............................33
Formatieren (SD-Karte)............149
FORTH.........................................65
Fremddaten auf der SD-Karte..151
Frequenzsprünge........................267
F-Tasten........................................29
Funktion, benutzerdefinierte....184
Funkuhren..................................162

## G

Garantieleistungen.......................19

| | |
|---|---|
| Garantiesiegel | 25 |
| Garantiezeit | 19 |
| Gesamtstimmung | 263 |
| Gleichungsbibliothek | 161, 196 |
| global | 34 |
| Grafik-"Wandtafel" | 274 |
| Grafikobjekt | 273 |
| GRD | 41 |
| Gregorianischen Kalender | 239 |

## H

| | |
|---|---|
| Halbton, temperierter | 263 |
| Haltebatterie | 35 |
| HALT-Indikator | 42 |
| Handy-Klingeltöne | 272 |
| Hauptplatine | 25 |
| Hauptverzeichnis (HOME) | 34 |
| HEAD | 108 |
| Header | 40 |
| HELP (Menü) | 123 |
| HEX | 41, 80, 244 |
| HIST | 93 |
| History-Speicher | 86 |
| HMS- | 243 |
| HMS→ | 243 |
| HMS+ | 243 |
| HMS-Format | 243 |
| HOME | 34, 137 |
| HOME-Backup | 52 |
| HP 49G, Ansicht | 20 |
| HP 49g+, Ansicht | 20 |
| HP 50g, Ansicht | 20 |
| HP48.TTF | 98 |
| HP-Basic | 65 |
| HP-Handbücher, mitgelieferte | 19 |
| HP-Namenskonvention | 135 |
| HP-Treiber | 49 |
| HP-Zeichen | 99 |

## I

| | |
|---|---|
| I/O | 55 |
| IFTE | 66 |
| Indikatoren | 40 |
| Indikatoren (Hardware) | 40 |
| Indikatoren (Software) | 41 |
| **INFORM** | 110, 117 |
| INPUT | 110 |
| Input/Output | 55 |
| Integer-Arithmetik | 173 |
| interaktiv | 93 |
| ISPRIME? | 176 |

| | |
|---|---|
| Iteration | 194 |

## J

| | |
|---|---|
| Julianischer Kalender | 239 |
| Julianisches Datum | 239 |

## K

| | |
|---|---|
| Kalender, Gregorianischer | 239 |
| Kalender, Julianischer | 239 |
| Kalenderwoche (Berechnung) | 278 |
| Kaltstart | 35, 225 |
| Katalog (CAT) | 155 |
| Kaufbeleg | 19 |
| KERMIT | 58, 62 |
| KERMIT-Protokoll | 58 |
| KEY | 130 |
| KEYEVAL | 130, 171 |
| KEYTIME→ | 130 |
| Kommentar im Quelltext | 101 |
| Kompatibilität zum HP 48GX | 22 |
| Kontrast der Anzeige | 40 |
| Kurzbefehle | 131 |

## L

| | |
|---|---|
| Ladegerät | 37 |
| LCD→ | 274 |
| LCD-Display | 32, 274 |
| Level | 88 |
| LIB 902 | 161 |
| Library Data | 203 |
| LIBS | 154 |
| Lieferliste | 19 |
| Lieferumfang | 19 |
| LIFO-Speicher | 88 |
| LIFO-Stack | 65 |
| LISP | 65 |
| Listen | 218 |
| Listenbefehle | 218 |
| Listenverarbeitung | 268 |
| longfloat | 161 |
| Longfloat-Berechnung | 222 |
| Longfloat-Funktion | 162 |

## M

| | |
|---|---|
| MARK | 58 |
| MEM | 148, 235 |
| Memory clear | 35 |
| Memory-Effekt | 37 |
| MENU | 119, 123 |
| Menü, leeres | 121 |
| Menüfelder mit Reiter | 30 |

Menüfelder, Reihenfolge.........................30
Menüfelder, ungekürzte Anzeige .........135
Menünummer ............................................119
Menünummer, Einmaligkeit..................119
Menünummer, Nummernkonvention ....119
Menüs ........................................................118
Menüs, eingebaute....................................118
Menüs, nummernlos.................................122
Menüs, temporäre.....................................121
Menütasten ..................................................29
Merker, logische.........................................78
MODIF ........................................................97
Modus, ALG...............................................42
Modus, RPN ...............................................43
Molekulargewicht....................................161
Monatskalender (Berechnung) ..............277
monophon ................................................271
MSGBOX..................................................110
MUSIK .....................................................151

# N

NEXTPRIME ...........................................176
NiCd-Akkus ...............................................37
NiMH-Akkus..............................................37
NONE .........................................................58
NOT...........................................................104
Notation, arithmetisch ...............................43
Notation, umgekehrte polnische........44, 65
NUM (Funktion) ......................................107

# O

Oberwellen ...............................................264
OBJ→ ........................................................108
Objektnamen ..............................................34
Objekttyp ....................................................84
OCT ..........................................41, 80, 244
ODD ............................................................58
OFF............................................................138
OLDPRT .....................................................56
Operatoren................................................105
ORDER ........................................29, 31, 145
Originalverpackung....................................19
OT49..........................................................155

# P

Parameter, aktuelle ...............142, 185, 186
Parameter, symbolische .................184, 185
Parität ..........................................................57
Paritätsprüfung (parity) .............................57
Paritybit ......................................................60
Parity-Bit ....................................................57

Parity-Modus .............................................57
Passwortberechnung ...............................176
PATH ........................................................254
PC (Personal Computer) ........................ 20
Periodensystem der Elemente...............160
Periodic Table .........................................160
Pfeiltasten ................................................127
Physikalisch-Technische Bundesanstalt
 (PTB) ...................................................162
PICT ..............................................236, 274
PICT anzeigen .........................................236
Plots ..........................................................274
POP ............................................................ 82
Port 3 (SD-Karte)..................................... 52
Portspeicher ..................................... 33, 144
Portspeicher nicht überschreibbar.........234
POS ...........................................................107
Praxelius-Homepage................................. 2
Prellen eines Kontaktes ..........................130
PREVPRIME ..........................................176
Primfaktoren ...........................................176
Primzahlfunktionen................................176
PRLCD ...................................................... 56
Programmiersprachen ............................. 65
PROMPT .................................................110
PRST .......................................................... 56
PRSTC ...................................................... 56
PRVAR ..................................................... 56
PTB ...........................................................162
PURGE .....................................................150
PUSH ........................................................ 82
PVIEW .....................................................274

# Q

Quintenzirkel ...........................................263

# R

R↯↯ .............................................................. 41
R↯Z .............................................................. 41
RAD ........................................................... 41
RAM, erweitert ........................................ 33
*Rautenberg* (†) ...............................3, 228
RCLALARM ............................................250
RCLF ...........................................79, 81, 82
RCLKEYS ................................................128
RCLMENU ...............................................120
Rechneraufbau .......................................... 32
Referenztöne ............................................264
Register ..................................................... 86
RENAME .................................................. 82
REPL ........................................................106

| | |
|---|---|
| RESET | 225 |
| RESTORE | 52, 148, 234 |
| Reverse-Polish LISP | 65 |
| Reverse-Polish Notation | 65 |
| Review Key | 134, 135 |
| RPL | 65 |
| RPN | 43, 44, 65 |
| RPN, Prinzip | 45 |
| RPN-Modus einschalten | 44 |
| RPN-Modus, Vorteile | 44 |

## S

| | |
|---|---|
| S~N | 109 |
| Saturn Assembly Language | 67 |
| Schmelzpunkt | 161 |
| Schmierzeichen | 97, 105 |
| Schreibschutz der SD-Karte | 151 |
| Schreibweise (Notation) | 25 |
| Schwarz-Weiß-LCD-Display | 32 |
| Schwebung | 264 |
| Schwebungsnull | 264 |
| SD-Karte (Port 3) | 149 |
| SD-Karte formatieren | 149 |
| SD-Speicherkarte | 21, 147 |
| Selbstaussperrung | 127 |
| Selbstentladung (Akku) | 38 |
| Selbst-Tests | 225 |
| Sensoren | 21 |
| Setup | 49 |
| SF | 82 |
| Sichern der Stackinhalte | 95 |
| Siedepunkt | 161 |
| SIZE | 107 |
| Softkeys | 29 |
| Soft-Menü | 110 |
| SPACE | 58 |
| Speicher defragmentieren | 235 |
| Speicherinhalt sichern | 23 |
| Sprache, symbolische | 67 |
| Sprechweise (Notation) | 25 |
| Sprung an den Beginn der Zeile | 94 |
| Sprung ans Ende der Zeile | 94 |
| Sprung ans obere Ende | 94 |
| Sprung ans untere Ende | 94 |
| SREPL | 108 |
| SREV | 81, 109 |
| Stack | 86 |
| Stack, interaktiver | 93 |
| Stackbefehle | 86 |
| Stackebene | 88 |
| Stackfunktion | 86 |

| | |
|---|---|
| Stackinhalt sichern | 235 |
| Stackinhalt zurückholen | 236 |
| Stackpointer (SP) | 86 |
| Stackzeile, überlange | 189 |
| Standardbelegung | 128 |
| Stapelzeiger | 86 |
| Startbit | 60 |
| Startwert | 195 |
| Statusanzeigen | 40 |
| Steuerzeichen | 56, 58 |
| STO | 86 |
| STOALARM | 250 |
| STOF | 82, 235 |
| STOKEYS | 128 |
| Stopbit | 60 |
| StreamSmart | 21 |
| StreamSmart-Applet | 21 |
| String-Begrenzer | 102 |
| Stromversorgung | 35 |
| SUB | 106 |
| SWAP | 90 |
| Syntaxprüfung | 100 |
| Sys~ | 203 |
| SYSEVAL | 247 |
| System RAM | 33 |
| System-Befehle | 155 |
| Systemflags | 34 |
| Systemflags (Tabelle) | 68 |
| Systemoperation, Abbruch | 226 |
| System-Reset | 224 |
| System-RPL | 65 |
| System-RPL-Programme | 67 |
| System-Tests | 225 |

## T

| | |
|---|---|
| TAIL | 108 |
| Taktgenerator | 237 |
| Tastatur | 20 |
| Tastatur, Mehrfachbelegung | 33 |
| Tastaturmanager KEYMAN | 131 |
| Taste [ON] | 30 |
| Taste, Lage der | 130 |
| Tastenbelegung sichern | 128 |
| Tastenbelegungen | 125 |
| Tastenbezeichnungen | 20 |
| Tastenfolge | 27 |
| Tastenkennung | 126 |
| Tastenkennung ermitteln | 236 |
| Tastenkombination | 27 |
| Tastenname | 28 |
| Tastennummer ermitteln | 236 |

Tastenumschaltungen ............................ 126
Ticks ...................................................... 237
TICKS .................................................... 248
TICKS (Funktion) ................................. 244
TICKS berechnen .................................. 245
TIME ..................................................... 240
time-out ................................................. 223
TMENU ......................................... 120, 123
Tonabstand ............................................ 267
Tonart .................................................... 262
Tongenerator ......................................... 264
Tonhöhenrelationen .............................. 263
Tonsystem ............................................. 262
Tonverhältnis ........................................ 267
Translation .............................................. 99
Translationsmodus ........................... 59, 99
TSTR ..................................................... 249
TVM-Berechnungen ............................... 69
TYPE ....................................................... 84
Typnummer ............................................. 84

## U

Uhr, eingebaute .................................... 237
Uhrzeit, amtliche .................................. 162
Uhrzeit, Dezimalformat ........................ 241
Umschalttasten ....................................... 26
Umwandlungsfunktion ........................... 99
Unterverzeichnisse ................................. 34
Update .................................................... 23
Upgrade .................................................. 23
UPN ........................................................ 44
USB ........................................................ 48
USB-Anschluss ....................................... 21
user flags ................................................ 78

USER-Modus ........................................ 129

## V

Variablen, globale ................................ 135
Variablen, kompilierte .......................... 143
Variablen, lokale .................................. 139
Variablen, reservierte ........................... 136
Verbindungs-Software zum PC .............. 23
Verkettungsfunktion ............................. 103
Verpackung ............................................. 19
Verstecken von Objekten ..................... 232
Verzeichnis, aktuelles ............ 136, 145, 154
Verzeichnisstruktur .............................. 150
Vollständigkeit der Lieferung ................ 19
Vorwissen aus den Handbüchern ............ 3
VTYPE .................................................... 84

## W

WAIT .................................................... 129
Warmstart ..................................... 155, 224

## X

XMODEM ........................................ 48, 62
XMODEM-Server .................................. 50
XON/XOFF-Protokoll ............................ 62
XYZ ........................................................ 41

## Z

Zeichensatz ............................................. 99
Zeiteinheit, interne ............................... 237
Zwölftel Oktave ................................... 263
Zwölftonmusik ..................................... 262

# BEI GRIN MACHT SICH IHR WISSEN BEZAHLT

- Wir veröffentlichen Ihre Hausarbeit, Bachelor- und Masterarbeit

- Ihr eigenes eBook und Buch - weltweit in allen wichtigen Shops

- Verdienen Sie an jedem Verkauf

**Jetzt bei www.GRIN.com hochladen und kostenlos publizieren**